최고의 선수들에게 배우는 최고의 테니스 수업

앱솔루트 테니스
Absolute Tennis

마티 스미스 지음　김기범 옮김

소우주

Absolute Tennis
Copyright © 2017 by Marty Smith
All rights reserved

Korean translation copyright © 2022 by SoWooJoo
This translation published by arrangement with New Chapter Press

이 책의 한국어판 저작권은 New Chapter Press와의 독점 계약으로 소우주에 있습니다.
저작권법에 의해 한국 내에서 보호를 받는 저작물이므로 무단 전재와 무단 복제를 금합니다.

앱솔루트 테니스: 최고의 선수들에게 배우는 최고의 테니스 수업

초판 1쇄 발행 2022년 9월 26일
초판 2쇄 발행 2024년 1월 24일

지은이 마티 스미스
옮긴이 김기범
디자인 류은영
펴낸이 김성현
펴낸곳 소우주출판사
등록 2016년 12월 27일 제 563-2016-000092호
주소 경기도 용인시 기흥구 보정로 30
전화 010-2508-1532
이메일 sowoojoopub@naver.com

ISBN 979-11-89895-08-2

값 25,000원

차 례

IX	•	추천의 글
XI	•	서문
1	•	제1장 밸런스
9	•	제2장 키네틱 체인
17	•	제3장 움직임
27	•	제4장 그립
37	•	제5장 서브
69	•	제6장 서브 리턴
83	•	제7장 포핸드
119	•	제8장 백핸드
149	•	제9장 드롭샷과 로브
157	•	제10장 어프로치 샷
165	•	제11장 발리
187	•	제12장 미래의 테니스
213	•	제13장 단식
239	•	제14장 복식
283	•	제15장 심리
299	•	제16장 피트니스
320	•	참고문헌

추천의 글

프레드 스톨(호주 출신의 저명한 테니스 선수이자 해설가로, 1960년대 두 차례 그랜드슬램 단식 우승을 차지했다 - 옮긴이)

테니스 선수들은 다양한 스피드와 풋워크로 전후좌우 쉴 새 없이 움직인다. 그들은 빠른 공, 느린 공, 깊숙한 공, 짧은 공, 높은 공, 낮은 공, 플랫성 공, 헤비 톱스핀 공 등 다양한 샷을 구사한다. 또한 시종일관 공격적인 선수부터 놀라울 정도로 침착한 선수에 이르기까지 다양한 스타일의 상대와 마주한다. 경기 도중 선수들은 감정이 흔들리기 쉽고, 경기에 몰입하기도 하지만 집중력이 떨어지는 순간도 있다. 테니스는 육체적으로나 정신적으로 광범위한 능력을 요구하기 때문에 나는 마티 스미스가 테니스의 모든 면을 포괄하는 가이드북을 출간하겠다는 말을 듣고, 더없이 좋은 생각이라 여겼다. 그의 저서 『앱솔루트 테니스』는 테니스의 다양한 측면을 잘 다루고 있으며, 테니스에 열정이 있는 사람이라면 초보자부터 베테랑 선수에 이르기까지 누구에게나 훌륭한 지침서가 될 것이다.

테니스는 뛰어난 운동 능력이 요구되는 스포츠이다. 그래서 마티는 밸런스와 키네틱 체인Kinetic Chain(운동 사슬 고리로도 불리며, 온몸을 하나의 운동 사슬로 연결해 퍼포먼스를 수행하는 과정을 뜻한다 - 옮긴이), 움직임에 관해 먼저 설명한다. 이어서 그립과 다양한 스트로크의 세계로 독자를 안내하고 기술 향상에 필요한 통찰을 제공해 최상의 경기를 펼칠 수 있도록 도와준다. 이 책에는 각 단계에 필요한 이론적 설명과 이를 구체화할 수 있는 세계 톱 플레이어들의 프레임별 사진이 훌륭히 조화를 이루고 있다. 페더러의 서브와 나달의 포핸드, 조코비치의 리턴, 앤디 머리의 백핸드는 이 책에서 강조하고 있는 스트로크의 대표적인 예에 해당된다. 마티는 현재 사용되는 테니스 스트로크를 분석할 뿐 아니라, 나아가 미래에 사용될 수 있는 기술도 탐구하고 있다. 즉, 테니스 경기에서 점점 중요해지는 속도와 운동 능력, 그리고 서브의 정교함에 대한 고찰을 바탕으로 테니스 스윙이 어떻게 진화할지를 분석하고, 세 가지 새로운 스트로크를 소개할 것이다. 테니스의 기본적인 원리와 스트로크에 관한 장에 이어, 이 책의 후반부 3분의 1에서는 경기 전략과 심리, 피트니스를 다룬다. 뛰어난 테니스 선수들은 코트에서 '생각'한다. 따라서 단식 및 복식 전략에 관한 장에서는 지능적으로 경기를 풀어나가는 방법에 대해 논의할 것이다. 그리고 테니스 심리 전술과 피트니스에 관한 후반부에서는 꾸준하고 자신 있게 경기에 임하는 방법과 어떻게 해야 더 빨리 움직이고 끈기 있게 버틸 수 있는지를 살펴볼 것이다. 내가 선수 생활을 하던 시절에는 심리와 스트레칭, 영양 등에 관한 조언은 들을 수 없었지만 이들은 현재 엘리트 스포츠 훈련에서 너무나도 중요한 요소이다.

마티의 목표는 명확하다. 여러분의 테니스 실력 향상을 위해 총체적이고, 지극히 실용적이며, 방대한 정보를 전달하는 것이다. 그러니 이 책을 읽으면서 테니스를 더욱 깊이 있게 이해하고 경기 능력을 다방면으로 향상시킬 수 있길 바란다. 그의 조언을 실행에 옮긴다면, 지난 수십 년 동안 그의 제자들이 그랬던 것처럼 코트에서 더욱 즐기면서 더 많은 승리를 거둘 수 있을 것이다.

서문

테니스는 아름다운 스포츠다. 또한 다양성과 세밀함을 겸비한 스포츠로, 레슨을 통해 여러 방식으로 실력을 키울 수 있다. 이는 다양한 그라운드 스트로크를 구사하는 방법이나 새로운 손목 동작, 서브 스탠스에 관한 설명일 수도 있고, 네트 플레이에서 득점하는 노하우에 관한 조언일 수도 있다. 집중력을 향상시키거나 공을 향해 좀 더 빠르게 움직임으로써 돌파구를 찾기도 한다. 이렇게 한 단계 도약하는 것은 누구에게나 가능한 일이지만 이를 위해서는 때로 적절한 정보가 필요하며, 이 책이 그 역할을 해 주길 기대한다.

이 책은 처음부터 끝까지 계속해서 읽을 수도 있고, 아니면 필요한 부분만 발췌해서 볼 수도 있다. 예를 들어 당신이 서브를 연습한다면 5장을 펼치면 된다. 좀 더 체계적으로 테니스 실력을 향상시키고자 한다면 처음부터 끝까지 정독하는 것도 좋다. 문장으로 된 설명을 더 잘 이해할 수 있도록 세계 최고 선수들의 사진 500여 장에 설명을 곁들여 삽입했고, 〈코칭 박스〉라는 코너를 통해 유용한 팁도 덧붙였다. 또한 모든 장의 마지막은 실전 연습 방법으로 구성해 여러분의 연습 세션에 활력을 불어넣고 피트니스 능력을 끌어올릴 수 있게 했다.

이 책은 크게 신체와 스트로크 기술, 그리고 심리전술의 세 부분으로 구성된다. 마지막 장에서는 피트니스에 관해 언급할 텐데, 이는 테니스의 모든 면에 적용될 수 있는 중요한 주제다. 신체에 관한 부분은 세 가지 주요 기본 요소인 밸런스, 키네틱 체인, 그리고 움직임을 다룬다. 여기에서는 균형 잡힌 자세와 파워, 그리고 코트 커버 능력을 향상시키기 위해 어떻게 자신의 몸을 활용해야 하는지 배울 것이다.

이 기본 요소들을 섭렵한 후에는 다음 부분(4장~12장)으로 넘어가 그립에서 시작해 서브, 리턴, 포핸드, 백핸드, 발리 등의 다양한 그라운드 스트로크뿐 아니라 스핀의 종류와 이로부터 파생되는 샷들에 관해서도 설명할 것이다. 각각의 스트로크들은 몇 가지 주요 단계로 구성되는데, 이들을 하나씩 살펴볼 것이며, 필요하다면 동호인이 프로 선수를 상대할 수 있는 이상적인 방법도 제안할 것이다. 풋워크야말로 경기력 향상에 굉장히 중요하다. 사실 어떤 샷을 성공적으로 구사하기 위해서는 다리의 힘이 너무나도 중요하기 때문에 스트로크를 설명할 때는 다리에서 시작해 몸통과 상체를 순차적으로 다룰 것이다.

스트로크에 관한 마지막 내용인 12장에서는 잠재적인 "미래의 스트로크"도 살펴볼 것이다. 여기에서는 현대 테니스 기술의 발전사를 간략하게 살펴본 후 중요한 질문 하나를 던진다. "현재 가르치지 않는 테니스의 샷 가운데 미래에 많이 사용되도록 진화할 샷이 있는가?" 필자를 비롯한 여러 테니스 전문가들은 앞으로 스피드와 체력, 그리고 서브가 더욱 중요해질 것이라고 전망한다. 이러한 패러다임 하에서 나는 오버래핑 듀얼 포핸드overlapping dual forehand, 리버스 서브reverse serve, 발리볼 서브volleyball serve라는 세 가지 샷을 제안할 것이다. 간단히 소개하자면 오버래핑 듀얼 포핸드는 베이스라인 랠리에서 선수들에게 더 강력한 힘과 시간적 여유, 그리고 더욱 넓은 코트 커버 범위를 가능하게 한다. 리버스 서브는 서브의 다양성과 옵션을 넓힐 수 있고, 발리볼 서브의 경우, 타점을 높일 뿐만 아니라 라켓 스피드도 올릴 수 있다. 이 세 가지 스트로크는 이 책에서 언급되는 하이브리드 백핸드hybrid backhand와 함께 미래 세대에게 가르칠 수 있을 것이며, 그 이유에 관해서도 설명할 것이다.

13장과 14장에서는 단식과 복식에서 어떻게 전략적으로 상대방을 제압할 수 있는지에 관해 설명한다. 13장에서 여러분은 다양한 랠리 상황에서 어떻게 부드럽게 이동해 올바른 코트 포지션과 샷을 선택할 수 있는지에 대해서 배우고, 자신의 범실을 줄이는 동시에 상대 범실을 유도하는 방법, 그리고 온갖 유형의 단식 선수들을 물리칠 수 있는 게임 플랜을 익힐 것이다. 14장에서는 4명의 복식 선수의 역할, 코트 포지션, 포칭, 서브와 리시브의 다양한 포메이션, 샷 선택, 게임 플랜, 의사소통, 그리고 자신에게 맞는 파트너를 고르는 방법 등을 설명할 것이다. 다음 15장에서는 테니스 심리 전술을 논할 텐데, 내면의 목소리, 몰입, 과정에 집중하기, 자신감, 역경의 극복, 머릿속 형상화visualization 등을 통해 상대방에게 심리적 우위를 점할 수 있는 방안을 제시할 것이다.

이 책의 마지막 16장은 피트니스에 관한 내용이다. 테니스처럼 신체를 많이 그리고 다양하게 사용하는 스포츠는 거의 없다. 유연성, 끈기, 순발력, 코어 안정성, 근력과 지구력이 모두 요구되기 때문이다. 마지막 장에서는 테니스에서 요구되는 피트니스의 여러 요소를 다룰 것이다.

『앱솔루트 테니스』는 광범위한 주제를 모두 다룬다. 왜냐하면 나는 테니스 지식이 풍부한 선수가 테니스를 더 잘 이해할 수 있고, 가장 빠르게 실력을 향상시킬 수 있는 길을 택한다고 믿기 때문이다. 하지만 단순히 실력을 끌어올리는 것에 그치지 않고, 테니스를 더 자주 즐겨 이 스포츠의 숱한 장점들을 더 많이 경험했으면 하는 바람이다. 평생 스포츠인 테니스는 당신의 건강을 책임져줄 뿐 아니라 많은 친구를 사귀는 데에도 도움이 될 것이다. 또한 집중력과 문제 해결 능력을 높일 뿐 아니라 자신에 대한 믿음과 내적 성찰의 가치를 되새겨 주기도 한다. 나는 그동안 테니스를 통해 젊은 선수들은 규율을, 나이 든 선수들은 신선한 영감을 얻고, 모든 연령대의 선수들이 성장하며 만족하는 모습을 보아 왔다. 그렇기 때문에 여러분이 베테랑 선수이건 처음 라켓을 휘두르는 초보이건 간에 이 환상적인 스포츠를 통해 건강과 성취감, 그리고 즐거움을 얻을 수 있도록 이 책이 여러분에게 격려와 동기 부여가 되었으면 하는 바람이다.

그림 1-1. 노박 조코비치는 ATP 투어 경기 중 격렬한 랠리에서도 밸런스를 유지하기 위해 평소 유연성 강화에 많은 노력을 기울인다.

제1장

밸런스

테니스 시합에서 우리는 여러 방향으로 전력 질주, 스킵, 셔플런, 런지, 그리고 점프를 하며 움직인다. 테니스는 엄청난 신체 능력을 요구하는 스포츠이기 때문에 몸을 이용해 최대한의 힘과 정확성을 끌어내는 것이 핵심이다. 따라서 스트로크를 학습하기 전 첫 세 장에서는 스트로크의 이면에 숨겨진 "해부학"인 밸런스, 키네틱 체인, 움직임에 관해 설명할 것이다.

강하고 안정적인 스트로크는 좋은 밸런스 확립에서 비롯된다. 샷을 날릴 때 등을 펴고 어깨는 평행하게, 그리고 머리를 꼿꼿이 세운 자세를 유지해야 하는 것이다. 전설적인 코치 웰비 반 혼은 이렇게 표현했다. "밸런스는 그림(스트로크)이 들어 있는 액자라고 할 수 있다."[1] 이러한 방식으로 스트로크 생성을 개념화하고, 밸런스를 잘 잡으면 몸의 긴장이 풀린 상태로 리듬감 있고 꾸준하면서도 강력한 스트로크를 만들어낼 수 있다는 점을 이해하는 것이 중요하다. 물론 테니스는 끊임없이 움직이는 스포츠다. 따라서 다이내믹 밸런스, 즉 움직이는 상태에서 균형을 잡는 것이 필수적이다.

물론 밸런스가 코트에서 당신이 가장 신경 써야 할 부분은 아니겠지만, 프로 선수들은 뛰어난 라켓 기술과 움직임을 위해서는 밸런스가 중요하다는 사실을 잘 알고 있다. 위기에 몰렸을 때도 마찬가지다. 노박 조코비치는 지극히 어려운 상황에서 두 다리를 찢어 밸런스를 유지하는 동작으로 유명한데, 이는 강하고 정확한 샷으로 반격하기 위해서다. 조코비치는 매주 훈련장에서 유연성 강화에 엄청난 시간과 노력을 쏟는다. 긴 랠리가 이어지는 접전 상황에서 좋은 자세를 유지하기 위해서다. 천부적 재능과 탁월한 기술을 겸비한 조코비치조차 스트로크 도중 밸런스를 잃으면 샷이 약해진다는 사실을 알고 있는 것이다.

이 장에서는 밸런스가 여러분의 플레이에 미치는 다양한 영향을 설명하고 체중과 밸런스 사이의 중요한 연결 고리에 대해 알아볼 것이다. 그러고는 다리와 팔, 머리의 위치가 몸의 평형 상태에 미치는 영향을 설명하고, 마지막으로 밸런스를 향상시킬 수 있는 실전 연습을 언급하겠다.

I. 밸런스는 얼마나 게임에 영향을 미치는가?

밸런스는 랠리 주도권, 스트로크 파워, 라켓 컨트롤, 시야, 리커버리recovery(한 동작을 마친 뒤 다음 준비 자세로 복귀하는 과정 – 옮긴이) 등 다양한 요소에 영향을 미친다.

1. 랠리 주도권

랠리 도중 당신과 상대의 밸런스는 승패를 결정할 수 있다. 베이스라인 플레이에서 주된 목표는 상대방을 코트 좌우로 움직이게 만들어 밸런스를 잃고 수비적으로 스트로크를 하도록 하는 한편, 당신은 밸런스를 유지하여 주도권을 잡는 것이다.

2. 스트로크 파워

2장에서 자세하게 다루겠지만 두 다리의 밸런스를 잃은 상태에서 강한 파워를 내기는 정말 어렵다. 라켓을 휘두를 때 지나치게 몸이 기울어 있다면 두 발로 지면을 밀어내는 힘이 약해진다.

3. 라켓 컨트롤

밸런스를 잃은 상태에서 라켓 헤드의 각도를 정확

그림 1-2. 세리나 윌리엄스는 한쪽 다리가 지면에서 떨어져 있을 때도 밸런스를 유지해 강하고 정확하게 공을 보낸다.

하게 잡기는 어렵다. 몸이 기울면 그립을 쥔 손의 각도는 유지할 수 있어도 지면에 대한 라켓 각도는 흔들린다. 몸이 뒤로 기울 경우, 라켓 면이 열리면서 샷이 종종 길어지게 된다. 또 앞으로 기운다면 라켓 면이 닫혀 공이 네트에 걸린다. 마찬가지로 몸이 좌우로 기울면 한쪽으로 공이 쏠려 버릴 수 있다.

밸런스를 유지하지 못할 경우, 지면에 대한 라켓의 각도가 바뀔 뿐 아니라 체중이 의도치 않은 방향으로 집중되기 때문에 이러한 변화를 잘 파악해 재빨리 스윙을 재조정해야 한다.

4. 시야

머리를 꼿꼿이 들고 있을수록 공을 보는 시야는 좋아진다. 밸런스가 무너져 머리가 흔들리면 공의 높이와 스피드, 거리를 잘못 계산할 수 있어 스윙 타이밍을 놓치게 된다. 톱플레이어들이 샷을 준비할 때 머리를 세운 상태로 유지하는 모습을 유심히 지켜보길 바란다. 이러한 머리의 위치는 시야 확보와 상황 판단에 도움을 줘 볼의 위치를 올바르게 파악하고 적절한 스트로크 타이밍을 잡도록 해준다.

5. 리커버리 능력

테니스는 움직임과 시간의 게임이다. 팔로우 스루 시 밸런스를 잘 잡을수록 모멘텀momentum(한 방향으로 지속적으로 움직이려는 경향 - 옮긴이)을 잘 통제할 수 있어 방향을 바꿔 움직이거나 더 신속하게 제자리로 돌아올 수 있다. 예를 들어 바깥쪽 포핸드를 치면서 밸런스와 무게 중심을 유지하지 못하고 오른쪽으로 몸이 기울면 왼쪽으로 이동하는 속도가 떨어질 뿐 아니라 코트 중앙으로 되돌아오는 리커버리도 어려워진다.

그림 1-3. 조 윌프리드 송가는 포핸드 준비 동작에서 머리를 꼿꼿이 세우며 밸런스를 유지한다. 이러한 자세는 공의 스피드와 궤적에 대한 정보를 눈에서 뇌로 전달하는 데 도움이 된다.

주의: 이 책에서 풋워크나 스윙, 그립 등에서 언급되는 "오른쪽"과 "왼쪽"은 오른손잡이 입장에서 적었다. 왼손잡이들은 "오른쪽"을 "왼쪽"으로, "왼쪽"을 "오른쪽"으로 바꿔 이해하기 바란다.

그림 1-4. 라파엘 나달이 다리를 넓게 벌리고 두 팔을 반대 방향으로 뻗고 있다. 받기 어려운 샷이 왔을 때 나달은 무게 중심을 두 다리 사이에 놓으면서 밸런스를 유지할 수 있다.

II. 밸런스와 몸의 무게 중심

과학 용어로 설명해 보자. 좋은 밸런스란 무게 중심을 몸의 지지대 가운데로 가져다 놓는 것이다. 이것이 무슨 뜻일까? 무게 중심은 체중이 가장 균등하게 분포된 지점이다. 보통 상체가 하체에 비해 조금 더 무겁기 때문에 무게 중심은 허리 바로 위쪽에 위치한다. 여기서 다리는 지지대 역할을 한다. 그러므로 좋은 밸런스란 몸통이 두 다리의 가운데에 정렬되는 것을 뜻한다. 그러면 어떻게 해야 하는가? 스탠스 폭을 조정하고, 두 팔을 적절한 방향으로 움직이며, 머리를 세우면 된다. 이제 이에 관해 좀 더 자세히 알아보자.

1. 다리 위치

최적의 다리 위치를 결정하는 가장 주된 요인은 공의 높이다. 공이 낮을수록 다리를 넓게 벌려 무게 중심을 양쪽 다리의 가운데에 놓으면서 스윙 시 평형을 유지해야 한다. 다리를 넓게 벌리면 무게 중심을 낮출 수 있어 지지대가 더 크고 강해진다. 높은 공의 경우는 반대로 스탠스를 좁게 취해야 한다.

무릎을 굽히는 것 역시 밸런스에 굉장히 중요한 요소인데, 특히 낮은 볼 처리에서 더욱 중요하다. 무릎을 굽히는 대신 허리를 구부리면 무게 중심이 다리 앞쪽으로 이동해 몸이 앞으로 기울면서 넘어질 위험이 있다.

스윙할 때 밸런스를 높이기 위한 양쪽 다리의 역할이 다르다는 점도 유념해야 한다. 테니스의 수많

> **코칭 박스:**
>
> 테니스에서 힘과 밸런스를 극대화하기 위해서는 몸의 사용이 매우 중요하다. 나는 종종 "푸시Push" 테스트를 이용해 힘과 밸런스를 설명한다. 푸시 테스트는 다음과 같다. 두 발을 나란히 놓고 선다. 이때 옆에서 다른 사람이 어깨를 강하게 밀면 밸런스가 쉽게 무너질 것이다. 이제 다리를 어깨보다 넓게 벌린 다음, 다시 어깨를 밀도록 한다. 이번에는 무게 중심이 낮아지고 더욱 강력한 지지대를 갖게 되면서 안정적인 상태를 유지할 것이다.

은 샷은 한쪽 다리가 스트로크를 지지하고 반대쪽 다리는 회전하면서 균형을 잡는다. 예를 들어 백핸드 스트로크에서는 오른쪽 다리가 몸을 지지하고

그림 1-5. 스탠 바브린카의 백핸드. 오른발은 고정한 상태에서 왼쪽 다리를 돌리며 밸런스를 잡는다.

왼쪽 다리는 왼쪽으로 움직이면서 밸런스를 유지하는 역할을 한다(그림 1-5). 왼쪽 다리는 또한 골반 회전을 만들고 무게 중심 이동을 부드럽게 해줄 뿐 아니라 신속하게 코트 중앙으로 돌아올 수 있도록 한다.

2. 몸통 위치

몸통은 몸의 가장 무거운 부위이자 무게 중심이 있는 곳이다. 따라서 몸통의 위치는 밸런스를 잡는데 매우 중요한 역할을 한다. 몸통 자체는 움직일 수 없기 때문에 균형을 유지하기 위해서는 다리와 팔의 위치에 의존하게 된다.

줄타기 곡예사가 균형을 위해 두 팔을 사용하는 것과 유사하다. 예를 들어 원핸드 백핸드에서 오른팔을 앞으로 스윙하면서 왼팔을 뒤로 움직여야 체중을 균등하게 분산할 수 있다(그림 1-5 바브린카의 자세 참조). 이는 몸통 자세를 잡아줄 뿐 아니라 정반대의 힘을 가해 오른팔을 밀어냄으로써 힘과 정확도를 늘릴 수 있다. 서브에서 왼팔은 공을 토스하기 위해 올라갔다가 라켓을 휘두르기 시작하면서 내려온다. 이 동작 역시 몸의 균형을 잡을 뿐 아니라 정반대의 힘을 가한다(그림 1-6a). 포핸드의 경우 왼팔은 백스윙을 할 때 오른쪽으로 움직이고 스윙을 앞으로 가져갈 때는 왼쪽을 향한다(그림 1-6b). 이 동작은 체중을 고르게 분산해 몸통을 세워주는 동시에 몸통 회전을 통해 파워를 생성한다.

그림 1-6. 라켓을 들지 않은 왼팔은 밸런스 확립에 중요한 역할을 한다. 페더러(a)는 서브를 넣을 때 왼팔을 올렸다 내리고, 캐롤라인 보즈니아키(b)는 포핸드 스윙을 하면서 왼팔을 오른쪽에서 왼쪽으로 움직인다.

3. 머리 위치

머리는 무게가 3.5~5.5kg에 불과하지만 30도 각도로 기울일 경우 거의 20kg의 무게로 느껴지면서 밸런스에 지대한 영향을 미친다. 따라서 스윙을 할 때는 머리를 수직으로 세우고 무게 중심에 정렬하는 것이 중요하다.

III. 밸런스 훈련

밸런스를 유지하며 빠르게 움직이기 위해서는 많은 연습이 필요하다. 이에 필요한 민첩성 및 유연성 훈련은 16장에서 설명할 텐데, 여기서는 우선 코트에서 할 수 있는 네 가지 훈련 방법을 살펴보자.

그림 1-7. 변형 미니 테니스

1. 변형 미니 테니스

연필을 한쪽 귀에 꽂거나 왼손에 작은 컵을 든 상태로 파트너와 함께 서비스 박스 안에서 천천히 공을 친다. 연필을 떨어뜨리거나, 물을 엎지르지 않도록 신경 쓰면서 바른 자세로 부드럽게 공을 친다.

2. 모자를 헐겁게 쓰고 하는 캐치볼

라켓은 필요 없다. 모자를 헐겁게 쓰고 파트너와 5m 떨어져 선다. 파트너가 여러 방향으로 공을 던지면 한 번 바운드된 공을 잡아 다시 상대에게 건넨다. 머리를 곧게 세운 상태에서 부드럽게 움직여 모자가 떨어지지 않도록 해야 한다. 15번 정도 공을 잡고 나면 파트너와 역할을 바꾼다.

3. 얼음 테크닉

얼음 테크닉은 밸런스를 분석하고 잘못된 점을 바로잡는 데 도움이 된다. 연습 상대는 5초마다 공을 코트 내 임의의 지점으로 보낸다. 매번 스윙을 마치고 3초 동안 움직이지 않은 채 "얼음" 상태를 유지한다. 만약 "얼음" 상태에서 몸이 흔들리거나 불편한 느낌이 든다면 스윙 시 뒤쪽 다리를 적절히 돌리지 않았을 수 있고, 공과의 거리가 너무 가깝거나 멀었을 가능성도 있다.

4. 원핸드 발리

네트에서 4~5m 떨어져 한 손을 등 뒤에 대고 발리를 주고받는다. 이러한 연습은 밸런스를 잡을 때 왼팔의 역할을 배제함으로써 무릎을 굽히고 스탠스를 넓히는 것이 평형 유지에 얼마나 중요한지를 일깨워 줄 것이다.

밸런스 향상을 위해 코트 밖에서 시행할 수 있는 여러 가지 피트니스 운동이 있다. 평평한 바닥이 아닌 보수볼BOSU ball(피트니스 센터에서 쉽게 볼 수 있는 반원 형태의 말랑말랑한 공 - 옮긴이) 위에서 스쿼트를 하거나 짐볼에서 윗몸 일으키기를 하면 발목, 무릎, 코어의 작은 근육들이 활성화되면서 밸런스가 향상된다. 특히 유연성 향상을 위한 피트니스 운동은 어려운 샷을 치기 위해 몸을 뻗어야 하는 상황에서 밸런스를 유지하는 데 도움이 될 것이다.

그림 2-1. 세리나 윌리엄스가 서브 동작에서 키네틱 체인을 발현하기 위해 몸을 비틀었다 풀 준비를 하고 있다.

제2장

키네틱 체인

US오픈에 출전한 세리나 윌리엄스를 떠올려보자. 공을 바닥에 튀기면서 서브를 준비한다. 숨을 들이쉰 다음, 왼팔을 올리면서 토스하고 오른팔로는 백스윙을 시작한다. 이제 공이 왼손에서 떠난 뒤에 일어나는 몸의 움직임에 주목해 보자. 어깨를 돌리고, 무릎을 굽히고, 골반을 앞으로 내밀고, 등을 젖히면서 임팩트 직전까지 온몸을 이용해 에너지를 모은다(그림 2-1). 그러고 나서 숨을 내쉬고 다리, 몸통, 팔의 순서로 반대 방향으로 몸을 돌리면서 솟구쳐 오른다. 축적된 에너지를 라켓에 실은 뒤 공을 때려 시속 160km 이상의 속도로 네트 너머로 보낸다.

이 놀라운 연결 동작과 몸의 조화는 세리나 윌리엄스 서브 테크닉의 정수이자 현대 테니스의 핵심인 키네틱 체인이다. 즉, 강력한 스트로크를 구사하기 위해 몸 전체로 와인드업wind-up하는 것이다. 키네틱 체인은 우리의 몸을 하나의 연결선으로 재구성한다. 하체 에너지가 상체로 이동하면서 강화되어 임팩트 순간에 모든 파워를 쏟아내며 마무리된다. 이 장에서는 샷의 파워와 안정성, 에너지 유지와 부상 방지에 이르는 키네틱 체인의 장점을 설명하고, 키네틱 체인의 활용 방법과 키네틱 체인 파워를 향상시키는 운동 방법을 소개하겠다.

그림 2-2. 페더러는 서브를 넣을 때 키네틱 체인을 잘 활용해 지면 위로 솟구쳐 오른다. 키네틱 체인은 페더러가 많은 힘을 들이지 않고도 엄청난 파워를 낼 수 있게 해 주며, 그랜드슬램 대회 65회 연속 출전이라는 기록을 가능케 만든 요인이기도 하다.

I. 키네틱 체인의 장점

1. 샷 파워 증가

팔과 어깨가 서브 동작에서 라켓 스피드를 높이는 주요 원천이긴 하지만 팔만 사용할 경우에는 평범한 서브에 그치게 된다. 팔에 힘을 실어 라켓 스피드를 올리는 추진력은 바로 다리와 복부의 대근육에서 비롯된다.

좋은 서브를 넣기 위해서는 파워와 높은 타점이 요구된다. 이를 위해서는 먼저 다리를 굽혔다 펴고, 이후 지면을 박차면서 지면 반발력ground force reaction을 생성해야 한다. 다리의 에너지는 몸을 타고 올라가 골반과 어깨 회전에 의해 배가된다. 이제 어깨에 전달된 에너지는 아래팔(전완)과 손목의 내전pronation(내전은 팔의 회전 운동을 설명하는 개념으로, 테니스에서는 서브 시 처음에는 손바닥이 몸의 안쪽을 가리키다 마지막 단계에서 바깥쪽을 향하는 동작을 일컫는다 – 옮긴이)에 의해 증폭되어 다리에서 시작돼 라켓까지 전달된 파워를 뿜어낸다. 그라운드 스트로크 역시 마찬가지이다. 처음에 다리에 저장되어 있던 에너지는 몸으로 올라와 라켓 스윙과 합쳐지면서 헤드 스피드를 높이고 샷에 무게감을 더해준다. 오늘날 테니스는 서브와 그라운드 스트로크에서 대부분 포인트가 결정된다. 따라서 키네틱 체인을 올바르게 수행할 수 있는 능력은 필수적이다.

2. 안정성의 향상

만약 키네틱 체인을 잘 사용하지 못해 상체와 팔의 움직임에만 의존한다면 라켓 컨트롤에 실패해 범실이 나오게 된다. 하체의 지지가 확보되지 않은 상태에서 팔을 격렬하게 휘두르면 임팩트 시점에서 라켓의 균형을 유지하기가 어려워진다. 반면에 키네틱 체인을 올바르게 활용하면 스트로크 파워뿐 아니라 안정성까지 얻을 수 있다. 파워가 몸 전체에서 나오다 보니 팔과 손목은 파워를 늘리기보다는 라켓을 컨트롤하고, 안정적인 샷 구사에 필요한 정확한 타점을 확보하는 데 사용할 수 있다.

3. 에너지 보존과 부상 방지

다리와 코어가 경직된 선수들은 상체 근육이 긴장하게 돼 라켓을 휘두르다 지치기 쉽다. 이렇게 계속 스윙하면 피로도가 증가할 뿐 아니라 근육과 관절의 혹사로 인해 결국 팔과 어깨의 부상으로 이어진다. 키네틱 체인을 잘 사용하면 팔과 어깨의 과도한 스트레스를 줄일 수 있다. 여러분의 팔은 다리와 코어에서 뿜어 나오는 에너지 물결에 합류하면서 전신의 효율적 사용이 가능하게 된다.

> **코칭 박스:**
>
> 서브는 던지는 동작이다. 나는 레슨 수강생들에게 서브에서 키네틱 체인의 중요성을 더 잘 이해시키기 위해 네 가지 방법으로 공을 던지라고 한다. 첫째, 네트를 정면으로 응시한 채 어깨를 움직이지 않는 "포환 던지기shot put" 동작. 둘째, 네트를 응시하지만 이번에는 어깨를 회전하며 던지기. 셋째, 같은 자세에서 무릎을 굽혀 다리의 힘을 추가하기. 마지막으로, 정면이 아닌 옆으로 서서 전방 모멘텀을 이용해 풀 스윙으로 던지기. 키네틱 체인이 한 단계씩 추가될 때마다 공은 점점 더 멀리 나가게 된다.

II. 키네틱 체인 극대화하기

키네틱 체인의 장점은 뚜렷하다. 그러면 이러한 장점을 극대화하려면 어떻게 해야 할까? 키네틱 체인은 다음의 조건이 충족될 때 가장 잘 작동한다. 즉, 타이밍이 맞고, 밸런스가 갖춰지고, 준비가 되어 있고, 전신의 근력과 유연성을 지니고 있을 때이다.

1. 정확한 타이밍

키네틱 체인의 타이밍과 순서는 중요하다. 키네틱 체인은 신체 리듬을 따라가는데, 백스윙 시 라켓을 몸에 가까이 붙인 상태에서 자세를 낮춘 다음, 숨을 내쉬면서 몸을 위로 들어 올리고, 포워드 스윙을 하면서 라켓을 몸통에서 먼 쪽을 향해 휘두른다. 키네틱 체인을 너무 일찍 혹은 너무 늦게 시작하면 효과는 반감된다. 예를 들어, 서브 동작에서 다리가 펴지기 전에 라켓이 먼저 앞으로 나가면 키네틱 체인의 타이밍이 잘못돼 제대로 기능할 수 없다.

2. 적절한 밸런스

지면을 효율적으로 박차 오르기 위해서는 밸런스를 갖춰야 한다. 스윙을 할 때 자세가 안 좋거나 몸이 기울면 발이 코트에 붙어 있지 못하면서, 힘차게 지면을 박차 오르는 데 필수적인 견고한 지지대를 형성할 수 없게 된다. 포핸드를 칠 때 공에서 너무 떨어져 있으면 자세가 불안정해지고 스윙 시 발

그림 2-3. 시모나 할렙은 강력한 지지대 형성을 통해 지면을 박차고 오른 다음, 착지하는 과정에서 밸런스를 유지한다.

이 끌리면서 파워가 감소한다. 이것이 바로 테니스에서 풋워크가 그토록 중요한 이유이다. 좋은 풋워크는 밸런스를 유지할 수 있는 자세를 잡아 주고, 그래야만 밸런스가 잡힌 상태에서 키네틱 체인이 제대로 기능해 힘을 발휘할 수 있다.

3. 사전 준비동작

좋은 자세를 미리 잡기 위해 최선을 다하라. 그래야만 다리의 추진력을 얻는 데 필요한 시간을 벌 수 있다. 자세를 더 일찍 잡고 두 발을 제 위치에 놓으면 백스윙하는 동안 더 많은 힘을 다리에 저장해 포워드 스윙 시 강력한 파워를 낼 수 있다. 시간이 없어 적절한 준비 자세를 취하지 못하면 작은 팔 근육을 주로 사용하게 되면서 샷에 무게를 싣기 어려워진다.

4. 전신의 근력

키네틱 체인을 잘 수행하기 위해서는 몸 전체가 강인해야 한다. 키네틱 체인의 에너지는 우리 몸속을 흐르는 물에 비유할 수 있다. 만일 몸의 연결 부위 중 한쪽이 약하면, 이는 마치 댐과 같은 효과를 내기 때문에 앞부분에서 만들어진 에너지가 사라져 버린다. 예를 들어 복근이 약하면 다리에서 시작된 힘은 어깨로 가기 위해 몸통을 지나는 과정에서 점차 감소하게 된다.

5. 뛰어난 유연성

유연하면 키네틱 체인은 향상된다. 또한 근육의 "신장-단축 주기stretching-shortening cycle"를 활용해 키네틱 체인을 향상할 수도 있다. 이는 고무줄 원리와 비슷하다. 근육이 늘어났다 줄어들면서 강한 파워를 내는 원리이다. 유연성이 좋을수록 근육이 더 잘 늘어나며, 더욱 많은 에너지가 생성될 수 있다. 예를 들어, 포핸드 백스윙에서는 골반이 회전하면서 가슴과 어깨 근육이 늘어난다. 이때 팔에 작용하는 관성으로 인해 라켓이 자연스럽게 손목 뒤로 처지게 된다. 이렇게 라켓이 뒤로 처지고 가슴과 어깨 근육이 늘어나면서 에너지가 축적된다. 이 에너지는 늘어난 근육이 다시 수축하면서 라켓에 전해지며, 공을 더 빠르게 때릴 수 있도록 한다.

III. 몸을 얼마나 움직여야 하는가?

테니스는 다이내믹한 게임이다. 따라서 키네틱 체인에서 몸을 얼마나 많이 움직이냐는 샷의 종류에 따라 달라진다. 키네틱 체인은 모든 서브와 강한 그라운드 스트로크에서 사용된다. 그 밖의 샷의 경우에는 날아오는 공의 속도와 스윙 파워에 따라 사용되는 정도가 달라진다. 가장 강력한 파워와 최상의 컨트롤을 얻기 위해서는 상황 변화에 대처해야 하고, 스윙 시 적절하게 몸을 움직여야 한다.

키네틱 체인은 느린 공 처리에서 더욱 중요하다. 힘을 스스로 만들어내야 하기 때문이다. 천천히 오는 공을 때리는 최고의 파워 포핸드는 다음과 같이 만들어진다. 두 발을 제 위치에 놓고, 다리를 굽혔다 펴고, 골반과 어깨를 회전하면서 스트로크를 구사한다(그림 2-4a). 클레이 코트처럼 공의 속도가 느린 곳에서는 스스로 파워를 만들어내야 하는 경우가 더욱 잦아지는데, 전신을 이용한 역동적인 키네틱 체인이야말로 공격적인 스트로크의 필수불가결한 요소이다.

반면 드롭샷 및 슬라이스와 같은 조금 덜 공격적인 샷의 경우에는 키네틱 체인에 기반해 파워를 생성할 필요성이 줄어든다. 이러한 샷을 구사할 때는 몸이 보다 정적인 상태, 코칭 용어로 말하자면 "차분한" 상태가 된다. 덧붙여 키네틱 체인은 발리를 하거나 빠르게 날아오는 공을 처리할 때는 조금 덜 중요한데, 이는 공 자체에 힘이 담겨 있기 때문이다. 예를 들어 빠른 서브를 리턴하는 경우, 이미 공은 힘을 잔뜩 머금고 있기 때문에 키네틱 체인은 필요하지 않게 되며 오히려 타이밍만 놓치는 원인이 될 수도 있다. 동호인들에게는 "차분한" 그라운드 스트로크가 더 적합할 수 있는데, 이는 타이밍 맞추기에 좋고 동호인들의 상대적으로 느린 스윙 스피드에 적당한 기술이다. 키네틱 체인에서 몸의 움직임을 줄이는 경우는 클레이코트보다 바운스가 낮고 공의 속도가 빠른 하드 코트에서 더 빈번

그림 2-4a. 조코비치는 느린 공을 공격적인 톱스핀 포핸드로 칠 때 강력한 키네틱 체인 파워를 사용한다.

그림 2-4b. 하지만 슬라이스 백핸드를 구사할 때는 몸의 움직임을 줄이면서 키네틱 체인에 기반한 파워를 거의 사용하지 않는다.

하다는 사실을 염두에 두어야 한다.

IV. 키네틱 체인 연습

어떻게 강력한 키네틱 체인을 만들 수 있을까? 키네틱 체인의 힘은 대체로 탄탄한 코어, 즉 몸 중심부 1/3을 구성하는 척추와 등, 골반, 복부에서 나온다. 코어는 강한 키네틱 체인의 핵심이며, 파워를 극대화하기 위해 키네틱 체인의 에너지 흐름은 코어를 통해 막힘 없이 이동해야 한다. 또 키네틱 체인의 골반과 어깨 회전 역시 강한 코어 근육을 바탕으로 생긴다. 프로 테니스 선수들은 이 부분을 강화하기 위해 가장 좋아하는 코어 단련 도구를 활용해 땀을 흘린다. 바로 메디신 볼이다.

메디신 볼 훈련에서는 무거운 공을 강하게 던지기 위해 몸 전체를 사용하도록 한다. 또 이를 활용해 포핸드와 백핸드 같은 특정 스윙을 따라 할 수 있고, 코트 위에서 이루어지는 다양한 동작을 흉내낼 수도 있다. 여러분의 체력 수준에 따라 메디신 볼 무게와 동작 반복 횟수를 선택해 다음 연습을 해보자.

1. 그라운드 스트로크 메디신 볼 훈련

왼쪽에 벽을 두고 왼쪽 다리를 굽힌 상태에서 벽을 보고 옆으로 선다. 오른쪽 골반 뒤로 메디신 볼을 가져오며 체중을 주로 오른쪽 다리에 싣는다. 포핸드 준비 자세를 흉내 내고, 포핸드 치는 것처럼 공을 벽에 던지며, 몸통을 돌릴 때는 바른 자세를 유지하도록 한다. 팔로우 스루 시에는 두 손을 어깨 높이까지 올리고, 골반은 벽을 정면으로 향하도록 한다. 같은 방법으로 백핸드 동작을 따라 하되, 반대편 벽을 보고 오른발을 앞에 놓는다. 연습 파트너가 있다면 베이스라인 랠리를 하는 것처럼 서로 주고받는 것도 좋다(그림 2-5).

2. 서브 메디신 볼 훈련

다리를 어깨너비로 벌리고, 벽을 정면으로 바라본다. 양손으로 메디신 볼의 옆부분을 잡고 공을 머리 위로 올린다. 이 자세에서 위쪽, 앞쪽, 아래쪽의 세 방향으로 공을 던진다. 그다음 다리의 위치를 바꿔 왼발이 앞으로 오게 하면서 서브를 넣는 스탠스로 선다. 공을 머리 위로 올리고 무릎을 굽힌 뒤 골반과 어깨를 서브 동작에서처럼 회전시킨 다음, 벽이나 파트너를 향해 약 45도 각도로 공을 던진다.

3. 발리 메디신 볼 훈련

단순히 파트너와 공을 주고받는 것으로도 발리에 사용되는 어깨와 팔 근육을 강화할 수 있다. 파트너와 함께 코트에서 움직이면서 팔꿈치를 몸에 바짝 붙인 채 벤치 프레스 동작을 이용해 메디신 볼을 던진다. 그다음에는 왼발을 앞으로 내민 채 같은 방식으로 공을 던지고, 다시 오른발을 앞으로 내밀면서 던지는 동작을 반복하며 코트 위를 이리저리 움직인다.

그림 2-5. 메디신 볼을 이용한 스트로크 훈련

그림 3-1. 테니스 선수의 움직임은 빠르고 민첩해야 한다. 이 사진에서 페더러는 하이 백핸드 발리를 처리하기 위해 마치 발레 동작과 같은 움직임을 보이고 있다.

제3장

움직임

테니스 팬들은 가끔 프로들의 환상적인 스트로크에 감탄하지만, 그 샷을 가능하게 만든 바로 전 단계에는 무심한 경향이 있다. 바로 움직임movement이다. 사실 움직임은 프로 투어에서 점점 더 중요해지고 있다. 선수들이 공을 더욱 빠르게 치고, 폴리 스트링poly-string이 라켓에 사용되면서 스핀의 양과 각도의 날카로움을 배가했기 때문이다. ATP 투어에서 지난 10여 년간 우승 타이틀을 독식한 로저 페더러, 라파엘 나달, 노박 조코비치, 앤디 머리 모두 움직임이 매우 빠른 선수 축에 속한다는 것은 모두가 잘 아는 사실이다. 그러나 좋은 움직임과 투어에서의 성공 간의 연관성은 새롭게 밝혀진 사실이 아니다. 최고의 선수들은 언제나 빠르고 민첩했다. 통산 8회 메이저 챔피언인 이반 랜들에게 시대를 통틀어 최고 선수들에게 가장 공통적으로 발견되는 강점을 물었을 때, 그는 빅서브나 압도적인 포핸드를 언급하지 않았다. 그의 대답은 바로 뛰어난 움직임이었다.[1]

선수의 수준에 상관없이 움직임은 여러 측면에서 포인트에 영향을 미친다. 서브를 제외한 모든 스트로크에서 움직임은 샷의 타이밍과 밸런스에 엄청난 영향을 끼친다. 지속적으로 좋은 샷을 치기 위해서는 충분한 시간적 여유와 밸런스가 요구된다. 움직임은 어려운 공을 받을 수 있게 만들어 랠리를 연장한다. 또한 스윙을 하기에 적절한 자세를 잡아주기도 한다. 만약 잘못된 스텝을 밟아 공과 너무 가깝게 붙거나 멀리 떨어진 상태에서 스윙을 하면 팔이 덜 펴지거나 지나치게 펴지게 되고, 체중이 라켓과 다른 방향으로 쏠리게 된다. 반면 올바른 스텝을 취하면 팔을 적당히 뻗게 되고, 체중이동과 라켓 움직임이 일치하게 된다. 움직임은 공격적으로 공을 쳐서 상대에게 준비할 시간을 주지 않게 하거나, 뒤로 빠르게 물러나 조금 더 편안한 높이에서 공을 칠 수 있도록 한다. 간단히 말해 테니스는 움직임을 중심으로 이루어지는 운동이며, 모든 선수는 이를 자신의 자산으로 만들기 위해 열심히 노력해야 한다.

랠리 도중의 움직임에는 셔플(질질 끌기), 스킵(깡총깡총 뛰기), 슬라이딩, 그리고 여러 방향으로의 단거리 질주 등의 다양한 풋워크가 포함된다. 코트 커버를 일종의 댄스라고 생각할 수도 있다. 여기서 당신의 댄스 파트너는 공인데, 다양한 속도로 다양한 지점에 떨어지기 때문에 여러 가지 동작에 능숙한 파트너라 할 수 있다. 먼 거리의 백핸드 발리를 할 때의 움직임은 발레와 비슷하다. 반면에 그라운드 스트로크를 치기 전 내딛는 잔발은 아마도 차차cha-cha 댄스를 닮았을 것이다. 공에 알맞은 '댄스'를 하는 것은 공의 속도와 스핀, 경로를 읽고, 공이 어디에 떨어질지를 예측하며, 그에 맞춰 가장 편안한 스탠스에서 공을 칠 수 있도록 다리를 위치시킨다는 의미이다. 공에 대한 유연성과 적응력을 갖춘 선수들은 댄스 용어로 표현하면 비트에 맞춰 춤을 출 줄 아는 사람들이며, 이들이 바로 최고의 풋워크 소유자들이다.

16장에서는 전체적인 움직임에 중요한 피트니스의 구성 요소(유연성, 민첩성, 순발력, 코어 안정성, 지구력, 근력)에 관해 언급할 것이다. 이번 장에서는 코트에서 일어나는 움직임과 뛰어난 샷을 구사하기 위해 순차적으로 밟아야 하는 다양한 종류의 스텝, 즉 스플릿 스텝, 강력한 첫 스텝, 조정 스텝, 그리고 마지막으로 슬라이딩에 대해 중점적으로 다룰 것이다.

I. 스플릿 스텝

좋은 움직임은 강력한 스플릿 스텝에서 시작된다 (그림 3-3). '준비 뛰기ready hop'라 불리기도 하는 스플릿 스텝의 목적은 감지 속도를 높여 공이 상대방의 라켓 면에 닿는 중요한 순간에 빠르게 반응하는 것이다. 스플릿 스텝은 관성의 부정적인 면을 극복하는 데 도움이 된다. 즉, 정지된 상태에서 시작하는 것보다 더 빠르게 몸을 움직이도록 해 준다. 멈춰 있는 차를 미는 건 어렵지만, 차가 일단 움직이기 시작하면 밀기가 훨씬 쉬워진다. 테니스에서 스플릿 스텝은 몸을 쉽게 밀 수 있도록 해 준다.

스플릿 스텝은 움직임이 거의 없을 때뿐 아니라, 움직임이 많을 때도 도움이 된다. 먼 거리의 샷을 친 뒤 모멘텀으로 인해 리커버리가 늦어지지 않도록 하므로, 다음 샷을 위해 더 빨리 움직일 수 있게 된다.

> **코칭 박스:**
>
> 판다는 몸이 유연하고 무게 중심이 낮아 움직임이 좋은 동물이다. 기린은 그 반대다. 판다와 같이 긴장을 풀고 자세를 낮춘 상태에서 경기를 하기 위해서는 충분한 연습과 강한 다리 근력이 필요하다. 그렇지 못한 선수들은 경기 중에 뻣뻣하게 서서 기린과 같은 자세를 취하게 되는데, 이로 인해 첫 스텝이 느려지고 이상적인 움직임이 나오지 않게 된다. 연습하는 동안 다양한 자세를 취해 보고, 항상 몸을 웅크리고 무게 중심을 낮추는 것을 잊지 말자. 이러한 기본기를 몸에 익히면 움직임이 빨라질 것이고, 여러분의 사냥감인 테니스공을 더 빠르게 때릴 수 있을 것이다.

테크닉

스플릿 스텝은 애슬래틱 스탠스athletic stance를 취하는 것에서 시작된다. 애슬래틱 스탠스는 무릎을 살짝 굽히고, 어깨너비보다 넓게 다리를 벌리고, 15~20cm 정도 키를 낮추는 자세이다(그림 3-2). 이렇게 웅크린 상태에서 상체를 약간 앞으로 기울이되 골반은 뒤로 빼며 등은 곧게 펴야 한다.

애슬래틱 스탠스는 무게 중심을 낮출 뿐 아니라 체중의 일부를 다리에서 골반으로 옮겨준다. 이는 몸을 '가볍게' 만들어 상대의 샷에 빠르게 반응하도록 한다. 이번에도 자동차에 비유해 본다면 애슬래틱 스탠스는 포뮬러원 머신Formula 1 machine의 디자인에 해당한다고 할 수 있다. 이 경주용 차량은 휠베이스(앞바퀴 차축과 뒷바퀴 차축 간의 거리 - 옮긴이)가 길고, 무게 중심이 매우 낮아 지면에서 살짝 들린 상태로 주행한다. 이러한 디자인 덕분에 이들 차량은 빠르게 움직이고 신속하게 방향을 전환할 수 있다.

그림 3-2. 요한나 콘타의 애슬래틱 스탠스. 발을 어깨보다 넓게 벌리고, 무릎을 굽히며, 등은 상당히 편 상태에서 체중을 약간 앞쪽에 싣는다.

그림 3-3. 앤디 머리의 폭발적인 첫 스텝은 높고(a), 넓은(b) 스플릿 스텝과 타이밍에 기인한다. 그는 두 발이 지면에 닿는 순간(c), 어느 방향으로 움직일지를 결정한다.

> **코칭 박스:**
>
> 모든 프로 선수들은 스플릿 스텝을 사용한다. 그런데 동호인들 중에서는 스플릿 스텝을 활용하는 경우가 생각만큼 많지 않다. 이는 매우 중요한 동작이며, 지면 위로 2cm만 점프할 수 있다면 누구나 가능하다. 아직 스플릿 스텝을 게임에 사용하지 않는다면 벽치기를 하면서 연습하라. 공이 벽을 때릴 때마다 스플릿 스텝을 밟는다. 몸에 익히기만 한다면 스플릿 스텝은 본능적이면서도 쉽게 할 수 있는 동작이다.

스플릿 스텝은 애슬래틱 스탠스를 취한 다음, 상대방이 공을 치기 직전에 두 발이 지면 바로 위로 들리도록 뛰어오르면서 마무리된다(그림 3-3a). 이때 다리는 점프하면서 조금 더 넓게 벌려야 한다(그림 3-3b). 스플릿 스텝이 높을수록 발로 코트 바닥을 누르는 힘이 커지고, 그 결과 첫 스텝의 폭발력이 증가한다.

두 발로 점프한 다음, 착지할 때는 체중을 앞쪽에 싣고 무릎을 약간 구부려 자세를 낮춰야 한다(그림 3-3c). 타이밍이야말로 스플릿 스텝의 핵심이다. 어느 쪽으로 움직일지 결정한 바로 그 순간에 지면을 밟아야 하는 것이다.

이렇게 몸을 위아래로 움직이면 다리에 에너지가 저장되어 공을 향한 최초의 움직임에 힘이 실린다. 스플릿 스텝을 밟으면 체중이 발 앞쪽으로 이동하게 되어 자연스럽게 뒤꿈치가 바닥에서 들리게 되므로, 움직일 때 뒤꿈치를 들어 올리는 단계를 생략할 수 있다.

기본적인 스플릿 스텝을 마스터한 다음에는 고난도 스플릿 스텝을 배울 수 있다. 이는 예상하는 이동 방향과 반대 발로 착지하는 것이다. 예를 들어, 오른쪽으로 움직이려 한다면 착지할 때 왼발에 조금 더 체중을 실어 오른쪽으로 좀 더 공격적으로 움직이는 것이다(그림 3-4).

II. 첫 스텝

스플릿 스텝 후, 첫 스텝은 매우 중요하다. 왜냐하면 상대의 샷을 받기 위해 필요한 속도를 만들 수 있는 시간은 정말 짧기 때문이다. 첫 스텝이 엉망이면, 이어지는 모든 스텝이 느려져 좋은 포지션을 잡기 어려워진다. 이는 상대를 속이는 샷이 효과적일 수 있는 이유가 된다. 상대가 여러분의 허점을

그림 3-4. 스플릿 스텝의 마지막 단계에서 페더러의 왼발이 먼저 지면에 닿았다는 것은 그가 오른쪽으로 움직이려 한다는 뜻이다.

그림 3-5. 스플릿 스텝을 마친 뒤, 나달은 자세를 낮추고 몸을 앞으로 기울이며 발을 회전하는데, 이는 다음 샷을 치기 위해 재빨리 움직이는 데 도움이 된다.

그림 3-6. 전진 속도를 높이기 위해 가브리네 무구루사는 몸을 앞으로 기울이며 발의 추진 각도를 몸 전체와 맞추고 있다.

노리는 드롭샷을 구사할 때, 첫 스텝이 좋지 않다면 공을 쫓아갈 수 있는 스피드를 내기 어렵다. 만약 당신이 드롭샷을 예측했다면, 첫 스텝을 좀 더 강하게 디디면서 훨씬 빨리 달릴 수 있다.

강력한 첫 스텝을 위해서는 자세를 낮추고, 공 쪽으로 몸을 기울이고, 움직이고자 하는 방향으로 골반이 향하도록 발을 돌리는 동작이 거의 동시에 이루어져야 한다(그림 3-5). 여기서 중요한 점은 첫 스텝을 디디면서 발의 추진력이 향하는 각도로 골반과 척추, 어깨가 정렬될 수 있도록 상체를 살짝 앞으로 기울여야 한다는 사실이다(그림 3-6).

상체를 기울이는 건 리커버리를 위한 첫 스텝에서도 중요하다. 멀리 빠지는 공을 받은 다음에 제자리로 돌아오기 위해서는 달리던 방향의 반대쪽으로 몸을 기울여야 한다(그림 3-8). 몸통이 뻣뻣하면 갑자기 멈추거나 방향을 바꾸기가 어렵다는 걸 깨닫게 된다. 몸이 유연하고 다양한 자세를 취할 수 있어야 몸통을 원하는 방향으로 기울여 공을 치고 제자리로 돌아올 수 있을 것이다.

움직임이 뛰어난 선수들은 첫 스텝의 방향에 따라 전후좌우로 몸을 기울인 다음, 동작이 완료되고 나면 재빠르게 등을 곧게 펴서 다시 자세를 잡는다. 조코비치의 첫 번째 움직임 이후의 모습을 살펴보자. 그는 몸을 계속 낮춘 상태에서 좋은 자세를 유지하고 있는 것을 알 수 있다. 다리와 코어의 근력 덕분에 무릎을 굽히고 상체는 꽂꽂이 세운 상태로 빠르게 움직일 수 있는 것이다(그림 3-7). 이

그림 3-7. 조코비치는 드롭샷을 처리하기 위해 첫 스텝을 강하게 밟은 다음, 이동하면서 빠르게 자세를 잡는다.

러한 자세로 인해 조코비치는 공에 가까이 왔을 때 쉽게 속도를 늦출 수 있고, 공에서 눈을 떼지 않음으로써 공이 어디에 떨어지는지를 정확히 판단할 수 있게 된다.

첫 스텝의 종류

상대가 친 공은 다양한 속도로 다양한 지점에 떨어지기 때문에 첫 스텝의 종류도 다양하게 된다. 가까운 공을 처리한다면 첫 스텝은 보통 작은 하프-스텝half-step이며, 공에 가까운 발이 움직인다. 그

그림 3-8. 제 위치로 돌아오기 위해 먼 거리를 뛰어야 할 때, 나달은 크로스오버 스텝에 이어 러닝 스텝을 밟는다.

그림 3-9. 복귀해야 할 거리가 짧은 경우, 조 윌프리드 송가는 크로스오버 스텝을 밟은 뒤 사이드 셔플을 사용한다.

러나 먼 공의 경우에는 공에 가까운 발을 공의 방향이 아니라 몸통 쪽으로 슬라이딩할 수 있다. 이렇게 하면 몸이 이동 방향으로 기울어지면서 어려운 공을 받도록 가속하는 데 도움이 된다. 리커버리에 특화된 첫 스텝도 있다. 크로스오버 스텝의 경우, 오른발이 왼발의 앞쪽, 왼쪽으로 움직이거나 왼발이 오른발의 앞쪽, 오른쪽으로 움직인다. 이는 빠른 리커버리를 위해 익혀야 할 매우 중요한 첫 스텝이다. 코트의 측면으로 깊숙이 들어오는 공을 리턴한 뒤 커버해야 할 공간이 많다면, 첫 스텝은 보통 크로스 스텝을 밟고, 이후 러닝 스텝을 취한다(그림 3-8). 코트 중앙에서 비교적 가까운 공을 받은 다음 원위치할 경우 첫 스텝은 대개 크로스오버이지만, 그다음은 옆으로 발을 살짝 끄는 사이드 셔플side shuffle로 이어진다(그림 3-9).

III. 조정 스텝

스플릿 스텝과 첫 스텝에 이어 코트를 커버하기 위해 보다 큰 스텝을 딛게 되는데, 시간이 허락된다면 스윙 전에 조정 스텝을 밟을 수 있다. 처음에 공 위치를 잘못 판단하더라도 작은 조정 스텝을 통해 공과 적절한 거리를 유지할 수 있게 된다. 여기서 공이 몸에서 1.5m 떨어졌을 때 예상되는 낙구 지점과 50cm 이내에 들어왔을 때 예상되는 위치는 상당히 다를 수 있다는 점에 유념해야 한다.

조정 스텝은 그라운드 스트로크의 리듬과 타이밍을 향상시키기도 한다. 나달의 코치인 프란시스 로이그는 이렇게 말한 적이 있다. "가장 중요한 건 공을 읽고 바운스 되는 양상을 파악하는 겁니다. 너무 빨라도 안 되고, 너무 느려도 안 되죠. 정확한

그림 3-10. 나달이 포핸드를 치기 전에 작은 조정 스텝을 밟고 있다.

타이밍을 맞춰야 합니다."[2] 공이 다가올 때 작은 조정 스텝을 밟으면 정확한 타이밍으로 정확한 지점에 위치해, 파워와 밸런스를 겸비한 상태에서 공을 칠 가능성이 높아진다. 프로 선수들의 경기를 볼 때면, 이들이 샷을 치기 전에 내딛는 작은 스텝에 주의를 기울이길 바란다. 하드 코트에서 최적의 포지션을 찾기 위해 선수들의 신발이 코트에서 찍찍거리는 소리를 들을 수 있을 것이다. 그들은 춤을 추듯 현란한 발놀림으로 플레이한다. 동호인 레벨에서는 대부분의 샷이 그다지 빠르지 않기 때문에 조정 스텝을 밟을 수 있는 시간적 여유가 있다.

IV. 슬라이딩

하트루Har-Tru(레드 클레이보다 바닥이 딱딱한 미국식 클레이코트 - 옮긴이)나 클레이 코트에서 경기하는 사람들은 슬라이딩을 익히는 것이 중요하다. 슬라이딩은 리커버리를 빠르게 하고 밸런스를 유지할 뿐 아니라 에너지 낭비도 막는다.

슬라이딩을 잘하려면 무릎을 굽히고 스탠스를 넓히면서 상체는 꼿꼿이 세워야 한다. 슬라이딩을 시작할 때 상체를 앞발과 반대 방향으로 기울여 발이 미끄러지도록 한다(그림 3-11). 만약 다리가 쭉

그림 3.11 잭 삭은 백핸드 슬라이스를 친 다음, 스탠스를 넓게 하고 몸을 뒤로 기울여서 오른발이 미끄러질 수 있도록 한다.

펴지거나 상체가 앞으로 기울어지면 슬라이딩하는 발이 코트 표면에 걸리면서 갑작스럽게 멈추거나 넘어질 수 있다.

슬라이딩 시 앞발은 움직이는 쪽으로 향하며, 뒷발은 앞발과 직각을 이루면서 밸런스를 유지한다. 이 책의 후반부에서 언급하겠지만, 오픈 스탠스 포핸드와 백핸드 슬라이스, 백핸드 발리를 할 때는 오른발이 슬라이딩을 리드하게 된다. 그리고 오픈 스탠스 백핸드와 대부분의 포핸드 발리에서는 왼발이 슬라이딩을 리드한다.

다만 슬라이스를 칠 때 슬라이딩을 하는 타이밍은 톱스핀의 경우와 다르다. 슬라이스에서는 샷을 친 뒤에도 계속 슬라이딩하고 있을 것이다. 이런 종류의 슬라이딩은 좌우로 넓은 수비를 해야 할 때나 드롭샷을 받기 위해 앞으로 움직일 때 사용된다. 반면 톱스핀 스트로크에서는 전진 스윙을 하기 전에 슬라이딩을 끝내야 한다(그림 3-12). 슬라이딩이 멈추면 다리의 추진력과 코어의 근력을 이용해 강력하게 스윙을 한다. 슬라이드가 멈추는 순간, 다리가 안정적인 상태에서 추진력을 내기 위해서는 적절한 슬라이딩 거리를 설정해야 하며, 이는 많은 연습이 필요하다.

V. 움직임 연습

움직임을 향상시키기 위한 연습은 16장을 참조하기 바란다.

그림 3-12. 가엘 몽피스가 톱스핀 포핸드를 치기 직전에 슬라이딩을 멈추고 있다.

그림 4-1. 서로 다른 포핸드 그립을 사용하는 두 명의 위대한 선수들.
조코비치(위)는 웨스턴 그립을 사용하는 반면, 페더러(아래)는 이스턴 그립을 사용한다.

제4장

그립

지금까지 우리의 몸에 대해 다뤘다면 이제부터는 라켓을 어떻게 휘두르는지 알아보자. 우선 라켓을 올바르게 잡는 방법을 알아야 한다. 여러분은 아마도 이렇게 생각할 것이다. "그건 너무 쉽잖아요?" 그러나 내 경험에 의하면 적지 않은 선수들이 라켓을 잘못 잡아서 기술을 발전시키지 못한다.

그립은 모든 테니스 스윙의 기본이다. 위대한 테니스 선수인 로드 레이버는 "그립이 모든 것을 결정한다"고 말했다.[1] 그립은 공의 속도와 스핀에 영향을 미친다. 어떤 그립은 라켓 면이 지면을 향하도록, 즉 '닫히도록' 하는 데 용이하며, 이는 강한 톱스핀 생성에 도움이 된다. 또 다른 그립은 라켓 면을 위로 향하도록, 즉 '열리도록' 하기가 쉬우며, 이는 백스핀을 생성하거나 발리 및 기교샷을 컨트롤하는 데 유용하다. 그립은 타점에 영향을 미쳐 포지션과 스윙 타이밍까지 바꿀 수 있다.

서브와 같은 몇몇 샷들은 그립의 다양성이 매우 제한적이기도 하다. 반면 포핸드 톱스핀 그라운드 스트로크와 같은 샷은 그립 선택의 폭이 넓고, 각각에 따라 장단점이 명확하다. 예를 들어, 로저 페더러와 노박 조코비치는 모두 뛰어난 포핸드를 갖고 있지만, 상반된 포핸드 그립을 사용한다(그림 4-1).

I. 그립의 강도

그립을 어떻게 쥐는가에 앞서, 너무 라켓을 강하게 잡으면 좋지 않다는 사실을 강조할 필요가 있다. 그립은 확실하게 쥐어야 하지만 지나치게 힘을 주면 안 된다. 라켓 컨트롤의 대부분은 그립을 쥔 손가락이 아니라 손바닥에서 비롯되기 때문이다. 이것은 미묘하면서도 중요한 차이이다.

만약 여러분이 공을 쳤을 때 라켓 헤드가 아니라 아래팔에 느낌이 온다면 그립을 너무 꽉 쥐고 있다는 것이고, 이렇게 되면 라켓 스피드와 "감각feel(스트링에 닿는 공에 대한 민감도)", 그리고 협응 능력coordination을 잃게 된다. 그립에 살짝 힘을 빼면 반대 효과를 얻을 수 있다. 이제 그립 강도가 힘, 감각, 조절 능력에 어떤 영향을 끼치는지 알아보자.

그림 4-2.

운동 에너지는 질량에 속도의 제곱을 곱한 것의 절반이라고요!

1. 파워

테니스의 잘못된 상식 가운데 하나는 근육의 긴장도를 파워와 동일시하는 것이다. 이는 다른 스포츠에서는 대개 적용될 수 있는 명제이다. 무거운 물건을 들 때는 근육을 긴장한 채 들어 올린다. 그러나 57g의 공을 27인치(약 68.6cm) 라켓으로 때리는 테니스의 경우에는 전혀 다른 물리 법칙이 적용된다.

운동 에너지 공식은 다음과 같다. $KE = 1/2 mv^2$ (운동 에너지는 질량과 속도의 제곱을 곱한 것의 절반값). 따라서 속도, 즉 라켓 스피드를 두 배로 올리면 질량을 두 배로 늘리는 것보다 더 많은 에너지를 공에 전달할 수 있는 것이다. 이는 젊은 주니어 선수들이 근육질의 성인보다 더 강하게 테니스공을 칠 수 있는 이유이기도 하다. 목표는 스윙 스피드를 올리는 것이고, 이는 팔에 힘을 뺄수록 더욱 효과적이다. 게다가 서브와 톱스핀 그라운드 스트로크 등의 여러 샷을 구사할 때는 라켓이 몸의 움직임보다 살짝 뒤에 처지게 되는데, 이는 강력한 '슬링샷 효과'slingshot(새총 효과로 불리며 뒤로 뺐다가 앞으로 갈 때 급격하게 가속되는 현상을 가리킨다 - 옮긴이)를 통해 라켓 헤드 스피드를 올린다. 이 동작은 오직 근육에 힘을 빼고 있을 때만 가능하다.

2. 감각

우리의 몸은 근육의 경직도가 낮을수록 감각이 더 예민해지도록 설계되어 있다. 매우 섬세한 운동 기술을 요하는 직업을 가진 외과 의사와 피아니스트, 사격 선수들은 근육의 긴장을 살짝 풀어야 최상의 결과를 얻을 수 있다고 한결같이 말한다. 테니스 역시 섬세한 운동 기술을 사용하는 스포츠이며, 긴장을 풀게 되면 스트링에 닿는 공에 대한 감각이 향상될 것이다.

3. 협응 능력

근육이 지나치게 긴장하면 협응 능력이 떨어져 타이밍을 놓치고 범실이 늘어난다.

샷의 종류에 따라 임팩트 시에 그립을 쥐는 힘이 달라져야 한다는 점을 명심하자. 강하게 발리를 할 때는 기교샷을 시도할 때보다 그립을 더 세게 쥐어야 한다. 하지만 어떤 스트로크를 구사하건 간에 준비 자세에서 힘을 빼야지만 근육을 보다 효과적으로 활용할 수 있게 된다.

II. 그립의 종류

테니스 그립은 기본적으로 8각형인데, 4개의 주면 main side이 있고, 좀 더 좁은 4개의 사면bevel이 이들 사이에 위치한다. 8개의 면에 번호를 매겨 쉽게 이해할 수 있도록 설명하겠다(그림 4-3).

대부분의 그립에서 검지의 베이스 너클(손가락의 마디 중에서 손바닥에 가장 가까운 것 – 옮긴이)의 위치는 정수整數로 기술하겠지만, 자신에게 가장 편한 그립을 찾기 위해서는 사면의 절반 정도를 더하거나 빼도 된다. 베이스 너클을 정위치에서 사면의 절반 정도 올리면 원래의 그립보다 강해지고, 절반 정도 낮추면 그립이 약해진다. 모든 그립은 라켓 손잡이의 가장 아랫부분을 잡고 손가락을 차례대로 놓아서 검지가 엄지 위에 놓이게 한다.

코칭 박스:

그립을 아주 세게 잡고 라켓 면의 프레임 주변으로 공을 굴려 보자. 이제 엄지와 검지에 힘을 풀고 다시 시도해 보자. 그러면 손의 긴장을 풀 때 공에 대한 느낌과 협응 능력이 개선되는 것을 알 수 있을 것이다.

그림 4-3. 그립의 면 구분

그림 4-5. 스탄 바브린카가 컨티넨털 그립을 쥐고 슬라이스 백핸드를 구사한다.

1. 컨티넨털 그립 Continental Grip

컨티넨털 그립은 검지의 베이스 너클을 2번에 놓는다. 이 그립은 다방면에 쓰일 수 있다. 서브와 발리, 슬라이스, 기교샷 등에 적용될 뿐 아니라 낮고 좌우로 빠지는 공을 수비할 때도 쓰인다.

컨티넨털 그립이 서브에 사용되는 이유는 손목의 내전이 가능하고 라켓 속도를 끌어올리는 데 최적이기 때문이다. 또한 서브의 타점을 높일 수 있고, 와인드업 동작을 확장해 강력한 스핀을 걸 수 있다. 컨티넨털 그립으로 발리하면, 속도가 빠른 공에 대해 포핸드와 백핸드 그립을 바꿀 필요 없이 대응할 수 있다. 슬라이스를 구사하거나 드롭샷, 로브 등의 정교한 샷을 시도할 때 컨티넨털 그립은 라켓 면을 쉽게 열어줘 공을 더 정확히 맞힐 뿐 아니라, 라켓 스트링에 닿는 공을 더 정교하게 컨트롤 할 수 있다. 마지막으로, 이 그립은 자연스럽게 라켓 면을 열어줘 낮은 공에 대응하기 좋고, 타점이 비교적 뒤에 형성되기 때문에 좌우로 깊숙이 오는 공을 빠르게 처리하기에 적합하다.

컨티넨털 그립은 워낙 많은 샷에 쓰이기 때문에 이를 마스터하는 것은 매우 중요하다. 만약 당신이 컨티넨털 그립에 익숙하지 않다면, 이 장의 마지막에 있는 훈련 방법에 시간을 투자하라. 왜냐하면 이 그립과 친해지지 않으면 수많은 스트로크에서

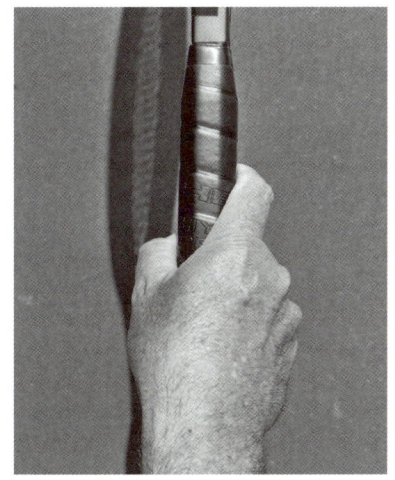
컨티넨털 그립

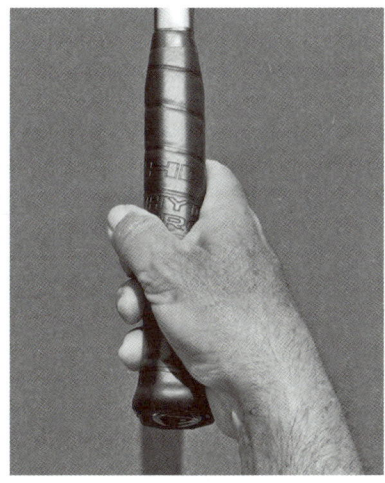
이스턴 포핸드 그립

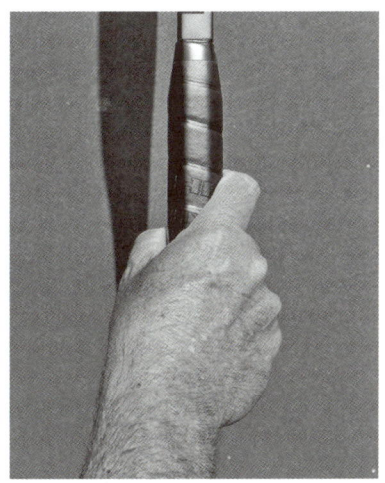
이스턴 백핸드 그립

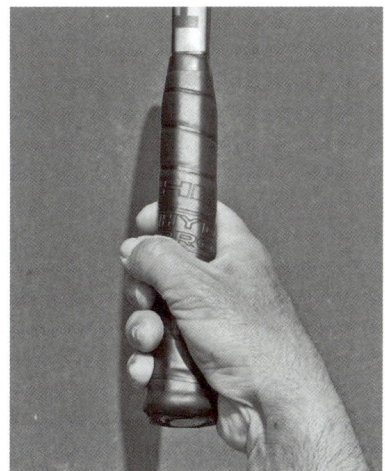
세미-웨스턴 포핸드 그립

웨스턴 포핸드 그립

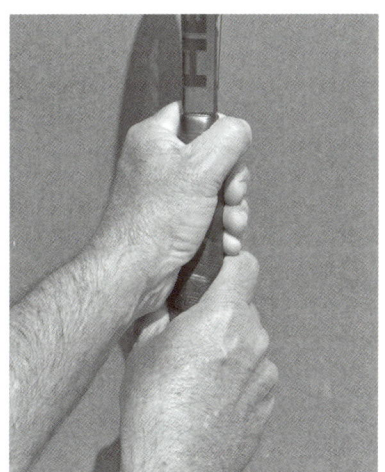
투핸드 백핸드 그립

그림 4-6. 전형적인 그립의 예

한계에 부딪힐 것이기 때문이다.

2. 톱스핀 그라운드 스트로크 그립Topspin Groundstroke Grip

톱스핀 그립에는 세 개의 톱스핀 포핸드 그립(이스턴, 세미-웨스턴, 웨스턴)과 세 개의 톱스핀 백핸드 그립(이스턴, 세미-웨스턴, 투핸드)이 있다. 이들 그립은 각각의 장단점을 지니므로 연습장에서 어떤 포핸드와 백핸드 그립이 여러분에게 가장 잘 맞는지

확인하라.

A. 이스턴 그립Eastern Grip

이스턴 포핸드 그립(3번)과 이스턴 백핸드 그립(1번)은 공의 밑부분을 긁어 톱스핀을 증가시킬 수 있고, 보다 공격적인 플레이를 위해 플랫으로 스트로크를 구사하기에도 용이하다. 이스턴 포핸드 그립은 손바닥을 라켓 스트링의 각도와 일치시키기 때문에 웨스턴 그립에 비해 동호인들이 사용하기

그림 4-7. 세리나 윌리엄스는 세미-웨스턴 그립을 잡는데, 이는 포핸드를 플랫에서 헤비 톱스핀으로 쉽게 바꿀 수 있기 때문이다.

에 적합하다. 이스턴 그립은 네트 플레이에도 좋다. 약간의 변화만 주면 이스턴 그립에서 컨티넨털 그립으로 전환할 수 있기 때문이다. 이스턴 그립의 단점은 높은 바운스의 공 처리가 어렵고, 웨스턴 그립보다 톱스핀 양이 적어 스트로크의 안정성이 떨어진다는 점이다.

B. 세미-웨스턴 그립 Semi-Western Grip

세미-웨스턴 포핸드 그립(3.5~4번)은 최강의 톱스핀 포핸드 그립으로 각광받고 있으며, 오늘날 프로 선수들이 가장 많이 사용하는 그립으로 알려져 있다. 세미-웨스턴 백핸드 그립(8번)은 원핸드 백핸드 선수 전용이다. 세미-웨스턴 그립은 이스턴 그립보다 톱스핀을 더 가미할 수 있지만, 보다 플랫성의 빠른 샷이 전략적으로 필요한 경우에는 톱스핀의 양을 줄일 수도 있다. 또한 다양한 높이의 공을 처리하는 데에도 유리하고, 특히 현대 테니스에서 빈도가 증가하고 있는 높은 공을 다루기에 좋다.

C. 웨스턴 포핸드 그립 Western Forehand Grip

웨스턴 포핸드 그립(4~4.5번)은 라켓 면을 완전히 닫아 가장 많은 톱스핀을 생성할 수 있다. 가슴 높이보다 위로 올라오는 공을 처리할 때 좋은 그립이다. 단점은 빠른 공, 낮은 공, 그리고 좌우로 넓게 빠지는 공을 처리하기 어렵고, 위너를 위한 플랫성

공을 치기 쉽지 않다는 점이다.

D. 투핸드 백핸드 그립Two-Handed Backhand Grip
투핸드 백핸드는 프로들이 가장 많이 치는 스트로크이다. 투핸드 백핸드의 장단점에 관해서는 8장에서 자세히 논의할 것이다. 투핸드 백핸드 그립을 잡는 방법은 다양하지만, 오른손은 컨티넨털 그립(2번)을, 왼손은 이스턴 포핸드 그립(왼손 검지의 베이스 너클을 6~6.5번에 위치)을 권장한다. 이 그립을 사용하면 손목을 자유롭게 쓸 수 있고 라켓 헤드 스피드를 올리기 쉽다. 몇몇 선수들은 오른손을 이스턴 백핸드 그립으로 잡기도 하지만 필자가 컨티넨털 그립을 추천하는 이유는 타점이 약간 뒤로 옮겨지면서 시간 여유가 확보되기 때문이다. 또한 그립을 바꾸지 않아도 되기 때문에 드롭샷을 감추는 데 좋고, 백핸드 슬라이스도 더 자주 구사할 수 있다.

그림 4-8. 앤디 머리는 투핸드 백핸드를 칠 때 오른손은 컨티넨털 그립, 왼손은 이스턴 그립을 잡는다. 이는 대부분의 프로 선수들이 선호하는 그립이다.

코칭 박스:

어린이들은 포핸드를 칠 때 종종 웨스턴 그립을 잡는데, 이는 가슴 위로 올라오는 공을 치기가 편하기 때문이다. 그러나 이러한 현상은 어린 선수들로 하여금 좋지 않은 스트로크 메커니즘을 지니게 한다. 즉, 몸이 뒤로 기울고, 팔꿈치를 지나치게 구부리며, 스윙을 끝까지 하지 않고 도중에 중단하게 만드는 것이다. 이스턴 그립이나 세미-웨스턴 그립은 높은 공을 처리할 때 처음에는 어색하게 느껴질 수 있지만 풀스윙을 유도하기 때문에 장기적으로는 도움이 된다. 훗날 자연스럽게 웨스턴 그립으로 이동해가는 것은 별문제가 없다.

III. 그립 연습

새로운 학습은 단계적으로 진행되어야 하며, 이는 그립의 경우에도 마찬가지이다. 수를 세는 법을 배우지 않고 미적분을 배울 수는 없다. 테니스 역시 작은 것부터 하나씩 완성해나가야 한다. 톱스핀 그립을 배우려 한다면, 서비스 라인에서 시작하며, 익숙해지고 나면 베이스라인 쪽으로 세 걸음씩 물러나면서 연습하라. 슬라이스를 위한 컨티넨털 그립 연습 역시 마찬가지이다. 발리를 할 때는 공의 임팩트가 너무 강하기 때문에, 처음에는 서비스 라인에서 컨티넨털 그립을 잡고 원바운드된 공을 치고, 이후 공중 볼 발리를 연습하는 것이 권장된다. 이와 같은 방식의 연습을 통해 어깨를 돌릴 수 있는 시간을 좀 더 확보할 수 있으며, 발리에 적합한 자세가 몸에 밸 것이다.

1. 볼 튀기기

컨티넨털 그립을 잡고 라켓을 10시 방향으로 놓은 뒤, 농구 선수처럼 공을 허리 높이로 튀긴다(그림 4-9). 이 볼 튀기기 연습은 서브에 필요한 컨티넨털 그립의 숙련도를 높여줄 것이다. 다음 단계는 라켓을 2시 방향에 놓고 손바닥을 위로 한 채 하늘 위로 60~90cm 공을 튀긴다. 그러고 나서 손바닥을 아래로 하고 라켓은 9시 방향으로 놓은 상태에서 위의 과정을 반복한다. 이 두 가지 볼 튀기기 연습은 포핸드와 백핸드 발리에 도움이 된다.

2. 벽치기

벽치기는 반복 연습을 통해 모든 종류의 그립을 익숙하게 만들 수 있다. 컨티넨털 그립을 연습하고 싶다면 벽으로부터 3~4m 거리에 서서 벽에 맞고 바닥에 한 번 바운드된 공을 부드럽게 친다. 컨티넨털 그립에서의 서브 연습 역시 벽치기를 통해 가능하다. 톱스핀 그라운드 스트로크 그립을 배우고 싶다면 벽에서 상당히 멀리 떨어져 서서 벽에 맞고 두세 번 바운드된 공을 때린다. 이러한 방식을 통해 팔로우 스루를 끝까지 할 수 있는 시간을 확보할 수 있다.

그림 4-9. 볼 튀기기

그림 4-10. 밸런스
"밸런스는 랠리 주도권, 스트로크 파워, 라켓 컨트롤, 시야, 리커버리 등 다양한 요소에 영향을 미친다."

그림 4-11. 키네틱 체인
"다리에서 발생한 에너지는 몸으로 이동하면서 증폭되며, 라켓 끝에서 정점을 이룬 후 분출된다."

그림 4-12. 움직임
"간단히 말해 테니스는 움직임을 중심으로 이루어지는 운동이며, 모든 선수는 이를 자신의 자산으로 만들기 위해 열심히 노력해야 한다."

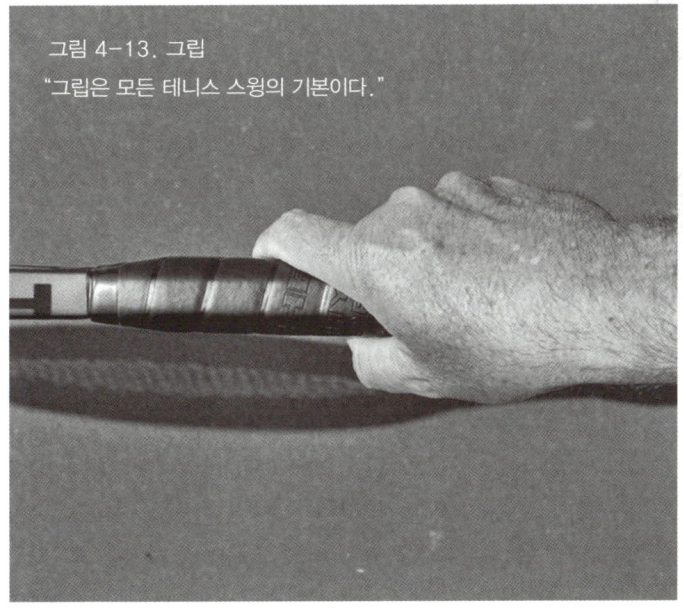

그림 4-13. 그립
"그립은 모든 테니스 스윙의 기본이다."

밸런스(1장)는 스트로크의 컨트롤을 뒷받침하고, 키네틱 체인(2장)은 스트로크에 파워를 싣는다. 움직임(3장)은 밸런스에 필요한 시간과 위치를 확보하고 키네틱 체인을 사용하도록 하며, 그립(4장)은 스트로크의 파워와 컨트롤뿐 아니라 스핀과 테크닉에도 영향을 미친다. 이제 모든 샷의 바탕이 되는 테니스의 기본 원리와 그립에 관해 설명했으니 스트로크에 대해 배울 차례다. 가장 중요한 서브부터 시작해 보자.

그림 5-1. 피트 샘프러스의 테니스는 강력한 서브를 기반으로 한다.

제5장

서브

서브는 포인트의 흐름을 설정할 뿐 아니라, 종종 경기 전체를 좌우하기도 한다. 서브를 바탕으로 통산 14회 메이저 챔피언에 오른 피트 샘프러스는 서브의 중요성에 대해 이렇게 말했다. "서브로 살고 서브로 죽는다고 할 수 있을 겁니다."[1]

샘프러스는 위력적인 서브로 에이스를 꽂아 넣거나 약한 리턴을 유도한다. 또 상대방을 코트 바깥으로 몰아내 포인트 초반 유리한 위치를 선점한다. 서브 덕택에 샘프러스는 자신의 서브 게임을 빨리 마무리하고 체력을 비축할 수 있고, 대개 한 번 정도만 상대 서브 게임을 브레이크하면 세트를 가져올 수 있다는 확신이 있기 때문에, 서브 리턴을 한결 여유롭고 공격적으로 구사할 수 있었다. 반대로 서브가 좋지 않은 선수는 서브 게임이 길어지면서 체력 소모가 심해지는 경우가 빈번하며, 상대 서브를 브레이크해야 한다는 중압감에 시달리기도 한다. 그렇게 하지 않으면 세트에서 뒤처지기 쉽기 때문이다. 우리 모두가 샘프러스와 같이 서브를 넣을 수는 없겠지만 적어도 자신의 서브를 향상시킬 수는 있다. 그리고 서브는 경기에서 스스로 컨트롤할 수 있고, 혼자 연습할 수 있는 유일한 샷이다.

이 장은 서브 테크닉, 서브 전략, 서브 연습 등 세 개의 메인 섹션으로 나뉜다. 가장 많은 부분을 차지하고 있는 서브 테크닉 섹션에서는 강력하면서도 안정적인 서브를 개발하기 위한 방법을 단계별로 설명할 것이다. 서브 루틴routine과 스탠스, 백스윙, 볼 토스, 트로피 포지션과 라켓 드롭drop, 손목 내전, 임팩트 순간에서의 몸의 자세, 플랫 서브에서의 팔로우 스루에 대해서도 설명할 것이다. 이들 개별 요소에 관한 설명을 마친 다음, 슬라이스 서브, 슬라이스-톱스핀 서브, 킥서브를 어떻게 구사하는지 알아본다. 서브 전략에서는 예측하기 어려운 서브를 넣는 방법, 그리고 서버의 강점과 약점 및 스코어에 따른 서브 선택에 관한 전략을 논할 것이다. 서브 연습 섹션에서는 이렇게 중요한 기술을 개선할 수 있는 연습 방법을 소개하겠다.

I. 서브 테크닉

1. 루틴을 확립하라

첫 번째 단계는 서브 루틴을 확립하는 것이다. 프로 선수들의 서브 루틴은 때로 이상해 보이기도 하지만 언제나 일정한 패턴을 지닌다. ATP 프로 테니스 선수인 어네스트 굴비스는 볼키즈에게 공을 세 개 달라고 한 다음, 한 손으로 이들을 던지고 손가락 끝으로 튕기다가 마음에 들지 않는 공 하나를 볼키즈에게 다시 보낸다. 라파엘 나달의 악명 높은 서브 루틴은 다음과 같다. 공을 라켓으로 몇 차례 튕기고 반바지 뒤를 잡아당긴 다음, 셔츠의 양쪽 어깨 부위를 올린다. 그러고는 코를 만지고, 양쪽 귀 옆머리를 귀 뒤로 쓸어넘기고, 다시 공을 손으로 몇 차례 튕긴 다음 서브를 넣는다. 여러분이 굴비스처럼 특이하거나 나달처럼 지나치게 정성스러울 필요는 없다. 하지만 서브 루틴은 반드시 필요하다. 루틴은 서브의 리듬을 찾게 해 주고, 압박 상황에서 침착함을 유지해 주기 때문이다.

서브 루틴을 시행하는 동안, 어떤 서브의 스핀과 플레이스먼트placement가 지금까지 가장 효과적이었는지, 어떤 서브가 자신의 강점을 살릴 수 있었는지, 또 어떤 서브를 넣을 때 포인트를 얻을 확률이 높았는지를 생각해야 한다(64~65페이지 참조). 이러한 요소를 바탕으로 어떤 서브를 선택할지 결

그림 5-2.
페더러가 서브를 넣기 전
어떤 서브를 넣을지
생각하고 있다.

정하게 된다.

서브 동작을 시작하기 전에 팔의 긴장을 풀고, 컨티넨털 그립을 잡았는지 확인한다. 컨티넨털 그립은 강력한 서브의 핵심 요소이다. 이 그립을 잡아야지만 깊은 라켓 드롭, 높은 타점, 완전한 손목 내전, 강한 스핀 서브의 구사와 같이 서브의 질적인 면에서 중요한 부분을 갖출 수 있다. 마지막으로 공이 서비스 박스 내에 의도한 지점에 떨어지는 모습을 머릿속으로 그려보자. 이렇게 서브가 성공하는 모습을 시각화하면 집중력과 자신감을 향상시킬 수 있다.

2. 스탠스

단 하나의 완벽한 서브 스탠스란 없다. 만약 그렇게 존재했다면 모든 톱플레이어들이 사용했을 것이며 서브 테크닉은 통일됐을 것이다. 최고의 스탠스는 선수마다 다르며, 반복과 실험을 통해 자신에게 가장 잘 맞는 스탠스를 파악해야 한다. 세 가지 주요 서브 스탠스는 플랫폼platform, 좁은 플랫폼narrow platform, 핀포인트pinpoint 스탠스이다.

어떤 종류의 스탠스를 사용하든지, 앞발이 오른쪽 네트 포스트를 향하는 걸 권장한다. 뒷발의 경우에는 개인별 선호도가 좀 더 개입하지만, 앞발의 뒤쪽, 그리고 약간 왼쪽에 놓고 베이스라인과는 평행하게 만들어, 서브를 시작할 때 발생하는 체중이동을 잘 지탱할 수 있도록 한다(그림 5-3).

이제 세 가지 스탠스에 대해 살펴보고 각 스탠스가 파워와 일관성 측면에서 어떤 장단점을 지니는

그림 5-3. 벨린다 벤치치는 앞발을 오른쪽 네트 포스트로 향하고 뒷발을 베이스라인과 평행하게 놓은 상태에서 서브 동작을 시작한다.

지 설명하겠다.

A. 플랫폼 스탠스 Platform Stance
플랫폼 스탠스에서는 두 발을 어깨너비보다 약간 넓게 벌려야 한다(그림 5-4). 먼저 체중이 앞으로 향했다가 백스윙이 시작되면서 뒤로 오는데, 이때 두 발은 고정되어 있다.

플랫폼 스탠스는 체중 이동이 간단한 장점이 있고, 그렇기 때문에 토스가 안정돼 서브의 일관성이 높아진다. 또한 스윙의 정점에서 두 다리의 지지면이 비교적 넓기 때문에 지면을 박차고 올라갈 수 있다. 이러한 장점과 더불어 단순함과 자연스러움으로 인해 플랫폼 스탠스는 동호인에게 적절한 선택이다. 이와 같은 특징은 엘리트 프로 선수들에도 도움이 되며, 플랫폼 서버인 밀로스 라오니치는 굉장히 뛰어난 서브를 구사한다. 가장 큰 단점은 넓은 지지면으로 인해 골반의 움직임에서 나오는 힘이 줄어든다는 사실이다. 또한 핀포인트 스탠스에 비해 전방 모멘텀이 적다.

B. 좁은 플랫폼 스탠스 Narrow Platform Stance
좁은 플랫폼 스탠스에서는 다리 사이 간격이 좁다(그림 5-5). 따라서 앞발과 뒷발 사이에서의 체중 이동이 거의 일어나지 않는다. 이렇게 좁은 간격과 안정성으로 인해 강력한 골반 움직임과 일관성 있는 토스가 가능하지만, 다른 두 스탠스에 비해 전

그림 5-4. 밀로스 라오니치는 플랫폼 스탠스를 사용한다.

그림 5-5. 앤디 로딕은 좁은 플랫폼 스탠스로 서브를 넣는다.

방 모멘텀이 약하다. 좁은 플랫폼 스탠스는 과거에는 거의 볼 수 없었지만, 2000년 이후 US오픈 챔피언인 앤디 로딕이 이 스탠스를 확립하면서 전방 모멘텀 없이도 시속 248km가 넘는 파괴적인 서브가 가능하다는 사실을 입증했다.

C. 핀포인트 스탠스 Pinpoint Stance
핀포인트 서브 스타일은 플랫폼 스탠스에서보다 두 발을 조금 더 넓게 벌린 상태에서 시작한다(그림 5-6a). 백스윙 시 두 손이 위로 올라가면서 뒷발을 앞으로 옮겨 두 발을 나란히 놓고 무릎을 구부린 다음, 공을 향해 솟구친다(그림 5-6b).

핀포인트 방식은 세 가지 스탠스 가운데 체중의 전방 이동이 가장 많다. 또한 플랫폼 스탠스에 비해 스윙의 정점에서 두 발이 더 가깝게 붙어 있기 때문에 골반을 보다 자유롭게 움직여 몸통의 회전력을 높일 수 있으며, 팔에 더 큰 힘을 전달할 수 있다. 그러나 볼 토스를 위해 왼손을 올릴 때 몸의 움직임이 많아 토스의 안정성이 떨어질 수 있다. 또한 이 자세는 많은 움직임으로 인해 컨트롤을 하거나 타이밍을 맞추기가 어렵다. 세 가지 스탠스 가운데 가장 어렵지만, 가장 폭발적인 힘을 발휘할 수 있어 대다수의 프로 테니스 선수들이 사용하는 방식이다.

3. 백스윙
서브 루틴을 마치고 스탠스를 갖추었다면, 이제 서브를 넣을 준비가 되었으며 백스윙을 시작해야 한

그림 5-6. 존 이스너는 핀포인트 스탠스를 사용한다.

다. 강력한 서브를 넣기 위해서는 리듬을 타야 하므로 백스윙 시 움직임이 매우 중요하다. 백스윙에는 펜듈럼pendulum, 축약abbreviated, 그리고 허리 높이waist-high의 세 가지 주요 방법이 있다. 자신에게 가장 적절한 백스윙 방식을 결정할 때는 백스윙의 목적이 두 가지라는 점만 기억하자. 첫째, 다리에서 뿜어나오는 에너지가 전달될 수 있는 리듬을 만들어내는 것. 둘째, 스윙의 정점에서 라켓을 올바른 위치에 효율적으로 가져가는 것.

A. 펜듈럼(시계추) 백스윙Pendulum Backswing
펜듈럼 백스윙은 전통적인 와인드업 자세로, 라켓

코칭 박스:

톱플레이어들은 서브에서의 스탠스와 백스윙의 중요성을 잘 인지하고 있으며, 종종 실험을 통해 자신의 기술을 조정하기도 한다. 라파엘 나달은 커리어 초창기에 서브를 넣을 때 플랫폼 스탠스에서 핀포인트 스탠스로 바꾼 적이 있다. 이러한 변화로 나달의 서브 스피드는 놀라울 정도로 향상되었다. 노박 조코비치의 서브 역시 2010년 이전까지는 백스윙이 지나치게 길어 혼란을 야기했고, 일관성도 떨어졌다. 2010년 조코비치는 팔에 힘을 빼고 팔꿈치를 좀 더 구부렸고, 백스윙을 약간 오른쪽으로 옮기면서 동작이 더욱 간결해졌다. 보다 효율적인 자세로 바꾸면서 밸런스가 향상되었고, 더욱 편안한 자세에서 정점에 놓인 공을 쳐 서브할 수 있게 되었다. 이러한 변화를 단행한 뒤, 조코비치는 업그레이드된 서브를 앞세워 놀라운 연승 행진을 이어갔다.

나달과 조코비치조차 커리어 중간에 서브를 조정한 것이다. 따라서 모든 선수들은 스윙 교정을 주저하지 말아야 하며, 때로 2보 전진을 위한 1보 후퇴를 의미하는 변화 과정을 받아들여야 할 것이다.

그림 5-7. 나달은 프로 경력 초창기에 플랫폼 스탠스(a)에서 핀포인트 스탠스(b)로 변경했다.

그림 5-8. 조코비치의 2014년 서브 동작(a)을 보면 2008년의 모습(b)에 비해 힘을 빼고 짧은 백스윙 자세를 취하고 있음을 알 수 있다.

을 지면 가까이 떨어뜨린 다음(그림 5-9) 원을 그리듯이 뒤로 들면서 정점에 이를 때까지 올린다. 이는 라켓이 자연스럽게 시계추처럼 움직이기 때문에 동호인들에게 적합한 쉬운 백스윙이다.

B. 축약 백스윙Abbreviated Backswing
축약 백스윙은 일단 라켓을 뒷다리 위치까지 뒤로 뺀 다음, 곧바로 가슴을 지나 정점까지 올린다(그림 5-10). 이 짧은 백스윙은 빠른 리듬의 서브를 가진 선수에게 적합하다. 간단하다는 장점이 있지만 강서브를 때리기 위해선 강력한 어깨 힘과 유연성이 요구된다.

C. 허리 높이 백스윙Waist-High Backswing
허리 높이 백스윙은 라켓을 골반과 수평으로 이동한 다음 들어 올리는 것이다(그림 5-11). 어떤 선수들은 펜듈럼 스윙이 너무 길어 서브 리듬에 적합하지 않다고 생각하며, 또 다른 선수들은 축약 스윙이 너무 짧아 하체 에너지를 충분히 축적하기 어렵다고 여긴다. 이 선수들에서 허리 높이 백스윙이 사용될 수 있을 것이다.

백스윙 시 두 팔을 올리는 동작에 관한 철학은 시시각각 변화해왔다. 과거에는 "두 팔을 동시에 올렸다가 동시에 내려라"라는 원칙하에, 라켓을 든 팔과 토스하는 팔을 스윙의 정점까지 같이 들어 올렸다(그림 5-10). 이 방법은 굉장히 간단하기 때문에 동호인들에게 여전히 효과적이며, 몇몇 투어 프로 선수들도 이를 사용하고 있다. 그러나 대다수 프로 선수들이 사용하는 현대 서브 테크닉에서는 때리는 팔이 토스하는 팔보다 약간 늦게 올라간다. 왼손이 머리 위에서 공을 토스할 때 오른손은 허리 부근에 위치하며 두 팔이 '시소와 같은' 움직임을 만들어낸다(그림 5-11). 이 테크닉은 조금 더 복잡하지만 장점이 분명하다. 즉, 어깨의 힘을 좀 더 뺄

그림 5-9. 앤디 머리가 펜듈럼 백스윙을 사용하고 있다.

그림 5-10. 리샤르 가스케는 축약 백스윙을 사용한다.

그림 5-11. 마리아 키릴렌코는 허리 높이 백스윙을 사용하는 선수이다.

수 있고, 길어진 준비 동작으로 인해 보다 강력한 다리 추진력을 얻을 수 있다. 또 어깨를 위로 기울여 더 높은 타점에 도달할 수 있게 해준다.

4. 볼 토스

오른팔이 백스윙하는 동안 왼팔은 공을 토스한다. 좋은 서브를 넣으려면 토스가 정확해야 한다. 토스가 불안하면 타점이 흔들리고 서브 리듬을 잃게 되면서, 강력하고 안정적인 서브를 넣을 수 없게 된다.

A. 볼 토스 테크닉

볼 토스에서는 네 가지 요소를 생각해 볼 수 있다.

1. 볼 그립

손가락 서너 개를 공의 한쪽에 대고 엄지손가락 끝을 반대쪽에 대는 방법을 권장한다(그림 5-12). 즉,

그림 5-12. 토스를 잘하기 위해서는 공을 손가락의 중앙에서 끝부분 사이에 놓는 게 바람직하다.

집게 잡기pincer grip와 비슷한 모양으로 가볍게 공을 쥔다. 손바닥 깊숙이 공을 쥐면 안 된다. 손가락이 공의 릴리스를 막아 토스가 휘어질 수 있기 때문이다.

2. 팔 동작

토스하는 팔은 항상 몸의 앞쪽에 있어야 하며, 아주 약간만 내린 다음 다시 올려야 한다(그림 5-13a). 단식 경기 중 듀스 코트에서 서브를 넣을 때 팔은 오른쪽 네트 포스트를 향한 상태에서 시작해(그림 5-13b) 위로 올리면서 코트 중앙을 향하도록 한다. 여기서 타점은 공을 올린 지점보다 왼쪽에 형성되기 때문에, 볼 토스는 약간 오른쪽에서 왼쪽으로 곡선을 그린다는 점에 유의하자. 동호인이라면 팔을 오른쪽 네트 포스트의 약간 왼쪽을 향하도록 한 상태에서 토스하는 걸 권장한다. 이렇게 하면 토스가 곡선을 그리지 않고 좀 더 똑바로 올라가게 된다.

팔을 곧게 뻗고, 손목을 고정하며, 손바닥은 위로 한 상태로 토스한다. 공 대신 아이스크림 콘을 들고 있으며, 아이스크림을 흘리지 않도록 들어 올

코칭 박스:

토스의 중요성은 2015년 US오픈 세리나 윌리엄스의 경기에서 잘 드러났다. 보통 그녀는 굉장히 안정적인 토스를 하므로 서브의 타점은 상하 20cm 범위 내에서 거의 일정하게 형성된다. 하지만 2015년 US오픈의 첫 3라운드까지의 경기에서는 토스의 안정성이 떨어져 타점 높이의 범위가 46cm까지 넓어지기도 했다. 들쭉날쭉한 토스로 인해 서브 템포가 흔들렸고, 이는 에이스와 더블 폴트의 수가 거의 똑같이 나오는 결과로 이어졌다. 3회전 경기 이후, 세리나는 타점 높이 범위를 다시 20cm 이내로 유지하면서 나머지 세 경기에서는 에이스가 더블 폴트보다 세 배 이상 나올 수 있었다.[2]

린다고 생각하면, 팔을 펴고 손목을 고정하는 데 도움이 될 것이다.

토스를 할 때는 머리보다 약간 위에서 공을 놓아야 한다는 사실을 잊지 말자(그림 5-13c). 이렇게 하면 서브 동작이 부드러워지고, 손을 떠난 공이 공중에서 이동해야 하는 거리가 짧아지므로 토스가 흔들릴 가능성이 낮아진다.

3. 밸런스

토스 시 체중은 뒤로 이동하게 되는데, 이러한 체중 이동은 공이 손가락을 떠날 때 이루어져야 한다(그림 5-13c). 공을 던질 때 체중을 뒷발에 살짝 모아, 이어지는 몸의 움직임에 적절한 자세를 취하도록 한다.

4. 팔로우 스루

토스를 한 팔은 지면과 거의 수직이 될 때까지 계속 올린다(그림 5-14). 이렇게 부드럽고 긴 동작은 공을 놓을 때 적당한 속도를 유지하도록 한다. 만약 갑작스럽게 팔로우 스루를 중단하면, 공을 너무 낮게 올리거나 너무 빨리 올려 정확히 토스할 수 없게 된다.

B. 볼 토스 위치

토스 높이는 준비 동작에 따라 달라진다. 느리고 긴 백스윙을 갖고 있다면 더 높게 올려야 한다. 모두가 약간씩 다른 서브 리듬을 갖고 있지만, 가장 좋은 기준점은 토스의 정점을 타점보다 30~60cm 정도 높게 설정하는 것이다(그림 5-15). 이렇게 하면 좋은 리듬으로 스윙하고, 전신에 에너

그림 5-13. 캐롤라인 보즈니아키는 토스를 할 때 왼쪽 팔을 살짝 내리고 쭉 편 다음, 오른쪽 네트 포스트를 향해 부드럽게 올린다.

그림 5-14. 부드러운 토스를 위해 리나는 공을 던진 뒤에도 계속해서 왼팔을 올린다.

그림 5-15. 비너스 윌리엄스는 타점보다 약 60cm 더 높게 코트 안쪽으로 공을 토스하며, 이를 통해 에너지를 모으고 몸을 앞으로 기울일 수 있는 시간을 확보해 더 많은 파워를 싣는다.

지를 최대로 축적할 수 있는 시간을 확보할 수 있다. 토스가 너무 높으면 타이밍을 맞히기 어렵고 일관성이 떨어진다. 반면에 토스가 너무 낮으면 팔을 제대로 뻗을 수가 없고, 몸에 에너지를 축적할 시간적 여유가 없게 된다.

토스는 반드시 몸의 앞에서 올려야 한다. 몸을 코트 쪽으로 기울여 전방 모멘텀을 얻어야 한다(그림 5-15). 공과의 거리는 키와 서브 종류에 따라 달라지지만, 첫 서브는 몸에서 60cm, 세컨 서브는 30cm 거리에 두는 것이 일반적인 지침이다.

토스의 방향 또한 다양한데, 이는 서브의 종류(59페이지 참조)와 서브를 넣는 위치에 따라 달라진다. 가상의 시계를 놓고 듀스 사이드에서 서브를 한다면 플랫 서브는 12시 방향으로 토스한다. 애드 사이드에서는 목표물 위치와 모멘텀이 모두 좀 더 오른쪽을 향하기 때문에 토스를 약간 더 오른쪽으로 올린다.

5. 트로피 포지션

백스윙과 토스를 하고 나면 이른바 트로피 포지션에 진입하게 된다. 전형적인 트로피 포지션이란 다음과 같다. 다리를 구부리고, 왼손은 공을 가리키

> **코칭 박스:**
>
> 볼 토스는 얼핏 간단해 보이지만, 토스를 하는 동안 몸의 다른 부위도 움직이기 때문에 쉽지만은 않은 기술이다. 다행히 토스는 어디에서나 쉽게 연습할 수 있다. 천장 높이가 충분하다면 집에서도 할 수 있고, 이것이 여의치 않으면 공원에서 얼마든지 연습 가능하다. 공원 펜스에 토스의 정점을 종이로 표시해 놓고, 이를 기준으로 토스를 연습한다. 이 때 라켓을 든 오른팔도 마치 실전 경기에서 하는 것처럼 움직여야 한다는 점을 잊지 말자.

며, 오른팔을 L자로 구부려 라켓은 하늘을 향하면서 라켓 면은 양쪽 펜스를 바라보게 하는 것이다(그림 5-16).

뒤에서 트로피 포지션을 바라볼 때, 오른쪽 팔꿈치는 오른쪽 어깨의 왼쪽에 와 있어야 한다. 이렇게 팔꿈치를 위치시켜야 라켓 드롭을 충분히 할 수 있고, 어깨를 뒤로 빼 라켓을 더 빠르게 휘두를 수 있다.

트로피 포지션은 파워 포지션으로도 불린다. 왜냐하면 이 동작에서, 몸을 비틀어 힘을 비축한 뒤 풀어내면서 파워를 쏟아내기 때문이다. 여기서 몸은 용수철과 같다. 팔로 강하게 라켓을 휘두르고 솟구쳐 올라 공을 향해 앞으로 나아갈 준비를 하는 것이다. 이것이 바로 뛰어난 서버들이 스피드와 지속성을 갖추는 방법이다. 그들은 강력한 파워 포지션을 확립해 몸에 저장한 에너지를 발산하고, 높은 타점에서 공을 때려 네트 위로 여유 있게 넘어가면서 서비스 라인 안쪽에 떨어지는 궤적을 생성한다 (그림 5-18).

그림 5-16. 다비드 페레르가 왼팔을 위로 쭉 뻗고 오른팔은 L자 모양으로 구부리며, 라켓은 하늘을 향하는 전형적인 트로피 포지션을 취하고 있다. 또한 어깨를 돌리고 무릎을 굽혀 몸을 감아 에너지를 저장하며, 잠시 후 몸을 되돌리면서 힘을 발산할 준비를 한다.

트로피 포지션에서는 어깨 턴, 무릎 굽히기, 등 기울이기, 골반 밀기의 네 가지 움직임이 동시에 일어난다.

A. 어깨 턴
트로피 포지션에서 두 팔을 위로 올릴 때, 왼쪽 어깨는 오른쪽으로 돌려 우측 네트 포스트를 향하도록 한다(그림 5-16). 이때 어깨는 골반보다 더 돌리면서 어깨 회전을 통해 파워를 낼 수 있도록 한다.

B. 무릎 굽히기
무릎 굽힘의 정도는 선수마다 다르지만 대략

30~40도 사이가 이상적이다(그림 5-16). 다리 근력은 우리 몸에서 가장 강력하므로 최고의 서브를 구사하려면 이를 잘 활용해야 한다.

C. 등 기울이기

등을 약간 뒤쪽으로 기울여(그림 5-17) 복부 근육을 활성화하고 상체를 비틀어 오른쪽 어깨를 움직일 수 있게 해야 한다. 등을 기울이지 않으면, 오른쪽 어깨가 앞으로 움직일 수는 있어도 위로 움직이기는 어려워진다. 또한 등 기울이기는 라켓 드롭을 더 깊게 만들어주고 다리에 더 많은 에너지를 축적해 강한 추진력을 생성한다.

D. 골반 밀기

완성된 트로피 자세를 옆에서 보면 몸이 활처럼 휘어 앞쪽 골반이 발과 어깨 앞에 위치한다(그림 5-17). 이를 통해 복사근oblique muscle을 늘리고, 어깨를 위로 기울이며, 가슴은 토스 위치보다 아래에 위치시킨다. 이 자세는 공을 향해 몸을 위로, 그리고 앞으로 움직이는 데 도움이 된다.

그림 5-17. 몸을 뒤로 기울이고 골반을 앞으로 미는 동작을 통해, 필립 콜슈라이버는 공을 향해 뛰어오르면서 앞으로 힘차게 나갈 수 있는 몸의 각도를 만들어내고 있다.

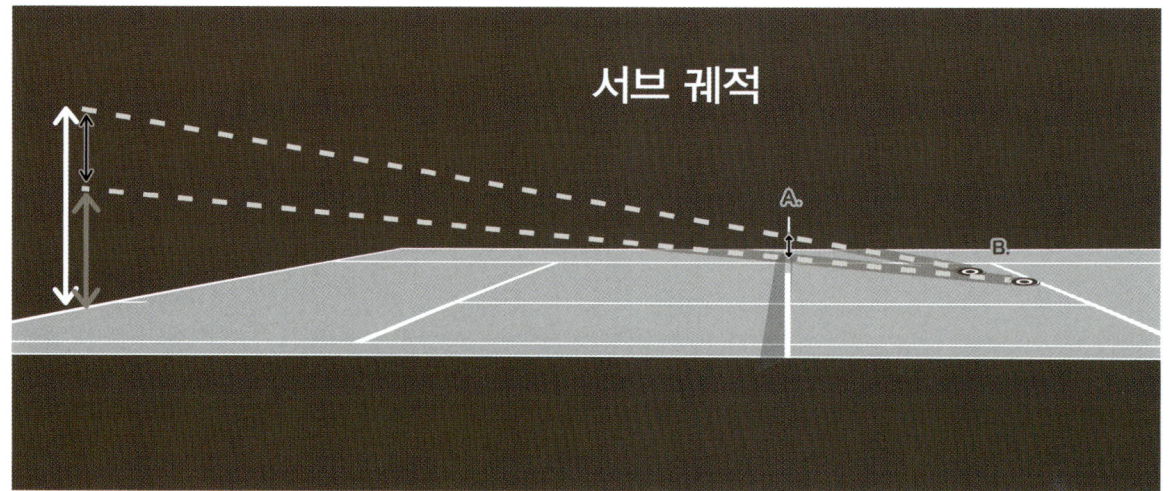

그림 5-18. 강력한 트로피 포지션 자세를 확립하고 난 뒤 솟구쳐 올라 공을 향해 앞으로 나아가면 타점이 높아지고 서비스 라인 안쪽(B)에 공을 보내기 위해 통과해야 하는 네트 위쪽 공간을 더 확보할 수 있다(A).

코칭 박스:

트로피 포지션에서 흔히 나오는 실수는 라켓 면을 양쪽 펜스가 아닌 하늘(그림 5-19)을 향하게 하는 것이다. 이는 잘못된 포핸드 그립을 사용한 탓이다. 이로 인해 준비 동작이 짧아져 타점이 낮아질 뿐 아니라 라켓 스피드도 떨어진다.

그런데 포핸드 그립에서 컨티넨털 그립으로 바꾸면 공이 왼쪽으로 휘는 문제가 발생할 수 있다. 다음 연습을 통해 이를 해결해 보자. 우선 서비스 라인에 서서 컨티넨털 그립을 잡고 라켓 헤드를 머리보다 살짝 위로 올린다(그림 5-20a). 두 번째, 볼을 토스하면서 라켓을 등 뒤로 떨어뜨린 다음, 공을 향해 스윙을 하면서 손목을 내전한다. 이 연습은 애드 사이드에서 하길 권장한다. 공과 라켓이 모두 오른쪽으로 향하기 때문에 듀스 사이드에서보다 더 쉽게 컨티넨털 그립을 익힐 수 있을 것이다. 임팩트 지점에서 팔을 곧게 뻗고 라켓을 얼굴과 평행선상에 놓는다. 그리고 골반은 네트를 향해 약간 닫힌 상태여야 한다(그림 5-20b). 포핸드 그립을

그림 5-19. 잘못된 그립으로 인해 라켓 면에 하늘을 향하는 경우

사용할 때보다 타점을 조금 더 높이고, 공을 몸에서 약간 더 떨어뜨려야 한다는 점을 잊지 말자. 세 번째, 임팩트 직후에는 라켓을 어깨 높이에 고정하고 라켓 면이 우측 펜스를 향하도록 손목을 돌렸는지 확인한다(그림 5-20c). 서비스 라인에서 이러한 라켓 움직임에 익숙해지면, 베이스라인에 도달할 때까지 조금씩 뒤로 가면서 연습한다.

그림 5-20. 컨티넨털 그립을 이용한 서브

6. 라켓 드롭 Racquet Drop

트로피 포지션을 취한 다음, 라켓을 등 뒤로 떨어뜨린다. 라켓을 더 깊게 떨어뜨릴수록, 라켓의 이동 경로가 길어져 임팩트 지점까지 속도를 끌어올릴 수 있으며, 어깨 동작과 라켓 처짐lagging(라켓이 손목이나 어깨 뒤로 처지는 현상으로, 래깅이라 불리기도 하며, 이를 통해 뒤에서 끌어올리는 힘이 더해져 강한 파워를 낼 수 있다 - 옮긴이)을 이용해 더 큰 파워를 낼 수 있다(그림 5-21). 이는 서브를 넣을 때 그립을 가볍게 쥐는 것이 왜 중요한지를 설명해 준다. 어깨가 뻣뻣하면 라켓을 충분히 떨어뜨릴 수 없기 때문이다.

완벽한 라켓 드롭은 몸통 회전, 다리의 추진력, 어깨 유연성, 그리고 팔꿈치의 움직임이 조화를 이뤄야 한다. 몸통 아랫부분의 회전이 라켓 드롭의 시작이며, 다리의 추진력이 두 번째, 상체 회전이 세 번째다(그림 5-22). 어깨를 돌리고 팔꿈치를 위쪽, 그리고 앞쪽으로 움직이면 라켓이 더 깊이 내려간다. 이는 복잡하게 들릴지 모르겠지만, 컨티넨털 그립으로 트로피 포지션을 잡은 다음에 스윙하면 자연스럽게 발생하는 현상이다.

라켓 드롭의 마지막 순간에는 등을 곧게 펴서 다리와 평행하게 한다. 바로 이 순간, 가슴은 위쪽으로 움직이기 시작하지만 라켓은 아주 잠시 동안 정

그림 5-21. 앤디 머리의 깊은 라켓 드롭은 어깨 근육을 늘리고 스윙 궤적을 길게 만들어 서브의 파워를 향상시킨다.

그림 5-22. 뛰어난 서브를 가진 선수들의 기술에는 유사점이 있다. 여기서 우리는 오른손잡이 비너스 윌리엄스의 서브 동작과 왼손잡이 페트라 크비토바의 서브 동작이 거울에 비친 것처럼 대칭을 이루는 양상을 볼 수 있다. 강력한 트로피 혹은 파워 포지션을 확립한 뒤(1, 4), 골반이 위쪽으로 회전하고 다리가 곧게 펴지면서 팔꿈치가 들리는 모습을 관찰할 수 있다(2, 5). 이러한 신체 움직임은 깊은 라켓 드롭을 유발하고(3, 6), 완벽한 라켓 처짐을 통해 라켓 스피드를 높일 수 있다.

그림 5-23. 나달은 라켓 드롭 후 왼쪽 어깨를 오른쪽 어깨 위로 굴리듯이 돌린다.

지된 상태에 놓이면서 라켓 처짐을 유발해 어깨 근육을 늘리고, 강력한 용수철 효과를 만들어낸다.

7. 임팩트

라켓 드롭 단계에서는 몸이 옆으로 서 있지만 라켓이 움직이기 시작하면 골반이 위쪽으로 회전하면서 정면을 바라보게 된다. 골반의 움직임은 곧 멈추면서 몸통의 에너지가 어깨와 팔로 전달된다.

이러한 골반의 움직임과 동시에 라켓을 쥔 팔이 펴지면서 빠르게 위로 올라가고, 몸통이 척추를 축으로 회전하면서 팔꿈치는 귀 위쪽으로 계속 올라간다. 팔꿈치의 상향 움직임이 정확하게 이루어진다는 가정하에 라켓을 손에서 놓는다면 이 라켓은 네트에 걸리지 않고 베이스라인 너머로 날아갈 것이다.

이러한 팔꿈치 움직임이 가능하려면 오른쪽 어깨가 왼쪽 어깨 너머로 U자형으로 구르듯이 이동해야 한다(그림 5-23). 이러한 어깨 움직임을 통해 몸통을 들어 올려 타점을 최대로 높일 수 있다.

동호인들에게 흔히 발생하는 문제는 바로 이러한 어깨 움직임이 일어나지 않는다는 것이다. 이들은 어깨를 보다 더 수평으로 회전하며, 스윙 궤적은 원이 아닌 직선에 가깝게 된다. 이로 인해 타점이 낮아지고 서비스 박스로 향하는 공의 궤적도 나빠진다.

8. 손목 내전 Wrist Pronation

팔꿈치를 들어 올리고 곧게 펴면서 공을 때릴 때 손목 내전이 발생한다. 다시 말하면, 손바닥이 왼쪽 펜스를 향하다가 오른쪽 펜스를 향하게 되는 것이다. 이것은 임팩트 직전에 마지막으로 일어나는 팔의 움직임이자, 빠른 라켓 스피드를 얻는 데 가장 중요한 요소이다.

네 종류의 서브마다 각기 다른 손목 내전이 사용된다. 플랫 서브에서는(슬라이스와 킥서브는 이 장의 후반부에 기술한다) 가라데에서 손날치기로 공을 때리듯이 임팩트 순간까지 라켓 모서리를 앞세워 손목을 내전한다(그림 5-24a). 라켓 모서리가 공에 더욱 가까워지면, 라켓 면을 90도로 돌려 스트링이 공에 정면으로 '하이파이브'를 하듯 닿게 한다(그림 5-24b). 임팩트 이후 라켓 면이 계속해서 바깥쪽을 향해 90도 더 회전하며 손목 내전이 완성된다(그림 5-24c). 이 동작은 서브에서 컨티넨털 그립의 중요성을 잘 설명해 준다. 짧은 거리에서 신속하게 라켓 면을 바꾸는 동작은 오직 컨티넨털 그립에서만 가능하다.

9. 임팩트 순간에서의 몸의 위치

골반은 공을 치기 위해 스윙하는 동안 옆으로 회전하지만(그림 5-24a), 임팩트 순간에는 비스듬히 네

그림 5-24. 페더러가 라켓 드롭 후, 라켓 모서리를 앞세워 스윙 스피드를 올린다. 그러고는 손목 내전을 통해 임팩트 순간 공이 스트링에 정면으로 닿게 한다. 임팩트 후, 손목은 계속해서 내전하며 라켓 면은 오른쪽 펜스를 향하게 된다.

트를 향하게 된다(그림 5-24b). 팔이 완전히 펴지고 라켓은 얼굴과 평행선상에 위치한다면 제대로 된 자세이다(그림 5-24c). 이 자세는 강력한 서브 파워를 생성하며 타점도 최대로 높일 수 있다.

반면에 골반이 너무 닫혀 있으면 다리로부터의 추진력과 상체 회전력이 떨어지고 타점이 뒤쪽에 형성되면서 파워가 약해진다. 골반이 너무 열려 베이스라인과 평행하게 되어도 파워가 약해지고 타점 역시 현저하게 낮아진다. 골반의 닫힘 정도는 서브 스핀의 양과 서브의 방향에 따라 달라진다는 사실을 기억하자.

머리와 왼팔의 위치도 중요하다. 머리를 세우고 왼팔은 가슴 쪽으로 옮겨야 한다(그림 5-25). 머리를 낮추면 머리의 무게로 인해 어깨가 내려가고 리치가 짧아진다. 마찬가지로 왼팔이 내려가 몸에서 멀어지면, 오른팔을 끌어내려 타점이 낮아진다.

왼팔을 몸에 붙이면 골반이 과도하게 회전하는 것을 방지해줄 뿐 아니라 오른팔에 힘과 안정성을 더해준다. 왼팔은 일종의 감속기로 기능해 오른팔의 속도를 높여주고 라켓 드롭 상태에서 더욱 빠른

그림 5-25. 조코비치는 팔을 최대한 뻗고 골반을 약간 옆으로 기울인 상태에서 공을 자신의 얼굴과 평행선상에 놓고 때린다.

> **코칭 박스:**
>
> 대다수 동호인들은 서브를 넣을 때 임팩트 전에 라켓 모서리를 앞세워 끌고 나오지 못하고 대신 라켓 스트링이 공을 정면으로 향한 채로 스윙한다. 이해할 만하다. 왜냐하면 라켓 모서리로 공에 접근하는 것은 상상하기조차 어려운 일이기 때문이다. 더구나 다른 수많은 샷들은 임팩트 훨씬 전부터 라켓 스트링이 공을 향하도록 위치시키지 않는가.
>
> 그러나 서브는 굉장히 독특한 샷이다. 스윙 자체도 그렇고, 공의 궤적도 다르다. 아주 느린 속도로 아래로 떨어지는 공을 때리는 샷이다. 이 두 가지 특징으로 인해 라켓 면을 180도 이상 빠르게 회전시킨 뒤에도 샷을 컨트롤할 수 있다. 다른 대부분의 샷들은 공의 속도가 빠르고, 보다 수평에 가까운 궤적으로 공을 맞혀야 한다. 따라서 라켓 면이 임팩트 순간에 좀 더 안정적이어야 하고 공과의 충돌을 통제할 수 있어야 한다. 서브에 필요한 테크닉이 다른 샷에 악영향을 끼쳐서는 곤란하며, 반대의 경우 역시 발생하지 않도록 주의하길 바란다.

그림 5-26. 나달은 팔로우 스루를 할 때 라켓을 끝까지 돌리고 뒷발을 차올리면서 서브 동작을 마무리한다.

스피드로 라켓을 올려준다. 두 팔은 V자형으로 꺾인 트랙터-트레일러에 비유할 수 있다. 왼팔이 브레이크를 밟는 트랙터라면, 오른팔은 강력하게 앞으로 나가는 트레일러인 셈이다.

10. 팔로우 스루

서브는 손목 내전이 마무리된 후 팔로우 스루로 끝난다. 팔로우 스루를 보면 당신이 서브 동작에서 스윙을 제대로 했는지 확인할 수 있다. 스윙 시 앞으로, 그리고 위로 향하는 힘찬 움직임으로 인해 앞발은 베이스라인 위로 넘어가고 뒷발은 공중에 뜨면서, 앞으로 기울어진 상체와 균형을 이룬다(그림 5-26). 무릎을 많이 구부리고 두 어깨를 U자 형태로 강하게 굴리듯이 회전시킬수록 뒷발이 더 높이 올라가며 몸 전체의 균형을 잡아준다.

팔로우 스루의 마지막에는 뒷발이 뒤쪽 펜스를 정면으로 향해야 한다. 뒷발은 몸의 방향을 이끄는 '방향타' 역할을 한다. 만약 뒷발이 뒤쪽 펜스가 아니라 오른쪽 펜스를 향한다면 몸을 너무 회전시킨 것이다. 앞발은 팔로우 스루 시 정면의 목표물을 향하면서 착지해야 한다. 만일 여러분의 앞발이 왼쪽으로 치우쳐 있다면 몸통 회전이 과한 것이고, 반대로 오른쪽을 향한다면 몸통 회전이 덜 된 것이다. 팔로우 스루 동작을 '정지'하는 연습을 통해 발의 위치를 정확하게 파악하고 교정해야 할 점을 분석할 수 있다.

앞발이 코트 안에 착지하면, 라켓이 왼쪽 뒤로 향하면서 골반도 이 스윙을 따라 회전한다. 이때 부드럽게 라켓의 속도를 줄이는 것이 중요한데, 갑작스럽게 멈추면 파워가 줄고 부상의 위험이 뒤따른다. 팔로우 스루 마지막에는 몸에 바짝 붙인 왼팔을 움직여 라켓 목을 잡고 상대방의 리턴을 대비해야 한다.

그림 5-27. 로저 페더러의 서브

전 세계 랭킹 5위이자 프로 테니스 코치인 브래드 길버트(안드레 애거시와 앤디 머리의 코치를 역임했고 현재 ESPN의 해설가로 왕성한 활동을 보이고 있는 미국 테니스 전문가 - 옮긴이)는 언젠가 초자연적인 악마의 힘에 맞서 지구를 구하기 위해 서브를 해야 할 선수 한 명을 고른다면 로저 페더러를 택하겠다고 말했다. 이유는 자명하다. 페더러의 서브는 믿을 수 있고, 힘이 넘칠 뿐 아니라 극도로 정확하기 때문이다.

페더러는 서브를 시작할 때 긴장을 풀고 펜듈럼 백스윙을 구사하기 위해 라켓을 떨어뜨린다. 두 번째 프레임을 보면, 트로피 포지션에서 몸을 비틀며 에너지를 모으기 위해 어깨를 돌리고 무릎을 굽힌다. 토스할 때 팔을 얼마나 높게 올리는지 유심히 살펴보라. 이는 부드럽게 토스하는 동작을 만들어줄 뿐 아니라, 골반을 앞으로 밀어줘 몸 전체를 들어 올리고 공을 향해 나아갈 수 있게

제5장 서브

만든다. 세 번째 프레임에서는 비튼 몸을 풀기 시작하고 다리를 곧게 펴고 골반을 돌리면서 에너지를 발산한다. 네 번째 프레임에서 에너지 발산은 완성되고 라켓이 공을 향해 올라가는데 이때 라켓 모서리가 리드한다. 라켓이 가장 마지막에 올라가는 것이다. 이 방법을 통해 그의 몸에서 생성된 모든 파워는 라켓으로 옮겨진다. 다섯 번째 프레임에서는 골반을 살짝 옆으로 돌린 상태에서 공을 때린다. 여기서 페더러의 양쪽 어깨는 U자형으로 구르듯이 회전하고, 오른쪽 팔꿈치는 완전히 펴진 상태이며, 라켓은 손목의 내전으로 이전 프레임의 위치에서 90도 회전한 모습을 볼 수 있다. 마지막 프레임에서 그는 앞으로 높게 치솟아 오르며 팔로우 스루한다. 머리는 여전히 꼿꼿이 세운 자세로 오른발을 뒤로 움직여 몸의 밸런스를 유지하고, 안정적인 착지를 도모하면서 상대의 리턴에 대비한다.

II. 슬라이스 & 킥서브

1. 슬라이스 및 슬라이스-톱스핀 서브: 사용법 과 테크닉

이전 장에서 살펴본 플랫 서브는 파워 면에서 중요하지만 슬라이스 서브와 슬라이스-톱스핀 서브의 핵심은 다양성과 안정성이다. 이들 서브는 공이 왼쪽으로 휘어지고(왼손잡이에서는 오른쪽), 낮은 바운스를 만들면서 속도를 떨어뜨릴 수 있다. 슬라이스 서브는 특히 다른 서브와 혼용될 때 효과적인데, 궤적과 높이, 속도를 바꿈으로써 상대의 리듬을 빼앗고 범실을 유발할 수 있다.

슬라이스 서브는 주로 첫 서브로 많이 사용되고 상대의 몸을 향하거나 아니면 바깥쪽으로 빠지면서 상대를 코트 밖으로 끌어낼 수 있다. 슬라이스-톱스핀 서브는 강력한 첫 서브나 세컨 서브로 두루 쓰인다. 빠른 속도와 낮고 휘어지는 바운스로 인해 효과적인 첫 서브가 될 수 있고, 전방 스핀으로 인해 공이 서비스 박스 안에 떨어지므로 컨트롤이 뛰어난 세컨 서브로도 유용하다. 슬라이스-톱스핀 서브는 특히 동호인들이 세컨 서브로 사용하기 좋은데, 익히기 까다로운 킥서브(다음 장에서 설명)를 구사하기 곤란할 때 제격이다. 슬라이스 서브와 슬라이스-톱스핀 서브는 기술적으로 플랫 서브와 유사하지만 다음 몇 가지 면에서 차이가 있다.

A. 볼 토스

슬라이스 서브 토스는 조금 더 오른쪽을 향한다(그림 5-29). 가상의 시계를 놓고 듀스 사이드에서 서브를 한다고 가정할 때, 슬라이스 서브는 1시 방향으로 토스하고, 슬라이스-톱스핀 서브의 경우에는 조금 덜 오른쪽으로 던진다. 애드 사이드에서는 목표물과 운동량이 모두 더 오른쪽으로 치우치기 때문에 토스를 약간 더 오른쪽으로 한다. 토스가 모든 서브에서 비슷하면 상대방이 예측하기 어려워 더 효과적인 서브가 된다는 점을 명심하자.

B. 몸의 정렬

스윙의 정점에서 라켓의 경로가 보다 오른쪽을 향

그림 5-28. 사만다 스토서의 스핀 서브는 상대 선수의 리턴 타이밍을 빼앗는다.

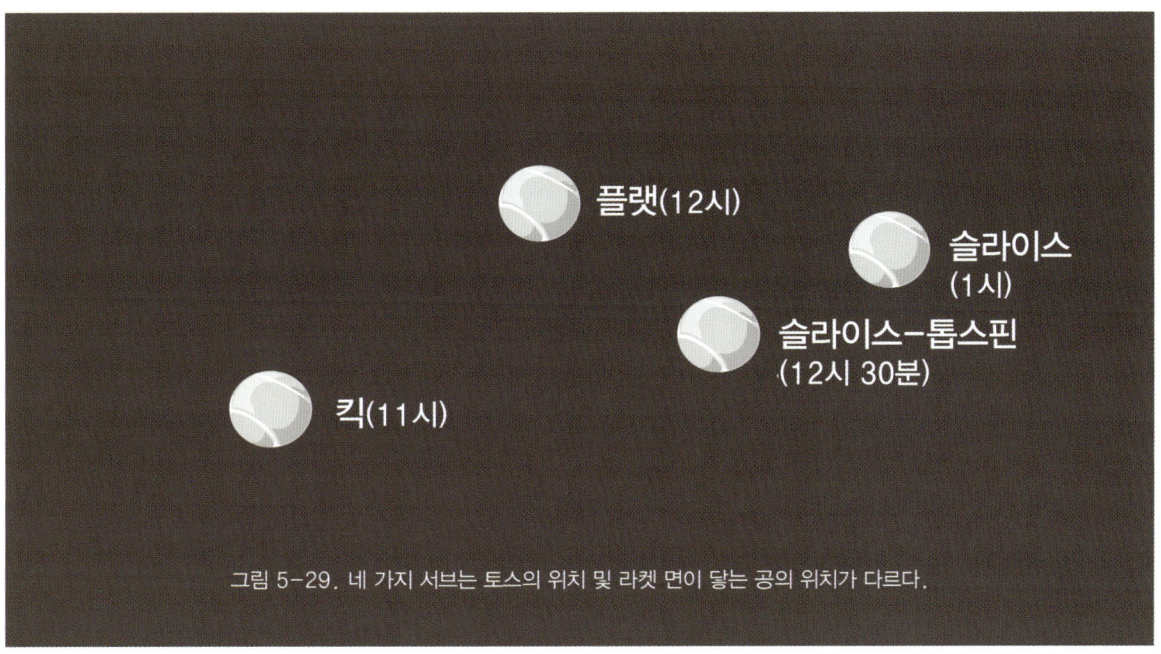

그림 5-29. 네 가지 서브는 토스의 위치 및 라켓 면이 닿는 공의 위치가 다르다.

하기 때문에, 백스윙 동작 및 임팩트 순간에는 플랫 서브 때보다 상체를 조금 더 옆으로 돌려야 한다.

C. 라켓 드롭에서 임팩트까지

슬라이스 서브는 임팩트 순간에 라켓이 약간 기울어져 있기 때문에 손목 내전이 플랫 서브에서보다 덜 발생한다. 완전한 내전이 생기는 대신, 슬라이스 서브에서는 라켓 모서리가 오른쪽 네트 포스트로 향하며, 도끼로 내리찍는 듯한 손목 움직임이 나온다(그림 5-30). 또한 플랫 서브에서처럼 공의 가운데가 아닌, 공의 2시 방향을 문지르듯이 친다(그림 5-31). 이로 인해 공에는 사이드 스핀이 주로 걸리고 약간의 전방 스핀도 동반된다. 슬라이스-톱스핀 서브에서는 스트링이 공의 가운데와 닿도록 한 다음, 1시 방향으로 문지르듯이 친다(그림 5-31). 이렇게 하면 전방 스핀이 주로 걸리며 약간의 사이드 스핀도 발생한다.

그림 5-30. 슬라이스 서브에서 라켓 모서리가 오른쪽 네트 포스트를 향해 움직이고 스트링은 공의 2시 방향을 문지르듯이 때린다.

2. 킥서브: 사용법과 테크닉

좋은 킥서브를 개발하면 안정적이면서도 대담한 세컨 서브를 지니게 된다. 이는 초보부터 베테랑까지 모든 수준에서 사용할 수 있는 중요한 샷이다. 킥서브의 톱스핀으로 인해 공은 네트 위를 여유 있게 지난 다음, 서비스 박스 내로 곡선을 그리면서 떨어지며 더블 폴트의 가능성을 줄인다. 뛰어난 킥서브는 단순히 세컨 서브를 넣어서 인플레이 상황을 만드는 것에 그치지 않고 스피드와 스핀이 가미돼 상대방으로 하여금 수비하도록 만들 수 있다. 상당수 동호인들은 세컨 서브를 톡 건드리기만 해서 상대 리턴에 농락당한다. 강력한 킥서브는 착지 후 굉장히 높게 튀어오르고 춤을 추듯 상대로부터 멀어지면서 혼란을 초래하고, 상대가 선호하는 구역 밖에 떨어진다. 특히 애드 사이드에서 효과적인데, 스핀으로 인해 상대방이 복식 라인 밖에서 리턴하도록 만들 수 있기 때문이다. 더 나아가 안정적인 킥서브를 갖고 있다면, 첫 번째 샷부터 굉장히 공격적으로 칠 수 있어 훨씬 위협적인 서버가 될 수 있다. 반대로 서브 레퍼토리에 킥서브가 빠진다면, 세컨 서브에 자신감을 잃을 수 있고 첫 서브를 보다 조심스럽게 넣게 된다. 마지막으로 이는 복식에서 굉장히 좋은 서브다. 만약 복식에서 자주 사용하는 서브앤발리 전략을 취한다면, 킥서브의 느린 속도는 네트 앞으로 달려갈 수 있는 시간을 벌어줘 첫 발리의 포지션을 잘 잡을 수 있게 한다.

앞서 언급한대로 킥서브는 다른 서브와 대부분 비슷한 테크닉을 사용하지만 몇 가지 부분에서 차이점을 지닌다.

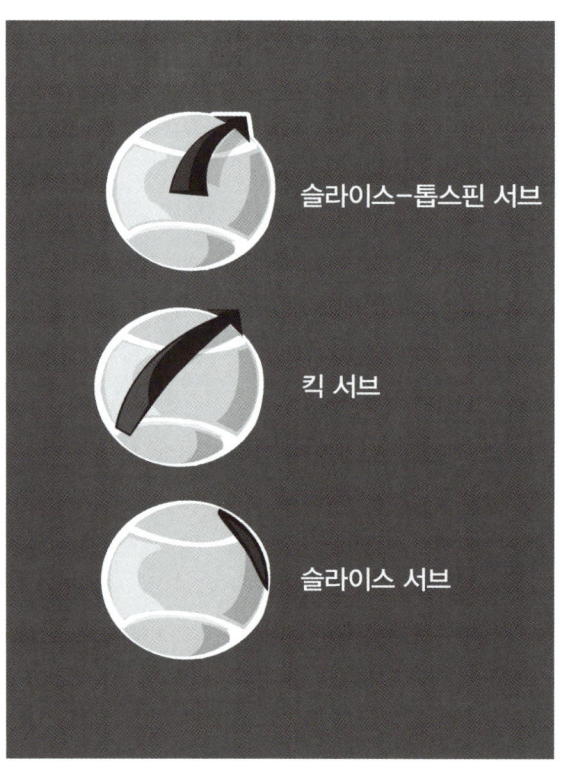

그림 5-31. 세 가지 스핀 서브에서 라켓이 닿는 공의 부위 및 라켓의 이동 방향

그림 5-32. 킥서브에서 라켓은 수평에서 수직으로 상향 스윙하고, 이때 스트링은 공의 뒷면을 긁어줘 톱스핀을 만들어낸다.

A. 볼 토스

다른 서브보다 조금 더 왼쪽으로 공을 올린다. 듀스 사이드에서 서브 시 토스는 11시 방향이다. 또한 앞으로도 조금 덜 던져야 한다. 플랫 서브에서 60cm 앞으로 던진다면 킥서브에서는 30cm 앞으로 토스한다.

B. 몸의 정렬

라켓 궤적이 좀 더 오른쪽을 향하기 때문에, 다른 서브에 비해 백스윙 시 어깨를 좀 더 옆으로 틀어야 하고(그림 5-33), 임팩트 순간에도 이러한 방향을 유지해야 한다. 또한 토스가 좀 더 왼쪽이면서 뒤로 가기 때문에 킥서브의 트로피 포지션에서는 골반을 더 내밀고, 등은 뒤로 더 구부리며, 앞발에 체중이 덜 실리도록 해야 한다.

C. 라켓 드롭에서 임팩트까지

그림 5-34. 페더러는 킥서브의 톱스핀을 만들기 위해 라켓을 수평(a) 상태에서 45도(b)까지 올렸을 때 공을 때린다.

킥서브의 톱스핀이 생성되는 방법은 다음과 같다. 라켓을 머리 뒤에 수평으로 놓은 상태에서 10시~11시 방향으로 돌려 공을 치고, 이후 12시 방향까지 계속해서 스윙하며 톱스핀을 생성한다. 라켓이 위로 올라가는 동안 손목은 앞으로 이동하면서 라켓 면을 닫게 된다. 이때 라켓 스트링으로 머리 위에 있는 가상의 비치볼을 굴린다는 느낌을 가져야 한다. 대부분의 킥서브에서 라켓의 움직임은 공의 7시 방향을 스트링으로 긁어 올리면서 1시 방향까지 끌어올린 후 마무리된다(그림 5-31). 이것이 서비스 박스의 오른쪽을 향하는 전형적인 "클래식" 킥서브이다. 그러나 라켓의 이동 경로와 토스를 살짝 바꿔주면 다른 종류의 톱스핀을 만들어 낼 수 있다. 예를 들어, 서비스 박스의 왼쪽으로 톱스핀 서브를 넣고 싶다면 라켓으로 공의 5시 방향에서 시작해 11시 방향까지 문지르듯 치고, 토스는 조금 더 왼쪽으로 던지면 된다.

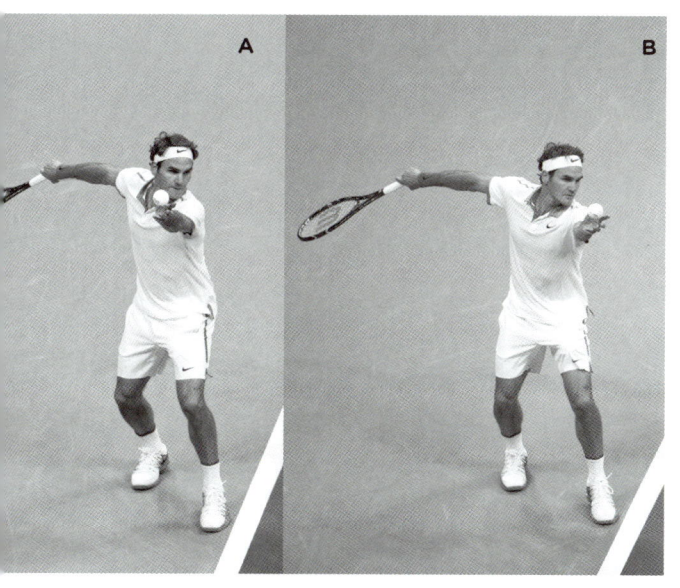

그림 5-33. 페더러는 킥서브(a)를 넣을 때 다른 서브(b)에서보다 어깨를 더 돌린다.

그림 5-35. 노박 조코비치의 킥서브

노박 조코비치의 강점 가운데 하나는 킥서브이다. 서비스 박스에 깊숙이 꽂히는 그의 킥서브는 다른 ATP 선수들에 비해 첫 서브와의 속도 차이가 거의 없다.

첫 번째 프레임에서 그는 어깨를 적당히 돌리고 베이스라인에서 30cm 앞으로, 그리고 조금 왼쪽으로 토스한다. 백스윙 시 힘을 빼고 라켓은 지면을 향해 늘어뜨린다. 두 번째 프레임에서는 킥서브의 토스가 앞으로 조금 덜 가기 때문에 무게 중심이 앞발에 몰려 있지 않고 양쪽 발에 고르게 분산된 것을 확인할 수 있다. 다음으로 조코비치는 등을 기울여 공의 뒷면을 긁어 때리기에 좋은 자세를 만든다. 네 번째 프레임에서는 오른쪽 어깨를 왼쪽 어깨 위로 굴리듯이 돌리고, 오른쪽 팔

제5장 서브

꿈치를 올리면서 라켓 드롭을 마무리한다. 라켓 드롭이 얼마나 깊은지를 확인해보라. 라켓 헤드가 허리와 동일선상에 있다. 이렇게 깊은 라켓 드롭은 임팩트 순간까지 굉장히 긴 스윙 경로를 만들어줘 서브의 속도를 높여준다. 킥서브에서 라켓 스피드를 플랫 서브에서만큼 올리는 것은 매우 중요하다. 그래야 톱스핀이 충분히 생성되어 안정적인 서브가 가능해지기 때문이다. 다섯 번째 프레임에서는 라켓이 공의 뒷면을 긁은 다음, 오른쪽으로 움직이는 동안에도 여전히 머리보다 뒤에 있음을 알 수 있다. 왼팔은 올려 몸에 바짝 붙이고 있다. 이 동작은 몸의 균형을 잡아줘 공을 높은 타점에서 때릴 수 있게 해주고 오른팔에 대한 반작용 힘을 형성한다. 피니시 동작에서는 다른 서브에 비해 왼발이 코트 안쪽으로 조금 덜 들어와 착지하고 라켓은 좀 더 오른쪽으로 가 있다.

III. 서브 전술

강력한 서브를 넣는다 하더라도 상대가 이를 예측할 수 있다면 서브 게임을 지키기는 쉽지 않게 된다. 반면에 서브를 계속 예측하기 어렵게 구사하면, 상대는 혼란스러워지면서 리턴을 제대로 하기 어렵게 된다.

서브의 플레이스먼트를 잘 섞어 와이드와 "T존" (센터 라인과 서브 라인이 만나는 지점), 아니면 상대의 몸을 향하는 서브를 넣을 수 있다. 또는 스핀을 다르게 섞어 속도와 공의 궤적을 바꿀 수도 있다. 베이스라인에서 서브를 넣는 위치, 스윙 스피드, 서브 넣기 전 공을 튀기는 횟수에 변화를 줄 수도 있다. 만약 상대가 당신의 서브에 대해 통달했다고 느낀다면, 리턴 리듬을 깰 수 있는 모든 수단을 강구하도록 하자.

예측 불가성은 좋은 서브의 한 가지 요소임이 분명하다. 두 번째 요소는 서브를 통해 당신의 강점을 살리는 리턴을 유도하는 것이다. 예를 들어, 미국의 톱플레이어 잭 삭은 애드 사이드에서 서브를 넣을 때 때때로 센터 마크에서 왼쪽으로 한참 옆에 서서, 오른손잡이 백핸드로 향하는 와이드 서브를 구사한다. 이 서브 전술은 그의 강력한 포핸드를 가장 잘 사용할 수 있는 샷 패턴을 설정해 포인트를 공격적으로 시작할 수 있게 해준다. 프로 테니스에서 서브 뒤 포핸드로 지배하는 게임 패턴의 중요성은 통계상으로도 분명하다. 이는 2010년 윔블던 결승전 라파엘 나달과 토마스 베르디흐의 경기에서 잘 드러났다. 나달은 서브 에이스를 겨우 다섯 개만 기록했지만, 끝까지 서브 게임을 단 한 차례도 빼앗기지 않았는데, 이는 서브에 이은 스트로크의 89% 이상을 자신의 강점인 포핸드로 연결했기 때문이다.[3]

프로 선수들은 잘 알고 있다. 포인트를 지배하고자 한다면 반드시 서브와 가장 강한 그라운드 스트로크를 하나의 전술 단위로 여겨야 한다는 것을 말이다. 예를 들어 당신의 무기가 포핸드라면, 듀스 사이드에서 T존에 서브를 넣는 것이 포인트 초반에 포핸드를 사용할 가능성을 높여주는 방법이다. 왜냐하면 코트 중앙에서 받아낸 리턴의 각도로는 서버를 오른쪽 멀리까지 움직이게 하기 어렵기 때문이다(그림 5-37). 이 사실을 알고 있다면 당신은 T존에 서브를 넣은 뒤 곧바로 한 걸음 왼쪽으로 안

그림 5-36. 나달이 2010년 윔블던 결승전에서 서브를 넣을 준비를 하고 있다.

제5장 서브

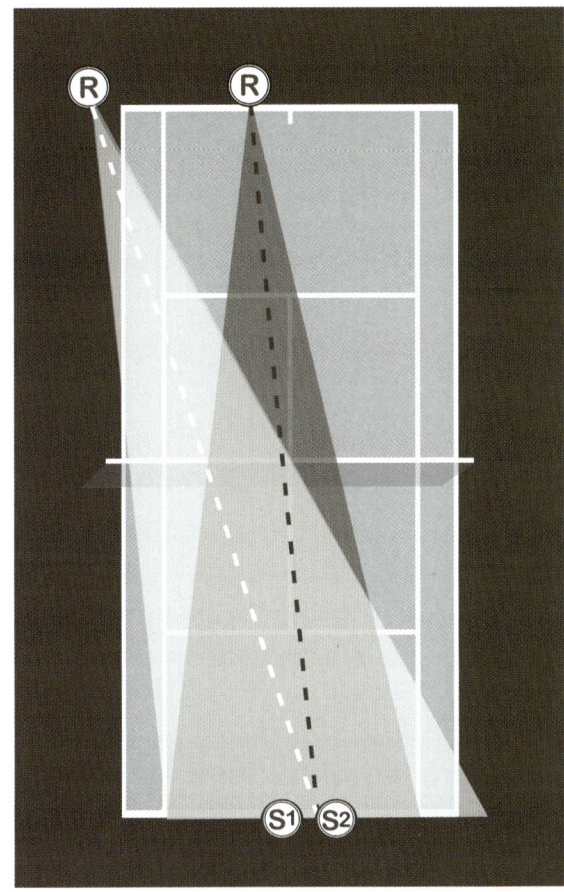

그림 5-37. T존에 서브를 넣는 경우, 리턴되어 오는 공의 각도를 고려할 때 왼쪽(S1)으로 이동해 포핸드를 더 자주 칠 수 있다. 그러나 와이드 서브를 넣으면 리턴 각도가 커지기 때문에 제 위치(S2)를 유지해야 한다. 베이스라인에서 오른쪽에 위치할수록 포핸드로 3구를 공략할 가능성은 줄어든다.

빠르게 리턴하지 못할 정도의 속도로 넣을 수 있다면, 서브 후에 안정적으로 왼쪽으로 이동해 포핸드를 준비할 수 있다. 서브를 넣고 나서의 코트 포지션은 서브 각도뿐 아니라 속도에 의해서도 결정된다. 자신의 서브 능력과 가장 성공적인 샷 패턴을 분명히 이해하고 랠리를 최대한 유리한 방향으로 이끌 수 있도록 서브를 구사해야 한다.

또한 스코어에 맞게 서브를 조정하기도 한다. 예를 들어, 40-0이나 40-15로 앞서 있다면, 강력하지만 다소 위험 부담이 있는 플랫 서브를 구사해 쉽게 득점하는 것이 올바른 전략이다. 반면에 30-40으로 몰려 있을 때나 어드밴티지 리시버 상황일 때는, 그동안 경기에서 잘 사용하지 않은 스핀과 플레이스먼트를 시도해 상대방의 허를 찔러 약한 리턴을 유도하는 게 좋을 수 있다. 네 종류의 서브(플랫, 슬라이스, 슬라이스-톱스핀, 킥)와 세 종류의 주요 플레이스먼트(와이드, T존, 바디)를 통해 12가지의 다양한 콤비네이션을 구사할 수 있다. 이 12개의 서브 가운데 한두 개를 비장의 무기로 숨겨두고, 결정적인 순간에 상대를 놀라게 하는 것도 좋은 생각일 것이다.

마지막으로, 첫 서브는 적어도 60% 이상 성공해야 한다. 에이스의 영광에 도취돼 몇몇 선수들은 첫 서브를 강하게 때려버리지만, 성공률이 지나치게 낮은 경우에는 경기를 이길 확률이 희박해 지면서 에이스로 얻은 영광 역시 사라지게 된다. 첫 서브의 득점률이 65%이고 세컨 서브 득점률이 40%라고 하자. 이때 6포인트 게임에서 네 개의 첫 서브를 놓친다면 서브 게임을 잃을 확률이 50%를 넘게 된다. 첫 서브는 결코 낭비되어서는 안 된다. 현명하게 사용하라. 경기 도중 첫 서브 확률이 떨어진다면, 스핀의 양을 늘리고 목표 지점을 더 넓게 잡아야 한다.

전하게 이동할 수도 있다(그림 5-37의 S1). 그러면 더 좋은 포핸드 포지션을 확보할 수 있을 것이다. 그러나 만약 듀스 사이드에서 와이드로 빠지는 서브를 넣으면 크로스-코트 리턴이 만들어낼 수 있는 각도에 유의해야 하므로 서브를 넣은 뒤 왼쪽으로 이동하기 어려워진다(그림 5-37의 S2). 만약 듀스 사이드에서 와이드로 서브를 넣을 때, 상대가

IV. 서브 연습

세리나 윌리엄스는 훌륭한 서브를 갖고 있다(그림 5-39). 그러나 이는 결코 우연히 얻어진 것이 아니다. 좋은 테크닉을 개발하고 끊임없이 반복 연습한 결과인 것이다. 세리나의 코치인 릭 마키는 그녀가 어릴 적 훈련 막바지에 매일 450개 이상의 서브를 연습했다고 회상했다. "고된 훈련을 반복하면 근육이 붙고 테크닉이 향상됩니다. 세리나의 서브가 바로 그 결과물이죠."[4] 많은 선수들은 서브 연습이 다른 스트로크 연습에 비해 재미가 없기 때문에 이를 게을리하는데, 이는 분명 잘못된 생각이다. 서브는 굉장히 중요한 샷이며, 훈련 시간에 가장 우선적으로 연습해야 한다.

서브의 중요성을 강조하기 위해, 나는 가끔 전형적인 레슨 방식에서 벗어나 서브부터 시작하기도 한다. 충분히 워밍업을 한 다음, 공을 사용하지 않는 섀도 스윙shadow swing을 하게 해 어깨를 달구고 감각을 예민하게 한다. 그다음, 토스를 연습하게 해 서브에서 이 부분의 중요성을 강조한다. 토스에 이어서, 서비스 박스 여러 다른 곳에 목표물을 설치하고 세컨 서브를 포함한 다양한 서브를 시도하도록 하면서 다음 사항을 강조한다. '이렇게 열심히 서브를 연습하면 중요한 게임에서 서브를 지키거나, 결정적 순간에 강력한 서브로 포인트를 빨리 따내며 기뻐할 것이다.' 혼자 하는 목표물 연습도 중요하지만, 연습 파트너와 함께하면 서브 게임을 어떻게 꾸준히 잘 지킬 수 있는지 배울 수 있다. 격렬한 랠리 끝에 포인트를 따낸 다음, 마음을 가다듬고 멋지게 서브를 넣는 모습은 하나의 예술이다. 팔로우 스루를 마치고, 돌아오는 리턴에 재빨리 대응하는 능력 역시 중요한 기술인데 특히 세컨 서브에서 더욱 그렇다. 테니스에서 너무도 중요한 3구는 네트 건너편 상대가 있어야지만 연습이 가능하다. 연습 경기에서는 때로 서브에 더 중점을 둘 수

> **코칭 박스:**
>
> 매일 5분씩 최대한 빠르게 섀도 스윙을 하며 첫 서브와 세컨 서브를 모두 연습한다. 스윙 시 근육의 긴장을 풀고 끝까지 밸런스를 유지하도록 하자. 이 훈련은 서브의 파워와 라켓 스피드 향상에 좋다. 섀도 스윙은 서브뿐 아니라 모든 샷에 적용할 수 있다. 반복 연습을 통해 테크닉을 발전시킬 수 있고, 상대방과 쳐야 하는 스트레스가 없기 때문에 폼이 망가지는 상황을 피할 수 있다.

그림 5-38. 코트 위에 콘을 놓고 이를 목표로 서브 연습을 하면 집중력 향상에 도움이 된다.

있는 룰로 바꾸는 것도 괜찮은 방법일 것이다(아래의 2번 및 3번 연습 참조). 이런 훈련은 뛰어난 서버에게 필요한 집중력을 향상시켜줄 수 있다.

1. 홀스 HORSE
- 목표: 서브의 정확성 향상

콘이나 마커를 사용해 서비스 박스를 세 군데로 나눈다. 그러고 나서 연습 파트너로 하여금 세 곳의 서비스 박스 중 하나를 지정하도록 하며 "홀스" 게임을 시작한다. 만약 당신은 목표 지점을 맞히고 파트너는 실패한다면 그가 "H"를 얻는다. 먼저 "H-O-R-S-E"를 모두 얻는 사람이 지는 것이다. 스핀 서브를 추가하거나, 서브 넣은 공이 두 번 튀기고 넘겨야 하는 목표물 설정을 통해 변형된 홀스 게임을 할 수도 있다.

2. 두 번에 1점
- 목표: 서브의 집중력 향상

듀스 사이드에서 서브를 두 번 넣으며 포인트를 진행한다. 두 랠리 모두 승리하면 1점을 얻지만, 하나라도 지면 0점이다. 리시버는 두 번의 랠리 가운데 한 번만 이겨도 1점이고, 모두 이기면 2점을 얻는다. 애드 사이드에서도 이를 반복한다. 11점에 먼저 도달하는 사람이 승리하게 되며, 이후 역할을 바꿔서 시행한다.

3. 서브 핸디캡
- 목표: 세컨 서브 향상 및 압박 상황에서 서브 능력 배양

파트너와 세컨 서브만으로 한 세트 경기를 치른다. 아니면 한 게임당 첫 서브와 세컨 서브를 넣을 수 있는 포인트를 두 번으로 제한한다. 이러한 상황은 서버가 고르도록 하는데, 이를 통해 게임에서 중요한 포인트에 대한 이해를 높일 수 있다. 또 다른 방법으로 매 게임을 서버가 30-40으로 뒤진 상황에서 시작해 압박 상황을 구현할 수 있다.

1. 파워 포지션 2. 라켓 드롭 3. 임팩트 4. 팔로우 스루

그림 5-39. 서브 요약: 위의 네 가지 이미지를 기억하라.

그림 6-1. 앤디 머리는 2015년 이렇게 말한 적이 있다. "현대 테니스에서는 리턴이 서브보다 중요할 수 있다고 생각합니다."[1]

제6장

서브 리턴

얼마 전까지만 해도 테니스 팬들은 다음과 같은 걱정을 했다. 서브가 프로 테니스에서 너무 압도적이어서 포인트를 짧게 만들어 재미가 없어지지 않겠냐고. 그러나 프로 선수들은 훨씬 더 향상된 리턴으로 빅서브에 응수했고, 프로 투어의 랠리를 역대 가장 흥미진진하게 만들어가고 있다.

서브 리턴은 기술적으로 개선되었을 뿐만 아니라 더욱 공격적인 샷으로 변했다. 2014년 윔블던에서 유즈니 부샤드가 베이스라인 안쪽에서 리턴한 비율은 무려 97%에 육박했다.[2] 빠른 리턴으로 인해 상대는 서브 동작에서 팔로우 스루를 마친 다음, 밸런스를 잡고 리턴을 받기 위해 이동할 시간이 부족해졌다. 남자 단식에서는 2015년 여름 로저 페더러가 리턴을 또 다른 공격적 차원으로 끌어올렸다. 리턴을 서비스 라인 바로 뒤에서 받아낸 다음, 곧바로 네트를 점령한 것이다. 이 전략은 상대 선수를 조급하게 만들고 허를 찔러, 형편없는 패싱샷을 유도하거나 손쉬운 발리 찬스를 만들었다.

또한 서브 리턴은 선수의 성패를 결정 짓는 주요 요인으로 자리 잡았다. 이는 통계 수치를 통해 확인할 수 있는데, 1990년 ATP에서 가장 리턴을 잘하는 선수들 가운데 톱10에 든 선수는 아무도 없었다. 2014년이 되자, 톱5 리터너 가운데 4명이 10위 안에 이름을 올렸다.[3] 심지어 WTA 투어에서는 선수들의 리턴 능력이 워낙 출중해 때로는 서브보다 리턴을 할 때 더 유리해 보이기도 한다. 2014년 윔블던에서 앞서 언급한 부샤드의 약진이 대표적인 사례이다. 당시 그녀는 대회 기간 동안 상대의 서브 게임을 25번 브레이크했는데, 매 세트마다 두세 차례 브레이크를 하면서 결국 준우승을 차지했다.

서브 리턴은 프로 수준에서도 대단히 중요하지만, 동호인 수준에서는 그 중요성이 더욱 크다. 동호인 수준에서 상대방의 서브, 특히 세컨 서브는 짧게 떨어지는 쉬운 볼이다. 리턴하는 입장에서 서브가 언제 어디로 올지를 비교적 정확히 알 수 있다. 따라서 서브 리턴은 위너를 치거나 포인트를 따기에 유리한 상황으로 유도할 수 있는 좋은 기회인 셈이다.

좋은 리터너는 올바른 그립과 예측력, 빠른 반응 속도, 견실한 풋워크와 적절한 백스윙을 필요로 한다. 서브 리턴을 이루는 세 가지 요소에 대해 논한 뒤, 전략적인 리턴과 코트 포지션 선택 방법을 알아보겠다. 그러고 나서 리턴을 연습하는 것이 왜 중요하며, 보통의 그라운드 스트로크와 리턴이 어떻게 다른지를 알아본 다음, 마지막으로 리턴 훈련 방법을 설명할 것이다.

I. 서브 리턴의 요소

1. 그립

서브 리턴은 순식간에 이뤄지고 톱스핀 포핸드와 백핸드에서 각기 다른 그립이 요구되기 때문에, 어떻게 라켓을 잡느냐는 굉장히 중요하다. 여기에는 사실 옳고 그름은 없다. 리턴 그립은 개인적인 선호도로 결정되며, 그라운드 스트로크의 강점과 약점, 그리고 플레이 스타일에 달려 있다.

대부분 선수들은 포핸드 그립을 잡고 리턴을 기다린다. 백핸드 스윙을 할 때는 왼손이 라켓에 머무는 시간이 더 길기 때문에 백핸드 그립을 잡을 때 왼손으로 오른손을 보조할 수 있다. 어떤 선수들은 더 자신이 없는 그라운드 스트로크의 그립을

그림 6-2. 유즈니 부샤드는 베이스라인 안쪽에서 리턴해 상대의 반응 시간을 빼앗는다.

> **코칭 박스:**
>
> 고속 촬영 분석 결과, 리턴 타이밍을 향상시키기 위해 프로 선수들은 베이스라인 랠리를 할 때 구사하는 스트로크 스핀의 절반 이하만 리턴에 사용하는 것으로 나타났다. 역대 최고의 리터너로 꼽히는 안드레 애거시와 지미 코너스는 중립 포핸드 그립을 잡고 플랫 리턴을 구사했다. 반대로 극단적인 포핸드 웨스턴 그립을 잡는 선수들은 빠른 서브를 리턴하는 데 어려움을 겪었는데, 이 그립에서는 손바닥이 비교적 그립의 아래쪽에 위치하기 때문에 강력한 충격을 감당하기에 적합하지 못하다. 게다가 웨스턴 그립은 빠른 서브를 안정적으로 리턴하는 데 필요한 수평 스윙에 적당하지 않다는 약점도 있다. 만약 여러분이 포핸드 웨스턴 그립을 잡고 있다면, 리턴 시에는 세미-웨스턴 그립으로 변경해 스핀을 적당히 넣는 것을 고려해 볼 수 있을 것이다.

제6장 서브 리턴

그림 6-3. 안드레 애거시의 중립 포핸드 그립
(그리고 눈과 손의 놀라운 협응 능력)은
빠른 서브를 능히 받아 내게 한 요인이었다.

잡기도 하고, 또 다른 선수들은 컨티넨털 그립을 잡아 포핸드 혹은 백핸드로 빠르게 전환하는데, 이는 강력한 서브를 받아내기에 적합한 그립이기도 하다. 투핸드 백핸드 선수들은 그립 선택의 고민이 훨씬 적다. 왜냐하면 오른손은 포핸드 그립을, 왼손은 투핸드 백핸드를 칠 때 사용하는 그립을 잡고 기다리면 되기 때문이다.

2. 예측능력

상대방이 서브를 위장하는 데 특출나지 않다면, 토스를 보고 어떤 방향으로 공이 올지 판단할 수 있다. 만약 토스가 서버의 오른쪽으로 치우친다면 슬라이스 서브를 예상할 수 있으며, 오른쪽으로 휘어지는 공을 받기 위해 오른편으로 이동해 막아야 한다. 토스가 왼쪽이라면 킥서브를 예상해 왼편으로 이동한 뒤, 왼쪽으로 꺾이는 바운스를 막아야 한다. 토스가 직선이고 앞쪽에서 형성된다면 아마도 파워 서브에 대비한 짧은 스윙 리턴을 준비하면 될 것이다. 경기가 진행되는 동안 상대가 선호하는 서브를 파악할 수 있을 텐데, 브레이크 포인트나 게임 포인트와 같은 중요한 순간에는 대개 가장 자신 있는 서브를 넣는다는 사실을 잊지 말자.

3. 습관과 반응 속도

서브 리턴의 습관 개발도 중요하다. 이는 빠른 리턴을 위해 강렬한 에너지를 분출하기 직전, 긴장을 풀고 집중력을 높일 수 있는 수단이다. 페더러를 비롯한 몇몇 선수들은 라켓을 손으로 빙빙 돌린다. 또한 밀로스 라오니치처럼 움직일 준비를 하기 위해 두 다리를 좌우로 번갈아 기울이는 선수들도 있다.

리턴할 코트 위치를 정한 뒤, 어깨너비보다 넓게 와이드 스탠스로 서서 무릎을 굽히고, 상체는 어느 정도 세운다. 서버가 토스하면 한두 스텝 앞으로 나오면서 서버가 공을 때리기 직전에 스플릿 스텝을 밟는다(그림 6-4). 스플릿 스텝 시 전방 모멘텀은 공격적인 리턴을 할 때 더 신속한 점프를 가능하게 해줄 것이다.

4. 풋워크

스플릿 스텝 후 첫 번째 움직임은 바깥쪽 다리를 돌리면서 포핸드를 칠 때는 오른쪽으로(그림 6-5a), 백핸드에서는 왼쪽으로 몸을 기울이는 것이다. 첫 스텝 후 얼마나 많은 스텝을 취할지는 서브의 속도와 방향에 달려 있다. 와이드 서브의 경우에는 보통 크로스오버 스텝을 밟게 되는데, 포핸드를 친다면 왼발을 크로스로 움직이고(그림 6-5b), 백핸드에서는 오른발을 크로스 스텝으로 밟는다. 앞발이 지면에 닿으면 뒷발은 자연스럽게 돌아 와이드 스탠스를 만들면서 움직이고자 하는 방향으로 몸을 기울인다.

서브가 와이드로 오지 않는다면 크로스오버 스텝을 밟을 시간도, 이유도 없다. 이 경우 리턴은 오픈 스탠스, 즉 두 발이 베이스라인과 평행하거나 거의 평행한 상태에서 이뤄진다. 킥서브의 경우에는 바운스가 높기 때문에 투핸드 백핸드 리턴은 물론 포핸드 리턴에서도 오픈 스탠스가 사용된다. 리턴을 한 뒤에는 재빨리 코트 중앙으로 이동해 랠리를 준비한다.

그림 6-4. 조코비치가 상대 서브에 빠르게 대응하기 위해 스플릿 스텝을 밟고 있다.

5. 스윙 테크닉

백스윙의 역할은 몸의 앞에서 일관된 타점을 형성하는 것이다. 따라서 백스윙의 크기는 상대 서브의 속도에 따라 조정되어야 하며, 굳이 일정해야 할 필요는 없다.

빠른 첫 서브를 리턴할 때는 낮고 짧은 백스윙(그림 6-5b)을 한 다음, 상대의 파워를 이용해 되받아쳐야 한다. 웅크린 듯한 낮은 자세를 유지하고 라켓을 휘두를 때 머리를 고정하며, 몸의 앞쪽에 타점이 형성되도록 한다(그림 6-5c). 백스윙이 짧아지는 경우에도 팔로우 스루는 끝까지 해야 한다. 첫 서브의 리턴은 보통 플랫성이기 때문에, 팔로우 스루를 높고 길게 가져간다. 느린 세컨 서브를 리턴할 때는 백스윙이 조금 더 길어지고 톱스핀이 더 가미될 것이다. 따라서 팔로우 스루는 좀 더 낮고 수평으로 이루어지면서 톱스핀 그라운드 스트로크의 경우와 유사하게 된다(105페이지 참조).

6. 서브 리턴 전술

상대방의 서브 종류에 따라 리턴 전술은 굉장히 다양하다. 목표는 상대의 모든 득점이 리턴 이후 인 플레이 상황에서 나오도록 하는 것이다. 경기가 진행되면서 지속적으로 리턴을 이어가면 상대는 서브 동작 이후 계속 힘을 쏟으면서 육체적, 정신적으로 지치게 된다.

첫 서브는 대개 세컨 서브보다 빠르기 때문에 리턴의 전술적 접근 역시 달라야 한다. 강력한 첫 서브를 리턴할 때는 일단 공을 넘기고 대등한 상황으로 만드는 것을 목표로 한다. 경기 초반, 특히 익숙하지 않은 상대를 만났을 때 첫 서브 리턴의 목표

그림 6-5. 조코비치가 발을 돌리고, 몸을 기울이고, 낮고 짧은 백스윙을 한 다음, 몸 앞에 타점을 두고 와이드 포핸드 리턴을 시도하고 있다.

그림 6-6. 노박 조코비치의 리턴

2015년 노박 조코비치는 ATP의 그 어떤 선수들보다 더 많은 서브 브레이크에 성공했다. 그는 빠르고 깊숙이 떨어지는 리턴을 일관성 있게 구사하며 포인트의 시작부터 유리한 고지를 선점한다.

첫 번째 프레임에서 조코비치는 완벽한 타이밍의 스플릿 스텝을 밟으며 공을 향해 힘차게 움직이고 있다. 두 번째 프레임에서는 발을 돌리고 왼발에 체중을 실으면서 어깨를 회전하고 있다. 세 번째 프레임에서는 간결한 백스윙이 완성된다. 이 자세를 취하는 과정에서 팔은 거의 움직이지 않았다는 사실에 유념하자. 그의 백스윙은 대개 상체가 하나의 단위로 회전하면서

제6장 서브 리턴

이루어진다. 조코비치는 라켓 헤드를 떨어뜨린 다음, 밑에서 위로 올라가면서 전진 스윙을 하며 적당량의 톱스핀으로 샷을 컨트롤한다. 왼쪽 다리를 쭉 펴서 백스윙하는 동안 모인 파워를 발산한다. 네 번째 프레임에서는 왼팔을 곧게 뻗어 몸보다 훨씬 앞에서 타점을 형성한다. 조코비치는 결코 수비형 리터너가 아니다. 다섯 번째 프레임에서 우리는 그가 샷을 치면서 앞으로 나가 공격하는 모습을 확인할 수 있다. 그는 라켓을 길게 뻗어 목표 지점을 향해 끌고 나가면서 공을 쳐 내고 있다. 마지막 프레임에서는 오른발로 균형 있게 착지하며 재빨리 상대의 스트로크에 대응할 준비를 하고 있다.

지점은 코트 중앙이다. 상대의 서브를 읽기 시작하고 타이밍을 맞출 때까지는 리턴의 일관성과 깊이에 집중하는 것이 훌륭한 전략일 것이다. 경기가 좀 더 진행되면 좌우 라인 근처로 리턴을 시도할 수 있다.

첫 서브 리턴과는 달리 세컨 서브에서는 공격적 리턴이 필요하다. 포인트를 주도할 만큼 강한 리턴을 해야 한다. 특히 약한 세컨 서브의 경우 보통 공이 짧아져 준비 시간에 여유가 생기기 때문에 리터너에게 절호의 기회다. 세컨 서브 공략은 시간이 지나면서 더 큰 보상이 따르기도 한다. 상대의 자신감을 꺾을 수 있고, 첫 서브가 실패할 때마다 상대는 수비를 지나치게 의식할 수 있다.

상대가 세컨 서브를 넣기 전, 리턴을 꽂아 넣고 싶은 목표 지점을 머릿속에 그린다. 몸은 의지가 분명할 때 가장 잘 움직인다는 사실을 기억하라. 또한 세컨 서브를 받을 때 발을 빨리 움직여 자신의 가장 강력한 그라운드 스트로크를 최대한 사용할 수 있어야 한다. 듀스 사이드에서 왼쪽으로 움직여 포핸드를 사용하거나 애드 사이드에서 오른쪽으로 움직여 백핸드를 칠 수 있다면, 코트 포지션이 굉장히 유리해진다는 점을 명심하자(그림 6-8). 이렇게 하면 코트 중앙으로 몸이 움직이기 때문에 다음 샷에서도 좋은 위치를 점할 수 있다.

또한 리턴할 때 좌우로 움직여 상대 선수의 리듬을 흐트러뜨릴 수 있다. 예를 들어, 상대가 백핸드 쪽으로 서브를 넣어 당신을 괴롭히고 있다면, 조금 더 왼쪽으로 이동해 서비스 박스의 '오픈된' 공간으로 유혹하라. 그럴 경우 상대 선수는 약간 더 위력이 떨어지는 서브를 아마도 당신이 가장 자신 있어 하는 그라운드 스트로크 쪽으로 넣게 될 것이다.

그림 6-7. 페더러가 백스윙을 짧게 가져가며 강서브를 막아내고 상대 코트 중앙 깊숙한 곳으로 목표를 설정하고 있다.

앞뒤로 움직이는 것 역시 상대 리듬을 방해할 수 있지만, 이런 종류의 포지션 변화는 전략적 측면에서 훨씬 더 중요하다. 예를 들어, 만약 더 공격적으로 치거나 랠리를 짧게 끝내고 싶다면, 베이스라인 한참 앞으로 들어가(그림 6-8) 리턴을 한 템포 일찍 해서 상대의 타이밍을 빼앗을 수 있다. 상대방보다 더 좋은 그라운드 스트로크를 갖고 있고 랠리를 길게 끌어가는 것이 유리하다고 판단되면, 훨씬 뒤에 서서 리턴 확률을 올릴 수도 있다.

빅터 트로이츠키와 그리고르 디미트로프의 2016년 시드니 인터내셔널 결승전은 랠리의 길이에 따라 승패가 얼마나 확연히 갈리는지를 잘 보여준 사례이다. 그 경기에서 트로이츠키는 랠리가 3구 이내일 때 이길 확률이 거의 두 배 이상이었다. 반면 랠리가 9구 이상 길어지면 정반대 상황이 되었다.[4] 아마도 디미트로프가 리턴을 뒤에서 하면서 랠리를 길게 가져갔다면 그 박빙의 경기에서 승자가 됐을지도 모른다.

서브 뒤 상대의 행동이 리턴 포지션에 영향을 미칠 수도 있다. 2015년 ATP 월드 투어 파이널, 바브린카는 베이스라인 플레이어인 나달과의 경기에서, 서브앤발리를 구사하는 페더러 전 때보다 베이스라인에서 평균 2.6m 이상 뒤로 물러나 리턴했다.[5] 바브린카는 알고 있었던 것이다. 페더러가 와이드 서브를 넣을 때 리턴을 뒤에서 하면 더욱 쉽게 서브앤발리 기회를 내줄 수 있다는 사실을.

그림 6-8. 세리나 윌리엄스는 애드 사이드에서 더 좋은 코트 포지션을 확보하기 위해 백핸드를 사용하고, 랠리에서 공격적인 기조를 유지하기 위해 베이스라인 한참 안쪽에서 리턴한다.

그림 6-9. 2015 ATP 월드투어 파이널 페더러와의 경기에서, 스탄 바브린카는 서브가 좀 더 느린 나달 전에서보다 베이스라인에 더 가까이 붙어 리턴했다.

비록 페더러의 서브 속도가 나달보다 훨씬 빠르긴 했지만 바브린카는 모든 변수를 고려해 페더러의 서브를 나달 때보다 베이스라인에 가깝게 서서 받기로 했다.

코트 표면 또한 리턴의 공격성과 포지션 선정에 지대한 영향을 미친다. 지난 10년간, 특히 클레이 코트에서 프로 선수들은 세컨 서브를 전혀 다르게 받았다. 코트 뒷벽까지 물러나 리턴한 것이다(그림 6-10). 이러한 위치 선정은 서브의 스피드와 스핀을 줄어들게 만들어 강력한 톱스핀 리턴을 가능하게 했다. 반면, 하드 코트에서는 선수들이 앞으로 더 나와 한 템포 빠른 리턴을 시도한다. 이 전략이 통하는 이유는 하드 코트의 경우, 바운스가 좀 더 안정적이고, 공격적인 샷에 대한 보상이 확실하기 때문이다.

이렇게 프로 선수들처럼 상대의 서브 수준, 랠리의 길이에 따른 우위, 상대의 서브 뒤 전략, 그리고 코트 표면의 성질까지 고려해서 리턴 시 앞뒤 포지션을 조정해야 한다.

그림 6-10. 클레이 코트에서 나달은 자신에게 편안한 속도와 높이에서 치기 위해 종종 펜스 뒤쪽까지 내려가 세컨 서브를 받는다.

II. 서브 리턴 연습

스트로크의 횟수는 때로 10번이 넘을 수도 있고, 단 2번에 그치기도 하지만 평균적으로는 4~5번 정도이다. 따라서 서브와 리턴이 전체 포인트의 40~50%를 차지한다는 사실에 유념할 필요가 있다. 그런데 동호인 수준에서 가장 연습량이 적은 샷이 무엇일까? 예상했겠지만 서브가 한 가지이고, 또 하나는 바로 리턴이다. 부디 이런 오류를 범하지 않길 바란다. 충분한 시간을 들여 이 두 가지 샷을 연습하라.

많은 선수들이 서브 리턴에 그다지 주의를 기울이지 않는데, 이들은 리턴이 그라운드 스트로크의 일종이라고 보는 실수를 범하기 때문이다. 그러나 리턴은 평범한 스트로크와 여러 면에서 상당히 다른 기술이다. 서브는 높은 타점에서 이뤄지기 때문에 바운스가 높고, 공의 속도가 더욱 빠르며, 좌우로 휘기도 한다. 또한 네트와 서버 사이의 거리는 항상 일정하고, 서비스 박스의 수비 범위는 전체 코트에 비해 훨씬 작다. 따라서 리턴은 포인트의 결과를 좌우할 뿐만 아니라 여러 면에서 고유의 특징을 지닌 샷이며, 연습에 상당한 공을 들여야 하는 기술인 것이다.

프로 선수들은 이러한 점을 잘 파악하고 있기 때문에 좋은 리턴에 필요한 근력과 정신력을 키우기 위해 리턴 연습을 수없이 한다. 첫 서브의 경우에는 의도적인 액션을 취할 시간이 부족하다. 그래서 깊게 생각하기보다는 반응에 집중한다. 동호인 수준에서는 서브가 비교적 느리기 때문에 생각이 개입할 여지가 많다. 동호인들은 대개 시간적 여유가 있기 때문에 계획을 짜서 사전에 정해 놓은 리턴을 구사할 수 있다. 상대의 서브가 어떤 속도로 오건 간에, 오직 연습을 통해서만 발전시킬 수 있는 리턴의 예술과 리듬이 있다.

1. 업 & 백 Up And Back

- 목표: 서브 리턴의 반응 속도 향상

베이스라인 안쪽 1.8m 위치에서 파트너를 향해 다섯 번 서브한다. 이제 베이스라인 안쪽 90cm 위치로 이동해 다섯 번, 마지막으로 베이스라인에서 다섯 번 서브를 넣는다. 리턴이 서비스 라인을 넘어 들어가는 경우에는 파트너가 점수를 가져간다. 반대로 리턴이 실패하거나 서비스 라인 안쪽에 떨어질 경우에는 당신이 점수를 얻는다. 15번 서브를 넣은 다음, 점수를 더 많이 얻는 쪽이 승리하게 되며, 이후 서로 역할을 바꾼다. 여러분의 수준에 따라 코트 포지션과 스코어 방식을 바꿔 재미와 경쟁력을 더 할 수 있다.

2. 타깃 설정

- 목표: 리턴의 정확도 향상

센터 라인을 베이스라인까지 연장해서 단식 코트를 4개의 박스로 나눈다. 반드시 지정된 박스 안으로 서브 리턴을 성공해야 한다. 공이 성공적으로 들어가거나 연습 파트너가 서브를 실수하면 당신이 점수를 얻는다. 그러나 박스 안에 정확히 넣지 못하면 파트너가 득점한다. 먼저 15점에 도달하는 사람이 승자가 되며, 이후 서로 역할을 바꾼다. 변형도 가능하다. 한 포인트당 두 번의 서브를 준다거나, 코트를 두 구역으로 분할하거나, 리턴하는 사람이 톱스핀이나 슬라이스 리턴 중 하나만 사용할 수 있도록 규칙을 정할 수도 있다.

3. 리턴 핸디캡

- 목표: 첫 서브에 대한 방어 및 세컨 서브에 대한 공격의 중요성 강조

일반적인 게임 방식으로 진행하는데, 단 한 가지 예외는 첫 서브 리턴에 실패하면 서버에게 2점을 주는 것이다. 반대로 세컨 서브를 공격해 리턴 위너를 만들어내면 리터너에게 2점이 돌아간다. 변형 방식으로 서버에게 세 번 서브를 넣을 기회를 줄 수도 있다.

그림 6-11. 연습 파트너로 하여금 베이스라인 훨씬 앞쪽에서 서브를 넣도록 하면 리턴의 반응 속도를 높일 수 있다.

"포인트의 길이는 팬들이 생각하는 것 이상으로 중요하다. 서브와 리턴을 포함하는 초반 4개의 샷이 가장 중요한 부분이다. 이제 막 포인트가 시작됐다고 생각할 때 이미 끝나 버릴 수 있기 때문이다. 2015년 US오픈에서 남자 단식 포인트의 71%와 여자 단식 포인트의 66%가 네 번 이하의 랠리에서 결정되었다. 초반 결정구로 끝난 포인트가 긴 랠리로 이어진 경우에 비해 경기 결과에 더 많은 영향을 미쳤다. 2015년 US오픈의 경우, 4회 이하의 랠리에서 더 많은 포인트를 얻은 선수가 남자 단식 경기의 90%, 여자 단식 경기의 83%에서 승리했다. 아홉 번 이상 긴 랠리에서 더 많은 포인트를 얻은 선수가 승리한 경우는 남자 경기의 56%, 여자 경기의 59%에 불과했다."

— 크랙 오셔너지[6]

그림 7-1. 대부분의 다른 선수들과 마찬가지로
조 윌프리드 송가의 베이스라인 결정타는 포핸드이다.

제7장

포핸드

일반적으로 테니스 선수들에게 포핸드는 최고의 무기이다. ATP 투어 단식 경기에서도 위너의 대부분은 포핸드인 경우가 많다. 예를 들어, 2013년 BNP 파리바 오픈에서 라파엘 나달과 후안 마틴 델 포트로의 결승전은 포핸드 전쟁의 전형이라 할 수 있는데, 두 선수는 도합 40개의 포핸드 위너를 작렬한 반면, 백핸드 위너는 5개에 불과했다.[1] 랠리 도중 그들은 보다 더 위협적인 스트로크를 치려고 틈만 나면 복식 라인까지 이동을 반복했다. 이는 백핸드를 포핸드로 바꿔 중립적인 상황을 공격적으로 만들고 포인트를 따내는 전략이었다.

포핸드가 백핸드보다 훨씬 지배적인 샷이 되는 이유는 더욱 강한 힘이 실리기 때문이다. 포핸드는 보다 강력한 가슴과 어깨 근육을 사용하며, 다리에서 나오는 추진력과 골반 회전력도 더 세다. 또한 백핸드와 달리 오른쪽 어깨가 뒤로 처지면서 백스윙이 길어져 라켓 스피드를 더 높일 수 있다. 포핸드를 치기 위한 자세는 백핸드보다 코트 중앙에서 사이드로 더욱 빠르게 이동하면서도 여전히 안정적인 샷을 구사할 수 있게 한다. 페더러와 나달 같은 선수들은 종종 베이스라인 중앙에서 재빠르게 움직여 포핸드로 경기를 주도한다. 베이스라인 플레이의 2/3는 포핸드, 나머지 1/3은 백핸드에 할

그림 7-2. 페더러와 나달은 포핸드를 치기 위해 종종 복식 라인까지 이동한다. 이들의 밸런스 유지 방식, 라켓 및 반대쪽 팔의 위치, 파워를 내기 위해 다리를 구부리는 모습이 거의 비슷한 것을 알 수 있다.

애하지만 랠리의 주도권을 확실하게 잡게 되면 포핸드의 비율은 3/4 이상까지 증가한다.

페더러와 나달 모두 포핸드로 경기를 지배하려는 생각을 가지고 있을 뿐만 아니라, 뛰어난 포핸드를 구사하는 다른 모든 선수들이 공통적으로 가지고 있는 특징을 공유한다. 이번 장에서는 이에 관해 충분히 논의하고자 하는데, 간단히 요약하면 이들은 전신을 이용해 밸런스를 확립하고, 강력한 키네틱 체인 파워를 형성한다. 또한 원을 그리듯 백스윙을 한 다음, 라켓을 처지게 한 상태에서 포워드 스윙을 하며 헤드 스피드를 극대화한다. 샷의 깊이를 일정하게 유지하기 위해 임팩트 시 충분히 밀어주며, '자동차 와이퍼' 스윙에서 나오는 톱스핀으로 스트로크를 컨트롤한다. 이어 팔로우 스루 동작에서는 라켓 속도를 부드럽게 줄이면서 빠르게 원위치로 돌아온다. 이것이 뛰어난 포핸드의 기본 요소들이다. 페더러와 나달이 자신들의 포핸드에 창의성을 가미하긴 했지만 - 이들의 스트로크를 낱낱이 분석하고 스타일과 테크닉의 차이점을 관찰해보면 두 선수의 개성이 뚜렷하게 드러난다 - 이들의 모든 샷은 위에서 언급한 기본에서 벗어나지 않는다.

이 장은 4개의 섹션으로 구성된다. 먼저 세 가지 주요 스탠스의 장점과 테크닉에 관해 설명한 다음, 포핸드 스윙 시 상체의 단계인 유닛 턴, 백스윙, 포워드 스윙, 임팩트, 팔로우 스루에 관해 알아볼 것이다. 그러고는 다양한 포핸드 유형을 살펴보고, 그라운드 스트로크 연습과 포핸드 훈련법에 대한 제안으로 마칠 것이다.

I. 포핸드 스탠스

뛰어난 포핸드는 좋은 위치에서 시작된다. 이를 위해서는 상황에 가장 적절한 스탠스를 사용해야 하고, 다리를 정렬해 짧은 시간에 밸런스와 스윙 파워를 갖춰야 한다. 특정 샷에 최적화된 스탠스도 있긴 하지만 스탠스의 선택은 매우 다양하며, 대부분 공의 높이에 따라 결정되지만 길이와 스핀, 속도, 그리고 몸과의 거리와도 관련이 있다.

라파엘 나달은 자신의 자서전에서 이렇게 말했다. "상대가 나를 향해 친 공에 담긴 각도와 스핀은 무한할 정도로 다양하다. 톱스핀이나 백스핀이 조금 더 걸린 것도 있고, 플랫성이 강한 것도 있으며, 좀 더 높게 오는 것도 있다. 그 차이는 아주 미세할 수 있지만 모든 샷에 대한 몸의 반응, 즉 어깨, 팔꿈치, 손목, 골반, 발목, 무릎의 움직임 역시 미세한 조정이 필요하다."[2] 이처럼 테니스에서는 예측이 어렵기 때문에 다양한 풋워크와 스탠스를 갖추는 것이 필수적이다.

스탠스의 선택에서 가장 중요한 것은 공의 높이이며, 따라서 선수의 키도 영향을 미친다. 플레이 스타일 역시 관계가 있다. 예를 들어 코트 뒤편에서 랠리에 능한 선수들은 전진 공격형 선수들보다 오픈 스탠스를 더 자주 사용할 것이다. ATP 투어 선수들도 다양한 스탠스를 갖는다. 똑같은 공에 대해 다비드 페레르, 노박 조코비치, 토마스 베르디흐는 각각 다른 포핸드 스탠스를 사용한다. 키가 작고 수비적 성향을 지닌 페레르는 오픈 스탠스(그림 7-3)를 선호하고, 역습에 능한 조코비치는 세미 오픈 스탠스를 선택한다(그림 7-4). 키가 크고 좀 더 공격적인 베르디흐는 중립 스탠스를 선호한다(그림 7-5). 이들의 스탠스는 키와 플레이 스타일, 그리고 개인적 기질에 따라 결정되는 것이다.

그렇다면 어떤 포핸드 스탠스를 선택해야 할까? 이제 곧 자세히 설명하겠지만 오픈 스탠스는 빠르고 폭발적인 반면, 중립 스탠스는 체중 이동이 간단하고, 간결한 스윙 구조로 되어 있을 뿐 아니라 임팩트 시 팔을 더 직선으로 쭉 펴면서 전진 스윙하는 장점이 있다(102페이지 참조). 특정 스탠스를 더 선호할 수 있지만, 테니스는 무척이나 다이내믹한 운동이기 때문에 모든 스탠스를 다 필요로 한다. 가이드라인을 숙지하고 연습을 병행한다면 각각의 샷에 가장 적절한 스탠스를 사용하는 방법을

그림 7-3. 키가 작고 수비적인 다비드 페레르는 포핸드 오픈 스탠스를 주로 사용한다.

그림 7-4. 조코비치의 세미오픈 포핸드 스탠스는 그의 공격적인 카운터어택 스타일에 적합하다.

그림 7-5. 키가 더 크고, 보다 공격적인 베르디흐는 중립 스탠스를 자주 사용한다.

알게 될 것이다.

1. 오픈 스탠스

상급자 수준에서 가장 흔히 사용되는 두 가지 스탠스는 오픈 스탠스와 세미오픈 스탠스이다. 오픈 스탠스에서는 두 발이 베이스라인과 평행하게 놓이지만(그림 7-6), 세미오픈 스탠스에서는 두 발이 45도 비스듬히 놓인 상태에서 왼발이 오른발 앞에 위치한다(그림 7-7). 두 가지 방법 모두 두 발을 어깨보다 넓게 벌리고, 무릎을 굽히며, 등은 곧게 펴야 한다. 넓은 스탠스와 적절한 밸런스로 인해 체중이 골반에 실리면서 안정적인 자세를 취할 수 있게 된다. 이 탄탄한 기본자세는 공격적인 포핸드를 구사할 때 지면을 밀면서 생성되는 강력한 힘과 모멘텀을 효과적으로 다루기 위해 반드시 필요하다.

오픈 스탠스는 세 가지 장점을 지닌다. 첫째, 강력한 파워를 만들 수 있는데, 이는 두 다리가 지면을 박차면서 나오는 키네틱 에너지, 그리고 어깨와 골반이 코르크 마개처럼 돌아가면서 생성되는 회전력에서 비롯된다. 둘째, 다른 스탠스에 비해 적은 단계로 이루어져 있기 때문에 신속하게 자세를 취할 수 있다. 셋째, 허리 위로 올라오는 높은 공을 편안하게 처리할 수 있다.

오픈 스탠스는 멀리 오는 공, 높은 공, 빠른 공에 대처할 때 주로 사용되는 반면, 세미오픈 스탠스는 코트 중앙으로 오는 허리 정도 높이의 공을 처리할 때, 그리고 인사이드-아웃 포핸드와 인사이드-인 포핸드에 적합하다(110페이지 참조). 급한 볼 처리가 아니라면 보다 많은 파워를 낼 수 있는 세미오픈 스탠스가 권장된다. 두 스탠스 모두 공에 라켓이 닿는 시점에는 가슴이 네트 정면을 향하게 되지만, 세미오픈 스탠스는 준비 동작에서 골반이 조금 더 옆으로 틀어져 있다가 회전하기 때문에 추가적인 파워를 낼 수 있다. 또 왼발이 오른발보다 앞에

제7장 포핸드

그림 7-6. 바깥쪽으로 오는 공의 경우, 세리나 윌리엄스는 오른쪽 다리에 체중을 실은 다음 추진력을 이용해 공에 파워를 넣는 오픈 스탠스 포핸드를 구사한다.

그림 7-7. 코트 중앙으로 오는 공의 경우, 시모나 할렙은 왼쪽으로 이동해 견고한 세미오픈 스탠스를 취하며, 두 다리에 체중을 실은 다음 주로 왼발의 추진력을 이용해 공을 향해 위쪽 및 앞쪽으로 몸을 이동한다.

있기 때문에 스윙 동작에서 오픈 스탠스에 비해 체중을 좀 더 앞으로 실을 수 있다.

테크닉

오픈 스탠스에서는 백스윙을 하면서 오른쪽 다리에 에너지를 모은 다음, 포워드 스윙 시 이를 온몸으로 끌어올린다(그림 7-6). 반면 세미오픈 스탠스에서는 두 다리에 비교적 골고루 에너지를 분산한 뒤 왼발에서 뿜어나오는 힘으로 샷을 친다(그림 7-7). 세미오픈과 오픈 스탠스 포핸드에서 왼발은 목표물을 향하고 오른발은 살짝 뒤꿈치가 들린 상태에서 마무리된다. 수비 시에는 두 발이 좀 더 지면에 붙어 있지만, 강한 포핸드를 칠 때는 두 발이 돌아가면서 몸통 회전을 유도한다.

세미오픈과 오픈 스탠스 포핸드를 칠 때 두 발, 특히 오른발을 고정하지 않고 자연스럽게 움직이는 것이 가장 좋다. 발을 돌리면 힘의 흐름이 자연스럽게 일어나며 리커버리를 위한 밸런스 유지에도 도움이 된다. 또 스윙 시 다리 관절에 하중이 덜 가는 효과도 있다. 다리로부터의 에너지 발산과 공격적인 상향 스윙이 결합하게 되면 프로 선수들은 공중에 점프한 상태에서 스윙하기도 한다.

2. 중립 스탠스

모든 공을 오픈 스탠스나 세미오픈 스탠스로 처리할 이유는 없으며 때로는 중립 스탠스가 최적일 경우가 있다. 중립 스탠스에서 왼발은 오른발 앞에 놓고 두 발을 어깨너비보다 넓게 벌린다. 몸의 측면이 네트와 수직을 이루도록 몸을 돌린다.

중립 스탠스가 선호되는 이유가 몇 가지 있는데, 이는 특히 동호인에 해당된다. 첫째, 뒷발에서 앞발로 체중이 이동하면서 파워를 실을 수 있다. 이렇게 정면을 향해 직선으로 생성되는 파워는 오픈 스탠스의 경우, 즉 위를 향해 회전하며 생성되는 파워에 비해 간단하다. 둘째, 어깨 턴에서의 핵심적인 동작이 확실하게 이뤄진다. 셋째, 스윙 궤적이 보다 간결하고 몸에 더 가깝게 형성되기 때문에 안정성이 높아진다. 넷째, 몸의 측면이 네트를 향하기 때문에 임팩트 순간에 공을 끝까지 밀어치는 동작이 자연스럽게 보다 직선으로 길게 이루어진

그림 7-8. 마리아 샤라포바가 코트 중앙으로 오는 낮은 공을 중립 스탠스를 사용해 치고 있다.

다. 골프나 야구와 같은 다른 스포츠에서 중립 스탠스가 사용되는 데에는 다 이유가 있다. 이 스탠스에서는 임팩트 순간에 좀 더 직선으로 길게 밀어줄 수 있으며, 안정적인 체중 이동 또한 가능하다. 다섯째, 샷을 한 템포 일찍 치게 돼 상대의 타이밍을 빼앗을 수 있고, 네트 대시를 하기에 보다 적합한 포지션을 확보할 수 있다.

중립 스탠스가 사용되는 전형적인 상황은 느리고 낮은 공이 코트 중앙으로 날아오는 경우이다. 예를 들어, 백스핀이 걸린 공은 바운스가 느리고 낮기 때문에 중립 스탠스가 가장 적절할 것이다. 동호인들은 게임의 속도가 다소 느리고, 높은 바운스나 헤비 톱스핀 볼을 상대하는 빈도가 낮기 때문에 중립 스탠스를 더 자주 사용할 수 있다. 이는 특히 복식에서 더 많이 사용하는데, 선수가 커버해야 하는 코트 면적이 줄기 때문에 밖으로 멀리 빠지는 공이 드물며, 따라서 오픈 스탠스를 취해야 할 필요성 역시 감소하기 때문이다.

테크닉
중립 스탠스에서는 뒷발을 공의 궤적보다 뒤쪽에 놓는 것이 중요하다(그림 7-9a). 왜냐하면 앞발의 전방 모멘텀으로 공을 향해 나아가야 하기 때문이다(그림 7-9b). 만약 앞발이 옆으로 움직인다면, 이는 세미오픈 스탠스나 오픈 스탠스를 사용했어야 한다는 의미이다.

앞발이 반드시 오른쪽 네트 포스트를 향하는 각도로 서(그림 7-9b) 스윙 시 상체가 올바르게 정렬될 수 있게 해야 한다. 앞발이 네트와 수직이 된다면, 골반이 너무 열리게 된다(골반은 임팩트 순간에 네트와 대략 45도를 이뤄야 한다). 앞발이 네트와 평행하게 놓인다면, 스윙을 할 때 체중을 앞으로 싣는 것이 어려워진다.

스윙 시 앞발은 반드시 임팩트 전에 지면에 닿아 전방 모멘텀을 확보해야 한다(그림 7-9c). 임팩트 순간에는 앞발을 고정해 스트로크를 안정적으로 구사할 수 있도록 하고 뒷발은 오른쪽으로 부드럽게 미끄러지도록 한다. 이러한 뒷발의 움직임은 골반을 회전시켜 타점을 몸 앞쪽에 형성한다. 마지막 동작에서는 뒷발을 돌려 앞발과 나란히 놓는다(그림 7-9c). 이것이 바로 리커버리 스텝(원위치 복귀 스텝)이다.

테니스는 변화무쌍한 게임이기 때문에 리커버리 스텝의 타이밍 역시 다양할 수 있다. 때로는 리커버리 스텝이 자연스럽게 발생하기 때문에 의도적으로 디딜 필요가 없을 때도 있다. 예를 들어 중

> **코칭 박스:**
>
> 중립 스탠스는 한동안 테니스 강습에서 인기를 잃었다가 다시 회복했다.
>
> 필자는 1990년대 꽤 저명한 테니스 시설에서 근무할 때 학생들에게 오직 오픈 스탠스만 가르치라는 말을 지도 책임자에게서 들었다. 심지어 낮고 느린 공을 처리할 때도 말이다. 당시 윌리엄스 자매는 오픈 스탠스로 세계 테니스계를 석권하고 있었고, 많은 일류 코치들이 이를 염두에 두고 있었다. 오직 오픈 스탠스 그라운드 스트로크에만 매몰된 시각은 테니스의 다이내믹한 특성을 반영하고 탄탄한 기본기와 최적의 생체 역학에 기반해 가르치는 대신, 시대의 유행에만 민감하게 반응한 테니스 교육의 모습을 보여준 대표적인 사례였다. 특정 상황에서는 중립 스탠스가 최고의 선택이라는 것이 현재 코칭 커뮤니티의 일치된 견해이다. 흥미로운 사실은 최근 윌리엄스 자매가 중립 스탠스를 더 많이 사용한다는 점이다.

그림 7-9. 캐롤라인 보즈니아키가 공격적인 중립 스탠스 포핸드를 친 뒤 리커버리 스텝을 취하고 있다.

립 스탠스 포핸드를 치기 위해 빠르게 옆쪽으로 움직여야 한다면, 몸의 모멘텀으로 인해 뒷발은 오른쪽으로 돌게 될 것이다. 또 강한 파워를 실은 스윙의 경우에는 팔로우 스루 동작에서의 라켓의 빠른 움직임으로 인해 뒷발은 자연스럽게 오른쪽으로 이동할 것이다(그림 7-9). 그러나 공을 향해 얼마 움직이지 않고 포핸드를 구사하거나, 동호인 경기에서처럼 그다지 공격적이지 않은 포핸드를 구사할 때는 리커버리 스텝을 좀 더 늦게, 그리고 의도적으로 밟아야 할 수 있다. 다소 늦은 리커버리 스텝은 골반을 안정시키고 임팩트 순간에 라켓의 밸런스를 잡아주는 장점이 있다.

3. 합Hop 스텝

대부분의 그라운드 스트로크는 오픈 스탠스나 중립 스탠스 상태에서 이루어진다. 그러나 때로는 밸런스와 파워, 리커버리의 효율을 극대화하기 위해 기존의 방식에서 벗어나기도 한다. 세 가지 주요 스탠스를 정적인 자세에서만 배운다면, 풋워크의 핵심을 상당 부분 놓치게 된다. 따라서 표준적인 스탠스의 다양한 변형을 익히는 것도 중요하다. 바로 합 스텝이다.

합 스텝은 임팩트 순간에 한쪽 다리는 점프하고 다른 쪽 다리는 밸런스를 유지하는 방향으로 들어올리는 방식으로, 시간이 촉박하고 지면에 한쪽 발만 닿는 것이 최선일 때 사용된다.

A. 포워드 합Forward Hop

포워드 합은 짧은 공을 앞으로 움직이면서 칠 때 사용한다. 앞발은 중립 스탠스로 네트를 향하고 백스윙 시에는 지면에 붙어 있다. 이후 스윙 및 팔로우 스루를 하는 동안 앞발은 뛰어올라 앞으로 향하며, 뒷발은 공중에 계속 떠 있다(그림 7-10). 이 동작은 앞으로 나가려는 움직임과 아래에서 위로 올라가는 톱스핀 스윙 궤적이 합쳐지면서 자연스럽게 나타난다. 팔로우 스루 뒤에도 전방 모멘텀이

그림 7-10. 페더러가 네트 대시를 하기 전에 포워드 합을 사용하고 있다.

계속되며 뒷발은 앞발 앞에 착지한다. 이는 발리를 구사하기 위해 빠르게 네트 앞으로 전진할 수 있는 동작이다.

B. 포핸드 세미오픈 합 Forward Semi-Open Hop
세미오픈 스탠스 포핸드를 치기 위해 재빨리 왼쪽으로 움직인다. 왼발에서 시작된 체중 이동은 측면 움직임의 영향을 받아 스윙 시 공중에 뜬 몸을 옆으로 기울인다(그림 7-11). 스윙 시 왼발은 왼쪽으로 점프하고 오른발은 몸의 밸런스를 유지하기 위해 뒤쪽으로 뻗는다.

C. 오픈 스탠스 합 Open Stance Hop
오픈 스탠스 합은 바깥으로 빠지는 와이드 샷에 대응하는 방법이다. 바깥쪽 발이 스윙 시 측면 움직

그림 7-11. 조 윌프리드 송가가 왼쪽으로 움직여 세미오픈 스탠스를 취한 다음 합 스텝을 활용해 스윙하고 있다.

그림 7-12. 마린 칠리치의 오픈 스탠스 합. 처음 스윙을 시작한 지점의 오른쪽에서 스텝을 잘 마무리하고 있다.

그림 7-13. 조 윌프리드 송가가 백워드 합을 이용해 높게 바운드된 공을 받아치고 있다.

임 에너지로 인해 들린 다음, 안쪽 발과 멀찌감치 떨어진 곳에 착지한다. 공중에서 스윙을 마무리하면서 포핸드의 경우에는 두 다리를 왼쪽으로, 백핸드에서는 오른쪽으로 기울이고, 상체는 꼿꼿이 세운다(그림 7-12). 이러한 동작은 모멘텀의 방향 전환 및 빠른 리커버리를 돕는다.

D. 포핸드 백워드 합 Forehand Backward Hop

포핸드 백워드 합은 깊고 높은 바운스의 톱스핀 샷을 받을 때 유용하다. 우선 세미오픈 스탠스 자세에서 오른발로 지면을 차면서 뒤로 이동한다. 동시에 왼발을 들어 올린 다음 오른발 뒤에 착지하도록 한다(그림 7-13). 왼발이 착지한 뒤 몸을 베이스라인 쪽으로 기울이며 리커버리 동작을 취한다.

E. 포핸드 런지 합 Forehand Lunge Hop

공이 옆으로 너무 깊숙이 들어와 오픈 스탠스를 취하기 불가능할 때가 있다. 바로 이럴 때 런지 크로스오버 합이 최적의 선택이다. 포핸드 런지 합의 경우, 임팩트 직전 마지막 스텝에서 오른발에 체중을 싣고, 왼발을 앞으로 쭉 뻗어 크게 스텝을 밟으

그림 7-14. 캐롤라인 보즈니아키가 포워드 런지 합을 사용해 와이드로 빠지는 공을 포핸드로 힘차게 받고 있다.

면서 라켓을 휘두른다(그림 7-14). 스윙 시 오른발은 공중에 띄우고 왼팔을 뒤로 당기면서 밸런스를 잡는다. 팔로우 스루를 하면서 오른발을 지면에 딛고, 속도를 서서히 줄이면서 리커버리를 시작한다.

II. 포핸드의 다섯 단계

스탠스에 관해 충분히 학습했다면 이제 포핸드 스윙에서의 상체 동작에 대해 논해보자. 스윙에는 다섯 단계가 있다. 유닛 턴, 백스윙, 포워드 스윙, 임팩트, 그리고 팔로우 스루이다.

1. 유닛 턴

포핸드의 파워와 일관성을 극대화하기 위해서는 골반과 가슴, 그리고 어깨 등 대근육을 효과적으로 사용할 수 있어야 한다. 가장 효율적인 방법은 유닛 턴으로 스윙을 시작하는 것이다. 이는 몸을 하나의 단위Unit로 움직인다는 의미인데, 팔을 거의 고정한 채로 오른발을 돌리고, 왼쪽 발꿈치는 살짝 들어 올리며, 왼손으로 라켓 목을 잡은 채 어깨를 회전하는 것이다(그림 7-15).

유닛 턴에서 왼손을 라켓 목에 고정하는 이유는 네 가지다. 첫째, 어깨 회전을 유도하기 때문에 스윙 시 몸을 더 강하게 돌릴 수 있다. 둘째, 백스윙 동작에서 라켓이 올바른 궤적으로 이동하도록 이끌어준다. 만약 왼손을 너무 일찍 놔버리면 백스윙 궤적이 높거나 낮거나 짧거나 길어질 위험이 있다. 셋째, 오른손으로 원하는 포핸드 그립을 잡도록 라켓을 돌려주는 역할을 한다. 넷째, 왼손은 백스윙 과정에서 라켓의 높이와 각도에 관한 정보를 머릿속에 제공해 선수가 공에만 집중할 수 있게 해준다.

유닛 턴을 준비할 때는 라켓을 세워 헤드의 끝부분이 눈높이에 정도에 오도록 한 뒤, 오른쪽 팔꿈치를 90도보다 조금 덜 구부려 편안한 자세를 취한다. 이렇게 라켓을 높이 세우면 낮은 백스윙에 비해 라켓 스피드를 올릴 수 있다. 이는 공을 비스듬히 굴릴 때보다 테이블에서 직각으로 떨어뜨릴 때 더 큰 에너지가 생성되는 것과 유사한 이치다.

그림 7-15. 마리아 샤라포바가 유닛 턴으로 포핸드를 시작하고 있다.

공이 와이드로 빠진 경우가 아니라면 유닛 턴을 재빨리 해 최대한 일찍 포핸드 준비를 해야 한다. 백스윙을 언제 할지는 상황마다 다르다. 하지만 유닛 턴은 빠르고 일관성 있게 준비해야 한다.

유닛 턴을 위한 팔 동작 준비를 마치면 바로 스탠스를 확보한다. 스탠스가 준비된 후 몇몇 선수들은 라켓을 정지시키고 골반을 고정한 채 유닛 턴을 마무리한다. 나달(그림 7-17)과 페더러가 이런 방식을 취하고, 조코비치나 앤디 머리는 움직임이 좀 더 많은 편이다. 상급자에게는 고정하는 방식을 추천한다. 이는 다리에 더 많은 에너지를 축적시킬 수 있고 드롭샷을 위장하는 데에도 보다 효과적이기 때문이다. 중하급자의 경우에는 유닛 턴 동작에

코칭 박스:

스윙의 시작은 매우 중요하다. 이는 모든 스트로크에 적용되는 진리이다. 포핸드에서 강력한 유닛 턴이 없다면 이어지는 스윙 단계들은 효과적이지 못하고 파워도 떨어질 것이다. 다행스럽게도 유닛 턴은 누구나 할 수 있는 동작이다. 모두가 프로처럼 포핸드를 시작할 수 있는 것이다.

아래의 1번과 5번 프레임에서는 페더러와 조코비치가 강력한 유닛 턴으로 스윙을 시작하는 것을 볼 수 있다. 그리고 이제 그들의 라켓은 파워 포지션에서 백스윙을 마무리하며 잘 정렬되어 있고(97페이지 참조), 라켓 처짐이 나타난다(2번, 6번 프레임). 다음으로 어깨를 이용해 라켓을 임팩트 지점까지 휘두르고, 이와 동시에 손목으로 라켓 헤드를 들어 올려 톱스핀을 생성한다(3번, 7번 프레임). 두 선수는 팔로우 스루를 끝까지 하고 균형을 유지한 상태에서 스윙을 마무리한다(4번, 8번 프레임). 이 모든 것은 기술적으로 완벽한 스윙의 시작에서 비롯된 것이다.

그림 7-16. 포핸드 스트로크의 단계

서 라켓을 움직이는 편이 더 간단하다. 어깨가 돌아가고 라켓 헤드가 위로 향하기만 한다면 사실 두 가지 방법 모두 상관없다.

2. 백스윙

유닛 턴을 확립한 직후 백스윙이 시작된다. 대부분의 백스윙은 비슷하지만 포핸드의 백스윙은 상황과 샷의 목적에 따라 달라진다는 사실에 유념할 필요가 있다. 짧은 공을 강력한 포핸드로 칠 때의 백스윙은 좀 더 길어져야 하고, 빠른 공에 대처하거나 밸런스가 흔들리는 상황이라면 간결한 백스윙이 보다 적절할 것이다.

A. 타이밍

백스윙 시작의 핵심 요소는 적절한 타이밍을 잡는 것이다. 너무 빨리 시작하면 포워드 스윙 시 라켓 속도가 떨어질 수 있다. 반면에 백스윙이 너무 늦다면, 힘을 잘 모으지 못하고 라켓 컨트롤에 악영향을 미칠 수 있다.

톱플레이어들은 언제 백스윙을 시작할까? 클레이 코트에서 베이스라인 랠리를 할 때 대부분의 선수들은 백스윙 시작을 공이 바닥에 튀기 직전까지 미룬다. 이 순간이 바로 라켓의 가속을 극대화할 수 있는 시점이다. 또 백스윙을 너무 일찍 해 왼손이 라켓에서 떨어지면 마지막 순간에 스윙을 조정하기가 어려워진다. 공의 속도가 빠른 하드 코트에서는 좀 더 일찍 백스윙을 준비한다. 동호인들은 스윙 속도가 느리기 때문에 공이 바운드되기 한참 전에 백스윙을 시작해야 한다. 그러면서도 스윙을 부드럽게 이어갈 수 있도록 준비할 필요가 있다.

B. 왼손과 라켓 위치

타이밍이 결정되고 백스윙이 시작됨과 동시에 왼손은 라켓에서 떨어져 오른쪽으로 향하다 네트와 평행한 지점에서 멈춘다. 왼팔을 이렇게 위치시키면 어깨가 골반보다 더 많이 돌아갈 수 있어, 포워드 스윙 시 상체 회전이 더욱 강해진다.

왼팔이 옆으로 움직이는 동안 오른팔은 원을 그리면서 라켓을 뒤로 가져가 라켓 면이 오른쪽 펜스를 향하도록 한다(그림 7-18). 백스윙의 초반 절반 동작에서 스트링의 각도를 이렇게 만들면 손목을 더 편하게 떨어뜨리면서 백스윙이 끝날 때 파워 포지션을 취할 수 있게 된다.

그림 7-17. 2015년 상당 기간 포핸드 난조에 시달린 나달은 기술적으로 더 완벽한 스트로크를 위해 유닛 턴을 강화하는 데 많은 시간을 할애했다고 말했다.[3] 2016년 봄, 나달은 향상된 포핸드를 앞세워 바르셀로나와 몬테카를로 타이틀을 거머쥘 수 있었다.

그림 7-18. 페더러가 왼팔을 네트와 나란히 두고 라켓 면은 오른쪽 펜스를 향하게 하면서 '아웃사이드' 백스윙을 시작하고 있다.

C. 아웃사이드 백스윙

원을 그리며 라켓을 뒤로 뺄 때는 반드시 오른쪽, 즉 '아웃사이드'로 빼야 한다(그림 7-18). 이는 보다 크고 왼쪽, 즉 '인사이드'로 향하는 백스윙에 비해 라켓 궤적이 짧기 때문에 시간을 벌 수 있다. 아웃사이드 백스윙은 짧지만 백스윙의 마지막 순간 손목을 꺾을 수 있기 때문에 더 강력하다. 또한 임팩트 지점까지의 경로가 좀 더 직선에 가깝기 때문에 보다 길게 밀어치면서 정확성도 높일 수 있다.

D. 파워 포지션

백스윙 마지막 단계에서는 오른팔을 곧게 펴면서 라켓은 뒤쪽 펜스의 오른편을 향하도록 한다. 이때 라켓 헤드는 손목보다 위에 위치하며 스트링은 지면을 향해야 한다(그림 7-19). 이것이 바로 '파워 포지션'이다. 파워 포지션은 모든 뛰어난 포핸드에서 공통적으로 발견된다. 이 자세가 확립되면 몸이 완전히 회전하게 되고 라켓은 백스윙에서 포워드 스윙으로 전환할 수 있는 강력한 기반을 갖게 된다.

그림 7-19. 나달과 페더러가 파워 포지션에서 백스윙을 마무리하고 있다. 이는 강력한 포핸드에서 공통적으로 관찰되는 자세이다.

파워 포지션에서 왼팔의 역할도 적지 않다. 곧게 펴지면서 오른팔이 강력한 스윙을 할 수 있도록 반작용력을 형성하는 것이다. 또한 왼팔은 복사근을 늘려 골반 회전을 준비하도록 한다. 골반 회전은 지렛대 효과를 이용해 파워를 높인다. 줄을 당겨 장난감 프로펠러를 날릴 때처럼 골반에서 발생한 힘이 팔로 전달되면서 배가되는 것이다.

3. 포워드 스윙

백스윙과 파워 포지션 형성이 끝나는 순간, 곧게 뻗은 왼팔을 구부리면서 왼쪽으로 당기고 골반을 돌려 라켓을 뒤로 처지게 한다(그림 7-20). "처짐"

> **코칭 박스:**
>
> 프로 투어에서 포핸드는 긴 백스윙으로 파워를 만들어 내는 것에서 짧은 아웃사이드 백스윙으로 받아치는 방향으로 진화했다. 이는 페더러와 같은 선수들이 포핸드를 구사할 때 한층 여유를 가질 수 있는 요인 중 하나이다. 또한 선수들은 베이스라인에 더 가깝게 붙어서 앞으로 빠르게 움직여 짧은 공 공략이 가능하게 되었다.
> 몇몇 선수들은 서서히 이 테크닉을 적용해 자신의 백스윙을 교정해나갔다. 커리어 초창기 나달은 빠른 표면의 코트에서 열리는 큰 대회에서는 우승하기 어려웠다. 그러자 그는 라켓을 약간 더 낮추면서 보다 바깥쪽으로 가져가는 준비 동작으로 바꿨다. 이러한 변화로 인해 나달은 파워풀한 포핸드를 구사하는 데 필요한 시간을 절약할 수 있었고, 베이스라인에 붙어 더욱 공격적인 플레이를 펼칠 수 있게 되었다. 이후 나달은 빠른 표면의 그랜드슬램 대회에서 여러 차례 우승했다.

그림 7-20. 조코비치가 파워 포지션을 확보한 이후 골반을 회전하고, 라켓을 손목보다 뒤로 빼는 래깅을 구사하고 있다.

이란 말은 대개 부정적인 의미를 지니지만 테니스에서는 추가적인 "새총" 파워를 의미한다. 라켓 처짐은 어깨와 팔 근육을 늘려 임팩트 지점을 향해 라켓을 강력하게 전진시킬 수 있는 추가적인 모멘텀을 생성한다.

라켓 처짐 과정에서 오른쪽 아래팔과 손목은 시계 방향으로 회전한다. 톱스핀의 양을 늘리고 싶다면 더 큰 원을 그리면 된다. 이렇게 라켓을 회전하면 의식적으로 근육을 사용하지 않아도 스윙이 훨씬 빠르고 강력해진다. 이 동작은 바깥쪽 백스윙을 통해 파워 포지션을 확립하고 골반이 회전할 때 오른쪽 팔꿈치를 고정한 상태에서 자연스럽게 나온다.

라켓 처짐에 이어 포워드 스윙이 골반 회전과 함께 이루어진다. 이때 라켓 헤드는 공 아래쪽으로 떨어뜨린다. 라켓 헤드를 떨어뜨린 뒤, 라켓 버트캡butt cap(8각형으로 된 라켓 손잡이 밑면 - 옮긴이)이 공을 향해 전진하면서 다시 한번 라켓을 뒤로 처지게 한다.

라켓 버트캡이 앞으로 움직인 다음에는 몸쪽을 향하게 되며, 이때 라켓 헤드는 몸쪽으로 붙었다가 다시 멀어진다(그림 7-22). 공은 직선으로 날아오기 때문에 포핸드 스윙도 직선 형태가 되어야 한다고 생각할 수 있을 것이다. 그러나 키네틱 파워를 극대화하기 위해 포핸드 스윙은 아치와 곡선을 그려야 한다. 백스윙에서 위로 올라가는 아치를 그린

그림 7-21. 포워드 스윙에서 라켓의 경로는 톱스핀 포핸드와 플랫 포핸드의 선택에 따라 달라진다. 조 윌프리드 송가의 톱스핀 포핸드(a, b)를 보면 라켓이 대략 45도 각도로 올라가는 반면, 플랫 포핸드(c, d)에서는 거의 수평으로 공에 다가간다.

플랫 포핸드와 톱스핀 포핸드의 선택은 대개 공격성의 정도와 코트 포지션에 달려 있다. 예를 들어, 포인트를 주도하고 싶고 베이스라인 근처나 앞에 위치한다면 아마도 플랫 포핸드가 올바른 선택일 것이다. 반면에 랠리에서 중립적 위치를 유지하려 하고 베이스라인 뒤에 서 있다면 톱스핀 포핸드를 사용하는 것이 합리적인 전략일 것이다.

그림 7-22. 조코비치의 라켓 버트캡은 공을 향하다가 임팩트 순간에는 몸쪽을 향해 돌아간다. 포핸드 스윙의 순서는 준비 동작에서 바깥쪽, 라켓 처짐에서는 안쪽(a), 그리고 임팩트 순간에는 다시 바깥쪽(b)이다.

> **코칭 박스:**
>
> 손목은 우리 몸의 관절 중에서 라켓과 가장 가깝기 때문에 임팩트 시 손목의 정렬 상태와 움직임이 모든 샷의 성공에 절대적이라는 사실을 잊어서는 안 된다. 테니스의 기술은 하나씩 분석해보면 사실 매우 간단하다. 세 가지 주요 샷인 서브, 톱스핀 그라운드 스트로크, 발리에 대해 각각 다른 손목 움직임이 존재하는 것이다. 물론 그 외에도 많은 요소가 개입하긴 하지만 기본적으로 서브에서 손목을 내전하고, 톱스핀 스트로크에서 손목을 들어 올리고, 발리에서 손목을 고정하는 방법을 제대로 익힌다면 상당한 수준의 테니스를 구사할 수 있을 것이다.

다음, 곡선을 그리면서 전진해 공을 때리는 것이다.

라켓이 공으로 향할 때 손목은 팔꿈치와 60~70도 각도에서 시작해(그림 7-22a), 임팩트 순간에는 45도 정도를 형성해야 한다(그림 7-22b). 이러한 손목의 움직임으로 인해 라켓 스피드가 빨라지고 라켓 면이 공을 정면으로 향하게 된다. 손목은 라켓의 속도와 방향에 영향을 주는 마지막 움직임이 나오는 부분이라는 사실을 명심하자. 손목의 움직임은 온몸의 에너지 축적이 정점에 달하는 포핸드 키네틱 체인의 마지막 핵심 연결 고리인 것이다.

라켓을 앞으로 스윙할 때 손목을 사용해 라켓 헤드를 살짝 위로 들어 올려 톱스핀을 가미할 수 있다. 허리 높이의 공이 있다고 생각해보자. 이때 라

그림 7-23. 조코비치는 파워를 위해 손목을 앞으로 약간 움직인 다음, 임팩트 순간에는 샷의 방향을 정하고 컨트롤하기 위해 손목을 고정한다.

켓 헤드는 임팩트 직전 공보다 아래인 약 8시 방향에서 시작해 위로 이동해 공과 만날 때는 9시 방향, 즉 수평을 이루며 다음 문단에서 언급할 와이퍼 동작을 시작한다.

4. 임팩트

지금까지 여러분은 대략 포워드 스윙의 절반 정도를 배운 셈이고, 이제 가장 중요한 부분을 배울 차례다. 바로 타점과 그 3대 요소, 즉 '와이퍼 스윙', 임팩트 지점 그리고 밀어치기extention다.

A. 와이퍼 스윙

앞서 언급했듯이, 라켓 헤드는 앞으로 나가는 동시에 9시 방향에서 공과 만나기 위해 위로 움직여야 한다. 임팩트 이후에도 라켓 헤드는 계속해서 앞으로 나가면서 위로 움직이다가 3시 방향에서 마무리된다(그림 7-25). 이렇게 라켓이 위로 회전하는 것을 흔히 '와이퍼 스윙'이라고 부른다. 이는 라켓이 자동차 와이퍼와 비슷한 경로로 움직이기 지니기 때문인데, 스윙의 시작점에서 가장 위에 있던 라켓 프레임이 팔로우 스루를 마치고 나면 맨 아래로 향하게 된다.

와이퍼 동작에서 라켓 스트링은 공의 뒷면을 긁어 공이 앞으로 회전하도록 하면서 톱스핀을 생성한다. 톱스핀의 양은 라켓 상향 스윙의 기울기 정도와 라켓 스피드에 달려 있다. 공을 빠른 속도로 아래에서 위로 긁어주면서 스윙하면 엄청난 양의 톱스핀이 걸린다. 또는 이렇게도 표현할 수 있겠다. 헤비 톱스핀 스트로크에서는 플랫 스트로크에 비해 라켓 헤드를 더 빠르게 돌려야 한다고.

B. 임팩트 지점

임팩트 순간에는 반드시 공을 스트링에 정확히 맞혀야 한다. 이를 일관되게 시행하기 위해서는 타점이 몸 앞에서 형성되어야 한다(그림 7-26). 그래야만 최적의 라켓 스피드를 낼 수 있는 시간과 공간을 확보할 수 있고, 동시에 공을 더 정확하게 볼 수 있게 된다. 또한 이 지점은 공의 임팩트를 조정할 수 있는 육체적 힘을 극대화할 수 있는 곳이기도 하다. 타점을 얼마나 앞에 두어야 하는지는 보내고자 하는 샷의 방향에 따라 결정된다. 일반적으로 크로스코트 샷을 칠 때는 다운더라인에 비해 타점을 더 앞에 형성해야 한다.

그림 7-24. 스탠 바브린카가 임팩트 직전에 라켓을 공의 아래에 두고 와이퍼 스윙을 시도하고 있다.

C. 밀어치기

임팩트 시 밀어치기는 매우 중요하다. 마치 줄지어 이어진 공 3개를 연이어 때린다는 기분으로 밀어치는 것이다. 여기서 라켓 면은 약간 닫힌 각도로 안정적으로 유지해야 하며(그림 7-26) 임팩트 도중에 열리거나 흔들리지 않도록 해야 한다.

모든 테니스 스트로크는 정교하게 연결된 스트링에 탄성을 지닌 공이 부딪히는 과정이라는 사실을 명심하자. 따라서 효과적으로 공의 충돌 상황을 통제하고 힘과 깊이, 그리고 정확성이 가미된 샷을 치려면 밀어치기를 잘 수행해야 한다. 몇몇 선수들이 가진 문제점은 '충돌' 과정을 끝까지 유지하지 못한다는 점이다. 밀어치기 과정에서 라켓이 일찍 멈추면 원하는 구종의 포핸드 샷을 만들지 못하게 된다.

> **코칭 박스:**
>
> 와이퍼 스윙과 밀어치기는 훌륭한 포핸드의 필수적인 요소다. 전자는 톱스핀을 생성하는 상향 스윙이고, 후자는 어깨를 기준으로 팔을 앞으로 펴면서 움직이는 동작이다. 와이퍼 스윙에만 의존한 포핸드는 톱스핀을 만들지만 파워가 부족하고, 와이퍼 스윙 없이 밀어치기만 하는 포핸드는 파워에 비해 톱스핀이 약해진다. 파워와 컨트롤을 겸비한 포핸드를 구사하기 위해서는 두 가지 요소가 모두 필요하다.

제7장 포핸드

그림 7-25. 조코비치의 와이퍼 스윙 동작. 라켓이 임팩트 이후 180도까지 돌아가는 것을 볼 수 있다. 그는 와이퍼 스윙과 뛰어난 밀어치기 동작을 통해 파워와 컨트롤이 가미된 포핸드를 구사한다.

그림 7-26. 케이 니시코리는 육체적 힘과 스윙 모멘텀을 극대화하고 시야를 최대로 확보하기 위해 몸의 앞쪽에 타점을 형성한다.

밀어치기 동작에서 어깨로 라켓을 앞으로 스윙하는 동안 손목, 아래팔, 팔꿈치는 거의 고정된 상태를 유지해야 한다. 이 동작이 올바르게 수행되다면 라켓은 공의 정면을 향하고 몸의 오른쪽에 머물러 있게 되면서, 라켓과 어깨 사이에 충분한 공간이 생성된다(그림 7-27).

밀어치기는 머리와 가슴을 고정할 때 더 쉽게 시행할 수 있다. 만약 머리와 가슴을 들어 올리면 라켓은 공을 향해 똑바로 나아가지 못하고 왼쪽으로 쏠리게 된다. 한 가지 유용한 방법은 임팩트 순간에 스트링 사이로 공을 끝까지 주시하는 것이다. 공이 라켓 스트링에 머무르는 시간은 수 밀리세컨드millisecond(1밀리세컨드는 1000분의 1초이다)에 불과하다는 사실을 명심해야 한다. 이는 여러분의 뇌에 각인될 만큼 충분한 시간이 아니다. 그러나 설사 스트링에 걸친 공을 분명하게 볼 수는 없다 하더라도, 공을 주시하면 가슴을 고정하는 데 도움이 되어 결국 라켓을 좀 더 똑바르고 길게 뻗을 수 있

103

그림 7-27. 세리나 윌리엄스는 임팩트 이후에도 라켓을 자신의 오른쪽에서 공과 평행하게 움직이면서 바람직한 밀어치기 동작을 보여주고 있다.

다는 점이 중요하다.

또한 이 단계에서는 키네틱 체인 파워 형성을 위한 움직임이 거의 마무리된다. 따라서 이제는 라켓 컨트롤을 극대화하기 위해 몸을 고정하는 데 중점을 두어야 한다. 비록 현대 테니스의 스윙은 굉장히 폭발적이지만, 엘리트 선수들은 여전히 임팩트 순간에 머리와 가슴을 고정해 라켓 면의 정확한 각도를 조율하며 강력한 샷을 구사한다.

5. 팔로우 스루

임팩트와 밀어치기가 마무리된 다음, 라켓은 앞으로 움직이고 왼쪽으로 부채꼴을 그리면서 와이퍼 동작이 마무리된다. 라켓이 왼쪽으로 움직이면서 라켓 면은 닫힌다(그림 7-29). 라켓 면이 닫히는 정도는 공의 높이뿐 아니라 구사한 톱스핀의 양에 따라 달라진다. 플랫 샷을 구사하거나 타점이 높은 경우에는 더 많이 닫힐 것이고, 톱스핀을 많이 넣거나 타점이 낮은 경우에는 덜 닫히게 된다.

와이퍼 스윙이 완성되면 팔꿈치가 굽혀지고 라

> **코칭 박스:**
>
> 왜 와이퍼 스윙은 꼭 배워야만 하는 중요한 기술일까? 와이퍼 스윙은 톱스핀을 만들어낸다. 공의 위쪽 공기의 압력을 높여 공을 아래로 회전시키는 것이다. 이에 따라 톱스핀이 가미된 공은 뚝 떨어지는 궤적을 지니기 때문에 네트 위로 여유 있게 치더라도 베이스라인 안쪽에 떨어지게 된다.
>
> 톱스핀은 강력하면서도 안정적인 베이스라인 샷이다. 이는 안정적인 궤적을 형성할 뿐만 아니라 예리한 크로스코트 각도를 만들 수 있고, 높게 튀어 오르는 '묵직한' 공으로 상대를 괴롭히기도 한다. 만약 여러분이 톱스핀 포핸드에 서툴다면 이렇게 연습하라(그림 7-28). 네트에서 한 걸음만 뒤로 물러서서 포핸드 스탠스를 취한다. 라켓 중앙이 네트의 헤드밴드에 닿도록 스윙한 다음, 부드럽게 네트를 쓸어 올린다. 이번에는 공 하나를 네트 헤드밴드와 라켓 사이에 두고 같은 동작을 반복한다. 이 연습을 통해 공의 전진 회전이 어떻게 만들어지는지 보다 잘 이해할 수 있을 것이다.
>
>
>
> 그림 7-28. 네트 앞에서의 톱스핀 포핸드 연습

켓은 위쪽, 왼쪽, 뒤쪽으로 움직이며 스트로크를 마무리한다. 이 과정에서 왼팔은 계속해서 왼쪽으로 움직여 골반 회전이 마무리될 수 있도록 유도한다.

팔로우 스루가 제대로 이루어졌다는 것은 견고한 임팩트와 적절한 밀어치기, 그리고 빠른 라켓 스피드가 갖춰졌다는 의미이다. 단 한 번의 제대로 된 팔로우 스루가 이 모든 것을 담보할 수는 없겠지만 근육 기억을 통해 보다 지속적으로 반복되는 데 도움이 될 수 있을 것이다. 내 코칭 경험에 따르면 팔로우 스루를 확실하게 의식하고 있는 경우, 밀어치기 역시 향상되면서 샷의 속도와 깊이가 개선된다.

팔로우 스루의 길이와 궤적은 샷의 종류에 따라 달라진다. 세 가지 주된 방식으로 상향, 수평, 리버스reverse가 있다.

A. 상향 팔로우 스루

상향 팔로우 스루는 플랫에서 중간 정도의 톱스핀 그라운드 스트로크를 구사할 때 사용된다. 이 동작에서는 라켓이 머리 뒤로 넘어가고 손은 왼쪽 귀 부근에서 멈춘다. 팔꿈치는 어깨 높이까지 올라와 상대방을 향하게 된다(그림 7-30). 적당한 톱스핀을 구사하고자 하는 동호인에게는 상향 팔로우 스루가 적절하다.

B. 수평 팔로우 스루

수평 팔로우 스루는 높은 공이나 중간 이상의 톱스핀이 걸린 공에 대처할 때 쓰인다(그림 7-31).

C. 리버스 팔로우 스루

리버스 팔로우 스루는 최고 수준의 선수들이 옆으로 빠지는 샷을 다급하게 따라가서 칠 때나, 자신

그림 7-29. 밀어치기가 끝난 뒤, 페더러는 라켓을 왼쪽으로 움직이면서 라켓 면을 닫는다.

그림 7-30. 플랫성 공을 치는 마리아 샤라포바는 종종 상향 팔로우 스루를 사용한다.

의 포핸드에 톱스핀을 배가하고 싶을 때 종종 사용된다. 리버스 팔로우 스루에서 라켓은 몸을 가로지르는 기존의 방식과는 달리 거의 수직으로 머리 뒤쪽까지 올라간다(그림 7-32). 이러한 마무리를 통해 선수들은 스트로크 도중 시간에 쫓겨 다급할 때도 강하고 효과적인 샷을 칠 수 있다.

오늘날 테니스에서는 공의 속도가 빨라지고 스핀도 많아지면서 리버스 팔로우 스루가 더 많이 구사된다. 왜냐하면 이 방식은 타점이 다소 뒤에서 형성되기 때문에 잠시나마 시간을 더 확보할 수 있고, 가파른 스윙 곡선으로 인해 스핀이 훨씬 증가하기 때문이다.

그림 7-31. 수평 팔로우 스루 동작으로 미루어 볼 때 앤디 머리는 아마도 강력한 톱스핀 포핸드를 구사했을 것이다.

그림 7-32. 나달은 대부분의 샷에서 리버스 팔로우 스루를 사용하지만 다른 선수들은 특정한 상황에서만 이를 사용한다.

> **코칭 박스:**
>
> 나달은 포핸드를 칠 때 대개 리버스 팔로우 스루를 사용하지만 예전에는 그렇지 않았다. 나달의 주니어 시절 비디오를 보면, 포핸드에서 리버스 팔로우 스루를 거의 사용하지 않았다는 걸 알 수 있다. 그러나 시간이 흐르고 수천 번의 샷을 구사한 끝에 나달은 깨달았다. 팔을 곧게 뻗고 몸을 뒤로 기울이는 자신의 스타일에는 리버스 팔로우 스루가 적격이라는 사실을. 위대한 선수들의 재능 가운데 하나는 바로 자신에게 가장 잘 맞는 기술이 무엇인지를 직관적으로 파악한 뒤 그것에 집중하는 능력이다.

III. 포핸드의 종류

지금부터는 두 가지 중요한 포핸드 샷인 인사이드-아웃과 인사이드-인 포핸드의 테크닉과 장점에 대해서 알아보자. 그런 다음 다섯 가지 톱스핀 포핸드를 추가적으로 소개할 것이며, 마지막으로 슬라이스 포핸드에 대해서 논하고 이 섹션을 마치겠다.

1. 인사이드-아웃과 인사이드-인 포핸드

테니스에서 가장 무서운 베이스라인 샷이 있다면? 바로 인사이드-아웃과 인사이드-인 포핸드이다.

그림 7-33. 라파엘 나달의 톱스핀 포앤드

　라파엘 나달의 역대급 커리어는 그의 놀라운 톱스핀 포핸드에 기인한 바가 크다. 일반적으로 엄청난 양의 톱스핀을 구사하면 샷의 속도는 떨어지게 마련이다. 하지만 나달의 가공할 라켓 헤드 스피드는 폭발적인 스핀과 파워, 두 가지를 모두 포핸드에 장착했다.

　첫 번째 프레임에서 나달의 포핸드는 보편적인 모습을 보인다. 어깨가 돌아가고 다리는 코트를 힘껏 누르면서 에너지를 축적한다. 두 번째 프레임에서는 라켓 헤드가 손목 위에 있고 라켓 면은 지면을 향하는 파워 포지션을 볼 수 있다. 그리고 오른팔은 코어 근육의 활성화와 골반 회전을 위해 오른쪽으로 움직이고 있다. 바로 여기부터 나달의 포핸드는 다른 선수들과 달라지기 시작한다. 백스윙의 마지막 순간 왼팔이 완벽하게 펴져 있는 것이다(다른 선수들의 경우에는 팔꿈치가 약간 굽혀져 있다). 이 테크닉은 팔 근육을 더욱 늘리고 스윙의 궤적을 길게 만들어 라켓 스피

제7장 포핸드

드를 올릴 수 있게 한다. 세 번째 프레임에서 나달은 라켓 헤드를 공 아래로 떨어뜨리고 공을 향해 아래에서 위로 상향 스윙을 시작한다. 세 번째 및 네 번째 프레임에서 우리는 라켓 처짐과 폭발적인 라켓 릴리스를 관찰할 수 있고 라켓이 5시 방향에서 11시 방향으로 회전하는 모습도 볼 수 있다. 이 180도에 달하는 라켓 회전은 엄청난 양의 톱스핀을 만들어낸다. 네 번째 프레임에서는 나달의 팔을 펴는 테크닉 덕분에 긴 밀어치기가 가능하고, 폭발적인 릴리스로 인해 임팩트 이후에도 손목이 통상적인 경우보다 더 앞으로 움직이는 모습을 볼 수 있다. 손목은 라켓에 가장 근접한 신체 부위이며, 나달은 이렇게 손목을 앞으로 움직여 스트로크에 파워를 더한다. 라파처럼 3200rpm의 포핸드를 즐겨 치지 않는 동호인들은 이 단계에서 손목을 앞으로 아주 조금만 움직여야 한다. 다섯 번째 및 여섯 번째 프레임은 나달의 전매특허인 리버스 팔로우 스루를 보여 준다. 라켓이 머리 뒤로 넘어가면서 "채찍" 포핸드가 마무리되는 것이다.

만약 당신이 강력한 포핸드를 갖고 있다면 이 두 가지 샷은 반드시 자주 사용해야 한다. 그래야 랠리의 주도권을 잡고 상대 범실을 유도할 가능성이 높기 때문이다.

　일단 코트의 백핸드 사이드로 이동해야 한다. 이때 오른손잡이 상대방의 백핸드 쪽으로 보내는 샷이 '인사이드-아웃' 포핸드이고, 포핸드를 다운더라인으로 치면 '인사이드-인' 포핸드다(그림 7-34).

　인사이드-아웃과 인사이드-인 포핸드는 장점이 많다. 첫째, 코트 왼쪽으로의 움직임이 공에 모멘텀과 파워를 싣고, 포핸드에서의 몸의 정렬로 인해 왼쪽으로 움직이면서도 여전히 균형 잡힌 샷을 구사할 수 있다. 둘째, 만약 여러분의 포핸드가 강점이고 상대는 백핸드가 약점이라면 인사이드-아웃 포핸드는 자신의 강점은 살리고 상대 약점을 파고드는 랠리 패턴을 만들 수 있다. 이 경우 상대는 압박을 느껴 위험을 감수하고 실패 확률이 높은 샷을 시도할 가능성이 높다. 셋째, 랠리 주도권을 쥐게 되면서 플레이 공간을 '축소'할 수 있다. 즉, 백핸드 공간을 좁혀서 상대가 당신의 백핸드 코너로 반격할 수 있는 여지를 주지 않는 것이다. 그렇게 되면 상대는 포핸드로 공을 보내 공격을 당하거나, 좁은 백핸드 공간에 공을 넣으려다 범실을 남발할 가능성이 높아진다. 넷째, 인사이드-아웃 포핸드에서는 공이 네트의 가장 낮은 부분을 통과해 가

그림 7-34. 인사이드-인, 인사이드-아웃 포핸드

장 긴 궤적을 지닐 수 있기 때문에 성공 확률이 높다. 또한 상대를 코트 밖으로 몰아내는 효과도 있다. 다섯째, 포핸드가 강점이라면 포핸드로 지배하는 경기를 함으로써 백핸드에서의 자신감을 높일 수 있다. 대부분의 스트로크를 강력한 포핸드로 구사할 수 있기 때문에 백핸드로 뭔가 특별한 샷을 만들어야 한다는 부담에서 벗어날 수 있다. 이렇게 되면 백핸드에서 성공 확률이 높은 샷을 선택할 수 있고 전체적으로 더 침착하고 영리한 포인트 관리가 가능하게 된다.

2. 기타 톱스핀 포핸드

이 외에도 다섯 가지 주요 톱스핀 포핸드가 더 있다. 포핸드가 다양하면 큰 이점을 가질 수 있는데, 선택의 폭이 넓어지기 때문에 특정 상황에서 보다 효과적인 전략적 대응이 가능하다. 때로는 스핀을 적게 주고 네트 바로 위로 넘기는 것이 나을 때가 있는 반면, 어떨 때는 공의 속도를 줄이고 묵직한 스핀을 담아 네트 한참 위로 넘기는 것이 올바른 선택일 수 있다. 또한 상대하는 선수마다 약점이 다를 텐데, 베이스라인에서 다양한 샷을 구사할 수 있다면 상대의 약점을 보다 쉽게 파악할 수 있을 것이다.

A. 아크Arc 포핸드

이 샷은 베이스라인 몇 발자국 뒤에서 톱스핀을 많이 걸어 네트 위 1m 정도 높이로 공을 보내 베이스라인 안쪽에 여유 있게 떨어뜨리는 방식이다. 중립적이거나 약간 공격적으로 쳐 상대를 코트 좌우로 뛰게 하고 공격적인 포지션을 확보하는 데 쓰인다. 아크 포핸드는 클레이 코트에서 가장 흔히 사용된다.

B. 드라이브 포핸드

드라이브 포핸드는 베이스라인에 붙어서 적당량의 톱스핀을 가미해 네트보다 30~60cm 위로 공을 보내 베이스라인에서 1~1.5m 정도 안쪽에 떨어뜨리는 샷이다. 이 포핸드는 빠른 스피드와 적정한 톱스핀으로 상대방을 정신없게 만들 수 있다. 하드 코트에서 널리 사용되며, 충분한 시간적 여유가 있고, 밸런스를 유지한 상태에서 구사하는 게 바람직하다.

C. 루프loop 포핸드

상대가 당신을 코트 밖으로 몰아낼 때가 있다. 이때 루프 샷은 되돌아올 시간을 벌어준다. 이 수비적인 샷은 베이스라인 한참 뒤에서 네트보다 2~3m 위로 쳐 올린다. 좌우 날카로운 각도로 반격을 허용하지 않으려면 코트 중앙 깊숙한 곳에 떨어지도록 하는 것이 가장 바람직하다.

그림 7-35. 매디슨 키스는 베이스라인 근처에서 왼쪽으로 이동해 포핸드로 게임을 지배하는 방식을 즐긴다.

그림 7-36. 노박 조코비치의 인사이드-아웃 포핸드

노박 조코비치는 굉장히 뛰어난 백핸드를 갖고 있으면서도 종종 백핸드 사이드로 이동해 인사이드-아웃 포핸드로 공격한다. 그는 이렇게 말했다. "인사이드-아웃 포핸드는 테니스에서 가장 중요한 샷 중 하나입니다. 저는 항상 이 샷을 구사할 기회를 엿보죠."[4]

첫 번째 프레임에서 조코비치는 반원을 그리듯 스텝을 교차하며 왼쪽으로 이동해 인사이드-아웃 포핸드를 준비한다. 그는 앞으로 전진하며 공을 때릴 수 있는 충분한 공간을 확보하려고 한다. 이렇게 움직이면서 라켓을 준비하고 유닛 턴 자세에서 어깨를 돌린다. 항상 미리 자세를 취하기 때문에 조코비치는 완벽한 와인드업 자세를 갖출 수 있고 여유 있는 포워드 스윙을 하게 된다.

두 번째 및 세 번째 프레임에서 그는 라켓을 파워 포지션에 두고 두 다리를 지면에 붙여 키네틱 체인을 작동하기 위해 지면의 반발력을 최대한 이용할 태세를 마친다. 네 번째 프레임에서는 주

로 왼발의 탄력을 이용해 에너지를 뿜어낸다. 우리는 여기서 그의 골반이 어떻게 회전하는지를 살펴볼 수 있는데, 이 회전으로 인해 임팩트 시 가장 강력한 힘을 발휘할 수 있는 곳, 즉 몸의 바로 앞에서 타점이 형성된다.

다섯 번째 프레임에서 조코비치는 오른발을 들어 밸런스를 잡는 동시에 상향 스윙으로 톱스핀을 만든 뒤 라켓 면을 닫아준다. 프로 선수들을 TV를 통해 정면에서 관찰하면 착각하기 쉬운 사실이 한 가지 있다. 마치 와이퍼 스윙이 포워드 스윙보다 더 큰 역할을 하는 것처럼 느껴지는 것이다. 그러나 다섯 번째 프레임에서처럼 측면에서 스윙을 관찰하면, 이들이 임팩트를 살리고 코트 깊숙이 공을 보내기 위해 얼마나 앞으로 팔을 뻗는지 알 수 있다.

마지막 프레임에서 조코비치는 머리를 꼿꼿이 세우고, 두 어깨는 나란히 하고, 오른쪽 팔꿈치를 어깨 높이까지 올려 팔꿈치가 상대를 향하도록 한 상태에서 팔로우 스루를 한다.

그림 7-37. 아그네슈카 라드반스카는 다양한 각도와 스핀, 속도를 가진 포핸드를 적절히 혼용하며 상대를 좌절시키고 전략적 선택지를 다양하게 만든다.

D. 앵글 포핸드

앵글 포핸드에서는 강한 톱스핀을 담아 네트 30~60cm 위로 공을 보내 짧게 떨어뜨린다. 이는 상대를 코트 바깥으로 몰아내 계속해서 공격할 기회를 준다. 새로운 폴리 스트링의 등장으로 인해 라켓의 스핀과 컨트롤이 향상되면서 현대 테니스에서 앵글 포핸드는 더욱 인기 있는 샷이 되었다.

E. 킬 포핸드

킬 포핸드는 베이스라인 안쪽에서 바운스가 네트보다 높고 속도가 느린 공을 칠 때 사용한다. 이 샷은 적은 양의 톱스핀을 실어 베이스라인 구석으로 때리는 파워 스트로크이다. 인사이드-아웃과 인사이드-인 포핸드가 킬 포핸드의 대표적인 예이고, 이 샷들은 위너를 치거나 상대가 되받아칠 수 없는 샷으로 포인트를 마무리하려 할 때 사용된다.

ATP 투어를 보면 선수들의 다양한 포핸드를 감상할 수 있다. 조코비치의 강점 가운데 하나는 포핸드로 아크, 드라이브, 루프, 앵글, 킬 등 다양한 샷을 구사할 수 있다는 점이다. 그는 이 기술들을 모두 잘 구사할 뿐 아니라, 더욱 중요한 건 언제 어떤 샷을 사용할지에 대해서 대부분 정확한 선택을 내린다는 점이다. 재능이 뛰어난 선수들은 수많은 선택지를 갖지만, 잘못된 샷을 선택하는 경우도 적지 않다.

나달의 테니스에 대한 비판 가운데 하나는 역대 최고의 아크와 루프 포핸드를 갖고 있음에도 불구하고, 드라이브와 킬 포핸드에서 다른 정상급 선수들에 비해 공격적이지 못하다는 점이다. 그 결과, 나달의 커리어 통산 타이틀 개수는 클레이코트에 현저하게 집중되어 있다(2021년 7월까지 62개의 클레이 코트 타이틀, 22개의 하드 코트 타이틀을 보유). 대부분 ATP 투어가 하드 코트에서 열림에도 불구하고 말이다.

그림 7-38. 앤디 머리는 이렇게 바깥으로 빠지는 까다로운 공을 받아내기 위해 슬라이스 백핸드, 즉 '스쿼시 샷'을 사용한다.

반면에 포핸드의 다양성이 더 좋은 조코비치는 하드 코트에서 61개, 클레이코트에서 17개의 타이틀을 갖고 있으며, 이는 ATP의 하드-클레이 대회 개최 비율에 좀 더 부합한다.

3. 슬라이스 포핸드

포핸드는 대부분 톱스핀 샷이지만, 슬라이스 포핸드를 습득하는 것 역시 중요하다. 톱스핀과 달리, 슬라이스는 스윙하기 전 발이 지면을 제대로 딛고 있지 않아도 사용할 수 있고 스윙이 더 간결하기 때문에 다급한 상황에서도 효과적으로 구사할 수 있다. 상대방의 샷이 너무 낮게 깔리거나 짧아 톱스핀으로 대처하기 어려운 상황에서 종종 필요하다. 또한 전략적인 면에서 본다면, 상대에게 낮고 치기 어려운 높이의 공을 주거나 상대를 네트 앞으로 끌어내 베이스라인의 익숙한 공간에서 벗어나게끔 만들 수 있다.

바깥으로 공이 멀리 빠지는 절박한 상황에서도 슬라이스 포핸드는 타점이 뒤에 형성되기 때문에 공에 다다를 수 있는 추가 시간을 확보할 수 있다. 또한 슬라이스 포핸드의 백스핀은 공을 더 멀리 보낼 수 있기 때문에 밸런스가 무너진 상태에서도 공을 코트 깊숙이 보낼 수 있다. '스쿼시 샷'으로도 불리는 와이드 포핸드 슬라이스 샷은 넓은 코트 커버가 가능하고 시간적 여유를 확보할 수 있기 때문에 지난 10년간 사용 빈도가 꾸준히 증가해왔다(그림 7-38). 이 스쿼시 샷은 수비적인 로브에서 공격적인 랠리로 용도가 변경되기도 했다. 더 강하고 체력이 좋아진 선수들이 득세한 지금 시대에, 코트 커버 범위를 넓힐 수 있는 이 비상용 스트로크는 점점 친숙한 수비형 무기가 되어가고 있다.

슬라이스 포핸드는 어프로치 샷으로도 유용한데, 특히 복식에서 그렇다. 느리고 낮게 깔리는 슬라이스 어프로치 샷으로 네트 포지션을 잡는 데 필요한 시간적 여유를 가질 수 있다. 또한 낮은 타점을 유도해 어색한 자세를 만들기 때문에 패싱샷을 준비하는 상대를 괴롭힐 수 있다. 슬라이스 포핸드는 빠른 서브를 블록하거나 네트 앞에 나온 상대 발 아래로 공을 떨궈 위기에서 벗어나게 만들어 줄 수 있다. 마지막으로 이 샷은 로브로 사용돼 상대로 하여금 어려운 스매싱을 치도록 만들 수 있다.

테크닉

슬라이스 포핸드는 중립 스탠스가 보편적이지만

톱스핀 포핸드처럼 상황에 따라 다양한 스탠스가 사용될 수 있다. 일단 컨티넨털 그립을 잡는다. 라켓 면이 열린 상태에서 공보다 높게 라켓을 두고 백스윙한다(그림 7-38a). 라켓이 뒤쪽 펜스를 바라보고 라켓 헤드가 손목보다 높은 곳에 위치하며, 라켓 버트캡이 공을 향한 상태로 백스윙을 마무리한다.

라켓을 아래로 곡선을 그리며 포워드 스윙을 하며, 이때 라켓 면은 열어 준다(그림 7-38b). 스트링은 공 아래쪽 절반 정도를 깎아 쳐 백스핀을 만든다. 백스핀을 더 많이 걸고자 한다면, 포워드 스윙을 더 날카롭게 내려 깎고 임팩트 순간에 라켓 면을 더 열어야 한다.

손목은 반드시 고정되어 있어야 하고 팔꿈치는 살짝 구부린 다음, 임팩트 직전에 약간 펴준다. 머리와 가슴을 고정하고 팔은 어깨보다 밑에서 곧게 편 채로 팔로우 스루한다(그림 7-38c). 강력한 슬라이스 그라운드 스트로크 구사를 위한 보다 자세한 설명은 8장에 있는 슬라이스 백핸드 섹션을 참고하기 바란다.

> **코칭 박스:**
>
> 동호인 수준에서 공이 반대편에서 넘어오는 시간은 대략 1.5초다. 스트로크 기술을 설명하는 입장에서 볼 때, 이 시간은 올바른 테크닉을 문장으로 설명하기에 턱없이 짧다. 따라서 사진을 활용할 필요가 있다. 사진을 이용한 기술 습득은 빠르기도 하지만 더욱 효과적이기도 하다.
>
> 톱스핀 포핸드와 백핸드 그라운드 스트로크, 그리고 서브에서 기억해야 할 네 가지 핵심적인 단계(파워 포지션, 라켓 처짐, 임팩트 그리고 팔로우 스루)가 있다. 여러분은 5장, 7장, 8장에 있는 사진을 프린트할 수 있고, 온라인에서 가장 좋아하는 선수의 사진 중 이와 비슷한 것들을 다운로드해 휴대폰에 저장해 놓을 수 있다. "보이지 않으면 잊힌다"는 격언은 테니스에도 적용된다는 사실을 잊지 마라. 사진을 활용해 다양한 스트로크의 훌륭한 기술을 확실히 익히기 바란다.

IV. 그라운드 스트로크 연습

이제 여러분은 다양한 포핸드의 메커니즘을 이해하고 있기 때문에 반복 훈련으로 몸에 익힐 단계다. 그라운드 스트로크 연습 세션은 훈련과 포인트 플레이가 잘 혼합되어야 한다. 훈련은 짧은 시간 동안 많은 공을 칠 수 있게 해주고, 타이밍을 잡는 요령을 알려주며, 기술을 날카롭게 다듬어준다. 포인트 플레이는 움직임을 통해 랠리 도중 생길 수 있는 다양한 상황에 대한 대응력을 길러준다.

만약 당신이 그라운드 스트로크를 1시간 연습할 수 있다면, 대략 30분을 훈련, 나머지 30분은 포인트 플레이에 할애하기를 권한다. 준비된 상태로 훈련에 임해 약점을 보완하고 강점은 더욱 강화하는 데 집중할 뿐 아니라 다양한 형태의 게임을 통해 연습 세션을 활력 있고 흥미롭게 만들어야 한다. 또한 베이스라인에서 공격적인 상황과 수비적인 상황을 대비할 수 있는 훈련을 해야 하는 점도 잊지 마라. 지속적인 승리를 위해서는 두 가지 모두 잘 할 수 있어야 하기 때문이다.

1. 짧은 공 인식 훈련
• 목표: 짧은 공을 잘 파악해 포인트의 주도권 잡기

처음에는 코트의 절반만 사용한다. 연습 파트너와 크로스코트 랠리를 주고받는다. 공이 서비스 박스 내에 떨어지면 반드시 다운더라인 샷을 쳐야 하고 그다음부터는 전체 코트를 사용해 포인트를 마무리할 수 있다. 11점까지 크로스코트 포핸드로, 그다음 11점은 크로스코트 백핸드로 게임한다.
- 변형: 공이 서비스 박스 내에 떨어지면 다운더라인 대신 드롭샷을 친다. 그리고 서브 라인을 베이스라인으로 삼아 포인트를 마무리한다.

2. 포핸드 타깃 연습
- 목표: 밸런스가 잡힌 상태에서 공격적인 포핸드 구사하기

양쪽 코트의 포핸드 사이드에 3개의 콘을 1.2~1.8m 간격으로 세워 삼각형 모양을 만든다. 연습 파트너와 크로스코트 포핸드 랠리를 연습한다. 만약 삼각형 안에 공이 떨어지면 1점을 얻고 콘을 맞히면 2점을 얻으며, 15점에 먼저 도달하는 사람이 승리한다.
- 변형: 3개의 콘을 백핸드 사이드에 배치하고 서로 인사이드-아웃 포핸드를 주고받는다.

3. 공격/수비
- 목표: 공격과 수비를 잘하는 방법 익히기

콘 2개를 한쪽 코트의 베이스라인 중앙에 세로로 3.5~4m 간격을 두고 세워 놓는다. 당신은 전체 코트를 사용해 공격적으로 치고 연습 파트너는 수비를 하되, 샷은 2개의 콘 사이에 떨어뜨려야 한다. 만약 공이 콘의 바깥으로 벗어나면 점수를 잃는다. 득점이 인정될 때마다 당신은 1점을, 연습 파트너는 2점을 얻는다. 먼저 15점에 도달하면 게임이 끝나며, 이후 역할을 바꾼다. 콘의 위치를 조정함으로써 난이도를 높일 수 있다.

| 파워 포지션 | 라켓 처짐 | 임팩트 | 팔로우 스루 |

그림 7-39. 포핸드 핵심 요약: 다음 네 가지 이미지를 기억하라.

그림 8-1.
전 세계 1위 빅토리아 아자렌카가 장기인 투핸드 백핸드를 시도하고 있다.

제8장

백핸드

모든 스트로크가 진화했지만 아마도 백핸드만큼 커다란 변화를 겪은 기술도 없을 것이다. 만약 여러분이 50년 전 윔블던 단식 대진표를 살펴본다면 256명의 출전 선수 가운데 투핸드 백핸드를 구사하는 선수는 열 손가락에 꼽을 정도였을 것이다. 그런데 오늘날에는 반대로 원핸드 백핸드를 찾아보기가 어렵다. 2016년 세계 랭킹 100위 이내 선수 중 단 2~3명의 여자 선수들과 20명 남짓한 남자 선수들이 원핸드 백핸드를 사용했다. 이유는 간단하다. 테니스는 점점 더 파워풀해졌고 투핸드 백핸드가 파워를 다루기에 더 적합하기 때문이다.

일반적으로 테니스 수준이 높아질수록 투핸드 백핸드를 사용할 가능성이 높아진다. 그러나 투핸드 백핸드 선수들도 가끔은 원핸드 백핸드를 사용해야 할 때가 있는데 더 긴 리치가 필요하거나 기술샷을 구사할 때, 그리고 까다로운 공을 수비할 때 그렇다. 또한 원핸드 백핸드는 조금 더 배우기 쉽기 때문에 동호인들이 많이 쓴다.

이 장에서는 투핸드 및 원핸드 톱스핀 백핸드와 슬라이스 백핸드를 다룬다. 그리고 원핸드와 투핸드의 장단점을 설명하고, 앞으로 하이브리드 백핸드가 새로운 샷으로 주목받을 이유에 대해서도 언급하겠다. 그리고 나서 백핸드 테크닉에 관해 설명할 것이다. 다양한 스탠스를 먼저 알아보고 세 가지 백핸드에 필요한 상체 움직임, 즉 유닛 턴, 백스윙, 포워드 스윙 및 임팩트, 팔로우 스루에 대해 상세히 기술하겠다. 마지막으로, 백핸드 훈련 방법에 관해 설명할 것이다.

I. 투핸드 및 원핸드 백핸드의 장점

투핸드 톱스핀 백핸드는 원핸드에 비해 장점이 많다. 그립에 한 손이 더해지면서 힘과 안정성이 증대된다. 이는 특히 서브 리턴이나 빠르고 높은 바운스의 톱스핀 그라운드 스트로크에 대처할 때 유용하다. 한 손이 더해지면 스윙이 더 간결하고 일정하게 되어 다급한 상황에서도 공을 잘 잡아 칠 수 있다. 또한 임팩트를 길게 가져가 구질을 상대에게 노출하지 않을 수 있다. 빠른 템포로 치는 것도 가능하다. 원핸드 백핸드는 상대적으로 백스윙이 크고, 타점이 앞에서 형성되어야 하기 때문에 좋은 샷을 치려면 더 많은 준비 시간이 필요하다. 마지막으로 투핸드 백핸드는 스탠스 의존도가 적다. 원핸드 백핸드의 경우 오픈 스탠스는 적당하지 않지만, 투핸드에는 이를 사용해 밸런스 유지와 빠른 포지션 선정, 그리고 신속한 리커버리가 가능하다.

노박 조코비치와 앤디 머리의 성공은 투핸드 백핸드에 기인한 바가 크다. 대부분 선수들이 베이스라인 랠리에서 포핸드로 주도권을 잡아야 하는 제약이 있는 반면, 조코비치와 머리는 백핸드, 특히 다운더라인 백핸드로 공격적인 샷 패턴을 만들 수 있다. 그러나 그들의 투핸드 백핸드가 가장 위력을 발휘한 부분은 아마도 서브 리턴일 것이다. 두 선수 모두 ATP의 리턴 지수 랭킹에서 근 10년간 최정상권을 유지하고 있다.[1] 라켓에 한 손이 더해지면서 강서브를 더 효과적으로 상쇄하고 공격적인 리턴을 할 수 있게 되었다. 반대로 원핸드 백핸드 선수들은 종종 칩(깎아치기)이나 블로킹 리턴을 할 수밖에 없어 이어지는 랠리에서 우위를 점하지 못하게 된다.

제대로 구사할 수만 있다면 원핸드 백핸드는 매우 아름다운 샷이고 투핸드가 갖지 못한 몇 가지 장점을 지닌다. 슬라이스 백핸드는 한 손으로 구사하는 샷이기 때문에 오른팔의 근력과 협응 능력이 더 발달된 원핸드 백핸더들이 대개 더 강력하게 넣을 수 있다. 백핸드 발리와 드롭샷, 수비적인 로브는 슬라이스 백핸드에서 파생된 샷이기 때문에 원핸드 백핸더들에게 더 유리하다. 또한 원핸드 백핸드는 스윙 속도가 더 빠르며 그로 인해 더 많은 톱

그림 8-2. 나달과 같은 투핸드 백핸드 선수들은 원핸드 선수들처럼 앞을 향해 지면을 강하게 차는 동작을 필요로 하지 않는다.

제8장 백핸드

그림 8-3. 리샤르 가스케의 경우처럼 제대로 구사하기만 한다면 원핸드 백핸드는 너무나도 아름다운 샷이다.

그림 8-4. 프로 선수가 되면 공격적인 네트 플레이를 구사하겠다는 목표가 분명했기에, 피트 샘프러스는 주니어 시절 투핸드에서 원핸드 백핸드로 전향을 단행했다.

스핀을 걸 수 있다.

절대다수의 투어 선수들이 투핸드 백핸드를 구사하고 있지만, 스탄 바브린카와 리샤르 가스케와 같은 스타 플레이어도 원핸드 백핸드를 사용하며, 이들은 역대 최고의 백핸드를 지닌 것으로 평가된다.

1. 하이브리드Hybrid 백핸드

원핸드와 투핸드 백핸드의 서로 다른 장점은 한 가지 흥미로운 질문으로 이어진다. 테니스가 계속해서 진화한다면 서브 리턴을 일단 투핸드 백핸드로 받고, 그다음부터는 원핸드 백핸드를 사용하는 선수가 나올 수 있을까? 다목적 혹은 '하이브리드' 백핸드의 도입은 앞으로 상당한 가능성이 있다. 일부 선수들에게 하이브리드 백핸드는 양쪽 세계의 장점만 모은 것을 의미한다. 빠른 스피드의 서브를 투핸드로 리턴한 뒤, 랠리에서는 원핸드의 다양성과 빠른 라켓 스피드를 사용하는 것이다.

2. 어떤 백핸드가 적합한가?

원핸드와 투핸드 백핸드 모두 장점이 있기 때문에 문제는 어떤 스타일이 자신에게 맞느냐이다. 이는 나이의 영향을 받기도 한다. 주니어들은 힘이 충분하지 못해 10대 초반이 될 때까지는 원핸드 톱스핀 백핸드를 구사하기 어렵다. 그래서 어린이들은 대개 투핸드 백핸드를 먼저 배운다. 원핸드 백핸드의 경우에는 빠른 속도로 기술을 습득하기 어렵기 때문에 이를 선택한 주니어들은 반드시 인내심과 더불어 미래에 대한 확고한 비전을 가져야 한다. 널리 알려진 대로 피트 샘프러스는 주니어 시절 투핸드에서 원핸드로 전향했다. 이는 더 공격적인 자신의 스타일에 잘 맞는다는 확신이 있었기 때문이다. 샘프러스는 주니어 시절 초반 이러한 변화로 인해 많은 패배를 당했지만 훗날 7번의 윔블던 타이틀로 보상받았다. 반면 전 ATP 프로 선수였던 폴 맥나미는 24세에 원핸드에서 투핸드로 전향했다. 곧바로 그는 단식 랭킹을 끌어 올렸을 뿐 아니라 복식 세계 랭킹 1위에 등극하기도 했다.

경기 스타일과 신체 조건도 고려되어야 하겠지만, 최종 선택에서는 어떤 백핸드가 더 자연스럽고 안정적인지가 기준이 된다. 어떤 선수들은 두 손으로 라켓을 잡으면 유연성과 자연스러움이 떨어진다고 느낀다. 반면 안정적인 톱스핀을 만들기 위해서는 두 손이 필요하다고 느끼는 선수들도 있다. 만일 여러분이 입문자라면, 두 스타일을 모두 시도해본 다음, 자신에게 가장 잘 맞는 것을 선택하면

그림 8-5. 나달은 닫힌 스탠스를 통해 더 크고 강력한 백핸드 스텝을 형성한다.

그림 8-6. 중립 스탠스를 사용하는 아나 이바노비치. 크로스코트 백핸드(a)의 경우 다운더라인(b)에 비해 앞발이 조금 더 네트를 향하고 뒷발도 보다 앞으로 나온다.

된다.

　백핸드에서 어깨는 포핸드에서와같이 몸보다 뒤에 빠져 있지 않고 날아오는 공과 마주하기 때문에 어떤 백핸드를 구사하건 간에 포핸드와는 스윙 방법이 다르다. 첫째, 백스윙이 조금 더 짧고, 타점은 더욱 앞에서 형성된다. 둘째, 백핸드에서는 앞발을 공을 향해 내디뎌야 파워를 실을 수 있기 때문에 스탠스 접근 방법이 달라진다. 셋째, 백핸드는 포핸드에 비해 골반 회전이 적고 나중에 이뤄지기 때문에 라켓의 궤적이 더 길고 직선에 가깝게 된다. 넷째, 일반적으로 백핸드는 힘이 덜 실리기 때문에 포핸드만큼 공격적으로 구사하기 어렵고, 따라서 차별화된 전략적 사고가 필요하다.

II. 백핸드 스탠스

백핸드 기술의 설명에 앞서 우선 다리의 움직임을 고찰하고 그다음 몸을 어떻게 사용하는지 설명하고자 한다. 포핸드와 마찬가지로 백핸드는 훌륭한 풋워크로 시작해 최적의 스탠스를 잡아야 한다. 다양한 백핸드를 구사하기 위해 몇 가지 스탠스를 익힐 필요가 있다. 닫힌 스탠스와 중립 스탠스, 그리고 오픈 스탠스다.

1. 닫힌 스탠스와 중립 스탠스

백핸드에서 가장 파워풀한 포지션은 닫힌 스탠스이다. 앞발을 몸과 약 45도로 크게 내디딘다(그림 8-5). 닫힌 스탠스가 강력한 파워를 형성하는 이유는 네 가지다. 첫째, 스텝을 크게 밟아 힘이 배가된다. 둘째, 큰 스텝으로 인해 지지면이 넓어지고 무릎을 더 많이 굽힐 수 있어 지면을 미는 힘이 세진다. 셋째, 닫힌 스탠스는 어깨 턴을 유도해 스윙 시 몸의 회전이 더 강력해진다. 넷째, 닫힌 스탠스는 골반을 정렬해 공을 안에서 밖으로 강하게 때릴 수 있게 해준다. 중립 스탠스는 앞발이 조금 더 네트 쪽 직선 방향으로 나오는 것인데(그림 8-6), 닫힌 스탠스보다 파워는 떨어지지만 코트 중앙으로 오는 빠른 공을 처리할 때 유용하다.

테크닉

두 스탠스 모두 백스윙이 끝날 시점 왼발에 집중된 체중이 서서히 앞쪽으로 이동한다. 오른발은 임팩트 바로 직전 지면을 밟아 전방 모멘텀을 유지하고, 임팩트 시 라켓 컨트롤을 위해 몸의 안정성을 높인다.

　크로스 백핸드를 칠 때는 다운더라인을 시도할 때보다 오른발을 조금 더 네트를 향해 내디뎌야 한다는 점을 명심하자. 이는 모멘텀이 목표 지점을 향하도록 하는 데 도움이 된다. 더 자세히 설명하면, 크로스코트 시에 오른발을 10시~11시 방향으

그림 8-7. 스윙 전 움직임은 포지션과 풋워크에 변화를 초래하지만, 이 사진을 보면 뛰어난 스트로크는 기술적으로 거의 유사하다는 사실을 다시 한번 확인할 수 있다. 시모나 할렙과 앤디 머리의 백핸드 스윙 시 왼쪽 다리 위치를 비교해보자(3번, 7번 프레임). 앤디 머리의 보다 정적인 백핸드와 비교할 때 할렙은 측면 움직임(1번 프레임)을 통해 빠른 리커버리 스텝을 밟는다(4번 프레임).

로 내딛는 반면(그림 8-6a), 다운더라인을 칠 때는 9시~10시 방향으로 내딛는 것이다(그림 8-6b). 이렇게 하면 체중 이동을 최적화할 수 있을 뿐 아니라 임팩트 시 골반을 바르게 정렬하는 데도 도움이 된다.

포워드 스윙을 하면서 왼발은 천천히 왼쪽으로 돌린다. 이 동작은 골반을 회전시키며, 몸에서 생성된 키네틱 에너지를 라켓까지 전달한다. 왼발의 회전을 적당히 하는 게 요령인데, 너무 많이 돌리면 골반이 일찍 열려 임팩트 시 팔이 과도하게 접히게 된다. 반대로 너무 적게 돌리면 골반이 고정돼 샷에 모멘텀을 싣기가 어려워진다.

올바른 자세에서 공을 쳤는지 여부는 피니시 자세에서의 밸런스로 알 수 있다. 스트로크를 마치면 체중이 모두 오른발에 실려 있어야 한다. 왼발은 왼쪽으로 돌아간 다음 뒤꿈치가 살짝 들려야 한다.

스트로크를 마친 다음에도 왼발은 계속해서 왼쪽으로 이동하며 리커버리 스텝을 밟는다. 7장의 중립 스탠스 포핸드 부분에서 언급했듯이, 스트로크를 치기 위해 빠르게 옆으로 움직였거나 공격적인 라켓 스윙을 하게 되면 리커버리 스텝은 팔로우스루에서 자연스럽게 나타난다(그림 8-7 1번~4번 프레임). 백핸드 동작에서 스윙 전 움직임이 비교적 적고 폼이 고정되어 있다면, 리커버리 스텝이 조금 늦게 발생하기도 한다(그림 8-7 5번~8번 프레임). 프로보다 스윙 속도와 움직임이 느린 동호인의 경우, 몸을 더 고정해 임팩트 순간에서의 라켓 컨트롤에 신경을 쓰는 게 보다 바람직할 것이다. 따라서 리커버리 스텝은 조금 더 늦게, 의식적으로 밟아야 한다.

2. 오픈 스탠스

닫힌 스탠스 혹은 중립 스탠스가 이상적이긴 하지만 접전 상황에서 늘 가능한 건 아니다. 때로 세미 오픈 스탠스 혹은 오픈 스탠스 백핸드를 쳐야 한다. 원핸드 백핸더들은 이를 사용할 경우가 거의

그림 8-8. 세리나 윌리엄스는 왼쪽 다리를 내디딘 뒤 오픈 스탠스 백핸드를 구사한다.

없지만, 투핸드 백핸더들에게 세미오픈 스탠스와 오픈 스탠스는 다급한 상황 또는 좌우로 깊숙이 들어오거나 높은 바운스의 공을 처리할 때 중요하다.

테크닉

오픈 스탠스와 세미 오픈 스탠스의 핵심은 확실한 어깨 턴, 그리고 왼발을 오른발과 평행하거나 약간 뒤에 확고하게 디디는 것이다(그림 8-8b). 왼발은 샷에 파워를 실을 수 있는 기반이 된다. 왼발을 지면에 고정한 다음, 골반과 어깨를 돌리고, 체중을 오른쪽으로 옮기며 스윙한다. 임팩트 및 밀어치기 동작 이후에도 계속해서 몸을 돌리며, 피니시 단계에서는 체중이 대부분 오른발에 실리게 된다(그림 8-8d).

이상으로 백핸드 스탠스에 대한 설명은 끝났고, 이제 상체 움직임에 대해 논의하도록 하겠다. 투핸드와 원핸드, 슬라이스 백핸드는 다섯 가지 상체 단계로 구성된다. 7장의 포핸드에서 소개한 원칙

> **코칭 박스:**
>
> 4장에서는 그립의 중요성과 테크닉에 미치는 영향에 관해 논의했다. 이러한 영향은 특히 투핸드 백핸드에서 더욱 두드러진다. 선수의 실력과는 무관하게 테니스 경기에서는 다양한 스탠스를 사용하게 되지만, 그립에 따라 특정 스탠스를 더 자주 선택하게 된다.
>
> 투핸드 백핸드에서 공을 치는 오른손 그립은 팔꿈치 각도에 영향을 미치며, 이는 곧 타점과 스탠스에도 순차적으로 영향을 미치게 된다. 약한 컨티넨털 그립의 경우, 팔이 더 굽혀지고 타점이 약간 뒤로 이동한다(그림 8-10a). 이 경우 닫힌 스탠스가 좀 더 적합하다. 반면에 강한 컨티넨털 그립에서는 팔을 더 펼 수 있고 타점도 보다 몸 앞쪽에 형성된다(그림 8-10b). 이 경우에는 오픈 스탠스가 더 적합하다.
>
>
>
> 그림 8-10. 시모나 할렙과 나달은 각기 다른 백핸드 그립을 사용한 결과, 팔을 굽히는 정도와 스탠스 선호도가 달라진다.

그림 8-9. 앤디 머리가 유닛 턴 동작으로 백핸드를 시작하고 있다.

의 상당 부분이 백핸드에도 적용되므로 여기서는 간단히 설명하고 넘어가겠다.

III. 투핸드 백핸드의 다섯 단계

1. 유닛 턴

왼쪽 발을 돌리고, 오른발 뒷꿈치를 들어 올리며, 어깨를 회전하면서 투핸드 백핸드를 시작한다(그림 8-9).

팔꿈치는 반드시 굽히되 힘을 빼며, 라켓 헤드가 대략 손목 위 45도 방향을 향해야 한다.

이 동작을 취하면서 그립을 준비한다. 대부분 선수들은 왼손을 라켓 목에 대고 기다리다 유닛 턴 동작에서 내리면서 오른손과 합친다. 4장에서 대략 언급했듯이, 오른손은 컨티넨털 그립, 왼손은 강한 이스턴 그립을 추천한다.

2. 백스윙

유닛 턴 이후 팔과 어깨를 이용해 백스윙을 한다. 이때 반드시 팔과 어깨의 긴장을 풀어야 한다. 어깨 근육의 긴장도가 감소할수록 백스윙이 길어지고 라켓이 좀 더 뒤로 처지게 되어 포워드 스윙의 속도를 올릴 수 있다.

백스윙이 완성되면 턱이 오른쪽 어깨에 거의 닿게 된다. 어깨에 힘을 빼더라도 백스윙을 끝까지 하고 나면 빠른 포워드 스윙을 위해 오른쪽 어깨 뒤쪽 근육이 약간 수축하게 된다. 백스윙이 종료됨과 동시에 뒤쪽 다리에 체중이 실리고 웅크리는 자세를 취하며, 몸에 저장된 파워를 샷을 향해 내뿜을 준비를 마친다(그림 8-11c).

백핸드에는 두 가지 주요 백스윙이 있다. 바나나banana와 루프loop이다.

그림 8-11. 바나나 백스윙을 사용하는 조코비치는 손을 허리 밑으로 떨어뜨린 다음, 백스윙의 마지막 단계에서 다시 올린다.

A. 바나나 백스윙

 바나나 백스윙은 손을 허리 아래에서 시작해 직선 방향으로 뒤로 뺀 다음, 마지막에 약간 들어 올리는 방법이다(그림 8-11). 백스윙을 끝내면 라켓이 약간 몸의 왼쪽, 즉 '바깥쪽'에 위치하게 되면서 (그림 8-13) 손목 힘을 살릴 수 있도록 라켓이 뒤로 처지고, 골반이 회전하면서 와이퍼 스윙으로 톱스핀을 강하게 걸고 라켓 스피드를 끌어올릴 수 있게 된다.

 바나나 백스윙을 사용하는 선수들은 대개 오른손으로 강한 컨티넨털 그립 혹은 컨티넨털 그립을 잡는다. 이 백핸드 스윙의 파워는 대부분 다리로부터의 추진력과, 팔만이 아닌 상체와 라켓의 유닛 스윙에 의해 생성된다. ATP 투어 선수들이 주로 사용하는 백스윙으로, 스윙이 간결하고 어깨의 힘을 뺄 수 있으며 상당한 톱스핀을 걸 수 있는 장점이 있다.

B. 루프 백스윙

 루프 백스윙에서 두 손은 원을 그리면서 뒤로 이

그림 8-13. 조코비치는 라켓을 왼쪽, 즉 "바깥쪽"에 유지하며 파워 포지션에서 바나나 백스윙을 완성한다.

동한 다음, 바나나 백스윙에서보다 몸의 한참 뒤쪽 (그림 8-12), 즉 '안쪽'에서 끝을 맺는다. 또한 바나나 백스윙에 비해 임팩트 시 두 팔을 조금 더 굽히고 손목은 위보다는 앞으로 좀 더 움직여, 결과적으로 플랫성이 강한 샷을 만든다.

 대개 약한 컨티넨털 그립이나 컨티넨털 그립을 사용한다. 이 백스윙의 파워는 전신의 유닛 동작이나 다리로부터의 추진력보다는 팔과 골반의 움직임에 의해 주로 생성된다. 루프 백스윙은 강력한 플랫 샷을 만들며, WTA 선수들이 자주 사용한다.

 어떤 스타일의 백스윙을 구사하건 간에, 마지막 단계에서 라켓은 허리보다 조금 위에 위치하면서 위쪽 및 뒤편 펜스 쪽을 향해야 한다(그림 8-13).

그림 8-12. 루프 백스윙을 사용하는 마리아 샤라포바는 라켓을 원을 그리듯 뒤쪽(a) 및 "안쪽"(b)로 빼 파워 포지션에서 백스윙을 완성한다.

라켓 헤드의 모서리가 지면과 수직을 이뤄야 타이밍을 단순화하고 두 팔의 힘을 뺄 수 있다. 이는 포핸드의 파워 포지션에 해당하는 자세이다. 이렇게 자세를 확립하면 백스윙에서 포워드 스윙으로 빠른 전환이 가능해진다.

3. 포워드 스윙

백스윙이 끝나면 라켓을 아래로 떨어뜨리고 오른발을 앞으로 내디뎌 지면을 밟으면서 포워드 스윙이 시작된다(그림 8-14a). 오른발을 디딘 다음, 왼쪽 어깨와 골반을 돌리면서 다리에 축적된 에너지를 발산해 몸통과 팔, 마지막으로 라켓까지 전달한다.

골반 회전의 효과로 아래팔 근육이 늘어나면서 라켓이 뒤로 처지게 된다(그림 8-14b). 이어 오른팔이 라켓 버트캡을 공 쪽으로 이끌며 다시 한번 라켓이 뒤로 처진다.

오른팔이 라켓 버트캡을 앞으로 이끌었다면 이번에는 왼팔이 버트캡을 몸쪽으로 이끌고 라켓 헤드를 앞으로 당기면서 공을 친다(그림 8-14c, 8-14d). 스핀과 라켓 스피드를 만들어내는 역할은 대개 왼쪽 팔이 담당하고, 오른팔은 주로 샷의 방향을 정한다.

> **코칭 박스:**
>
> 투핸드 백핸드에서는 임팩트 직전 및 임팩트 이후에 라켓을 앞으로 쭉 뻗으며 밀어치는 것이 중요하다. 이게 잘 안 될 경우에는 무거운 비치볼을 서비스 라인에서 공중으로 때리는 연습을 해 보자. 만약 비치볼을 충분히 밀어서 치지 않는다면 네트 건너편으로 보내기 어렵다는 걸 깨닫게 될 것이다.

그림 8-14. 플라비아 파네타가 전방 모멘텀을 얻기 위해 오른발을 지면에 단단히 고정하고 라켓 면을 약간 닫은 상태에서 상향 스윙하고 있다.

두 팔과 손목을 모두 사용해 라켓 헤드가 안에서 밖으로 향하는 궤적을 그리도록 한다. 톱스핀을 구사할 때는 손목을 위로 움직여 '와이퍼 스윙'을 하고, 파워를 싣기 위해 손목을 약간 앞으로도 움직이며, 임팩트 순간에는 라켓이 정면으로 공과 만나도록 한다.

포핸드에서와 마찬가지로, 스윙은 라켓 헤드의 상향(톱스핀)과 전진(파워) 움직임이 적절하게 혼합되어야 힘과 안정성이 겸비된 샷을 만들 수 있다.

손목은 일단 움직임이 시작되고 나면 계속 위로 움직이며 톱스핀을 생성하지만, 앞으로 향하는 움직임은 임팩트 직전 속도가 줄어야 임팩트의 컨트롤과 샷의 방향 조정이 가능하게 된다.

4. 임팩트

머리를 고정하고 공을 내려보며 몸 앞에서 타점을 형성해야 한다. 어깨를 돌릴 때도 계속해서 머리를 고정하면 가슴이 흔들리지 않고 팔의 힘과 안정성을 높일 수 있다(그림 8-15). 타점이 높지 않다면 밸런스를 위해 임팩트 순간에는 양쪽 어깨를 평행하게 만드는 것이 좋다.

임팩트 시 오른팔을 왼팔보다 약간 더 굽힌다. 팔을 굽히면 다리와 골반에서 생성되는 힘에 지렛

그림 8-15. 나달은 머리를 고정하고 두 어깨를 나란히 놓은 자세에서 몸 앞에 타점을 형성한다.

그림 8-16. 니시코리는 임팩트 직후 왼팔을 죽 뻗고 라켓을 공과 평행하게 계속 밀고 나간다.

대 효과를 낼 수 있다. 이는 또한 왼팔을 약간 펴면서 공을 끝까지 밀어칠 수 있도록 해 준다. 반대로 임팩트 시 팔이 너무 굽혀져 있으면 밀어치기가 어려워질 수 있고, 반대로 팔이 너무 펴져 있으면 타점이 몸에서 멀어져 컨트롤이 떨어지게 된다. 포핸드에 비해 백핸드에서는 오른쪽 어깨가 앞쪽에 있기 때문에 라켓의 궤적이 목표 지점을 향해 더 길고 직선에 가깝게 된다. 가령 포핸드의 경우 줄지은 3개의 공을 이어서 때리는 느낌으로 한다면 백핸드에서는 그 수를 5개로 늘려 히팅 존hitting zone을 늘려야 한다.

5. 팔로우 스루

가상의 공 5개를 친 뒤 팔꿈치를 굽히면서 팔로우 스루가 시작된다. 이때 라켓은 위쪽, 오른쪽, 뒤쪽으로 움직이다가 부드럽게 오른쪽 어깨를 감싸며

> **코칭 박스:**
>
> 왼쪽 손목에 시계를 차고 있다고 상상해 보자. 투핸드 백핸드 팔로우 스루가 올바르게 끝났다면, 손목시계의 시간을 쉽게 읽을 수 있을 것이다.

그림 8-17. 빅토리아 아자렌카의 팔로우 스루 동작을 보면 라켓이 오른쪽 어깨를 감싸고 왼쪽 팔꿈치는 어깨 높이에서 공을 향하고 있다.

그림 8-18. 앤디 머리의 투핸드 백핸드

앤디 머리는 역대 최고의 투핸드 백핸드를 가진 선수 가운데 한 명이다. 그의 백핸드는 플랫성의 빠르고, 극도로 정확한 샷으로 예측이 정말 어렵다.

첫 번째 프레임에서는 백스윙 마지막 단계의 완벽함을 볼 수 있다. 턱은 어깨 위에 있고, 라켓 끝은 위를 향하며, 힘과 안정성을 위해 넓은 스탠스를 취한다. 오른손은 컨티넨털 그립을 쥐고 있어 자신이 가장 좋아하는 샷의 하나인 드롭샷을 신속하게 구사할 수 있다. 두 번째 프레임에서 골반을 돌리고 손목을 떨어뜨려 상향 스윙을 시작하고 있다. 세 번째 프레임은 몸 바로 앞에서 임팩트를 하고, 머리가 고정된 상태에서 공을 밀어치는 모습이다. 네 번째 프레임에서는 앤디 머리가 라

제8장 백핸드

켓 스피드를 높이기 위해 왼팔을 활용하는 모습을 볼 수 있다. 투핸드 백핸더 중에 왼팔을 적극적으로 사용하는 선수들이 몇 명 있는데, 앤디 머리가 대표적이다. 상대 코트를 파고드는 백핸드에 파워를 더하기 위해 왼팔로 포워드 스윙을 하는 동안 오른팔은 왼팔을 따라가는 양상이다. 이렇게 왼팔을 주로 사용함으로써 골반을 보다 안정적으로 유지하고 상대가 구종을 파악하기 어렵게 만들 수 있다. 다섯 번째 프레임에서 앤디 머리는 다리 동작을 마무리하고, 체중을 모두 오른발에 싣고 왼발은 발끝만 지면에 닿은 채로 밸런스를 유지하며 스윙을 마친다. 여섯 번째 프레임을 보면 라켓이 오른쪽 어깨를 감싸고 왼쪽 팔꿈치는 공을 향하고 있다. 앤디 머리는 리커버리 스텝을 통해 베이스라인 중앙으로 빠르게 돌아갈 수 있는 완벽한 포지션에서 동작을 끝낸다.

그림 8-19. 페더러의 유닛 턴 동작. 라켓 헤드를 위로 올리고, 팔꿈치는 힘을 뺀 채 가볍게 굽힌 상태를 유지한다.

멈춘다(그림 8-17). 따라서 스윙은 완전한 원을 그리게 되며, 백스윙의 마지막에는 오른쪽 어깨가 턱 밑에 있었지만 이제는 왼쪽 어깨가 턱 밑에 오게 된다.

플랫 또는 중간 이하의 톱스핀으로 백핸드를 구사하려면 왼쪽 손이 오른쪽 귀 근처에 왔을 때 스윙을 마무리해야 한다. 왼쪽 팔꿈치는 어깨 높이에서 목표 지점을 가리켜야 하고, 오른쪽 팔꿈치보다 약간 위에 있어야 한다. 좀 더 톱스핀을 가미한다면 라켓을 더 낮은 위치에서 마무리해야 하고, 라켓 헤드가 부채꼴로 몸을 휘감으면서 양쪽 팔꿈치는 좀 더 몸쪽으로 붙게 된다.

IV. 원핸드 백핸드의 다섯 단계

1. 유닛 턴

원핸드 스윙은 투핸드 스윙보다 길다. 따라서 유닛 턴을 조금 더 일찍 시작해 백스윙을 완전하게 소화하고 부드러운 포워드 스윙을 만드는 것이 중요하다. 왼손은 라켓 목을 잡아 라켓을 뒤로 인도하고 어깨 턴을 돕는다. 오른손은 라켓을 가볍게 쥐어, 그립 전환을 쉽게 할 수 있도록 한다.

라켓 헤드는 위를 향하게 하고, 양손은 가슴 높이에 두며, 팔꿈치를 굽히고 힘을 뺀다(그림 8-19). 라켓 헤드를 위로 향하도록 하는 것이 유닛 턴 과정에서 굉장히 중요한데, 나중에 라켓을 떨어뜨리면서 라켓 스피드를 올리기 때문이다. 많은 정상급 선수들은 라켓 헤드를 수직으로 세워 위를 향하게 하는데, 동호인들은 타이밍을 쉽게 맞히기 위해

그림 8-20. 스탄 바브린카는 백스윙을 마친 다음, 어깨를 돌리면서 루프 스윙을 시작한다.

45도 정도로 기울일 것을 추천한다.

2. 백스윙

유닛 턴 준비를 마치면 백스윙이 시작되는데, 이때 양손은 가슴 높이에 있고 팔꿈치는 여전히 굽힌 상태이다(그림 8-20a). 시작할 때 라켓은 약간 열려 있어야 한다. 그래야 팔의 긴장을 풀고 포워드 스윙 시 손목으로 라켓 스피드를 올릴 수 있다. 백스윙의 마지막 단계에서는 라켓 면을 닫고, 아래로 루프 스윙을 한다(그림 8-20b). 백스윙 시에는 어깨가 골반보다 더 돌아가야 하는데, 이는 풀스윙을 해야 가능하다. 백스윙이 충분히 됐는지 알 수 있는 징표는 다음과 같다. 양손이 골반보다 뒤로 가 있고 턱은 어깨 근처에 있어야 한다(그림 8-21a). 투핸드 백핸드에서 언급했듯이, 충분한 백스윙이 이뤄졌다면 오른쪽 어깨 뒤쪽에서 약간의 저항을 느낄 수 있어야 한다. 이 저항은 라켓을 스프링처럼 튀어 나가도록 돕는 역할을 한다.

3. 포워드 스윙

루프 스윙을 마치고 포워드 스윙을 시작하면서 오른발을 지면에 디뎌 전방 모멘텀을 확보한다. 이어서 골반을 약간 돌려 라켓을 처지게 한다. 라켓 버트캡을 잠시 공을 향해 앞으로 당기면서 라켓을 더욱 뒤로 처지게 하며(그림 8-21b) 빠르게 속도를 끌어올릴 준비를 마친다.

라켓이 앞으로 움직여 임팩트 지점에 도달할 때 손목 역시 앞으로 움직이면서 라켓 버트캡은 몸쪽을 향하게 되며, 라켓 면은 공과 수직을 이룬다. 손

그림 8-21. 스탄 바브린카는 전방 모멘텀을 얻기 위해 오른발을 지면에 고정하고, 머리는 약간 숙인 자세를 유지한 채로 팔을 곧게 펴면서 스윙한다.

목의 또 한 가지 역할은 라켓을 위로 들어 올려 톱스핀을 생성하는 것이다(그림 8-21c). 포핸드에서의 톱스핀은 대개 아래팔에 의해 생성되는 데 반해 백핸드에서의 톱스핀은 손목을 위로 움직이고 팔을 들어 올리는 동작을 통해 생성된다는 점에 유념하자.

라켓을 앞으로 보내면서 팔은 쭉 펴야 한다. 팔꿈치는 낮게 유지하고 몸통에 거의 붙인 채로 스윙하는 것이 중요하다. 포워드 스윙 시 팔꿈치가 들리면서 굽혀지는 '플라잉 엘보우'는 라켓 헤드를 손목 아래로 떨어뜨려 라켓 스피드와 톱스핀을 감소시키기 때문에 주의를 요한다. 팔꿈치가 계속 낮게 유지되면 라켓은 안에서 밖을 향하는 강력한 스윙 궤적을 그릴 수 있고(그림 8-23), 팔은 아주 편안하게 라켓 헤드를 들어 올리면서 톱스핀을 넣을 수 있다.

4. 임팩트

머리는 고정하고 오른팔은 완전히 편 채로 오른

그림 8-22. 리샤르 가스케는 몸보다 상당히 앞에서 임팩트 후 공과 평행하게 라켓을 밀어준다.

그림 8-23. 페더러는 팔꿈치를 낮추고 몸에 바짝 붙여, 안쪽에서 바깥쪽으로 향하는 강력한 스윙을 통해 톱스핀을 생성한다.

발에서 약 60cm 떨어진 곳에서 임팩트한다(그림 8-22). 임팩트 직후 라켓 헤드는 위로 계속 회전하고 동시에 공과 평행하게 앞으로 나가면서 몸의 왼쪽에 위치한다.

임팩트 직후 오른팔이 앞으로 나가는 동안 왼팔은 뒤로 빠지며 밸런스를 높여주고 과도한 골반 회전을 막는다. 골반이 과도하게 돌아가면 밀어치기가 약해져 파워와 컨트롤이 부족해질 수 있다. 특히 백핸드 다운더라인을 칠 때는 골반 회전을 최소화해야 한다. 크로스코트 백핸드에서는 타점이 좀 더 앞에서 형성되므로 골반이 더 돌아가게 된다.

5. 팔로우 스루

라켓을 공과 평행하게 뻗은 다음, 라켓 면을 닫은 채 부채꼴을 그리며 오른쪽으로 돌린다(그림 8-24a). 여기서 팔이 곧게 펴진 것은 적절한 밀어

> **코칭 박스:**
>
> 모든 톱스핀 그라운드 스트로크에는 두 가지 속성이 있다. 파워를 내기 위한 '방출release'과 컨트롤을 위한 '절제hold'이다. 방출이 없는 딱딱한 스윙은 가속도가 잘 붙지 않는 반면 과도한 스윙은 안정성이 떨어진다.
>
> 강력한 베이스라인 플레이어들은 자신의 의도와 상황에 맞게 이를 적당한 수준에서 조절할 수 있다. 느린 공을 공격적으로 칠 때나 강한 톱스핀을 걸 때는 방출을 늘리고, 반대로 빠른 공을 받거나 톱스핀을 적게 걸 때는 보다 절제된 스윙을 한다. 상황 판단에 따라 방출과 절제의 적정 비율을 찾는 건 컨트롤과 공격성을 겸비한 샷의 구사에 핵심 요소이자 모든 레벨에 걸쳐 적용될 수 있는 승리 방정식이기도 하다.

그림 8-24. 최고의 원핸드 백핸드는 길고 커다란 스윙으로 이루어진다. 여기서 페더러는 오른손을 완전히 뻗은 상태에서 높게 올리며 원핸드 백핸드를 마무리한다.

그림 8-25. 리샤르 가스케의 원핸드 백핸드

원핸드 백핸드가 주 무기인 선수는 거의 없다. 하지만 리샤르 가스케는 예외다. 그의 원핸드 백핸드는 어마어마한 파워와 스핀을 통해 베이스라인 랠리를 지배하며 세계 톱10 진입의 기폭제가 됐다.

    가스케는 백스윙을 다른 프로 선수들보다 더 높이 올린다. 이로 인해 타이밍을 맞추기가 어려워질 수 있지만 가스케와 같이 기술이 뛰어난 선수는 라켓을 더 빠르게 떨어뜨려 포워드 스윙 시 더 큰 속도를 낼 수 있다. 첫 번째 프레임에서 그는 풀 백스윙을 하면서 오른쪽 어깨를 뒤로 잡아당겨 턱 아래에 위치시킨다. 두 번째 프레임은 가스케가 전방 모멘텀을 얻기 위해 오른발을 앞으로 내딛는 장면이다. 눈여겨볼 것은 그의 오른발이 네트와 45도를 이루면서 완벽한 크로스코트 백핸드를 구사할 수 있는 골반의 위치를 만들어낸 점이다. 가스케의 넓은 스탠스는 포워드 스텝을 더 길고 강력하게 만들어줄 뿐 아니라 몸통을 지지해 스윙 시 팔로 강력한 힘을

뿜어내도록 한다. 세 번째 프레임에서 팔은 계속해서 펴지면서 몸에 바짝 붙어 있다. 라켓은 밑으로 떨어지면서 더욱 스피드를 얻게 되고 공을 향해 안쪽에서 바깥쪽을 향하는 궤적을 그리기 시작한다. 네 번째 프레임에서는 임팩트 직전 가스케의 라켓 헤드가 뒤로 처지는 모습을 볼 수 있다. 물론 어깨도 포워드 스윙에 관여하긴 하지만 이 순간에는 주로 손목과 아래팔의 움직임으로 라켓 헤드 스피드가 폭발적으로 증가한다. 다섯 번째 프레임에서 가스케는 라켓을 계속해서 몸의 왼편에 두고 공을 향해 앞으로 쭉 뻗는다. 네 번째 및 다섯 번째 프레임에서는 컨트롤을 높이기 위해 라켓을 어떻게 회전시켜 톱스핀을 넣는지 주의 깊게 보자. 여섯 번째 프레임에서 가스케는 팔을 완전히 편 상태로 부채꼴을 그리듯 라켓을 오른쪽으로 돌리며 팔로우 스루를 한다. 어깨가 펴지는 동안 왼팔을 뒤로 뻗어 골반을 고정된 상태로 유지한다. 가스케는 스트로크가 완성된 뒤에야 고개를 들어 자신의 샷을 확인하고 곧이어 리커버리 수순에 돌입한다.

치기와 임팩트 순간의 빠른 라켓 스피드를 의미한다. 팔로우 스루의 마지막 동작에서 오른손은 눈보다 약간 위에 위치하고, 라켓 버트캡은 네트를 향하며, 왼팔은 몸 뒤쪽에 있게 된다(그림 8-24c). 라켓은 머리 오른쪽 1시~2시 방향에서 멈춰야 하는데, 이는 백핸드의 방향과 파워에 따라 달라질 수 있다.

V. 슬라이스 백핸드

현대 파워 테니스에서 톱스핀이 지배적인 샷이 되긴 했지만, 슬라이스 백핸드는 아직도 필수불가결한 샷으로 남아 있다. 가슴 높이로 오는 톱스핀 공은 선수들이 가장 편안하게 공격하는 표적이다. 그러나 슬라이스 백핸드는 공을 낮게 깔아서, 상대방이 선호하는 히팅 존에서 벗어나도록 하기 때문에 공의 스피드와 궤적의 변화를 통해 상대의 리듬을 빼앗는다.

더욱 중요한 것은 톱스핀 백핸드와 달리, 슬라이스 백핸드는 앞발을 베이스라인과 평행하게 측면 스텝을 밟으면서도 제대로 칠 수 있다는 점이다(그림 8-27). 따라서 슬라이스는 매우 효과적인 수비 샷이 된다. 슬라이스는 전방을 향한 움직임이 거의 없이 측면 움직임만으로도 제대로 구사할 수 있는 샷이다. 게다가 타점이 뒤에서 형성되기 때문에 옆으로 멀리 빠지는 까다로운 공도 받아낼 수 있는 시간적 여유가 생긴다. 또한 백스핀으로 인해 공의 속도가 떨어져 리커버리에 필요한 시간을 좀 더 확보할 수도 있다.

슬라이스 백핸드는 그 외 여러 상황에서도 유용하다. 우선 공격적인 어프로치 샷으로도 활용될 수 있다. 낮게 미끄러지는 공을 만들어 상대방으로 하

그림 8-26. 펠리치아노 로페즈가 어깨를 돌리고 라켓을 준비하며 슬라이스 백핸드 자세를 취하고 있다.

여금 어려운 패싱샷을 시도하게 하거나, 베이스라인 한참 안쪽으로 상대를 끌어들여 다음 샷을 위한 오픈 코트를 만들기도 한다. 또한 잘 위장된 드롭샷도 가능하다. 평범한 백핸드 슬라이스 백스윙을 준비하다가 갑자기 포워드 스윙의 궤적을 바꿔 드롭샷을 칠 수 있다. 단순히 활용도만 높은 것은 아니다. 톱스핀 백핸드보다 준비 시간이 짧고 힘을 덜 들여도 되고 타이밍이 다소 늦어도 되는 장점이 있기 때문에 그만큼 쉽게 구사할 수 있다. 따라서 동호인 레벨에서는 슬라이스 샷이 톱스핀보다 더 빈번하게 사용된다.

슬라이스 백핸드는 슬라이스 포핸드와는 달리 매우 자주 사용되기 때문에 스윙의 다섯 단계에 대한 자세한 설명이 필요하다. 이 샷은 비교적 통일된 스타일을 지니며, 기술적인 면에서도 전문가들

그림 8-27. 페더러가 팔을 살짝 구부리고 라켓을 어깨 높이까지 가져오면서 슬라이스 백핸드 백스윙을 마무리하고 있다.

의 견해가 대부분 일치된다. 예를 들어 조코비치와 페더러와 같은 선수들의 경우, 톱스핀 포핸드 테크닉은 분명 다르지만 슬라이스 백핸드는 거의 차이가 없다.

1. 유닛 턴

오른손은 컨티넨털 그립을 쥐고, 왼손은 라켓 목을 잡은 상태로 슬라이스 백핸드를 시작한다. 다른 샷들과 마찬가지로 그립이 핵심이다. 만약 이스턴 포핸드 그립을 잡으면 라켓 면이 너무 열려 파워가 떨어진다. 이스턴 백핸드 그립이라면 포워드 스윙 시 팔꿈치가 들리면서 임팩트 순간에 라켓 헤드가 내려갈 수 있다. 컨티넨털 그립을 쥐고 어깨를 돌리며, 라켓 면을 연 다음 어깨 높이 정도로 라켓을 올린다(그림 8-26).

2. 백스윙

유닛 턴이 끝나면 라켓을 뒤로 가져가면서 몸을 돌

려 가슴이 측면 펜스를 향하고 머리는 오른쪽 어깨 너머로 시선을 가져갈 수 있게 한다. 라켓은 반드시 어깨 높이 정도에 놓고 오른팔을 살짝 굽혀 V자 모양이 되도록 한다. 라켓 면은 열려 있어야 하고, 라켓 자체는 아래팔과 L자 모양을 이루면서 베이스라인과는 거의 평행해야 한다(그림 8-27).

3. 포워드 스윙

라켓 면을 열고 임팩트 지점보다 높게 위치해 있는 상태에서 라켓을 앞으로 이동시킨다. 이때 어깨가 먼저 들어가면서 팔은 곧게 뻗고 손목은 고정한다(그림 8-28b). 만약 공과의 거리가 너무 가깝다면 팔꿈치가 굽혀지고 라켓 헤드가 손목 밑으로 내려가면서 파워와 컨트롤이 감소한다. 공이 너무 낮게 오지 않는다면, 임팩트 시 라켓 헤드를 손목 위로 유지하고 공의 약간 바깥쪽 둘레를 겨냥한다.

아래에서 위로 향하는 톱스핀 백핸드의 궤적과 달리, 슬라이스 백핸드는 해먹과 같은 모양으로 스윙이 이뤄져 위에서 아래로 내려갔다가 다시 위로 올라간다(그림 8-28). 만약 스핀을 더 많이 넣으려면 라켓을 더 올린 다음, 급격하게 다운 스윙하면 된다. 공의 높이 역시 라켓의 궤적에 영향을 미친다. 공이 높을수록 라켓이 내려가는 각도가 증가하고, 공이 낮을수록 스윙 궤적은 보다 수평에 가깝게 된다.

스윙 궤적 외에도 슬라이스 백핸드에서의 포워드 스윙은 톱스핀 백핸드의 경우와 비교해 두 가지 중요한 차이점을 지닌다. 첫째, 톱스핀 백핸드와는 정반대로, 골반 회전 및 팔 근육의 신장-수축에서 나오는 힘이 훨씬 덜 요구된다. 팔이 앞으로 나아가 공을 치는 동안 골반은 계속해서 고정되어 있고, 손목과 아래팔은 거의 움직이지 않는다. 둘째, 톱스핀 백핸드에서는 발을 지면에 디디고 다리에 축적된 에너지를 라켓까지 전달하는 데 시간이 소요된다. 슬라이스 백핸드의 경우는 그와 같은 에너지 발산이 필요하지 않아 앞으로 내딛는 스텝을 조금 더 늦게 밟아야 하고, 위로 회전하는 모멘텀보다는 앞으로 직진하는 모멘텀이 더 많이 발생한다.

그림 8-28. 슬라이스 백핸드를 구사하는 리샤르 가스케의 라켓은 해먹 모양의 궤적을 그린다.

제8장 백핸드

> **코칭 박스:**
>
> 슬라이스 백핸드의 가장 흔한 문제점은 임팩트 시 너무 날카롭게 공을 깎는 것이다. 이렇게 잘못 스윙하는 경우에는 스윙 궤적 아래에 유리로 된 테이블이 있다고 상상해 보자. 그리고 테이블을 깨뜨리지 않게 스쳐 지나가듯이 보다 수평에 가깝게 스윙한다.

그림 8-29. 로베르타 빈치는 팔을 곧게 펴고 손목을 고정한 채 어깨와 함께 라켓을 앞으로 스윙한다.

4. 임팩트

포워드 스윙을 시작할 때 열려 있던 라켓 면은(그림 8-29) 정면으로 공을 향하면서 임팩트 시 지면과 거의 수직을 이루게 된다(그림 8-30). 이때 라켓 면을 너무 여는 건 흔히 발생하는 실수로, 이 경우 공의 속도가 줄고 컨트롤이 어려워지면서 공이 공중으로 뜨게 된다. 백스핀을 걸기 위해 날카롭게 다운 스윙하거나 라켓 면을 너무 열 필요는 없다는 점을 이해해야 한다. 평범하게 다운 스윙하고 라켓 면을 약간만 열면 백스핀은 자연스럽게 발생한다.

슬라이스 백핸드의 타점은 톱스핀에서보다 약간 뒤, 몸에서 조금 더 떨어진 지점에 형성된다. 타점의 위치는 샷의 방향에 따라 달라지지만 대개 오른발 앞 30cm 이내에서 형성된다(그림 8-28b). 반면 원핸드 백핸드 톱스핀의 경우에는 대개 60cm

그림 8-30. 조코비치는 임팩트 시 라켓 면을 수직으로 만들고 왼팔은 밸런스를 잡기 위해 뒤로 보낸다.

그림 8-31. 로저 페더러의 슬라이스 백핸드

로저 페더러처럼 빠른 스피드와 스핀을 가미한 슬라이스 백핸드를 치는 선수는 지금껏 거의 없었다. 그의 슬라이스 백핸드는 심지어 그의 공포의 톱스핀 포핸드보다 더 회전량이 많을 정도다.[2] 이 샷은 상대로 하여금 공을 짧게 보내도록 유도하기 때문에 페더러는 앞으로 전진해 공격할 기회를 잡게 된다.

페더러는 베이스라인과 평행하게 내딛는 길고 파워 넘치는 큰 스텝을 통해 이렇게 밖으로 빠지는 공을 방어한다. 슬라이스 백핸드의 가장 큰 장점 가운데 하나는 사이드 스텝을 밟으면서도 훌륭한 샷을 칠 수 있다는 점이다. 첫 번째 프레임에서 페더러는 어깨를 돌리고 팔꿈치를 굽히는 동시에 힘을 빼고 라켓 면이 열린 채로 라켓을 어깨 높이까지 들어 올린다. 그가 머리를 고정하고, 등을 꼿꼿이 펴며, 어깨를 평행하게 하면서 밸런스를 유지하는 모습을 살펴보자. 두 번

제8장 백핸드

째 프레임에서는 라켓이 앞으로 나가며 공을 향해 다운 스윙을 시작한다. 세 번째 프레임에서는 발을 지면에 디디고 스윙에 힘을 싣기 위해 공 쪽으로 몸을 기울인다. 네 번째 프레임에서 라켓은 어깨와 함께 앞으로 나가며, 임팩트 시 팔은 곧게 펴져 있고 골반은 네트와 수직을 이룬다. 백스윙 마지막에 많이 열려 있던 라켓 면은 이제 어느 정도 닫혀 있다. 페더러는 엄청난 양의 스핀을 슬라이스 백핸드에 넣기 때문에 라켓을 아주 날카롭게 돌려야 한다. 세 번째 및 네 번째 프레임을 보면 라켓 헤드는 180도 이상 아래로 회전한 상태이다. 동호인들은 타이밍의 단순화 및 샷의 깊이와 일관성을 위해 라켓 회전을 조금 줄이길 권한다. 다섯 번째 프레임에서 공은 이미 넘어갔지만 페더러의 눈은 아직도 임팩트 지점을 주시하고 있다. 이 스위스 챔피언보다 공을 잘 보는 선수는 없다. 페더러는 양손을 좌우 대칭이 되도록 놓은 상태에서 스윙을 끝내면서 밸런스를 유지하고 더 빠른 리커버리에 돌입할 수 있다.

그림 8-32. 그리고르 디미트로프의 라켓은 임팩트 이후에도 라켓 면이 열린 채로 계속해서 내려간다.

앞에서 타점이 형성된다.

임팩트 이후 위에서 아래로 포워드 스윙을 하는 동안 라켓 헤드는 열리면서 아래로 떨어진다(그림 8-32). 왼팔은 뒤로 움직여 밸런스를 잡는 동시에 라켓을 밀어주는 역할을 한다. 만약 왼팔이 앞으로 오면 골반이 돌아가면서 라켓이 너무 빨리 오른쪽으로 당겨지게 된다. 머리는 계속 고정되어야 하며, 라켓을 끝까지 스윙하고 나서 샷의 위치를 확인할 때만 머리를 움직여야 한다.

5. 팔로우 스루

두 팔이 동시에 위로 올라가면서 서로 반대 방향을 가리키며 멈추는 팔로우 스루에는 우아함이 담겨 있다. 라켓은 어깨 높이에서 마무리되어야 하고 목표 지점을 가리키고 있어야 한다(그림 8-33). 슬라이스 백핸드 스윙의 다소 늦은 타점과 간결한 스윙으로 인해 골반과 뒷발은 팔로우 스루를 하는 동안 거의 고정될 것이다. 체중은 모두 오른발에 실려 있어야 하고 스윙을 끝낸 뒤 왼발을 돌려세워 리커버리를 시작한다.

그림 8-33. 그리고르 디미트로프는 라켓을 어깨 높이에서 공을 가리킨 채로 슬라이스 백핸드 동작을 마무리한다.

VI. 백핸드 연습

1. 백핸드 홀드
- 목표: 인사이드아웃 포핸드에 대항하기 위한 다운더라인 백핸드 향상

연습 파트너에게 베이스라인에서 백핸드 쪽으로 공을 넘겨준다. 파트너는 반드시 그 공을 인사이드-아웃 포핸드로 쳐야 한다. 이에 대해 백핸드 다운더라인으로 응수하면서 랠리를 이어간다. 먼저 11점을 내면 역할을 바꾼다.

2. 스페인식 드릴 Spanish Drill
- 목표: 긴 베이스라인 랠리에서 싸워 이기기

파트너에게 깊숙하게 공을 넣은 다음, 랠리를 이어가며 공이 몇 번이나 네트를 넘어가는지 센다. 이 포인트에서 이긴 사람은 공이 네트를 넘어간 횟수만큼의 점수를 얻는다. 즉, 랠리가 길어질수록 점수가 높아지며 먼저 50점이나 75점, 또는 100점에 도달한 선수가 승리한다(이는 실력에 맞춰 정한다). 만약 백핸드 범실이 나오면 상대방은 5점을 더 얻는다.

3. 지그재그
- 목표: 베이스라인 랠리에서 방향 전환 능력 배양

베이스라인에서 여러분은 오직 크로스코트로만 치고 파트너는 다운더라인만 친다. 각각은 반드시 코트의 절반 구역 안으로 보내야 하고 그렇지 않으면 포인트를 잃게 된다. 먼저 15점에 도달하는 사람이 승리하며 이후 역할을 바꾼다. 만약 정해진 코트 구역 밖으로 공을 보내면 상대가 1점을 얻고 멈추거나, 아니면 전체 코트를 사용해 랠리를 이어간 다음 승자가 2점을 가져갈 수도 있다.

그림 8-34. 백핸드 핵심 요약: 다음 네 가지 동작을 기억하라.

1. 파워 포지션　　2. 라켓 처짐　　3. 임팩트　　4. 팔로우 스루

그림 9-1. 앤디 머리는 상대를 네트 쪽으로 끌어내기 위해 드롭샷을 자주 구사한다.

제9장

드롭샷과 로브

테니스 경기를 하다 보면 톱스핀이나 슬라이스만이 능사가 아니다. 때로는 드롭샷이나 로브와 같은 기술샷이 정답인 경우도 있다. 이 두 가지 샷은 종종 점수로 이어지기도 하지만 상대의 코트 포지션을 흔들어 놓을 수 있기 때문에 전략적으로 매우 중요한 의미를 지닌다. 또 상대를 지치게 하고 멘털을 무너뜨릴 수도 있다.

하지만 단점도 있다. 확실하게 수행하지 못하거나 잘못된 타이밍에 구사하면 거의 점수를 내주게 된다. 그래서 이 샷들은 여러분을 천재 아니면 바보로 만들어 버린다. 아래 기술하는 설명은 드롭샷과 로브가 보다 긍정적으로 활용되어 테니스 경기에서 도움이 되는 주요 요소로 사용되도록 안내할 것이다.

I. 드롭샷

드롭샷은 네트 가까이 낮게 떨어지는 부드러운 샷이다. 드롭샷의 목적은 다음과 같다. 상대가 받기 전에 공이 두 번 바운드되게 만들거나, 상대가 가까스로 받아넘기는 경우에도 밸런스를 무너뜨려 패싱샷이나 로브에 취약한 상태로 만드는 것이다. 드롭샷을 자주 사용하면 상대를 육체적으로나 정신적으로 지치게 만들 수 있다. 특히 상대가 강도 높은 랠리 이후 숨을 헐떡이거나 정신적으로 흐트러져 있을 때라면 드롭샷을 노려라. 이는 상대의 움직임을 교란하고 멘탈을 흔들 뿐만 아니라, 전략적 측면에서 수비형 베이스라인 플레이어를 네트 앞으로 끌어내는 샷이기도 하다.

1. 테크닉

드롭샷은 슬라이스와 유사한 기술이다. 둘 다 컨티넨털 그립을 사용하며, 자세 또한 비슷하기 때문이다. 또한 드롭샷은 슬라이스와 마찬가지로 모든 스탠스 적용이 가능하다. 물론 중립 스탠스나 닫힌 스탠스가 가장 적합하고, 특히 앞으로 나가면서 드롭샷을 칠 때는 더욱 그렇다(대부분이 이런 경우에 해당한다). 다만 기술적인 차이점은 있다. 백스윙과 팔로우 스루가 더 짧고, 포워드 스윙이 보다 아래로 향하며, 라켓 면이 조금 더 열리고, 전진 스텝이

> **코칭 박스:**
>
> 다소 모순처럼 들리겠지만, 점차 파워 게임 양상으로 흐르는 테니스에서 드롭샷이 중요한 기술로 간주되는 이유는 크게 세 가지이다.
> 첫째, 현대 테니스 그라운드 스트로크의 속도에 대처하기 위해 선수들이 점점 베이스라인 뒤로 물러나면서 코트의 앞쪽 공간을 노리는 효과적인 드롭샷 기회가 늘어나게 되었다.
> 둘째, 요즘 선수들은 베이스라인 좌우로 빠지는 공을 워낙 잘 막기 때문에 네트 앞 공간은 랠리에서의 우위를 점하기 위해 더욱 매력적인 공략 코스가 되었다.
> 셋째, 드롭샷을 자주 사용하면 상대의 코트 위치에 변화를 줄 수 있고 코트 커버 능력을 떨어뜨리게 되며, 이는 빠른 선수들에 대처하는 중요한 전략이다.
>
> 커리어 후반기에 드롭샷을 더욱 자주 사용하고 있는 페더러는 다음과 같이 말했다. "저는 시간이 지날수록 강타로 상대를 제압하는 것이 점점 어렵다는 걸 절감했습니다. 그들은 거의 모든 공을 쫓아가 잡으니까요. 하지만 드롭샷을 좀 더 사용하면 상대는 베이스라인 쪽으로 다가올 수밖에 없고, 그렇게 되면 그들을 제압하기가 수월해집니다."[1]

그림 9-2. 가벼운 전진 스텝과 짧은 다운 스윙을 사용해 페더러는 드롭샷에 많은 회전을 걸 수 있다.

그림 9-3. 조코비치는 라켓 헤드를 아래로 돌리고 공의 밑부분을 스트링으로 미끄러지듯이 치며 드롭샷을 구사한다.

조금 덜 공격적이다(그림 9-2).

드롭샷을 치려면, 라켓 면을 열고 공의 밑부분을 깎으며 앞으로 스윙한다(그림 9-3). 이렇게 하면 백스핀이 걸리고 공이 빠르게 정지한다. 임팩트 이후에도 계속해서 라켓 면을 열고 라켓을 손목 밑으로 떨어뜨리며 팔로우 스루한다.

2. 위장

> **코칭 박스:**
>
> 드롭샷을 가르치기 위해 '잡았다 넘기기catch and release' 게임을 시행하기도 한다. 먼저 파트너가 베이스라인 반대편에 서서 공을 치도록 한다. 그러면 드롭샷 기술을 이용해 공을 잡아catch 공중에 띄운 다음, 한 차례 바운드된 공을 파트너에게 넘긴다release. 이후 역할을 바꿔서 반복한다. 이 게임을 통해 드롭샷에 필요한 '짧게 치는 감각'을 기를 수 있다.

상대를 속이는 것은 드롭샷의 주요 요소 중 하나라는 점을 명심하자. 상대의 허를 찌르고 예측을 피할수록 드롭샷의 성공 확률은 높아진다. 뛰어난 선수들은 종종 공을 강하게 때릴 듯하다가 재빨리 그립을 바꿔 드롭샷을 시도한다. 동호인들이 이 정도 수준으로 위장하기는 어렵겠지만 상대의 예측을 피하기 위해서는 어떤 속임수라도 시도해야 한다. 상대의 허를 찌르기 위해서는 드롭샷을 너무 자주 구사해도 안 된다. 상대가 예상하지 못하는 시점에 산발적으로 사용하라.

3. 샷 궤적 및 대응법

드롭샷의 궤적은 타점의 높이에 따라 달라진다. 하지만 대부분의 드롭샷은 일단 치솟아 올랐다가 네트 너머로 가서 뚝 떨어지게 된다. 공이 높은 궤적을 그릴수록 백스핀으로 인해 잘 멈추고, 네트를 넘어갈 가능성도 높아지므로 성공 확률도 올라간다.

만약 여러분이 절묘한 드롭샷을 구사했다면 앞으로 나가라. 왜냐하면 상대의 샷이 짧아질 확률이 높기 때문이다. 그들이 공을 높이 띄우면 발리로 포인트를 빨리 끝낼 수 있다. 그러나 드롭샷이 그다지 날카롭지 못했다면 뒤로 물러나 치열하게 수비하며 막아낼 준비를 해야 한다.

4. 언제 드롭샷을 시도할까
적절한 시점의 선택이야말로 성공의 핵심 열쇠다. 드롭샷 시도 여부를 결정할 때 고려해야 할 사항은 다음과 같다.

A. 공의 높이
드롭샷은 허리와 가슴 사이로 오는 공이 가장 적합하다. 이보다 높거나 낮으면 컨트롤이 쉽지 않다. 또한 타이밍과 위장술이 중요한 요소이기 때문에, 공이 떠오를 때나 정점에 있을 때 쳐야 한다. 만약 공이 떨어질 때 드롭샷을 시도하면, 상대가 대응할 시간이 늘어나며, 샷을 위장하기도 어려워진다.

B. 밸런스와 타이밍
드롭샷은 고난도 샷이며, 제대로 구사하기 위해서는 적절한 밸런스와 시간이 요구된다. 그러므로 밸런스가 무너지거나 빠른 공을 받을 때는 드롭샷을 피해야 한다.

C. 코트 위치
일반적으로 드롭샷은 서비스 라인 부근이나 네트 근처에서 시도하는 것이 가장 바람직하다. 만약 코트 뒤편에서 친다면, 상대가 달려와 받을 수 있는 시간이 늘어난다.

그림 9-4. 앤디 머리가 이상적인 밸런스와 공 높이, 그리고 코트 위치에서 드롭샷을 시도하고 있다.

D. 코트 표면

클레이와 같은 부드러운 코트 표면에서 슬라이스 샷은 더 낮게 바운드되고 백스핀이 많이 걸리는데, 이는 드롭샷을 시도하기에 유리한 조건이다. 반대로, 딱딱한 코트 표면에서는 높게 바운드되고 백스핀도 감소하기 때문에 효과적인 드롭샷을 구사하기 어렵다.

II. 로브

로브는 코트 깊숙한 곳을 향해 높게 치는 샷이다. 깊은 로브는 상대방이 밸런스를 잃은 상태에서 스매시를 하게 만들거나, 나아가서 공이 바운드되면서 랠리의 주도권을 쥐도록 해 준다.

상대에게 까다로운 스매시를 유도하거나 허겁지겁 공을 쫓아가도록 만드는 효과 외에도 로브는 몇 가지 전략적 이점을 지닌다. 이는 상대의 공격적인 네트 대시를 견제할 수 있다. 상대가 로브에 신경을 쓴다면 아마 네트에서 조금 뒤로 물러설 것이다. 이는 상대의 발리 각도를 좁히고, 발리에 대응할 시간을 늘리며, 상대가 보다 낮고 까다로운 발리를 치도록 유도한다. 로브에는 수비형과 공격형의 두 가지 종류가 있다.

1. 수비형 로브

로브는 쫓기는 상황이거나 밸런스가 무너져 공격

그림 9-5. 로브를 위장하는 것이 중요하다. 만약 당신이 조코비치를 상대한다면, 첫 번째 사진만 보고 로브를 예측할 수 있겠는가?

적인 스트로크가 불가능할 때 종종 사용된다. 수비형 로브는 스윙이 짧기 때문에 다급하거나 압박받는 상황에서도 가능하다.

수비형 로브를 치는 방법은 슬라이스와 유사하나, 라켓 면을 조금 더 열고 보다 위쪽을 향해 짧게 스윙해야 한다(그림 9-5).

로브를 얼마나 높게 띄워야 하는지는 상황에 따라 달라진다. 코트 바깥으로 몰릴 때는 로브를 굉장히 높이 올려 리커버리 시간을 벌어야 한다(그림 9-7). 반대로 위치를 잘 잡고 있는 상태에서는 조금 낮게 칠 수 있다.

수비형 로브에서 공의 정점은 상대 서비스 라인을 넘어서 형성되어야 한다. 적지 않은 선수들이 네트 플레이어 너머로 공을 보내는 데 집중한다. 이로 인해 로브의 정점이 서비스 박스의 중간 정도에서 형성되어 상대에게 편안한 스매시 기회를 내준다. 반면 로브의 정점이 서비스 라인 뒤에서 형성된다면 상대로 하여금 수비하게 만들 수 있다.

그림 9-6. 톱스핀 로브는 날카로운 상향 스윙과 라켓 헤드의 회전을 필요로 한다.

특히 상대의 백핸드 쪽을 겨냥하는 것이 좋다. 왜냐하면 백핸드 스매시는 굉장히 어려운 샷이기 때문이다.

그림 9-7. 로베르타 빈치가 라켓 면을 열고 높게 로브를 보내면서 리커버리 시간을 확보하고 있다.

2. 공격적 로브

준비 시간이 충분하다면 톱스핀을 걸어 공격적으로 로브를 시도할 수 있다. 공이 네트 앞 상대 선수를 넘겨 바운드되고 뒤쪽 펜스로 향하면서 위닝 샷이 되기도 한다. 톱스핀 로브는 위너가 목표이긴 하지만, 조금 짧은 경우라 하더라도 뚝 떨어지는 포물선 궤적으로 인해 상대가 스매시로 공략하기는 쉽지 않게 된다.

톱스핀 로브의 백스윙은 평범한 그라운드 스트로크와 유사해 상대를 속일 수 있다. 백스윙 이후에 라켓 헤드를 공보다 훨씬 아래로 떨어뜨린 다음(그림 9-6a), 거의 수직으로 들어 올려 필요한 회전과 높이를 얻는다(그림 9-6b). 이렇게 급격하게 라켓을 들어 올리면 스윙 시 체중이 보다 균등하게 분배되며, 통상적인 스트로크에 비해 타점이 약간 뒤에 형성된다. 팔로우 스루 역시 좀 더 간결하며, 몸의 왼편까지 라켓이 넘어가지 않는 경우도 흔하다.

III. 드롭샷과 로브 연습

1. 랠리 & 드롭샷

- 목표: 랠리 도중 드롭샷의 적당한 타이밍을 익히기

양쪽 베이스라인 안쪽 2~2.5m 지점에 선을 긋는다. 파트너와 베이스라인 반대편에서 포핸드로 랠리를 주고받는다. 두 선수 모두 드롭샷을 구사하면 추가 점수를 얻을 수 있지만, 이는 반드시 선 앞쪽에서 시도되어야 한다. 드롭샷이 나오면 포인트는 끝난다. 만약 드롭샷이 서비스 라인 내에서 2번 바운드되면 2점을 얻고(혹은 3번 바운드되면 3점), 드롭샷이 실패하거나 한 번만 바운드되면 상대방이 2점을 획득한다. 21점을 선취한 사람이 승자가 된다.

2. 미니 테니스

- 목표: 정확한 드롭샷을 위한 컨트롤 능력 향상

서비스 라인을 베이스라인으로 정하고 연습 파트너와 포핸드로 시작한다. 모든 샷은 슬라이스로 받되 원바운드 후에 쳐야 한다. 먼저 15점을 따면 이긴다.

- 변형: 서비스 박스 하나로 구역을 줄이거나 포인트마다 1~2번의 발리를 허용한다.

3. 로브 & 스매시

- 목표: 로브와 스매시 능력 향상

당신은 서비스 라인에서 시작하고 연습 파트너는 베이스라인에 위치하도록 한다. 코트의 절반만 사용해 크로스코트와 다운더라인 둘 중 하나만 치되, 파트너가 로브로 포인트를 시작한다. 먼저 15점에 도달하면 승리하고, 이후 역할을 바꾼다.

- 변형: 네트 앞에 나온 선수가 다양한 위치에 서서 포인트를 시작하거나, 베이스라인 선수가 두 번의 샷마다 한 번씩 로브를 시도한다.

4. 드라이브, 드라이브, 로브

- 목표: 로브 이후 주도권을 잡기 위한 공격적인 그라운드 스트로크 강화

당신은 서비스 라인에, 파트너는 베이스라인에 서서 게임을 시작한다. 코트의 절반만 사용해 크로스코트 혹은 다운더라인 중 하나만 친다. 먼저 파트너에게 공을 보내면 파트너는 처음 두 번은 드라이브로 치고, 세 번째는 로브를 시도한다. 이때부터 포인트가 시작된다. 로브를 스매시한 다음부터는 단식 코트 전체를 사용한다. 만약 파트너가 당신의 스매시를 위너로 받아치거나 당신이 받을 수 없는 샷을 날리면 2점을 획득한다. 먼저 15점을 얻은 사람이 승리하며, 이후 역할을 바꾼다.

그림 10-1. 앤디 로딕의 어프로치 샷은 네트 플레이 성공 여부를 결정하는 주요 요인이다.

제10장

어프로치 샷

지금까지 우리는 베이스라인에서 구사되는 스트로크를 살펴봤다. 이제는 네트 앞으로 전진해 플레이하는 방식을 논해야 할 시간이다. 네트 플레이의 성공 여부는 바로 직전에 얼마나 위력적인 샷을 구사하는지에 달려 있다. 바로 어프로치 샷이다. 이는 2015년 ATP 월드 투어 파이널에서 잘 나타났다. 당시 로저 페더러는 강력한 서브를 바탕으로 평소보다 더 베이스라인 안쪽에서 어프로치 샷을 시도할 수 있었다. 이렇게 유리한 위치에서 어프로치 샷을 구사함에 따라 좀 더 네트 근처에서 발리를 준비할 수 있었고, 평소보다 30cm 정도 더 앞에서, 그리고 12cm 정도 더 높은 타점에서 첫 번째 발리를 구사했다. 이로 인해 페더러는 네트 플레이를 주도했고, 일부 경기에서는 네트 플레이 득점률이 75%에 달했다.[1]

이 장에서는 우선 다양한 어프로치 샷의 종류를 살펴볼 것이다. 그리고 네트 앞에서 득점하기 위해 필요한 어프로치 샷의 특징에 대해 논하며, 적절한 네트 대시 동작, 그리고 어프로치 샷 이후 바람직한 코트 포지션에 대해 다룰 것이다. 이어서 또 다른 즉각적인 네트 공략 방법을 두 가지 설명하겠다.

그림 10-2. 매디슨 키스가 상대의 백핸드 쪽으로 드라이브 어프로치 샷을 구사하고 있다.

바로 서브앤발리와 칩앤차지 플레이다. 마지막으로 어프로치 훈련 방법을 설명하며 이번 장을 마치겠다.

I. 어프로치 샷의 종류

어프로치 샷은 보통 베이스라인 몇 발자국 안쪽에서 쳐서 상대편 코트 깊숙이 보내는 기술이다. 만약 공이 허리보다 높게 오고 준비 시간이 충분하다면, 강력한 플랫 혹은 톱스핀 어프로치 샷이 가장 바람직하다(그림 10-2). 현대 파워 테니스에서는 이러한 어프로치 샷이 네트를 공략하는 가장 대표적인 방법이지만, 다른 종류의 어프로치 샷도 있다.

1. 슬라이스

슬라이스 어프로치 샷은 신속하게 구사할 수 있어 다급할 때 효과적이다. 또한 라켓 면이 열리기 때문에 낮게 오는 공에도 흔히 사용된다. 슬라이스 어프로치 샷의 장점은 공이 낮게 깔리기 때문에 상대가 위로 걷어올리는 패싱샷을 치도록 만들 수 있고, 공의 속도가 빠르지 않아 네트에 다가설 시간을 더 벌어줘 좋은 발리 포지션을 확립할 수 있다.

2. 스윙 발리

현대 테니스에서 스윙 발리(180페이지 참조)는 점점 흔해지고 있다. 이 기술은 가만히 둘 경우 코트 중앙에 떨어질 정도로 높게 뜬 공에 사용된다. 스윙 발리는 상대를 몰아붙여 정확한 패싱샷을 구사하기 어렵게 만든다.

3. 하이 톱스핀

코트 구석으로 깊숙이 떨어지는 하이 톱스핀 샷은 특히 동호인 레벨에서 효과적이다. 이 샷은 네트로 접근해 발리할 수 있는 시간을 벌어주고 상대를 베이스라인 뒤쪽으로 깊숙이 몰아 수비를 하도록 만들 수 있다.

4. 드롭샷

드롭샷은 '고전적인' 어프로치 샷은 아니지만 네트

앞으로 전진해 발리를 할 수 있게 만드는 기술이다. 훌륭한 드롭샷은 상대가 허겁지겁 앞으로 달려 오도록 하며, 이로 인해 발리를 넣을 수 있는 무방비 공간이 생겨날 것이다.

가장 효과적인 어프로치 샷을 선택할 때는 코트 표면도 고려해야 한다. 빠른 표면에서는 전략적으로 네트 공격에 집중할 필요가 있다. 따라서 신속히 준비할 수 있는 슬라이스 어프로치 샷이 효과적일 수 있다. 반대로 느린 클레이 코트에서는 높게 튀어오르는 경우가 좀 더 흔하기 때문에 하이 톱스핀 어프로치 샷이 성공 확률이 높을 것이다. 코트 표면은 상대가 패싱샷을 준비하는 시간에도 영향을 미친다는 점을 유념하자. 그러므로 클레이코트에서는 어프로치 샷을 보다 신중하게 선택해야 한다.

II. 어프로치 샷의 수준

무엇보다 베이스라인을 향해 공을 깊숙이 보내는 것이 어프로치 샷에서 우선적으로 고려해야 할 사항이다. 깊게 넣을수록 상대는 패싱샷을 준비할 여유가 없어진다. 둘째, 어프로치 샷은 보통 상대의 스트로크 중에서 약한 쪽을 겨냥하는 것이 좋다. 셋째, 상대를 가장 멀리 뛰게 하는 곳으로 어프로치 샷을 넣는 것이 합리적이다. 이로 인해 상대는 밸런스가 잡히지 않은 상태에서 패싱샷을 시도할 뿐 아니라, 발리로 끝낼 수 있는 공간이 열리기도 한다. 넷째, 만약 상대가 각도 깊은 패싱샷으로 당신을 괴롭힌다면 코트 중앙 깊숙이 어프로치 샷을 넣는 것이 효과적인 전술이 될 수 있다. 가운데로 공이 향하면 패싱샷 각도를 좁힐 수 있고, 어프로치 샷에 이어지는 발리가 거의 보장된다.

III. 어프로치 샷 동작

공을 향한 움직임은 어프로치 샷의 성패를 가르는 핵심 요소이다. 이를 위해서는 강력한 첫 스텝이 중요하기 때문에 어프로치 샷에 앞서 몸을 약간 앞으로 기울이고 네트를 공략할 기회를 엿봐야 한다. 첫 스텝이 폭발적이면 어프로치 샷을 위한 시간적 여유가 생긴다.

폭발적인 첫 움직임 이후에는 스윙 준비를 위해 속도를 줄여야 한다. 하지만 다른 스트로크와 마찬가지로 어프로치 샷은 다이내믹한 여러 풋워크를 동반한다. 높은 공이라면 아마도 동작을 멈출 시간이 있어 세미오픈 스탠스를 취한 뒤 공격적인 톱스핀 어프로치 샷을 칠 수 있을 것이다. 반대로 짧고 낮게 오는 공의 경우에는 앞쪽 다리를 내밀고 팔로우 스루를 하면서 가볍게 점프를 하게 된다(그림 10-4). 이렇게 하면 어프로치 샷을 치면서 앞으로

> **코칭 박스:**
>
> 시간 여유가 있다면 앞으로 전진하면서 몇 걸음을 이동하는지 세어 보고, 어프로치 샷을 칠 때도 스트로크에서와 동일한 스탠스를 취해보자. 예를 들어, 포핸드 어프로치 샷에서 공이 낮게 깔리면 중립 스탠스를 취한다. 공이 높으면 오픈 스탠스가 더 효과적일 것이다. 어프로치를 할 때 지나치게 신중하게 앞으로 나가면서 풋워크가 제대로 이뤄지지 않는 경우가 흔하다. 어프로치 샷에 연습 시간을 할애해 풋워크를 익히고 자신감을 기르도록 하자. 그래야 밸런스가 깨지고 골반이 제대로 정렬되지 않은 채 어정쩡한 스탠스에서 샷을 구사하지 않을 수 있을 것이다.

전진해 네트에 좀 더 다가가 발리할 수 있다.

슬라이스 어프로치 샷을 구사할 때는 두 다리를 지면에 붙이고 자세를 낮춰 밸런스를 유지한 상태에서 미끄러지듯 앞으로 나가야 한다. 슬라이스 샷은 지면 반발력을 거의 필요로 하지 않기 때문에 톱스핀 어프로치를 시도할 때에 비해 더 앞으로 이동할 수 있다. 이른바 카리오카 스텝carioca step이 슬라이스 어프로치 샷을 칠 때 많이 사용되는데, 특히 백핸드 쪽에서 두드러진다. 이 스텝에서는 스윙을 하는 동안 뒷발이 앞발의 앞뒤로 번갈아 지그재그로 움직인다(그림 10-3). 이 풋워크를 사용하면 몸을 완전히 돌리고, 좋은 자세에서 밸런스를 유지한 채로 공을 칠 수 있다.

그림 10-3. 토마스 베르디흐는 슬라이스 어프로치 샷을 구사하면서 카리오카 스텝을 사용해 몸을 비스듬히 유지한다.

그림 10-4. 조코비치가 어프로치 샷을 구사하면서 포워드 홉 스텝을 사용한 뒤 뒷발을 앞으로 내디디며 네트 앞으로 빠르게 움직이고 있다.

IV. 코트 포지션

어떤 종류의 어프로치 샷이건 일단 치고 나면 앞으로 재빠르게 나가는 것이 중요하다. 네트 앞으로 가까이 갈수록 발리를 더 쉽고 공격적으로 구사할 수 있다. 공을 쫓아 앞으로 진격하면서, 어떤 곳으로 어프로치 샷을 치는 것이 좋을지 결정한다. 예를 들어 어프로치 샷을 듀스 사이드의 단식 라인 쪽으로 친다면, 센터 라인 몇 걸음 왼쪽에서 스플릿 스텝을 밟아야 한다(그림 10-5). 이렇게 하면 상대의 다운더라인 패싱샷과 크로스코트 패싱샷의 중간 지점에 자리를 잡을 수 있다.

상대가 칠 수 있는 패싱샷의 각도를 고려할 때 대부분의 어프로치 샷은 다운더라인으로 쳐야 적절한 위치를 잡을 수 있다. 크로스코트 어프로치는 위험하다. 왜냐하면 상대 패싱샷 각도의 중간 지점까지 가기 위해 더 많은 거리를 움직여야 하기 때문이다.

일단 스플릿 스텝을 취하고 네트 앞 좋은 위치를 확보하면, 몸과 마음의 준비를 하고 상대의 자세와 즐겨 치는 샷을 고려해 패싱샷을 예측해야 한다. 언제나 앞꿈치를 디디면서 움직이고 네트 앞에서 공격적인 자세를 취하자. 상대로 하여금 여러분이 네트 앞에 있는 것을 슬기고 있고, 약간이라도 빗나간 로브나 패싱샷은 결코 용납하지 않을 것이라는 사실을 의식하게 만들자.

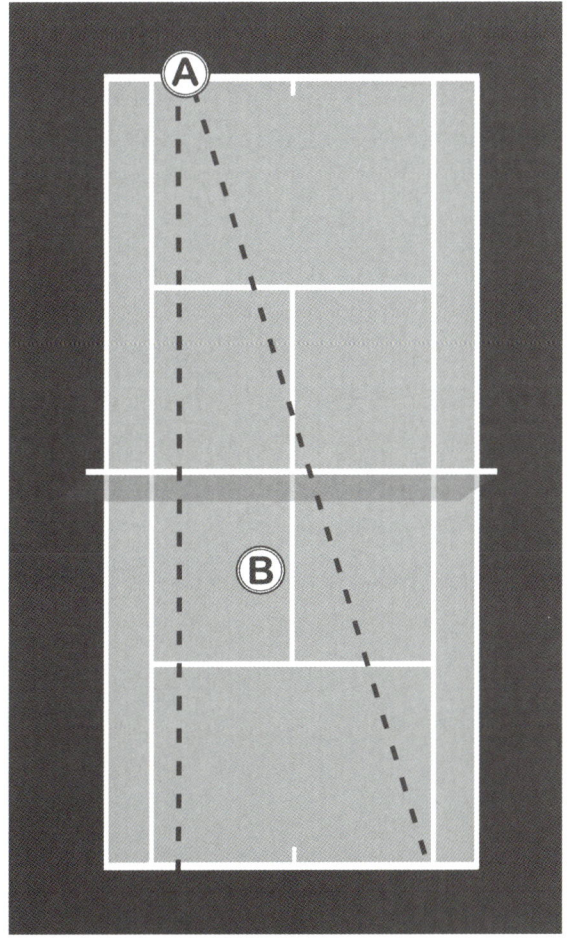

그림 10-5. 네트 공략을 할 때는 상대가 패싱샷을 날리는 위치를 고려해 자신의 위치를 선정해야 한다. 위 사진에서 B선수는 센터 라인에서 약간 왼쪽에 위치함으로써 A선수의 패싱샷 각도 중심에 있음을 알 수 있다.

V. 네트 공략의 다른 방법들

서브앤발리와 칩앤차지는 어프로치 샷보다 더 즉각적인 네트 공략 방법이다. 이 두 전략을 사용하면 여러분의 테니스는 더욱 다양해진다. 상대의 약점은 드러내고 자신의 강점은 살릴 수 있는 또 한 가지 방법을 터득하는 것이다.

1. 서브앤발리

서브를 넣고 발리하기 위해 즉시 뛰어나가는 서브앤발리는 한때 ATP의 지배적인 서브 전략이었지만 지금은 그렇지 않다. 2001년 윔블던 남자 단식 결승전에서 서브앤발리는 총 243회 나왔다.[2] 반면 2004~2013년까지 모든 윔블던 남자 단식 결승전에서 나온 서브앤발리를 모두 합해도 150회를 넘지 못했다.[3] 새로운 장비 기술로 인해 서브 리턴과 패싱샷의 수준이 높아진 것이 변화의 주된 요인이며, 서브앤발리는 더 이상 주요 전술이 아닌 기습 전술로 변모했다.

그래도 서브앤발리는 게임 플랜의 성공 요소가 될 수 있다. 만약 발리가 강점이거나 그라운드 스트로크가 상대에 뒤질 경우, 강한 서브 이후 앞으로 나와 발리를 시도하면 경기를 유리하게 이끌어 갈 수 있다.

그뿐만 아니라 서브앤발리를 적절히 섞으면 상대 선수로 하여금 리턴을 어떻게 하는 게 좋을지 혼란스럽게 만들 수 있다. 서버가 네트 앞으로 나올 경우 최상의 리턴은 낮게 좌우로 빼는 것이다. 그러나 서버가 베이스라인에 머물면 높고 깊은 리턴이 가장 바람직하다. 이 두 가지 리턴은 상반된 방식이다. 따라서 서브앤발리를 적절히 섞어 쓰면 상대를 혼란스럽게 만들어 범실을 유도할 수 있다. 만약 서브를 넣은 다음 언제나 베이스라인에 머물러 있다면, 상대는 위험 부담 없이 네트 위로 높게 리턴할 수 있게 된다. 서브앤발리를 종종 사용하면 상대로 하여금 낮고 실패 확률이 보다 높은 리턴을 치게 만들 수 있다.

A. 움직임과 첫 발리 위치

서브앤발리를 할 때는 토스를 평소보다 좀 더 앞쪽으로 올린다. 이렇게 하면 네트 앞으로 움직이는 전방 모멘텀을 더 높일 수 있다. 서브를 넣고 왼발을 지면에 디딘 다음, 지면을 박차고 오른발을 앞으로 내민다(그림 10-6a). 계속 앞으로 나가다 상대가 리턴하기 직전에 스플릿 스텝을 밟아 밸런스를 확보한다(그림 10-6c). 스플릿 스텝 이후에는 왼발로 지면을 밀어 오른쪽으로 움직이거나 오른발로 지면을 밀어 왼쪽으로 움직인다(그림 10-6e). 첫 발리에서는 코트 포지션이 중요하기 때문에 항

그림 10-6. 테일러 덴트가 서브 직후 앞으로 움직여 스플릿 스텝을 밟은 뒤 왼발로 지면을 차며 오른쪽으로 움직여 발리하고 있다.

상 빠른 서브가 최선은 아니라는 사실을 잊지 말자. 과거 최고의 서브앤발리 선수들인 패트릭 라프터나 스테판 에드버리는 강력한 플랫 서브보다 스핀 서브를 즐겨 사용했고, 덕분에 네트에 더 가까이 다가서서 첫 발리를 할 수 있었다.

서브 목표 지점과 첫 발리는 서로 긴밀히 연결되어야 한다. 서브를 와이드 쪽으로 넣으면 첫 발리를 보낼 수 있는 코트 반대편 공간이 열린다. 반면에 서브를 T존에 넣으면 짧고 각도 있는 발리를 서비스 라인과 단식 라인이 만나는 곳에 넣는 것이 현명한 선택이다. 만약 밸런스를 잃거나 상대 리턴이 강해 발리를 서둘러야 한다면 코트 가운데 깊숙이 발리를 넣는 것이 좋다. 그래야 다음 패싱샷 각도를 좁힐 수 있고 정비할 시간을 벌어 두 번째 발리를 준비할 수 있기 때문이다. 만일 밸런스가 잡힌 상태라면, 앞으로 돌진해 빈 공간이나 상대 선수의 약한 그라운드 스트로크 쪽으로 강하게 발리를 넣는 것이 좋다.

2. 칩앤차지

서브 리턴 뒤 곧바로 네트로 달려가는 칩앤차지는 빠르게 네트를 공략할 수 있는 또 다른 방법이다. 빅서버들을 상대로 실행하기는 쉽지 않지만, 동호인들에게는 자주 사용 가능하며 효과 만점의 기습 전략이다.

베이스라인에서 1m 정도 안에서 컨티넨털 그립을 잡고 칩앤차지를 시작하자. 서브를 넣는 상대가 공을 토스하면 앞으로 움직이기 시작해 한 템포 빠르게 발리와 같은 스윙 스타일로 리턴한다. 스윙을 하면서 미끄러지듯이 빠르게 치고 나와 상대 패싱샷의 각도 중간 지점까지 와서 스플릿 스텝을 밟는다.

VI. 어프로치 샷 연습

1. 어프로치 앤 발리
• 목표: 베이스라인 플레이에서 네트 플레이로 빠른 전환

베이스라인에 위치한 연습 파트너에게 짧게 공을 건네준다. 파트너는 공을 어프로치 샷으로 치고 앞으로 나와 발리한다. 코트 절반만 사용해 다운더라인 샷으로 점수를 뽑아낸다. 한 명이 11점에 도달할 때까지 하고, 이후 역할을 바꾼다.

• 변형: 첫 발리 이후에는 전체 코트를 사용해 랠리를 이어간다.

2. 스윙 발리
• 목표: 스윙 발리 테크닉 및 타이밍 습득

파트너에게 높은 공을 보내고, 파트너는 베이스라인에서 앞으로 뛰어나오며 스윙 발리를 시도한 다음, 계속 전진해서 발리로 연결한다. 먼저 15점을 얻는 사람이 승리하며, 이후 역할을 바꾼다.

3. 칩앤차지
• 목표: 서브 리턴 뒤 즉각적인 네트 공략 연습

연습 파트너에게 서브하면 파트너는 리턴 후 즉시 앞으로 달려와 발리를 한다. 파트너가 첫 서브를 받은 다음 득점을 올리면 2점을, 세컨 서브에서는 1점을 얻는다. 15점에 먼저 도달하면 이기고, 이후 역할을 바꾼다.

• 변형: 서브를 한 번만 허용하거나 리턴 지점을 미리 정해 놓는다.

그림 11-1 조코비치는 프로 경력을 쌓아가면서 네트 어프로치 빈도가 증가한 경우에 해당한다.

제11장

발리

최근 프로테니스에서 발리가 조금씩 부활하고 있다. 서브앤발리를 구사하거나, 랠리 도중 포인트를 끝내려고 네트 앞으로 달려 나와 발리하는 경우가 좀 더 많아진 것이다. 이유는 크게 세 가지다. 첫째, 베이스라인에서의 스트로크가 더욱 강력해지면서 공이 짧아지는 경우가 늘어나 이를 공격해 네트 앞에서 주도권을 잡으려는 것이다. 둘째, 네트 플레이는 고도의 민첩성과 스피드가 요구되는데 현대 테니스 선수들의 운동 능력은 역대 가장 뛰어나다. 셋째, 테니스가 점점 체력전의 양상을 띠면서 프로 선수들은 포인트를 짧게 끝내고 장기전으로 인한 피로도를 줄이기 위해 네트 플레이 시도를 늘린다. 많은 전문가들은 선수들이 베이스라인에서 보다 공격적이 되고 랠리가 더욱 격렬해짐에 따라 앞으로 발리가 점점 더 중요한 전략이 될 것으로 보고 있다.

동호인 레벨에서 강력한 발리는 더 중요하다. 대부분 복식 게임을 즐기기 때문이다. 복식에서는 파트너가 서브를 넣거나 리턴을 할 때, 즉 전체 포인트의 절반 정도는 발리 위치에 있게 된다. 또한 서브나 리턴 직후 네트로 향한다면, 발리는 아마도 여러분이 구사하는 샷의 절반이 훨씬 넘을 것이다.

단식에서는 베이스라인 플레이가 일반화된 스타일이긴 하지만, 네트 어프로치 능력이 있다면 전략적 선택의 폭이 넓어진다. 예를 들어, 베이스라인 랠리 능력이 상대보다 못하다면 네트 앞으로 뛰어나가는 것이 득점 확률을 높일 것이다. 또한 효율적인 네트 공략을 하면 상대는 네트 접근을 막기

그림 11-2. 가엘 몽피스는 네트 플레이에서 종종 탁월한 운동신경을 선보인다.

위해 더욱 깊숙이 공을 보내려 할 것이며, 당신이 이미 네트를 점령한 경우, 상대는 더 낮고 빠른 공을 칠 수밖에 없을 것이다.

일단 네트 앞을 점령하면 랠리는 모 아니면 도 식으로 포인트가 결정된다. 여러분의 태도 역시 이를 반영해 적극적이고 거침없는 자세로 임해야 한다. 또한 발리에서의 임팩트는 자세를 잡을 시간이 거의 없이 다양한 높낮이에서 이루어지기 때문에, 때로 자세를 낮추고 몸을 던져 코트를 커버하는 임기응변에 능해야 한다. 한 마디로 박진감 넘치고 역동적인 샷인 동시에 공격적인 샷이기도 하다.

발리는 이른바 코트의 '청신호 구역Green Light area', 즉 위너가 나올 수 있는 곳에서 구사한다. 이러한 공격성이야말로 흥미진진한 요소인데, 강력한 그라운드 스트로크를 주고받다가 발리로 포인트를 끝내는 것이야말로 테니스에서 얻을 수 있는 가장 큰 즐거움일 것이다.

이 장에서는 포핸드와 백핸드 발리는 물론 스윙 발리와 드롭 발리, 하프 발리, 스매싱 등에서의 스윙 테크닉을 설명할 것이다. 그에 앞서 발리의 주요 구성 요소에 해당하는 그립, 준비 자세, 풋워크, 임팩트, 그립의 강도에 관해 알아보겠다.

I. 발리의 주요 요소들

1. 그립

포핸드와 백핸드 발리 모두 컨티넨털 그립을 사용하는데 여기에는 몇 가지 이유가 있다. 첫째, 빠른 랠리 도중 그립 전환이 부드럽게 이루어진다. 둘째, 컨티넨털 그립은 자연스럽게 라켓 면을 열어줘 공의 임팩트를 탄탄하게 받쳐주는 '받침대cradling' 효과를 유발하며 낮은 발리에서도 편안하게 공을 들어줄 수 있다. 셋째, 백스핀을 쉽게 만들 수 있어 난이도 높은 발리를 할 때 뛰어난 컨트롤이 가능해진다. 넷째, 멀리 오는 어려운 발리를 처리할 수 있는 손목 모양을 형성하기 때문에 다른 그립에서는 불가능한 발리를 시행할 수 있다.

컨티넨털 그립을 사용하지 않는 예외적인 경우는 높고 느린 공을 발리할 때다. 이 경우에는 이스턴 그립을 사용한다. 이스턴 그립에서의 손 위치는 파워를 내기 좋기 때문에, 느린 공이나 어깨 위로 오는 공을 발리해 위닝 샷으로 연결하기 쉽다. 높은 공은 천천히 오기 때문에 컨티넨털 그립에서 이스턴 그립으로 바꿀 수 있는 여유가 있다.

2. 준비 자세

발리의 준비 자세는 스트로크에서와 약간 다르다. 라켓을 약간 더 높이, 그리고 몸에서 조금 더 떨어뜨려 잡아야 한다. 그립을 너무 꽉 잡지 않도록 주의하자. 네트 앞에서는 기민한 움직임이 중요하기 때문에 팔과 어깨의 근육이 경직되어 있으면 빠른 움직임이 어렵다.

여기에 덧붙여, 베이스라인 준비 자세와 비교해 무릎을 굽히고 스탠스를 넓게 잡아 자세를 좀 더 낮춰야 한다(그림 11-3). 이러한 자세는 무게 중심을 낮추고 빠른 움직임을 도와준다. 최고의 발리 플레이어들의 모습을 유심히 살펴보라. 그들은 웅크린 자세로 몸을 낮추고 고양이처럼 코트를 누비면서 빠르게 움직이고, 뛰어난 밸런스를 유지한 채 발리를 구사한다. 또한 자세를 낮추면 날아오는 공에 눈높이를 맞출 수 있어 공의 궤적을 더 잘 읽게 된다.

그림 11-3. 예카테리나 마카로바는 네트 앞 준비 자세에서 몸을 낮추고, 스탠스를 넓게 가져가며, 두 손을 몸보다 한참 앞에서 높이 들고 있다.

네트 앞에서는 시간이 매우 소중하기 때문에 스플릿 스텝 역시 준비 자세에서 매우 중요한 역할을 담당한다. 스플릿 스텝을 밟아야 폭발적인 첫 스텝이 가능하다. 그리고 발리를 하기 위해서는 베이스라인에서 공격적으로 대시하게 되는데, 스플릿 스텝은 전방 모멘텀을 멈추고 다양한 방향으로 빠르게 이동하게 해 준다.

3. 풋워크

발리에서 팔의 움직임은 거의 없다고 보면 된다. 발리는 '발로 치는' 샷이다. 이것이 의미하는 바는 네트 플레이에서 점수를 얻기 위한 요소인 파워와 밸런스, 코트 포지션 확보 등에 있어서 여러분의 두 다리가 결정적인 역할을 한다는 것이다.

그림 11-4. 페더러가 발리에 힘을 싣기 위해 발을 앞으로 힘차게 내딛고 있다.

A. 파워

앞발을 한 걸음 내딛고 뒷발로 지면을 밀면서 체중을 자연스럽게 공을 향해 옮길 때 발리의 파워를 높일 수 있다. 2014년 로저 페더러는 스테판 에드버리를 새 코치로 영입한 직후 발리가 크게 향상됐다. 스스로가 뛰어난 발리 플레이어였던 에드버리는 페더러로 하여금 발리를 할 때 손에 대한 의존도를 줄이고 파워를 높이기 위해 두 발을 더 강하게 밀어내도록 했다(그림 11-4).

다리의 역할은 또 있다. 자세를 낮춰 발리의 파워를 늘리는 것이다. 무릎을 굽히면 라켓 헤드를 조금 더 위로 들어 올릴 수 있고 손목과 팔꿈치를 이용해 더 강한 힘을 낼 수 있다. 이를 염두에 두고, 만약 공이 허리 높이로 오면 몸을 더 낮추고 라켓 헤드를 손목 위 약 10시 방향으로 둔다. 자세를 낮춤으로써 배 높이의 발리를 조금 더 쉬운 가슴 높이의 발리로 바꿀 수 있다.

허리에서 무릎 사이로 들어오는 공은 자세를 낮추고 라켓 헤드를 수평으로 한 상태에서 임팩트한다(그림 11-5). 만약 무릎보다 낮은 공이 오면 자세를 더 낮춘다. 그러나 이 경우 무릎을 굽혀 라켓 헤드를 손목 위로 유지하기 위해서는 많은 시간이 소

그림 11-5. 세리나 윌리엄스가 몸을 낮춰 라켓 헤드를 수평으로 유지하며 낮은 발리를 치고 있다.

그림 11-6. 나달의 발리는 네트 근처로 바짝 다가가기 때문에 상대의 대응 시간을 빼앗을 수 있다.

요되므로 매우 낮은 볼의 경우에는 라켓 헤드를 8시 방향까지 떨어뜨려도 된다.

B. 밸런스

두 다리로 올바른 포지션을 확립하면 밸런스에 도움이 된다. 공에서 앞뒤 또는 좌우로 너무 멀어지게 되면 밸런스가 무너지며 샷이 흔들린다.

낮은 발리를 해야 한다면, 전진 스텝의 보폭을 넓히고 스탠스를 넓게 해, 무게 중심을 다리 사이에 유지하며 밸런스를 잡는다. 허리가 아닌 무릎을 굽히는 것은 낮은 공에 대해 밸런스를 유지하는 데에도 중요하다. 양쪽 어깨를 평행하게 하고 머리를 꼿꼿이 세워주기 때문이다(그림 11-7). 만약 무릎을 굽히지 않는다면 어깨와 머리가 기울어지면서 몸이 휘청거리게 된다.

C. 코트 포지션

빠르게 전진해 최대한 네트 근처에서 공과 마주하는 것은 매우 중요하다(그림 11-6). 이렇게 코트 포지션을 확보하면 네 가지 장점이 생긴다. 첫째, 상대가 샷에 대응할 시간이 짧아진다. 둘째, 발리를 보다 날카롭게 구사할 수 있는 각도를 확보하게 된다. 셋째, 공을 좀 더 높은 타점에서 맞힐 수 있다. 넷째, 상대로 하여금 패싱샷을 더욱 낮게 보내도록 만들어 범실을 유도할 수 있다.

나는 선수들이 발리할 때 발이 얼어붙는 걸 종종 목격하곤 한다. 이렇게 되면 파워와 밸런스가 감소하고, 바람직한 코트 포지션을 확보하지 못한 채 발리하게 된다. 이를 방지하려면 우선 언제나 스플릿 스텝을 밟고 나서 다음의 풋워크 순서를 따라야

그림 11-7. 마린 칠리치는 무릎을 굽히기 때문에 머리를 꼿꼿이 세우고 어깨를 평행하게 유지한 상태에서 컨트롤을 높일 수 있다.

한다. 즉, 바깥쪽 발을 움직이고자 하는 방향으로 돌리고, 앞으로 나가 네트와 최대한 가까운 위치에서 임팩트하며, 마지막으로 안쪽 발을 적절한 시점에 올바른 방향으로 디딘다. 이에 대해 조금 더 자세히 알아보자.

I. 바깥쪽 발 돌리기

스플릿 스텝 이후 바깥쪽 발이 가장 먼저 움직인다. 바깥쪽 발은 네트와 수직을 이루다 평행하게 돌아간다. 포핸드 발리의 경우 오른발이 오른쪽으로 돌아가며(그림 11-8), 시간적 여유가 있다면 오른쪽으로 반걸음 정도 이동한다. 이렇게 발을 움직이면 무릎이 이동 방향을 향하게 된다. 마찬가지로 백핸드 발리에서는 스플릿 스텝 이후 먼저 왼발을 왼쪽으로 돌린다.

II. 전진

발을 돌린 이후의 풋워크는 날아오는 공의 속도에 따라 달라진다. 공이 천천히 온다면 몇 걸음 앞으로 나가게 되지만 공이 빠르게 온다면 앞으로 나갈 시간이 없다.

III. 안쪽 발 내딛기

바깥쪽 발을 돌리고 앞으로 나아간 다음, 안쪽 발

을 공을 향해 내디디면서 발리 스윙을 한다. 포핸드 발리에서는 왼발이 앞으로, 백핸드 발리에서는 오른발이 앞으로 나간다(그림 11-7).

날아오는 공의 속도에 따라 앞발을 언제, 그리고 얼마나 공격적으로 내디딜지를 결정한다. 대개의 경우 발은 임팩트 직후 지면에 닿게 된다. 임팩트 시 앞발이 공중에 약간 떠 있어야 공에 체중을 가장 잘 실을 수 있기 때문이다. 주의할 점은 임팩트 이후 갑자기 멈춰서면 안 된다는 사실이다. 그럴 경우 상체가 흔들려 밸런스가 무너질 수 있으므로 미끄러지듯 발리를 하도록 한다. 자동차에 비유한다면, 신호등 앞에서 급브레이크를 밟는 대신 미리 천천히 속도를 줄이는 방식이라 할 수 있다.

느린 공이라면 조금 더 나중에 보다 공격적으로 지면을 밟아야 한다. 느린 공이 넘어오면 몇 걸음 앞으로 나아가 뒷발로 지면을 힘차게 민 다음, 앞발을 공중에 띄운 상태로 움직여 발리를 한다(그림 11-9). 그리고 앞발로 지면을 밟은 다음 뒷발을 뒤로 차올려 밸런스를 잡는다.

공의 위치는 늘 달라지기 때문에, 앞발의 이동 방향 역시 다양하다. 풋워크는 가볍고 유연해야 한다. 발리에는 세 가지 주요 전진 스텝이 있는데 여기서는 시계의 숫자를 이용해 설명하겠다.

그림 11-8. 스플릿 스텝을 밟은 뒤 페더러는 오른쪽으로 빠르게 움직이기 위해 오른발을 돌리며 포핸드 발리를 준비한다.

그림 11-9. 스탄 바브린카가 느린 공을 공격적으로 발리하기 위해 임팩트 직후 강하게 지면을 차고 있다.

그림 11-10. 직선 스텝　　　　　런지 스텝　　　　　　　어웨이 스텝

• 직선 스텝The Straight Step: 직선 스텝은 비교적 편안한 공, 즉 몸에서 60~90cm 정도 떨어진 지점으로 오는 공에 사용된다. 포핸드 발리에서는 왼발이 12시~1시 방향으로 들어가고 백핸드에서는 오른발이 12시~11시 방향으로 움직인다(그림 11-10a). 여유가 있다면 이러한 스탠스를 취하는 것이 바람직한데, 이는 어깨 턴을 도와주고 힘차게 밀고 나가도록 하기 때문이다.

• 런지 스텝The Lunge Step: 런지 스텝은 좀 더 멀리 빠지는 공을 발리할 때 사용된다. 포핸드 발리에서는 왼발이 2시~3시 방향으로 들어가고, 백핸드에서는 오른발이 9시~10시 방향으로 움직인다(그림 11-10b). 자세를 낮춰 무게중심을 낮게 유지하기 위해서는 강한 다리 근력과 뛰어난 밸런스가 요구된다. 무게중심이 낮으면 빠르게 멈추고 나서 다음 샷을 준비할 수 있다.

• 어웨이 스텝The Away Step: 공이 몸 정면으로 빠르게 날아오는 경우도 종종 생기는데, 이때는 시간 여유가 없기 때문에 앞발을 옆으로 빼며 세미오픈 스탠스로 샷을 마무리해야 한다. 포핸드 발리에서 왼발을 9시~10시 방향으로 내딛고 백핸드에서는 오른발을 1시~2시 방향으로 디딘다(그림 11-10c). 이렇게 공에서 멀어지는 동작을 통해 어깨를 나란히 하고 균형을 유지한 상태에서 라켓을 휘두를 수 있는 공간을 확보할 수 있다.

4. 임팩트

다리를 움직여 파워와 밸런스 그리고 포지션을 확보했다면, 몸 앞에서 탄탄한 임팩트가 필요하다(그

> **코칭 박스:**
>
> 코트에서 자주 접하는 문제 가운데 하나는 복식 경기에서 선수들이 네트에 딱 달라붙음으로 인해 발리의 파워와 밸런스가 감소하고, 적절한 포지션을 선정하지 못하는 것이다. 이런 경우에는 발리의 '흐름'을 타도록 하기 위해 뜨거운 날 해변가 모래 위에 서 있다는 상상을 하라고 한다. 뜨거운 모래 바닥에 발을 대고 오랫동안 서 있기를 좋아하는 사람은 없다. 이런 상상을 하면 랠리 도중 계속 움직여 네트 플레이가 향상될 수 있다.

그림 11-11. 스테판 에드버리가 몸 앞에서 임팩트하는 백핸드 발리를 구사하고 있다.

림 11-11). 임팩트 지점과 시점은 발리에서 굉장히 중요한 요소다. 공을 너무 늦게 치면 힘이 약해지고 반대로 너무 일찍 치면 컨트롤을 잃을 수 있다. 마찬가지로 임팩트 지점이 너무 가깝거나 멀어도 똑같은 결과로 이어질 수 있다.

5. 그립의 강도

임팩트 시에는 라켓을 얼마나 세게 쥐어야 할까? 코치들은 종종 그립을 꽉 쥐고 '펀칭'하듯이 발리를 하라고 조언을 한다. 이 조언은 때로는 맞지만 늘 정답은 아니다.

펀칭이라는 용어 자체는 발리가 짧고 날카로운 동작이기 때문에 어떤 면에서는 맞는 말이다. 하지만 언제나 문자 그대로 받아들여서는 곤란하다. 빠르게 날아오는 공의 속도를 줄여야 할 때나, 좀 더 부드럽고 짧은 발리가 요구될 때도 있다. 이 상황에서 올바른 테크닉은 그립을 부드럽게 잡고 공을 펀칭하기보다는 '흡수'하는 것이다. 공을 펀칭하는 것은 천천히 오는 공을 공격적으로 때릴 때 적당하다.

발리를 할 때 공의 임팩트에는 크게 세 가지, 즉 두들기기 hammer, 잡기 catch, 그리고 멈춰 세우기 brake가 있다. 각각의 임팩트마다 다른 종류의 그립 잡기가 적용된다. 대개 느리거나 높은 공에 대해서는 임팩트를 '두들기게' 될 텐데, 이때는 그립을 강하게 잡아야 한다(그림 11-12). 중간 속도이거나 낮은 공에 대해서는 '잡기' 위해 보통으로 잡는다(그림 11-13). 그리고 빠른 공은 '멈춰 세우기'를 해야 하므로 흡수하는 강도로 약하게 잡아야 한다.

복식에서는 이 세 가지 발리를 자주 반복해서 사용하게 된다. 예를 들어 네트 앞에서 공격적으로 포칭을 시도할 때, 여러분은 '두들기는' 발리를 할 것이다. 낮은 공에 대해서는 '잡는' 발리를 통해 안전한 샷을 목표로 하게 된다. 총알처럼 빠른 공이 날아온다면 '멈춰 세우기'로 공의 속도를 흡수해야 한다.

훌륭한 복식 선수들은 이렇게 다양한 방법으로 라켓 면을 만들고 그립의 강도와 스윙 크기를 조절해 다양한 샷을 구사한다.

위에서 논의한 그립과 준비 자세, 풋워크, 그립의 강도 등은 포핸드와 백핸드 발리에 공통적으로 적용되는 원칙이다. 하지만 포핸드에서는 어깨가 뒤로 처지는 반면, 백핸드에서는 어깨가 앞에 위치하기 때문에 자세가 달라진다. 다음 두 섹션에서 포핸드와 백핸드 발리의 테크닉에 관해 설명하겠다.

그림 11-12. 마리아 샤라포바가 백스윙을 크게 가져가 높고 느린 공을 '두들기듯' 임팩트하고 있다.

그림 11-13. 반면 낮은 공의 경우, 샤라포바는 백스윙을 짧게 가져간 뒤 '잡아채듯' 임팩트한다.

그림 11-14. 사니아 미르자는 포핸드 발리를 구사할 때 열린 자세에서 라켓 헤드를 공보다 위에 두고 위에서 아래로 부드럽게 스윙한다.

II. 포핸드 발리

포핸드 발리의 첫 단계는 팔과 어깨가 하나가 되어 오른쪽으로 움직이며 어깨 턴을 돕고 라켓 헤드를 올바른 위치로 잡는 것이다. 어깨는 네트와 약 45도를 이루고 라켓 헤드는 날아오는 공의 궤적보다 약간 위 그리고 뒤에 위치해야 한다(그림 11-14). 그라운드 스트로크 스윙은 대개 원이나 포물선을 그리지만, 발리는 훨씬 빠른 샷이기 때문에 준비 동작과 스윙 모두 직선으로 이루어진다는 사실을 기억하자.

발리를 준비할 때는 백스윙을 짧게 한다. 간결한 스윙만으로도 충분한 힘이 나오고, 짧은 동작이 몸에 배면 정확도와 안정성이 높아진다. 백스윙의 크기는 상황에 따라 달라지지만, 대부분 30~60cm 정도이다. 만약 느린 공이라면 백스윙은 조금 더 길어지며(그림 11-12), 공이 낮거나 빠르다면 백스윙은 짧아진다(그림 11-13). 백스윙 동작의 마지막에서 팔과 라켓은 U자 모양(그림 11-15)이 된다. 이때 아래팔은 U자의 중앙 밑변에 해당하고 라켓과 위팔이 U자의 양측 변에 해당한다. U자 준비 자세를 취하면 간결한 스윙이 가능하며 라켓이 시야에 들어오게 된다. 만약 라켓이 시야에서 벗어나면 U자 모양이 흐트러지게 되면서 백스윙이 너무 커지게 된다.

팔과 라켓을 U자로 정렬할 때는 반드시 팔꿈치를 몸에 가까이 붙이고, 어깨보다 앞에 둬야 한다.

그림 11-15. 아이삼-얼-하크 쿠레시는 라켓과 팔을 U자 모양으로 만들며 준비 자세를 취한다.

그림 11-16. 레슨을 하면서 발리 동작에서 손목의 위치를 상기시키기 위해, 종종 라켓을 짧게 잡고 공을 친 다음 그립의 위치를 관찰하게 한다. 이때 그립은 반드시 아래팔과 적당한 거리를 유지해야 한다.

이 동작은 자연스럽게 손목을 뒤로 꺾어줘 라켓 버트캡이 스트링보다 약간 앞으로 나오게 한다(그림 11-17). 스트링보다 버트캡이 앞에 위치하면 강력한 지렛대 효과를 통해 손을 조금만 움직여도 라켓 헤드는 많이 움직이게 된다. 이로 인해 라켓 스피드가 빨라지고, 임팩트가 몸 앞에서 이루어지며, 정확도를 높이면서도 편안한 손목 자세를 취하게 된다.

동호인들이 자주 저지르는 실수는 준비 자세에서 팔꿈치를 오른쪽으로 움직여 어깨 뒤로 가져가는 것이다. 이렇게 잘못된 팔꿈치 위치로 인해 지렛대 효과가 줄어들고, 타점이 뒤에서 형성되며, 스윙 궤적이 공을 향하는 대신 몸을 휘감아 버린다.

백스윙이 완성되면 손목을 고정하고, 팔꿈치를

그림 11-17. 나달이 포핸드 발리에서 손목을 뒤로 젖히며 지렛대 효과를 만들어내고 있다.

앞으로 움직인다. 그리고 라켓을 앞으로 휘두르면서 부드럽게 위에서 아래로 다운 스윙하며 공을 때린다. 스윙 궤적은 약간 내려가면서 오른쪽에서 왼쪽(혹은 바깥쪽에서 안쪽)을 향하며, 라켓 버트캡이 몸쪽으로 움직이게 된다. 가슴 높이 정도의 통상적인 공을 받을 때는 라켓 헤드를 45도 정도 기울인 상태에서 시작해 임팩트 시에는 수평이 되도록 한다. 공이 굉장히 빠르거나, 높거나 낮을 때, 혹은 여러분이 네트 가까이 붙어 있을 때는 라켓 헤드를 덜 돌려야 한다.

U자를 유지하기 위해 포워드 스윙 시 어깨와 함께 움직여야 한다. 이렇게 해야 팔꿈치가 약간 굽혀진 상태를 유지할 수 있고, 임팩트 시 라켓을 고정하는 데 필요한 힘을 최대로 낼 수 있다. 발리는 공중에서 공을 치기 때문에 모든 샷 가운데 임팩트가 가장 강력하다. 따라서 포핸드 발리에서는 팔의 모양을 제대로 형성한 다음 이를 유지하며, 몸을 하나의 단위로 움직이는 것이 중요하다.

임팩트 시에는 머리를 고정하되, 오른쪽 네트 포스트를 향해 옆으로 돌려 스트링의 뒷면을 쳐다본다. 이렇게 머리를 돌리면 골반이 올바르게 정렬될 뿐만 아니라 집중력도 향상되면서 정타를 칠 가능성이 높아진다. 또한 공을 때릴 때 몸을 약간 앞으로 기울인다. 라켓과 비슷한 방향으로 가슴을 눌러주면 샷에 파워를 실을 수 있다.

임팩트 이후 손바닥은 공을 향하고 있어야 한다 (그림 11-18). 매우 느린 공이 아니라면, 라켓이 몸을 가로지르는 스윙은 피한다. 스윙을 시작할 때 라켓이 몸의 우측에 있었다면 피니시 자세에서도 계속 우측에 있어야 한다.

그림 11-18. 소라나 키르스테아가 임팩트 직후 손바닥이 공을 향한 상태에서 발리를 마무리하고 있다.

> **코칭 박스:**
>
> 앞 장에서 언급했듯이 동호인들은 복식을 많이 치며, 발리는 복식의 핵심 기술이다. 간결하고 짧은 스윙은 복식에서의 여러 샷, 즉 드롭샷과 로브, 그리고 시간에 쫓기거나 상대의 발 앞에 낮게 떨어뜨릴 때 사용하는 슬라이스 포핸드 등의 기본이 된다는 점을 인식할 필요가 있다. 따라서 포핸드 발리에서의 올바른 라켓 및 팔꿈치 위치를 알면 많은 샷을 제대로 구사할 수 있고, 복식 경기의 여러 부분(그리고 단식 경기의 일부분)을 능숙하게 소화할 수 있게 된다.

III. 백핸드 발리

백핸드 발리는 포핸드 발리와 원칙적으로 많은 점이 비슷하다. 하지만 기술적인 면에서 네 가지 주요한 차이점이 있다. 첫째, 오른쪽 어깨가 좀 더 고정되어야 하고 팔은 더 곧게 펴야 한다. 이로 인해 스윙이 조금 더 길어진다. 둘째, 팔의 근육이 라켓과 정렬하는 방식으로 인해 백핸드 발리에서는 라켓 면이 좀 더 열리며, 이로 인해 포워드 스윙이 약간 더 아래로 내려간다. 이러한 다운 스윙 각도의 차이를 잘 인지해야 한다. 만약 동일한 스윙 곡선으로 포핸드 및 백핸드 발리를 시도하면 백핸드 발리에서는 너무 평평하고, 포핸드 발리에서는 너무 내려가는 스윙이 나올 수 있다. 셋째, 어깨가 조금 더 돌아가야 한다. 넷째, 타점이 좀 더 앞에서 형성되어야 한다.

백핸드 발리에서 상체의 첫 번째 동작은 어깨를 네트와 수직이 된 자세에서 조금 더 돌리고, 오른팔은 약간 구부리고 왼손은 라켓 목을 잡는다(그림 11-20). 라켓 면은 반드시 열려 있어야 하고 라켓은 날아오는 공의 궤적보다 약간 위 그리고 뒤에 위치한다. 백스윙의 크기는 다양하지만, 대부분의 백핸드 발리에서 라켓 헤드는 왼쪽 어깨와 나란히 놓는다. 백스윙의 마지막 동작에서 팔과 라켓은 U

> **코칭 박스:**
>
> 원핸드 백핸드 발리가 어려운 동호인들에게는 투핸드 백핸드 발리가 대안이 될 수 있다. 라켓에 한 손을 추가하면 그립 문제를 해결하고, 간결하게 스윙하며, 임팩트 시 라켓을 좀 더 고정할 수 있다. 만약 이 방법을 선택한다면 두 손으로 공을 친 뒤 임팩트와 동시에 왼손을 놓도록 하자. 전 세계 1위 마르티나 힝기스의 아래 동작처럼.
>
>
>
> 그림 11-19. 마르티나 힝기스의 투핸드 백핸드 발리

그림 11-20. 스테판 에드버리가 어깨를 돌리고 왼손으로 라켓 목을 잡으면서 백핸드 발리를 준비하고 있다.

제10장 발리

그림 11-21. 페더러는 팔꿈치를 약간 구부려 라켓 헤드를 공보다 위로 가져간다(a). 그리고 포워드 스윙을 하면서 팔꿈치를 펴고, 왼팔을 뒤로 뻗어 밸런스를 잡으며, 공을 향해 라켓을 직선 경로로 스윙한다(b).

자 모양을 이루고, 아래팔과 라켓은 L자 모양을 형성해야 한다(그림 11-21a).

백스윙이 끝나면 어깨와 함께 라켓을 포워드 및 다운 스윙하는데, 이때 손목은 고정한다. 백스윙 시 살짝 구부렸던 오른팔을 곧게 펴고 왼팔을 뒤로 뻗어(그림 11-21b) 밸런스를 잡고 라켓은 공을 향해 직선으로 뻗는다.

가슴 높이의 통상적인 공을 받을 때는 라켓 헤드를 75도 정도 기울인 상태에서 시작해 임팩트 시에는 수평이 되도록 한다. 공이 굉장히 빠르거나, 높거나 낮을 때, 혹은 여러분이 네트 가까이 붙어 있을 때는 백스윙 시 라켓 헤드를 덜 돌려야 한다. 백스윙을 할 때 열려 있던 라켓 면은 임팩트 시 거의 수직이 된다. 물론 임팩트 시 라켓 면이 열린 정도는 공의 높이와 샷의 목적에 따라 바뀔 수 있다.

임팩트 후, 머리는 왼쪽 네트 포스트를 향하되

그림 11-22. 니시코리 케이는 임팩트 시 고개를 돌려 라켓 스트링 사이로 공을 주시한다.

시선은 여전히 임팩트 지점에 고정되어야 한다(그림 11-22). 스윙을 마친 뒤 라켓은 몸의 오른편 앞쪽에 있어야 한다. 이렇게 백핸드 발리가 마무리된 경우에는 어깨와 함께 힘있게 공을 밀었고, 몸 앞에서 임팩트가 정확하게 이루어졌음을 의미한다.

IV. 스윙 발리

스윙 발리의 스윙은 그라운드 스트로크에서와 유사하지만 공이 바운드되지 않고 공중에 떠 있을 때 시행된다. 코트 중앙에서 높고 느린 공을 받을 때 주로 사용된다. 동호인들은 게임의 속도가 느리고 로빙 상황이 자주 발생하므로 스윙 발리를 사용할 기회가 많다.

스윙 발리의 첫 단계는 빠르게 높은 공을 인지해 스탠스를 취하고 어깨를 돌려 좋은 자세와 밸런스를 잡는 것이다. 가슴 높이에서 공을 치도록 해야 한다(그림 11-23b). 허리 아래 또는 머리 위에서 구사하는 스윙 발리는 위험 부담이 높다.

스윙 발리는 스윙을 잘 컨트롤하고 몸의 균형을 유지하면서 시도해야 한다. 공중에서 때리기 때문에 공에는 이미 충분한 파워가 내재되어 있다. 따라서 이 샷은 강력한 스윙이나 다리로부터의 강한 추진력 없이도 엄청난 속도를 낼 수 있다. 강한 샷이기 때문에 좁은 지역을 겨냥할 필요가 없다. 상대가 바로 받아낼 수 없는 곳으로만 보내도 위너가 되거나 상대가 받을 수 없는 샷이 될 것이다.

V. 드롭 발리

최근 패싱샷의 향상으로 인해 드롭 발리가 투어 대회에서 각광받고 있다. 연속 발리로 상대를 이리저리 뛰게 만드는 모습은 더 이상 찾아보기 어렵다. 대신, 네트 앞에서 포인트를 보다 빨리 끝내는 것

그림 11-23. 동호인들은 보통 발을 지면에 디딘 채 스윙 발리를 하지만, 앤디 머리는 공중에서 때려도 문제없다. 그는 뛰어난 운동능력을 이용해 보다 편안한 높이에서 스윙 발리를 구사한다.

이 선호되며 이에 따라 뛰어난 드롭 발리의 필요성이 높아졌다. 프로 선수들이 발리를 할 때는 포인트의 주도권을 장악하거나 상대가 베이스라인 한참 뒤에 있을 경우이다. 이는 코트 앞쪽 공간이 비어있다는 뜻이므로, 드롭 발리를 하기에 안성맞춤인 상황이다.

드롭 발리는 네트 근처에 떨어져 낮게 바운드되는 부드러운 샷이다. 드롭샷에서처럼 상황 선택이 중요하다. 최적의 순간은 공이 허리 이하의 높이로 오고, 시간 여유가 충분하며, 밸런스를 유지한 경우이다. 클레이 코트에서 보다 효과적인데, 부드러운 표면에서 백스핀이 더 잘 걸려 하드 코트에서보다 공의 전진을 더욱 막아주기 때문이다.

상대를 속일 필요가 있으므로 평범한 발리를 준비하는 척하면서 드롭 발리를 시도하자. 공의 속도를 흡수할 수 있도록 그립을 가볍게 쥐고, 라켓 면이 열린 채로 날카롭게 다운 스윙하며 임팩트한다. 드롭 발리를 컨트롤하기 위해서는 임팩트 전후 라켓 움직임을 최소화하는 기술이 요구된다. 따라서 손목이 가장 주요한 연결 고리가 되며, 팔의 움직임은 매우 적다.

크로스코트 드롭 발리를 시도할 때는 라켓 헤드를 세우고 공의 바깥쪽을 감아 친다(그림 11-24). 공의 바깥쪽을 치기 때문에 라켓 스피드를 높여도 공은 멀리 가지 않게 된다. 다운더라인 드롭 발리의 경우에는 라켓 헤드를 떨어뜨리고 공의 안쪽을 친다(그림 11-25).

VI. 하프 발리

하프 발리는 가장 어려운 샷 중 하나로, 대개 어쩔 수 없는 경우에 친다. 공이 발 근처에 떨어져 발리하기에는 너무 짧고 그렇다고 그라운드 스트로크를 치기에는 너무 깊어 어쩔 수 없이 쳐야 하는 샷이다.

대개 네트 앞으로 대시할 때 사용하며, 공이 바

그림 11-24. 샘 퀘리가 공의 바깥쪽을 긁으며 크로스코트 드롭 발리를 구사하고 있다.

그림 11-25. 페더러가 공의 안쪽을 치며 다운더라인 드롭 발리를 시도하고 있다.

운드 직후 튀어 오를 때 치게 된다. 보통 닫힌 스탠스를 사용하지만 늘 그런 것은 아니다. 다른 샷에서와 마찬가지로 무릎을 굽혀 밸런스를 유지하고, 스탠스 폭을 적절히 조절해야 한다. 만약 닫힌 스탠스를 사용한다면 앞발은 네트를 향해야 한다. 이렇게 하면 빠르게 튀어 오르는 공을 무릎 앞에서 다룰 수 있는 여유가 생긴다.

공이 다가오면 이스턴 그립으로 바꾸고, 라켓 헤드는 공의 예상 바운드 지점 근처로 낮게 내린다 (그림 11-26a). 라켓은 임팩트 지점보다 약 60cm 정도 뒤에 위치해야 한다. 공이 바운스 직후 맞기 때문에, 공에는 이미 상당한 양의 에너지가 담겨 있고 이를 컨트롤하려면 짧은 스윙이 적당하다. 라켓을 아래에서 위로 들어 올리면서 앞으로 스윙하

그림 11-26. 테일러 덴트가 예상 바운스 지점의 뒤쪽에 라켓을 놓고 밑에서 위로 올리는 짧은 스윙으로 하프 발리를 구사하고 있다.

며, 이때 라켓 면은 지면과 수직을 이룬다(그림 11-26b, 11-26c). 머리를 고정한 상태로 웅크린 자세를 유지한 채 하프 발리를 마무리하고, 재빨리 앞으로 나가 네트를 점령한다.

VII. 스매시(오버헤드)

스매시는 상대 로브에 대한 대응 방법이며 서브와 스윙이 비슷하다. 가장 결과가 확실한 샷이기도 한데, 보통 상대를 수세에 몰아넣고 결정적인 위너를 날려 포인트를 끝낼 수 있기 때문이다. 얼핏 쉬워 보이지만 로브가 높은 곳에서 떨어지기 때문에 상당한 집중력과 연습이 필요하다.

1. 풋워크

강력한 스매시는 적절한 타이밍의 스플릿 스텝과 올바른 예측에서 비롯된다. 상대가 몸을 뒤로 기울이고 라켓 면을 여는 모습을 본다면, 마음속으로 로브에 대비하고 스매시를 하기 위해 뒤로 물러날 준비를 해야 한다. 스매시의 풋워크는 몸을 돌리고, 두 발은 오른쪽으로 돌리면서 사이드 스텝으로 후진할 준비를 하는 것으로 시작된다. 숱한 동호인들이 스매시를 시작할 때 몸을 돌리지 않고 로브를 향해 뒷걸음질만 친다. 이는 뒤로 후퇴하는 움직임을 느리게 하고 공을 때릴 때 어깨 회전이 덜 되면서 파워가 약해지는 결과를 초래한다.

어깨 턴과 다리 돌리기가 끝난 뒤, 만약 로브가 코트 깊숙이 들어온다면 왼발이 크로스오버 스텝을 취하면서 오른발의 오른쪽 뒤로 가야 한다. 로브가 짧다면 왼발이 뒤로 가면서 오른발과 거의 겹쳐져야 한다.

그림 11-27. 나달은 체중을 뒷발에 실은 뒤 스매시 스윙을 할 때 앞으로 옮기며 파워를 더한다.

명심하라. 가장 위험한 상황은 로브로 올린 공에 라켓이 닿지 못하는 것이다. 앞으로 나오면서 스매시를 하는 것은 뒤로 가면서 하는 것보다 훨씬 쉽다. 그러므로 일단 과감하게 뒤로 움직여야 한다. 로브가 거의 정점에 도달하면 어디로 공이 떨어질지 더 잘 알 수 있고 그에 따라 풋워크를 조정하면 된다.

강력한 첫 번째 움직임에 이어 사이드 스텝을 통해 네트 앞에서 뒤로 이동한다. 풋워크의 목적은 분명하다. 스매시를 할 때 팔이 충분히 펴질 수 있고 몸 앞에서 임팩트할 수 있는 위치에 도달하는 것이다. 나쁜 서브 토스와 마찬가지로 스매시에서 나쁜 포지션은 밸런스를 무너뜨리고 팔을 제대로 뻗지 못하게 만든다.

가장 강력한 스매시는 뒷발을 지면에 단단히 디딘 상태에서 코트 앞쪽으로 박차고 나갈 때 만들어진다(그림 11-27). 몸의 밸런스를 유지하고 타이밍을 맞추기 위해서는 서브에서와 달리 임팩트 시에도 두 다리를 굽힌 상태로 지면을 밟고 있어야 한다. 짧은 로브라면 앞으로 나가면서 무게 중심이 뒷발에서 앞발로 이동하지만, 깊게 떨어지는 로브에서는 뒷발을 지지한 채 스윙하면서 앞발이 뒤로 회전하는 '시저 킥scissor kick'이 필요할지도 모른다(그림 11-28c).

2. 상체

스매시를 할 때는 두 발을 돌리자마자 어깨를 회전하고 두 손은 눈높이 정도에 올린다(그림 11-28a). 스매시는 서브처럼 긴 백스윙이 필요하지 않다. 두 손은 눈높이 정도에 머물러야 하는데, 너무 높으면 움직임이 둔해지고 너무 낮으면 준비 시간이 더뎌져 스윙이 급해진다.

스윙하기 적당한 위치에 도달하면, 뒷발을 지면에 단단히 디디고 왼팔은 공을 향해 올려 공과의 거리를 가늠한다. 이 동작을 하면서 오른팔은 서브에서처럼 라켓을 등 뒤로 내린 다음, 스윙 시 라켓 스피드를 올린다(그림 11-28b). 그러고 나서 오른팔을 위로 쭉 뻗어 공을 치고(그림 11-28c), 손목을 내전하는 것도 잊지 않는다(그림 11-28d). 스매시는 보통 긴장된 상황에서 발생하기 때문에, 임팩트 시 머리를 꼿꼿이 세우고 공을 맞히는 데 집중한다. 라켓이 왼쪽 아래로 내려오면서 스윙이 마무리되고, 임팩트 시 가슴에 있던 왼팔은 왼쪽으로 떨어뜨린다.

VIII. 발리 연습

일단 공이 네트 앞에 있는 당신을 지나가면 포인트는 끝나 버린다. 그러므로 발리 연습을 할 때마다

그림 11-28. 앤디 로딕이 깊숙한 로브를 스매시하기 위해 몸을 돌려 라켓을 준비하고, 뒷발로 지면을 차 뛰어오른 다음 시저 킥을 통해 밸런스를 유지하고 있다.

의무적으로 스플릿 스텝을 밟고 활기차게 움직여야 한다. 연습의 강도를 높일 수 있게 해주는 인센티브도 포함하자. 예컨대 패싱샷이나 로브를 건드리지도 못하면 푸시업과 같은 벌칙을 부과하는 것이다. 코트 주변에 목표물을 설치해 집중력을 높이고 발리의 강점과 약점을 평가하는 것도 좋다. 반복 연습을 통해 기술과 체계를 갖추는 훈련뿐 아니라, 무작위로 공을 받고 실전에서 상대의 예측불허 패싱샷을 그려볼 수 있는 게임도 포함해야 한다.

2대 1 훈련은 모든 샷을 연습하는 훌륭한 방법이지만 특히 발리를 향상시키는 데 그만이다. 이유는 첫째, 코트 한편에 두 명이 서게 되면 대개 밸런스를 유지한 상태에서 공을 칠 수 있기 때문에 랠리가 길어져 발리 기회도 늘어난다. 둘째, 반대편에 혼자 있는 선수는 강도 높은 훈련을 소화하게 된다. 곧 역할을 바꿀 수 있고 코트 반대편에서 한결 쉬운 상황을 맞이할 수 있다는 사실을 염두에 둔 채 '모든 것을 쏟아붓는' 훈련을 할 수 있다. 네트 플레이는 급박한 상황에서 이루어지므로 전력을 다하는 연습이 필요하다. 셋째, 2대 1 포메이션에서는 매우 다양한 샷을 시도할 수 있으며, 이는 견고한 발리를 지니기 위해 반드시 훈련할 필요가 있다.

1. 2대 1 짧은 발리 및 긴 발리
• 목표: 드롭 발리의 컨트롤 능력 향상

이 훈련에서 A 선수는 네트 앞에 있고 반대편 코트에는 B 선수가 듀스 사이드의 서비스 라인에, C 선수는 애드 사이드의 베이스라인에 위치한다. A가 베이스라인의 C에게 공을 넘겨주면서 시작한다. 그리고 나서 B에게는 드롭 발리를 구사하고 다시 C에게 길게 발리를 보내는 과정을 반복한다. 선수들은 2~3분마다 역할을 교대한다.

2. 사이드-투-사이드, 업-앤-백
• 목표: 코트에서 다양한 방향으로 움직이면서 발리의 정확성 높이기

연습 파트너는 서비스 라인에 그대로 서 있고, 당신은 서비스 라인을 따라 사이드 스텝으로 복식 라인까지 이동하며 발리로 랠리를 이어간다. 30초마다 역할을 바꿔가며 3~5분간 진행한다. 그리고 나서 이번에는 좌우로 움직이는 대신, 한 명은 T존에 계속 서 있고 다른 한 명은 센터 라인을 따라 앞뒤로 움직인다. 30초마다 역할을 바꿔가며 3~5분간 진행한다.

• 변형: 두 명이 거울에 비치듯이 같은 방향으로 움직이거나 서로 반대 방향으로 움직이되, 서비스 라인을 따라 좌우로, 혹은 센터 라인을 따라 앞뒤로 이동한다.

3. 노 바운스
• 목표: 네트 앞에서 공격적인 마인드 배양 및 어려운 상황에서 발리 능력 향상

당신은 네트 앞에 있고 연습 파트너는 베이스라인에서 로브나 드롭샷 또는 그라운드 스트로크를 사용해 공을 친다. 여기서 당신은 코트의 절반만 사용해 크로스코트 혹은 다운더라인을 선택해야 한다. 파트너가 5번 시도한 뒤 역할을 바꾼다.

• 변형: 파트너가 베이스라인이 아닌 서비스 라인에서 공을 치게 한다.

그림 12-1. 안젤리크 케르버는 원래 오른손잡이였으나 왼손을 사용해 세계 랭킹 1위에 올랐다. 이러한 사실은 흥미로운 질문을 이끌어낸다. 만일 포핸드가 백핸드보다 더 강하다면, 미래에는 반대편 손으로 포핸드를 쳐 백핸드를 대체하는 기술이 주목받을 수 있지 않을까?

제12장

미래의 테니스

지금까지 우리는 테니스의 현재에 관해 이야기했다. 현대 테니스에는 다양한 스트로크와 전략이 사용된다. 그러나 미래의 테니스는 어떤 모습일까? 현재 널리 사용되는 샷 중에 어떤 것이 바뀔까? 완전히 새로운 기술이 게임에 도입된다면? 스포츠는 고정불변이 아니다. 특히 테니스는 점점 파워풀한 게임이 되고 있다는 점에서 더욱 그렇다. 사실 프로 선수들의 경기는 랠리의 속도가 너무 빨라서 어떨 때는 탁구와 비슷해 보일 때도 있다. 게임의 속도가 빨라지면서 플레이 방식도 바뀌었는데, 이러한 변화는 초기에 저항에 부딪히는 경우가 잦았다. 이 장에서는 테니스 스트로크가 어떻게 변모해왔는지를 살펴본 뒤, 앞으로 테니스의 진화 과정에서 보다 나은 결과를 가져올 수 있는 세 가지 새로운 스트로크에 대해 살펴볼 것이다. 바로 오버래핑 듀얼 포핸드overlapping dual forehand, ODF, 리버스 서브reverse serve, RS, 그리고 발리볼 서브volleyball serve, VS이다.

I. 테니스 역사의 교훈

"모든 진리는 세 단계를 거친다. 첫째, 비웃음을 산다. 둘째, 격렬한 반대에 부딪힌다. 셋째, 결국 자명한 것으로 받아들여진다."

– 독일 철학자 아서 쇼펜하우어.

그림 12-2. 조 윌프리드 송가의 플라멩고 백핸드와 아그네슈카 라드반스카의 스쿼트 백핸드는 비교적 최근 도입된 샷이다.

테니스에서 스트로크는 수많은 혁신을 겪어왔다. 투핸드 백핸드, 오픈 스탠스 그라운드 스트로크, 인사이드 포핸드, 리버스 포핸드, 스윙 발리, 그리고 '점프' 서브까지. 모두 이 책의 앞부분에 언급된 기술들이다. 이는 새로운 장비의 발전으로 인한 공의 스피드와 스핀의 증가에 기인하거나, 선수들의 신체 조건 개선 및 운동 능력 향상으로 인한 결과다. 필요에 의해 발생한 변화도 있지만, 새로운 아이디어에 내재된 위험 부담으로 인해 충분히 검토되지 못했던 것들도 있다. 흥미롭게도 이러한 변화의 상당 부분은 정상급 선수들이 꾸준히, 그리고 성공적으로 사용한 뒤 확립되고 받아들여졌다. 확실히 우리는 뭔가 다른 것이 좋다는 결정을 내리기 전에 뛰어난 이들의 검증을 필요로 하는 것 같다.

위에 언급된 스트로크 혁신들이 어떻게 이뤄졌는지 살펴보자. 투핸드 백핸드가 인기를 얻기 전, 테니스 전설 크레이머는 이렇게 말했다. "두 손을 사용하면 스트로크가 약해질 뿐 아니라 자신감마저 빼앗겨 심리적으로 위축될 수 있습니다."[1] 그러나 크레이머는 틀렸다. 테니스의 스피드가 빨라지면서 백핸드 그립에 한 손을 추가해, 더욱 강해진 스트로크를 잘 받아낼 수 있게 된 것이다. 1970년대 들어 비외른 보리와 지미 코너스 등 투핸드 백핸드 선수들이 프로 투어를 지배하게 되면서, 투핸드가 백핸드의 대세가 됐다.

투핸드 백핸드의 진화는 테니스 발전의 역사와 궤를 함께한다. 예를 들어 플라멩고 투핸드 백핸드가 1990년대 도입됐는데, 톱스핀의 증가로 높은 공이 흔해지면서 떠오른 기술이었다. 이 샷은 앞발로 점프해 몸이 공중에 반쯤 떠 있는 상태에서 플라멩고 댄스 자세로 공을 때린다(그림 12-2a). 점프를 통해 높은 공에도 편안한 타점을 잡을 수 있어, 대략 허리 높이의 공처럼 스윙할 수 있다. 보다 최근에는 프로 선수들이 스쿼트 백핸드라는 또 다른 투핸드 백핸드를 선보였다. 빠르고 깊은 공에 대해 두 무릎을 거의 지면에 닿을 정도로 굽혀 스윙하는 것이다(그림 12-2b). 이 역시 타점을 보다 편안한 높이에서 형성한다. 그다지 멀지 않은 과거에 코치들이 이러한 종류의 백핸드를 봤다면 혈압이 올라갔을 일이다.

비외른 보리는 포핸드 혁명을 이끌었다는 찬사를 받는다. 그가 오픈 스탠스 포핸드로 메이저 타이틀을 정복했을 때, 몇몇 전문가들은 포핸드의 전방 체중 이동이 부족해 어깨에 무리를 줘 부상으로 이어질 수 있다고 경고했다. 팔은 아무 문제가 없었고, 그는 11개의 메이저 타이틀을 따냈다. 그리고 오픈 스탠스 포핸드는 빠르게 표준 기술로 정착했다. 오픈 스탠스 백핸드도 마찬가지였다. 윌리엄스 자매는 보는 이의 눈살을 찌푸리게 만든 이 샷을 누구나 갖고 싶은 기술로 진화시켰다.

필요는 발명의 어머니라는 격언이 있는데, 이는 인사이드 포핸드와 스윙 발리에 적용된다. 인사이드 포핸드는 1980년대 후반 주목받은 샷으로, 위대한 코치인 닉 볼리티에리가 처음에는 지미 아리아스와, 나중에는(더욱 중요하게는) 짐 쿠리어와 함께 완성했다. 볼리티에리는 재능이 풍부한 주니어 선수 쿠리어를 만났는데, 당시 그는 다소 기형적인 백핸드를 갖고 있었다. 볼리티에리는 그의 약점을 보완하는 데 주력했고, 쿠리어가 백핸드를 피하고 가급적 많은 포핸드를 치도록 영리한 게임 플랜을 짰다. 바로 인사이드-아웃 포핸드의 사용이다. 쿠리어가 세계 랭킹 1위에 오르면서 이 스트로크는 큰 주목을 받았고 삽시간에 테니스에서 가장 위력적인 베이스라인 샷으로 자리 잡았다.

스윙 발리 역시 닉 볼리티에리의 작품이다. 이번에는 안드레 애거시가 모델이었다. 애거시는 이 새로운 샷을 유행하게 만든 장본인이다. 볼리티에리는 애거시의 뛰어난 그라운드 스트로크에 비해 발리가 떨어진다는 사실을 발견했다. 그래서 그는 애거시에게 발리에도 그라운드 스트로크의 스윙 방법을 가능한 한 많이 사용하도록 조언했다. 애거시의 탁월한 타이밍은 스윙 발리를 위력적인 샷으로 만들었고, 이는 곧바로 테니스계의 주목을 받았다. 과거에는 발리를 할 때 언제나 짧은 동작만 강조됐고 스윙을 크게 하거나 팔로우 스루를 하는 것

그림 12-3. 비너스 윌리엄스는 오픈 스탠스 백핸드를 유행시키는 데 일조했다.

그림 12-4. 이 사진의 사만다 스토서와 달리 과거 테니스 선수들은 서브를 할 때 지면 위로 높게 뛰지 않았다.

은 나쁜 자세로 취급받았다. 지금 주니어들은 베이스라인 안쪽에서 느리고 네트 위로 많이 뜨는 공을 받을 때는 스윙 발리를 시도하도록 교육받는다. 스윙 발리의 장점은 명확하다. 기존의 발리보다 훨씬 빠르게 공을 보낼 수 있다.

리버스 포핸드는 최근 추가된 또 다른 기술이다. 점점 빨라지는 볼의 스피드에 대응하기 위해 사용되고, 더욱 많은 톱스핀이 요구될 때 라켓을 날카로운 각도로 끌어올리며 스윙한다. 라파엘 나달이 처음 이 샷을 유행시켰을 때 많은 평론가들은 일시적 현상에 불과하고, 범실이 많을 것이라고 평가절하했다. 그러나 현재 사라진 건 리버스 팔로우 스루 테크닉이 아니라 평론가의 우려다.

서브의 테크닉 역시 변화했는데, 문자 그대로 공중으로 솟구쳐 올라가 버렸다. 나무 라켓 시대에는 서브를 넣을 때 선수들의 발이 지면에 붙어 있었고 팔로우 스루를 하면서 뒷발이 앞발 앞으로 나갔다. 당시 유행한 서브의 전략은 서브앤발리였고, 이러한 풋워크는 서브를 넣는 선수가 네트 앞으로 빠르게 움직일 수 있게 해 주었다. 오늘날 서브는 발리가 아닌 베이스라인 랠리로 이어지는 경우가 대부분이다. 이러다 보니 선수들은 서브 임팩트 시 지면 위로 솟구쳐 오른 뒤 앞발을 먼저 코트 안쪽에 디디고, 이어서 뒷발을 디딘다(그림 12-4). 따라서 기술의 비중이 바뀌게 됐다. 과거에는 전진 동작이 강조되었다면, 지금은 수직 상승 동작이 더욱 강조되는 것이다.

심지어 복식에서 서브의 포메이션과 움직임 등

과 같은 요소도 변했다. 'I 포메이션'(245페이지 참조)이 복식에서 즐겨 사용되기 시작한 지는 고작 20년밖에 되지 않았다. 다른 예도 있다. 지금 투어 선수들은 과거에는 족부 전문의만 추천했을 법한 기술을 사용한다. 바로 하드 코트에서 미끄러지며 치는 샷이다.

이 밖에도 다양한 사례가 있지만, 여기서 강조하고자 하는 바는 테니스가 수많은 변화를 겪었고, 그 가운데 몇몇 기술들은 오랜 기간 강한 저항에 직면했었다는 점이다. 따라서 이런 질문을 던져 볼 수 있을 것이다. 미래 시점에서 돌이켜봤을 때, 왜 이 기술이 진작 널리 사용되지 않았을까라고 의문을 가질 만한 샷이 있을까? 테니스 진화 과정에 대한 깊은 고찰과 생체 역학 지식, 그리고 선수 및 코치로서의 경력을 토대로 추측컨대, 세 가지 스트로크는 앞으로 선수들에게 큰 도움이 될 것으로 보인다. 바로 오버래핑 듀얼 포핸드$_{ODF}$, 리버스 서브$_{RS}$, 그리고 발리볼 서브$_{VS}$이다. ODF, RS, VS는 앞에서 언급된 스트로크처럼 확고하게 자리 잡을 지도 모른다. 그렇지 않더라도 최소한 이 기술들은 한번 생각해보고 시도해볼 가치는 있다. 우선 ODF부터 살펴보자.

II. 오버래핑 듀얼 포핸드

일부 선수들이 미래에 그라운드 스트로크에서 우위를 점할 수 있는 방법은 ODF를 사용하는 '양손 테니스$_{ambitennis}$' 스타일이다. 이는 오버래핑(손을 겹치는) 그립과 양손을 번갈아 모두 사용하는 포핸드 스윙을 결합해 백핸드를 없앤 것이다(그림 12-5).

왜 이 기술을 택할까? 가장 중요한 이유는 포핸드의 피지컬적인 우월성 탓이다(193페이지 참조). 프로와 아마추어 레벨 모두에서 포핸드는 백핸드보다 강하다. 여러분은 포핸드로 기회가 오면 공격에 대한 기대감에 부풀어 오른다. 반면 백핸드로 공이 온다면 이러한 기대감이 낮아진다. 포핸드를 더 선호하는 선수라면 양손 테니스를 통해 더욱 공

그림 12-5. 키릴 아조브체프에 의해 시연되고 있는 ODF는 포핸드의 장점인 강한 힘, 타이밍, 그리고 넓은 코트 커버 능력을 지닌다.

격적으로 임할 수 있을 것이다.

듀얼 포핸드가 과거에 사용된 적이 있었을까? 그렇다. 1955년 윔블던 단식 준우승자인 베벌리 베이커 플레츠를 비롯한 몇몇 프로 선수들은 듀얼 포핸드 방식을 사용했다. 그러나 이들 가운데 어느 누구도 내가 추천하는 오버래핑 그립 테크닉을 병행하지는 않았다(그림 12-7). 과거 듀얼 포핸드 선수들은 두 손을 그립에 모으고 왼손으로 포핸드를 칠 때 다음과 같은 두 가지 그립 방법을 사용했다. 약간의 시간을 들여 왼손을 그립에서 내리거나 왼손은 그대로 두고 그립을 약간 짧게 잡아 파워를 줄이는 방법이다. 반면 오버래핑 그립은 왼손을 내리는 움직임이 거의 없어, 듀얼 포핸드 선수들이 신속하게 준비하면서도 파워를 낼 수 있는 방법이다.

그림 12-6. 마가렛 코트는 반대쪽 손으로 포핸드를 쳐 역사상 가장 많은 그랜드슬램 단식 타이틀을 차지했다.

1. 라파엘 나달의 스토리

양손 테니스의 장점을 논하기에 앞서, 우선 그에 반대하는 견해를 소개한다. 즉, 반대쪽 손으로는 포핸드를 잘 칠 수가 없다는 것이다. 그러나 이는 반대쪽 손으로 챔피언의 자리에 오른 선수들을 고려한다면 올바른 주장이 아니다.

나달의 스토리는 이런 점에서 아주 강한 설득력을 지니고 있다. 라파엘 나달은 본래 오른손잡이다. 어릴 때 나달은 포핸드와 백핸드 모두 양손으로 쳤다. 이 스타일의 한계를 깨달은 그의 코치는 변화를 주문했다. 포핸드를 왼손으로만 치고 백핸드는 양손으로 치도록 한 것이다. 아이러니하게도 그의 가장 강력한 샷은 오른손을 전혀 사용하지 않는 포핸드가 됐고, 그의 포핸드는 역대 최고 가운데 하나로 꼽히고 있다.

나달 외에도 테니스 챔피언들 가운데 반대쪽 손을 사용한 경우는 많다. 마가렛 코트(그림 12-6)는 역대 최다 메이저 단식 타이틀 보유자인데, 왼손잡이임에도 오른손으로 테니스를 쳤다. 전 세계 랭킹 1위 카를로스 모야와 마리아 샤라포바 역시 원래 왼손잡이였지만 오른손으로 플레이한다. ATP 톱 10에 올랐던 위르겐 멜저와 전 세계 랭킹 1위 안젤리크 케르버는 나달과 마찬가지로 오른손잡이이자 왼손 플레이어이다. 이런 사례는 끝이 없다. 이것이 시사하는 바는 테니스 선수가 반대쪽 손으로 포핸드를 치더라도 성공할 수 있고, 심지어는 '전설'이 되기도 한다는 점이다.

2. 오버래핑 듀얼 포핸드 그립

준비 자세에서 라켓을 쥐는 방식은 듀얼 포핸드 성공의 핵심 요인이다. 오른손은 선호하는 포핸드 그립을 잡는다. 그리고 나서 왼손도 포핸드 그립으로 잡는데, 오른손의 위쪽 절반 정도를 덮는다. 이때 왼손의 셋째, 넷째, 다섯째 손가락을 오른손의 셋

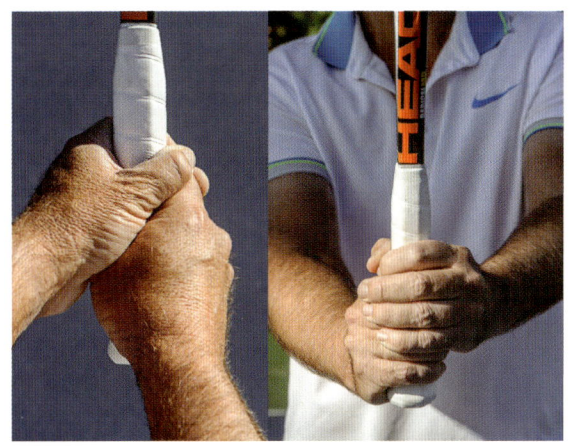

그림 12-7. ODF 그립을 보면 왼손의 셋째, 넷째, 다섯째 손가락이 오른손을 덮고 있다.

A. 포핸드의 파워가 더 앞선다.

포핸드와 원핸드 백핸드를 비교하면 육체적인 힘에서 현저한 차이가 있다. 첫째, 포핸드는 공을 치는 오른쪽 어깨가 왼쪽 어깨보다 뒤로 처지고, 더 강하게 '잡아당기는' 동작을 사용하지만, 백핸드는 공을 치는 오른쪽 어깨가 공을 향하고, 몸에서 멀리 '밀어내는' 다소 약한 동작을 사용한다.

또한 포핸드 스윙은 흉근, 전면 삼각근, 이두근 등 강한 근육을 사용하는 반면, 백핸드 스윙은 이보다 약한 승모근, 후면 및 측면 삼각근, 삼두근을 사용한다. 그리고 포핸드는 하체의 큰 근육과 코어

째와 넷째 손가락 위에 겹쳐 놓는다(그림 12-7). 이렇게 되면 왼손의 셋째, 넷째, 다섯째 손가락을 제외한 모든 손가락이 그립에 닿게 된다. 두 손은 최대한 겹쳐 왼손을 가능한 한 그립 아래쪽에 놓도록 한다.

ODF를 사용할 때는 포핸드에서 백핸드로 전환할 때와 같은 그립 변경이 필요 없다. 이미 두 손 모두 포핸드 그립을 잡고 있으므로 한 손을 떼면서 샷을 치면 된다. 치지 않는 손은 라켓 목으로 올려 유닛 턴에 이용하기를 권장하지만 반드시 그럴 필요는 없다. 여기서 손의 이동 범위는 투핸드 백핸드 선수들이 손을 라켓 목에서 그립까지 옮기는 거리 정도라고 생각하면 된다.

3. 오버래핑 듀얼 포핸드의 장점

오른손잡이가 오른손으로 경기를 하는 데에는 유전학적, 신경학적 이유가 있지만 포핸드는 백핸드에 비해 피지컬적인 우월성을 포함한 여러 장점을 지니기 때문에 ODF 사용은 여전히 관심을 끈다. 이제 어떤 장점이 있는지 자세히 살펴보자.

그림 12-8. 포핸드의 강력한 상향 각 모멘텀으로 인해 페더러는 종종 지면 위로 솟구쳐 오른다.

근육을 훨씬 많이 사용한다. 포핸드를 칠 때 두 다리는 지면을 보다 강하게 밀면서 더 많은 상향 모멘텀을 생성한다(그림 12-8). 그리고 골반 회전이 백핸드에 비해 빠르고 길다. 마지막으로, 포핸드는 뒤쪽 어깨로 치는 기술이기 때문에 포핸드의 백스윙이 백핸드에서보다 길고, 따라서 더 많은 스윙 모멘텀을 통해 라켓 스피드를 높일 수 있다.

B. 포핸드는 치는 시간이 덜 걸린다.
톱스핀 포핸드에서는 몸을 회전할 때 오른쪽 어깨가 몸 뒤쪽에 있는 반면, 백핸드에서는 오른쪽 어깨가 몸 앞쪽에 있다. 이는 포핸드를 칠 때 좀 더 시간적 여유를 가질 수 있다는 의미인데, 현대 파워 테니스에서는 시간이 매우 귀중하므로, 이는 굉장히 중요한 고려 사항이다.

게다가 백핸드를 제대로 치려면 보통 공을 향한 포워드 스텝에 의한 힘이 잘 실려야 한다. 그런데 포핸드에서는 그렇지 않다. 포핸드는 재빨리 세미오픈이나 오픈 스탠스를 취한 다음 포워드 스텝 없이 쳐도 상관없고, 오히려 더 잘 칠 수도 있다. 물론 백핸드 역시 오픈 스탠스로 칠 수 있긴 하지만 백핸드에서 닫힌 스탠스가 오픈 스탠스보다 훨씬 많이 사용되는 데에는 다 이유가 있다. 닫힌 스탠스가 우월하기 때문이다. 상급자 레벨에서는 포핸드를 오픈 스탠스로 더 많이 치며, 마찬가지로 백핸드에서는 닫힌 스탠스가 훨씬 더 선호된다.

C. 포핸드의 코트 커버 범위가 더 넓다.
수세에 몰려 있을 때, 몸보다 뒤로 넘어간 공을 백핸드로 받아내는 건 거의 불가능에 가깝다. 그러나 같은 경우라도 포핸드에서는 손목을 앞으로 꺾으며 효과적으로 공을 넘길 수 있다(그림 12-9). 그러므로 좌우 양쪽에서 포핸드를 구사할 수 있다면 코

그림 12-9. 나달은 손목을 앞으로 꺾으며 공을 코트 반대편으로 넘긴다. 이 샷은 백핸드로는 불가능했을 것이다.

트 커버 범위는 상당히 확장될 수 있다. 이는 기존 방식으로는 불가능했던 랠리를 이어갈 수 있다는 뜻이다.

D. 양손 테니스는 강력하고 신속한 그립 변화가 가능하다.
포핸드의 경우에는 임팩트 순간에 손바닥과 4개의 손가락이 그립 뒤에 위치한다. 반면 원핸드 백핸드에서는 엄지손가락과 손바닥 일부만이 그렇다. 손바닥과 손가락이 그립 뒤에 있다는 건 공과의 충돌을 더 잘 다룰 수 있고 따라서 샷을 컨트롤할 수 있다는 뜻이다.

물론 투핸드 백핸드를 사용할 때는 더 강력한 그립을 가질 수 있다. 하지만 왼손이 라켓 목에 있다가 그립으로 내려와 오른손과 합류해야 하므로 준

제12장 미래의 테니스

그림 12-10. 나달의 투핸드 백핸드

> **코칭 박스:**
>
> 흥미로운 점은 나달이 투핸드 백핸드를 칠 때 오른손을 주로 사용하기 때문에(원래 오른손잡이이므로), 마치 오른손잡이 포핸드처럼 오픈 스탠스에서 투핸드 백핸드를 구사하며, 이로 인해 ODF에서의 '시간 단축'의 장점을 누린다는 사실이다. 페더러는 2008년 프랑스오픈 결승전에서 패한 뒤 나달의 게임에 대해 흥미로운 견해를 제시했다. "그는 마치 베이스라인에서 두 개의 포핸드를 구사하는 것처럼 보입니다. 포핸드와 백핸드 모두 오픈 스탠스를 사용하기 때문이죠. 저는 그렇게 할 수 없다 보니 베이스라인 커버 범위가 1~2m 줄어들었어요. 이런 면에서 나달은 엄청난 이점을 지닌 거죠."[1]

비 시간이 걸린다. 게다가 한 손이 아닌 두 손을 그립에 정확히 위치시켜야 하는 문제도 있다. ODF라면 두 손이 언제나 포핸드 그립으로 준비되어 있으며 한 손을 놓기만 하면 된다.

이렇게 빠른 그립 준비의 장점은 서브 리턴에서 특히 중요하다. 서브 리턴이 어려운 이유 가운데 하나는 그립을 바꿔야 하기 때문이며, 특히 빠른 서브를 받을 때는 더욱 그렇다. 서브 리턴 시 그립 변경은 서브 방향의 속단을 유발하며, 특정 스트로크의 선호는 다른 스트로크의 약화로 이어질 수 있다. 원핸드 백핸드 선수들은 분명 그립 변경에 어려움을 느끼지만, 투핸드 백핸드 선수들 역시 그립을 바꿔야 하는 건 마찬가지다. 양손 테니스는 서브 리턴에서 그립 변경의 문제가 거의 없다. 두 손이 이미 포핸드 그립을 잡고 있으므로 좌우 어느 쪽으로 오건 간에 모든 종류의 서브를 빠르게 받아낼 수 있다. 게다가 ODF는 파워와 준비 시간, 수비 범위 등에서 장점이 있어 보다 강력한 리턴이 가능하다.

E. 양손 테니스는 와이드나 하이 볼로 우위를 점하려는 상대 전략을 무력화한다.

포핸드는 뒤쪽 어깨를 사용해 치기 때문에, 와이드로 빠지는 공을 쫓아갈 때도 준비 자세를 제대로 취할 수 있다. 하지만 백핸드는 그렇지 못하다. 실제로 러닝 포핸드는 위협적인 무기가 될 수 있어도 러닝 백핸드는 보통 수비적인 샷이 된다.

ODF는 양쪽 코트로 빠지는 와이드 볼을 공격적인 포핸드로 대응할 수 있기 때문에(그림 12-11), 상대 백핸드 와이드로 공을 보내 포인트를 지배하려는 전략을 무용지물로 만들 수 있다. 또한 하이 포핸드가 쉬운 샷은 아니지만 분명 하이 백핸드보다는 용이한 샷이다. 그러므로 양손 테니스는 상대의 백핸드 하이 톱스핀 전략을 좌절시킬 수 있다. 이러한 두 가지 전략이 무력화되면서, 상대는 보다 익숙하지 않고 완성도가 낮은, 즉 효과가 떨어지는 공격 패턴을 찾을 수밖에 없게 된다.

F. 양손 테니스는 메커니즘을 단순화한다.

요즘 선수들은 포핸드에서 백핸드로 자세를 바꾸는 걸 매 경기마다 수백 번씩 반복한다. 이 두 가지 스윙은 상체의 메커니즘뿐 아니라 스탠스와 임팩트 지점도 다르다. 긴 경기 혹은 긴 랠리에서 이를 빠르고 성공적으로 수행하기는 쉽지 않다. 테니스에서 널리 알려진 전술 가운데 하나는 한쪽으로 여러 번 공을 보낸 다음 반대쪽으로 치는 것이다. 두 그라운드 스트로크의 메커니즘 변화로 인해 샷이 약해지거나 범실이 발생할 수 있기 때문이다. 반면에 양손 테니스에서는 양쪽에서 똑같은 포핸드 동작을 시행하므로 상체 움직임이 단순화되고 스탠스와 임팩트 지점의 일관성도 증가하며, 두 스윙 간의 전환이 훨씬 용이하다.

G. 양손 테니스는 샷 선택을 향상시킨다.

보통 포핸드와 백핸드는 서로 다른 전략을 취한다. 포핸드는 공격적이고 백핸드는 다소 수비적이다. 이러한 차이는 샷 선택에서 문제를 일으킨다. 왜냐하면 포핸드에서는 정확히 얼마만큼 공격적이어야 하고 백핸드에서는 얼마나 조심스러워야 하는지 정답이 없기 때문이다. 그러나 양손 테니스에서는 오른쪽과 왼쪽의 공격성이 훨씬 균등해지므로, 보다 일관된 결정을 내릴 수 있다.

그림 12-11. 와이드 백핸드와 달리, 와이드 포핸드는 위협적인 샷이 될 수 있다.

그림 12-12. 포핸드 플레이를 위해 왼쪽으로 이동하면 오른쪽 공간이 열리면서 상대의 공격에 노출된다.

H. 양손 테니스는 코트 포지션이 좋아진다.

포핸드로 게임을 지배하거나 백핸드 쪽 공략을 피하기 위해 코트의 왼쪽으로 이동하면 코트 오른쪽 공간이 열리면서 위치 선정에 실패할 위험이 있다(그림 12-12). 만약 포핸드를 치기 위해 왼쪽으로 이동한다면 강력한 샷을 쳐야만 하고, 그렇지 못할 경우 코트의 2/3 이상을 비워놓은 것에 대한 값비싼 대가를 치르게 된다. 또한 지속적으로 이런 동작을 하면 에너지 소모가 커질 수 있고, 이는 경기가 길어질수록 더욱 문제가 될 수 있다. 게다가 백핸드는 수비 범위가 좁고 준비 시간이 더 소요되기 때문에 약간 왼쪽에 위치를 잡아야 한다. 이런 포지션은 상대의 다운더라인 백핸드나 크로스코트 포핸드에 특히 더 취약해질 수 있다. 반면 ODF를 사용하는 선수들은 늘 상대 샷의 범위 중심에 자리를 잡을 수 있어 이런 위협에 덜 노출된다.

I. 양손 테니스는 몸의 자세로 인해 발생하는 문제가 적다.

만일 백핸드를 칠 때 공의 위치와 속도, 회전량을 잘못 판단하면, 틀림없이 약한 샷이 나온다. 백핸드의 강력함은 안정적인 닫힌 스탠스와 앞발의 전진 스텝에 의해 결정되기 때문이다. 따라서 자세를 잡을 때 허용되는 오차 범위가 매우 좁다. 게다가 투핸드 백핸드에서는 두 손으로 라켓을 잡기 때문에 공을 잘못 판단하면 상체가 흔들려 파워와 컨트롤을 잃게 된다.

반대로 포핸드는 오픈 스탠스를 자주 사용하고 한 손만 쓰는 샷이다. 이는 공에 대한 판단이 살짝 틀려도 여전히 효과적인 샷을 칠 수 있다는 뜻이다. 또한 포핸드에서는 왼손을 앞으로 뻗어 공과의 거리를 가늠하고 좋은 자세를 확립할 수 있다.

J. 양손 테니스는 부상 위험을 줄이고 심리적인 자극을 강화한다.

지속적인 오른팔 스윙과 이로 인해 임팩트 시 발생하는 충격은 오른팔 근육의 과도한 발달 및 피로를 유발하고 관절을 마모시켜 부상으로 이어질 수 있다. 양손 테니스에서는 반복되는 스윙으로 인한 영향이 한쪽 팔에만 집중되지 않기 때문에 이러한 부상 가능성이 줄어든다.

또한 이런 연구 결과도 있다. 반대쪽 손을 사용하면 신경을 자극해 좌반구와 우반구에서 담당하는 뇌 기능을 통합하는 데 도움을 줄 수 있다는 것이다. 즉, 인간의 좌우 뇌가 '서로 연결되어' 있는데, 이는 왼손으로 포핸드를 치는 것이 우뇌의 기능, 즉 직관과 창의력을 계발하는 데 도움이 된다는 것이다. 인간의 우뇌는 3차원 지각에 좀 더 관여하는데, 이는 손과 눈의 협응 동작에 중요한 요소이자 성공적인 테니스의 핵심이라 할 수 있다. 게다가 ODF와 같은 새로운 운동 기술을 습득하면 대뇌의 운동 피질에 있는 뉴런(신경 세포)의 수초화를 증가시킨다는 연구 결과도 있다.[2] 이러한 과정은 뇌세포를 격리해, 뉴런 간의 신호 전달을 빠르게 해 뇌 기능을 향상시킬 수 있다. 이러한 정신적 능력의 향상은 미약할 수 있지만 그래도 무언가 향상된다는 건 양손 테니스의 훌륭한 부가 효과일 것이다.

4. 오버래핑 듀얼 포핸드 vs 투핸드 백핸드

투핸드 백핸드가 종종 사실상의 왼손 포핸드라고 묘사되는 사실은 흥미롭다. 분명 투핸드 백핸드의 힘과 스핀의 생성에 있어 왼팔이 오른팔보다 역할이 큰 것은 맞다. 또 왼손 포핸드에 비해 골반 회전이 늦게 발생하고 스윙이 더 간결하지만, 왼팔의 이동 경로는 두 경우에서 유사하다.

ODF는 투핸드 백핸드와 비교할 때 네 가지 장점을 지닌다. 첫째 ODF는 제한이 적다. 몇몇 선수들은 투핸드 백핸드를 어색해한다. 이들은 라켓에

그림 12-13. 최근 연구 결과, 새로운 방식으로 스포츠를 하는 것은 뇌에 긍정적인 효과를 유발한다는 사실이 밝혀졌다.

두 손을 얹은 채 부드럽고 빠르게 스윙을 하는 데 어려움을 느낀다. ODF는 임팩트 시 오직 한 손으로만 라켓을 잡기 때문에 이러한 문제점을 피할 수 있다. 둘째, ODF는 톱스핀을 더 많이 생성한다. 한 팔 스윙이 두 팔 스윙보다 빠르며, 이는 톱스핀의 증가를 의미한다. 셋째, ODF는 힘이 덜 든다. 두 팔로 백핸드 스윙을 하면 에너지 소모가 크다. 넷째, ODF는 낮은 공을 더 잘 처리할 수 있다. 투핸드 백핸드 선수들은 낮은 공이 오면 왼팔을 떼고 한 손 백핸드 슬라이스로 수비를 하게 되지만 같은 공에 대해 ODF는 왼손 포핸드로 공격적인 톱스핀 샷이 가능하다.

5. 오버래핑 듀얼 포핸드 연습 방법

새로운 운동을 제대로 배우기 위해서는 쉽게 시작한 다음 서서히 난이도를 높이는 것이 중요하다. 일반 테니스공으로 양측 베이스라인에서 공을 치는 식으로 ODF를 배우는 것은 아래에 추천하는 방식에 비해 발전 속도가 훨씬 늦을 것이다.

A. 코트 밖 훈련

코트로 나서기 전, 집에서부터 ODF 그립에 친숙해질 수 있다. TV나 컴퓨터 근처에 라켓을 두고 오버래핑 그립으로 잡았다 놓는 연습을 하라. 이를 빠르게 수행하는 것은 양손 테니스의 핵심 요소이다.

　섀도 스윙 역시 ODF에 도움이 되며 집에서도 할 수 있다. 섀도 스윙은 올바른 테크닉을 몸에 익히고 파워와 컨트롤을 겸비한 스윙에 필요한 근력을 키우는 데 매우 효과적이다. 특히 테니스 코트나 연습 파트너 없이도 왼손 포핸드에 숙달하고 다양한 풋워크와 스탠스, 그리고 스윙 궤적을 익히기에 좋은 방법이다.

> **코칭 박스:**
>
> 닉 볼리티에리가 테니스 매거진에 기고한 바에 의하면, 안드레 애거시는 종종 투핸드 백핸드를 위해 왼손 포핸드를 치는 연습을 했다. "그는 이 연습을 매일 했습니다. 덕분에 투핸드 백핸드 시 왼손의 스윙 속도가 빨라지면서 임팩트 순간에 왼손을 주로 사용할 수 있었죠." ODF가 가진 뛰어난 특징 가운데 하나는 결국 투핸드 백핸드를 치기로 결정했다 하더라도, 왼손 포핸드 연습으로 투핸드 백핸드를 더욱 강하게 만들고 기술적 완성도를 높일 수 있다는 점이다.

그림 12-14. 안드레 애거시의 투핸드 백핸드

매일 15분씩 다음과 같은 ODF 섀도 스윙에 연습 시간을 할애하자. 우선 세 가지 포핸드의 주요 스탠스인 중립, 세미오픈, 오픈 스탠스로 시작한다. 왼손 포핸드 스윙을 100번 하는데, 세 가지 스

그림 12-15. 온 코트 ODF 훈련 과정

1. 축약 스윙　　　　　2. 파워 포지션　　　　　3. 풋워크 및 스윙

탠스를 무작위로 하되 대략 비슷한 비율로 시행한다. 100번의 스윙에 이어 다양한 길이의 랠리를 머릿속으로 그리면서 25번 스윙한다. 공격적인 스윙과 수비적인 스윙을 모두 포함하고 다양한 방향으로 움직인다. 첫 다섯 포인트는 서브권을 갖고, 다음 다섯 포인트는 리턴을 한다. 25점이 결정되면 다음 단계로 넘어간다. 이때 오른손 포핸드 스윙 역시 이 상상의 포인트 플레이에 반드시 포함해, 오버래핑 그립을 잡았다 놓는 연습을 하도록 한다.

B. 코트 훈련

그립 변경과 섀도 스윙을 집에서 마친 다음, 코트에서는 압축이 덜 된 공으로 연습을 시작한다. 미국에서 퀵스타트 볼Quickstart Ball로 알려진 이 공은 일반 테니스공에 비해 가볍고 속도가 느려 쉽게 칠 수 있다. 또한 랠리가 길어져 반복하기도 좋다. 공의 크기와 무게가 다양하므로 일단 느린 공으로 시작한 다음 점점 빠른 공으로 넘어간다.

먼저 연습 파트너가 바구니에서 퀵스타트 볼을 꺼내 넘겨주도록 한다. 서비스 라인에 서서 다음 4단계 방법으로 15분 정도 왼손 스윙을 연습한다.

1. 축약 스윙:

일단 임팩트 시 라켓의 올바른 밸런스를 잡는 데 익숙해져야 한다. 서비스 라인에 중립 스탠스로 서서 라켓을 뒷발과 나란히 정렬한다(그림 12-15a). 이렇게 축약된 백스윙으로 왼손 포핸드를 치고 팔로우 스루는 끝까지 한다. 이 연습 단계에서는 앞발보다 약간 앞에서 타점을 형성하고, 임팩트 구간에서 라켓 면의 각도를 안정적으로 유지하는 법을 배우는 데 주력해야 한다. 축약된 백스윙으로 공을 25번 친다.

2. 파워 포지션:

다음으로 파워 포지션에서 스윙하며(그림 12-15b) 천천히 25번 공을 친다. 밑에서 위로 올라가는 상향 스윙을 하고 적당량의 톱스핀을 걸 수 있도록 공을 문지르듯 친다.

3. 풀 스윙:
준비 자세에서 이제 풀 스윙을 시작한다. 천천히 25번 적당량의 톱스핀을 걸고 밸런스를 유지하며 팔로우 스루한 뒤 멈춘다. 항상 준비 자세로 돌아오는 걸 명심하고, 스트로크를 시행한 다음에는 항상 두 손으로 오버래핑 그립을 잡도록 한다.

4. 풋워크 & 풀 스윙:
마지막으로, 풋워크를 사용하면서 다양한 스탠스로 연습한다. 공을 기다리는 동안 발을 가볍게 움직이고 왼발을 왼쪽으로 디디면서 2~3회 잔발을 밟은 뒤, 오른발을 앞으로 내면서 중립 스탠스를 취하며 25번 샷을 연습한다. 그러고 나서 연습 파트너로 하여금 코트 중앙으로 높은 공을 보내도록 해서 세미오픈 스탠스로 25번 친다(그림 12-15c). 다음에는 와이드로 오는 공을 25번 스윙하며, 다양한 풋워크로 총 75번의 풀 스윙을 소화한다. 이 단계에서는 코트 위에 목표물을 설치해 정확성과 집중도를 높이는 것이 좋다.

바구니 볼로 ODF를 연습한 뒤, 퀵스타트 볼을 사용해 천천히 좌우 포핸드 랠리를 시작한다. 서비스 라인에서 1.5m 정도 뒤로 물러나 서비스 라인을 베이스라인 삼아 랠리한다. 이렇게 코트를 작게 만들면 왼손 포핸드 스윙을 하면서 팔과 다리의 움직임에 보다 집중할 수 있다. 풀 코트를 너무 일찍 사용하면, 긴 거리를 움직이고 공을 멀리 보내느라 스윙 자체에 집중하기 어렵다. 랠리 시에는 앞서 7장에서 논의한 상체의 기본 동작(유닛 턴, 백스윙, 포워드 스윙, 임팩트, 팔로우 스루)에 집중하고, 이러한 기본 원칙들을 왼손 포핸드에 적용한다.

서비스 라인 1.5m 뒤에서 10분 정도 랠리하고, 3m 뒤에서 10분, 베이스라인에서 10분간 연습해 총 30분 동안 랠리를 시행한다. 천천히 공을 쳐야 올바른 임팩트 지점과 밸런스를 익힐 수 있다.

만약 여러분이 훈련에 집중해 섀도 스윙 15분, 공 넘기기 15분, 랠리 30분 등 총 1시간의 훈련을 소화할 수 있다면 양손 테니스의 목표에 보다 빨리 도달할 수 있다. 벽치기나 볼 머신을 이용한 반복 훈련도 도움이 될 수 있다. 시간이 지나면서 ODF에 더욱 익숙해지면 이러한 변화는 자연스럽게 동반될 것이다. ODF에 어느 정도 편안해지면 섀도 스윙과 퀵스타트 볼 사용, 그리고 바구니 볼 연습을 중단하고 일반 테니스공으로 랠리 연습을 시작할 수 있다.

6. 결론
포핸드의 피지컬적인 이점으로 인해 현대 테니스에서 ODF는 주목할 만한 기술로 간주된다. 선수들의 운동 능력이 점점 향상되면서 왼손 사용이 늘어날 가능성이 더욱 높아졌다. 또 게임의 속도가 빨라지면서 포핸드가 지닌 파워, 준비 시간, 리치 등의 여러 장점이 훨씬 더 부각되고 있으며, 이는 포핸드로만 게임을 진행하여 백핸드는 과거의 유물이 될 수 있다는 견해에 무게를 실어주고 있다.

현대 테니스는 완성도가 굉장히 높기 때문에 미세한 발전이 경기 방식의 판도를 뒤집어 버릴 수 있다. 1990년대 라켓 스트링의 개선은 2000년대 들어 ATP에서 서브앤발리를 거의 전멸시켜 버렸다. 선수들의 민첩함과 체력이 조금씩 개선되고, 경기 속도가 더욱 빨라지게 되는 것은 베이스라인 플레이에 어떤 영향을 미칠까?

앞에서 언급한 대로 나는 "우리가 얼마나 반대쪽 손을 능숙하게 사용할 수 있느냐"가 핵심 질문이라고 생각한다. 오른손/왼손잡이에 관한 연구를 보면 스킬과 선호도는 '닭이 먼저냐 달걀이 먼저냐'의 문제로 귀결된다. 한 손이 더 능숙하기 때문에 손잡이가 형성되는 것일까, 아니면 선택되어 더 많이 사용되다 보니 능숙하게 되는 것일까?

아마도 이는 능숙함의 차이라기보다는 어느 정도는 선호도로 인해 시작되는 걸로 보인다. 분명 나달, 마가렛 코트, 모야, 샤라포바, 멜저, 케르버를 비롯한 여러 선수들의 엄청난 성공은 이런 믿음을 뒷받침한다.

과학자들은 인간을 절대적인 오른손잡이 혹은 왼손잡이로 규정하지 않는다. 대신 손잡이 스펙트럼상에 놓인 존재로 파악한다. 이 스펙트럼의 양 끝에는 극단적인 오른손잡이 혹은 왼손잡이로 분류되는 소수가 위치한다. 이 스펙트럼의 중간 지대에 가까운 사람들에게는 아마도 양손 테니스가 올바른 선택이 될 수 있을 것이다. 그다지 머지않은 미래에, 우리는 아마도 유전자 검사를 통해 어린이

그림 12-16. 현대 테니스 선수들의 운동 능력이 점점 좋아지고 게임 진행 속도가 빨라지면서 ODF 사용의 장점과 정당성은 더욱 부각될 것이다.

> **코칭 박스:**
>
> 인생의 변화를 추구하거나 양손 테니스와 같은 완전히 새로운 것을 시작하기 위해서는 동기 부여와 자신감 등 정신적인 요소가 필요하다. 당신의 동기 부여는 다음과 같을 수 있다. ODF의 사용으로 예전에 닿지 못한 와이드 샷을 치고, 세컨 서브를 보다 공격적으로 받고, 늘 패하던 적수를 꺾는 데서 즐거움을 얻으면 된다. 백핸드에 대한 포핸드의 운동 감각적 우월성을 이해하면 ODF에 대한 자신감을 가질 수 있다. 동기 부여와 자신감 외에도 앞으로 마주칠 난관을 극복하기 위한 인내심과 참을성이 필요하다. 마음속에 양손 테니스의 성공을 구체적으로 그리는 데 시간을 할애하도록 하자. 또한 1주일 단위로 기록을 남기고, 여기에 이를 달성하기 위해 해야 할 일 세 가지를 포함한다면 목표를 이룰 가능성은 더욱 높아질 것이다. 이렇게 짜임새 있는 접근을 통해 양손 테니스라는 '야망'을 달성하는 데 더욱 집중하면서 탄력을 받을 수 있을 것이다.

들의 선호 손잡이를 파악할 수 있을지 모른다. 그리고 이 정보를 통해 중간 지대에 속한 어린이들에게는 ODF를 배우도록 추천하고, 양 끝에 위치한 아이들에게는 권하지 않을 수도 있을 것이다.

III. 리버스 서브

1. 리버스 서브의 장점

테니스 역사상 가장 성공적인 복식 팀인 마이크와 밥 브라이언, 토드 우드브리지와 마크 우드포드, 마르티나 나브라틸로바와 팸 슈라이버, 존 매켄로와 피터 플레밍은 한 가지 중요한 공통점을 지닌다. 오른손잡이와 왼손잡이의 조합이라는 것이다. 왜 이런 조합이 그토록 유리한 걸까? 일단 그러한 조합을 상대하는 복식 팀은 서브 리턴을 조정해야 한다. 오른쪽으로 빠지는 서브를 받은 뒤, 바로 다음 리턴 게임에서는 왼쪽으로 휘어지는 서브를 받아야 하는 등 매번 다양한 각도로 넘어오는 공을 처리해야 한다.

훌륭한 스핀 서브는 단식에서 늘 위협적이고 특히 경기 초반 효과적이다. 하지만 일단 리터너가 몇 게임 서브를 받다 보면, 차츰 스핀을 파악하면서 타이밍을 잘 맞출 수 있게 된다. 그러나 만약 당신이 오른손과 왼손 모두로 스핀 서브를 넣을 수 있다면, 상대의 리듬을 흔들 수 있고 경기 내내 서브 리턴을 어렵게 만들 수 있다.

서브에 예측 불허의 요소를 추가해 상대의 리듬

그림 12-17. 오른손과 왼손잡이 복식 조합인 브라이언 형제는 상대방이 서브 리턴 리듬을 찾기 어렵게 만든다.

을 방해하는 것 외에도, 오른손과 왼손 스핀 서브를 구사하는 것이 서브 게임을 쉽게 가져갈 수 있는 세 가지 이유가 있다.

A. 왼손잡이 선수는 전체의 10%에 불과하다.[3]
왼손 서브는 많은 선수들에게 수수께끼다. 왜냐하면 왼손잡이가 굉장히 드물기 때문이다. 따라서 그들과 경쟁할 기회 자체가 많이 없다. 공의 궤적, 스핀, 바운스가 다른 평범한 서브 리턴 때와는 정반대다.

B. 서브를 넣을 때마다 코트 포지션의 이점을 가질 수 있다.
서브를 듀스 사이드에서 넣건 애드 사이드에서 넣건 간에 와이드로 휘어지게 넣을 수 있다면 상대를 바깥쪽으로 몰아낼 수 있다. 애드 사이드에서 휘어지는 서브로 인한 이점을 고려하면, 이는 정말 중요한 기술이다. 30-15, 15-30, 40-30, 30-40, 애드 인, 애드 아웃과 같은 중요한 게임 포인트들이 애드 사이드에서 시행되기 때문이다.

C. 상대 백핸드를 더 쉽게 공략할 수 있다.
왼손잡이 스핀의 오른쪽으로 휘는 커브는 보통 오른손잡이의 취약점인 백핸드로 향한다.

이렇게 오른손잡이와 왼손잡이 스핀을 모두 구사함으로써 얻게 되는 이득은 분명하다. 하지만 어떻게 오른손잡이가 왼손잡이 스핀을 넣고, 또 왼손잡이가 오른손잡이 스핀을 구사할 수 있단 말인가? 해답은 바로 리버스 서브이다.

2. 상급자를 위한 리버스 서브 테크닉
상급자들은 컨티넨털 그립을 잡고 리버스 서브를 구사한다. 평상시 서브와 다른 그립을 사용할 필요는 없고 토스 역시 마찬가지다. 평범한 서브인 척 해야 상대에게 RS의 커브를 막기 위해 리턴 포지션을 바꿀 여유를 주지 않을 수 있다.

상급자들은 토스를 플랫 서브에서와 비슷하게 하지만, 30cm 정도 더 앞으로 던진다. 토스의 좌우 변화는 상대가 읽을 수 있지만 전후 변화는 감지하기 어렵다. 재미있는 사실은 RS의 토스가 플랫 서브와 같은 방향이기 때문에 약간 오른쪽으로 던지는 기존의 슬라이스 서브보다 상대를 속이기 쉽다는 점이다.

RS는 일반적인 서브와 같은 방식으로 시작한다.

그림 12-18. ATP 투어 선수인 루카스 로솔은 상대의 예측을 피하고 서브의 폭을 넓히기 위해 종종 리버스 서브를 사용한다.

트로피 포지션에 돌입하면 그립을 약한 컨티넨털 혹은 이스턴 그립으로 살짝 돌려 준다(그림 12-20, 1번 프레임). 이렇게 그립을 조정하면 라켓 면으로 공의 왼쪽을 더 쉽게 긁을 수 있다. 그다음, 라켓을 등 뒤에서 아래로 떨어뜨리고 공을 향해 위로 스윙하면서 라켓 모서리를 왼쪽 네트 포스트 방향으로 이동시키며(그림 12-19) 스트링으로 공의 왼쪽을 감아준다. 서브는 골반을 완전히 돌리며 마무리되는데, 라켓이 왼쪽으로 움직이기 때문에 팔로우 스루 동안 몸이 약간 왼쪽으로 이동하게 된다. 이로 인해 서버는 3구에서 포핸드를 치기에 유리한 위치에 놓이게 된다(그림 12-20, 7번 프레임).

RS에서는 스트링이 오른쪽에서 왼쪽으로 움직이며 공을 긁어주기 때문에 왼손잡이 서브에서와 동일한 스핀이 생성된다. 오른손잡이의 서브가 보통 왼쪽에서 오른쪽으로 스핀이 걸리는 것과 대조된다. 넣고자 하는 서브의 종류에 따라 공의 어느 부위에 스트링이 닿는지가 결정된다. 만약 리버스 슬라이스 서브를 넣고 싶다면, 스트링은 공의 10시 방향을 돌려야 한다. 리버스 슬라이스 톱스핀의 경우에는 공의 중앙을 때린 다음, 11시 방향으로 감아야 한다.

RS의 손목 내전은 약한 컨티넨털 그립의 사용으로 인해 플랫 서브에 비해 약간 줄지만, 슬라이스 서브보다는 많이 발생한다. 사실 RS의 손목 내전은 슬라이스 서브보다는 플랫 서브에 가깝기 때문에 RS가 일반 슬라이스 서브보다 조금 더 빠르다. 또한 RS는 팔, 특히 팔꿈치에 무리가 덜 가는 것 같다. RS의 손목 내전은 아래팔 근육을 늘려 팔꿈치에 걸리는 압력을 줄이는 반면, 슬라이스 서브는 손목 내전이 적어서 팔꿈치에 부담이 커지기 때문이다.

RS가 단점이 없는 건 아니다. RS의 두 가지 부정적인 효과는 첫째, 임팩트 시 그립에서 아래팔까지의 연결이 기존의 서브에서만큼 확고하지 않고, 타점이 약간 낮으면서 이상적인 지점보다 다소 앞쪽에 형성된다. 그러나 이와 같은 단점은 왼손잡이와 같은 위협적인 서브로 상대의 허를 찌르는 장점에 비할 바는 아니다.

3. 동호인을 위한 리버스 서브 테크닉

위에서 설명한 RS의 교육 방법은 동호인에게도 적용된다. 단지 좀 더 쉽게 구사할 수 있도록 그립과 토스를 조금 조정한다. 동호인들은 RS를 이스턴 포핸드 그립으로 시작한다. 토스는 플랫 서브에서보다 대략 왼쪽으로 30cm, 그리고 조금 더 몸 앞쪽에서 시행해야 한다. 토스 위치가 다른 점은 RS의 또 한 가지 장점이다. 햇빛의 영향에서 벗어날 수 있기 때문이다. 한쪽에서는 RS를 시도하고

그림 12-19. 리버스 서브에서 라켓 모서리는 임팩트 동안 왼쪽 네트 포스트를 향해 움직인다.

그림 12-20. RS는 플랫 서브와 같은 방식으로 시작된다. 세 번째 프레임에서 키릴은 컨티넨털 그립에서 이스턴 포핸드 그립으로 전환한다. 네 번째 프레임을 보면, 그의 왼팔이 플랫 서브를 넣을 때보다 더 일찍 왼쪽으로 빠르게 이동하면서 라켓이 왼쪽으로 움직일 수 있는 공간을 열어준다.

네 번째 및 다섯 번째 프레임에서 라켓이 왼쪽 위로 이동하며 공의 10시 방향을 임팩트하는 것을 확인할 수 있다. 여섯 번째 프레임에서는 라켓의 모서리가 임팩트 후에도 계속해서 왼쪽 네트 포스트 방향으로 움직이고 있다. 마지막 프레임에서 키릴은 팔로우 스루를 하고 일반적인 서브보다 더 코트 왼쪽에서 동작을 마무리한다. 이는 포핸드를 사용하기에 좀 더 유리한 위치이므로 베이스라인 랠리에서 주도권을 잡을 수 있게 된다.

반대쪽에서는 일반 서브를 넣으면 햇빛을 피할 수 있다.

4. 결론

공이 오른쪽이나 왼쪽 두 방향으로 휘는 스포츠가 몇 종목 있다. 테니스 서브 모션과 가장 연관성이 높은 동작은 야구에서의 투구다. 서브와 마찬가지로 투구는 빠른 스피드와 정확성, 그리고 상대 리듬을 흔들기 위해 손목 움직임의 변화를 통한 다양한 구질로 구성된다. 야구의 슬라이더는 오른쪽에서 왼쪽으로 휘기 때문에 테니스의 슬라이스 서브와 비슷하다.

왼쪽에서 오른쪽으로 휘는 변화구인 스크루볼이 RS와 유사하다. 투수가 다양한 손목 움직임으

제12장 미래의 테니스

로 18m 거리에서 43cm 너비의 홈플레이트로 공을 던질 수 있다면, 테니스 선수들도 90cm 높이의 네트를 넘겨 26m² 면적의 서비스 박스 안으로 리버스 서브를 넣지 못할 이유는 없다. 또한 서브는 테니스에서 100% 여러분이 컨트롤할 수 있는 유일한 샷이라는 걸 기억하라. 이러한 서브의 특징으로 인해 다양한 라켓 움직임과 스핀의 배합을 비교

적 쉽게 배울 수 있는 것이다.

최상급 테니스 선수들 대부분은 RS를 시도한 적이 있다. 이는 전혀 새로운 기술은 아니다. 어떤 동료 지도자는 제대로 연습도 안 하고 RS로 에이스를 터트리기도 했다. 분명한 효과에도 불구하고 RS가 상대의 허를 찌르는 뛰어난 서브로 인정받지 못하고 있는 사실은 이해하기 어렵다. 하지만 이

장의 앞부분에서 언급했듯이, 오늘날 보편적으로 사용되는 샷들도 발전을 통해 자리를 잡는 데까지는 적잖은 시간이 걸렸다는 점을 고려한다면 그다지 놀라운 사실이 아닐 수도 있다.

IV. 발리볼 서브

왜 높이뛰기 선수들은 바를 넘기 전 도움닫기를 할까? 달리면서 생기는 전방 모멘텀으로 인해 더 높게 점프할 수 있기 때문이다. 이런 이유로 나는 언젠가 발리볼 서브가 테니스 사전에 등재될 날이 올 거라고 굳게 믿는다.

VS는 일반적인 서브 스탠스로 시작하지만 베이스라인에서 30~45cm 정도 뒤에 선다(그림 12-22a). 백스윙을 한 다음, 왼발을 30~45cm 정도 앞으로 내디디며 통상적인 핀포인트 서브를 시도한다(그림 12-22b, 그림 12-22c). 이렇게 왼쪽 발을 내밀면 라켓 스피드를 올릴 수 있을 뿐 아니라 지면에서 더 높게, 멀리 점프할 수 있다.

이렇게 위로 힘차게 점프하는 것은 두 가지 측면에서 서브에 도움이 된다. 즉, 타점을 높이고, 코트 길이를 줄이는 것이다. 5장에서 논의한 바와 같이 타점이 높아지면 네트 위로 조금 더 높게 보내도 폴트를 유발하지 않기 때문에 서비스 박스로 향하는 공의 궤적이 개선된다. 211cm의 신장을 지닌 이보 카를로비치가 ATP 투어에서 가장 많은 에이스를 터트리는 데에는 이유가 있다. 또한 멀리 점프를 하면 코트 길이가 짧아져 상대의 반응 시간을 빼앗을 수 있다. 연습 시간에 상대가 베이스라인보다 약간 안쪽에서 넣은 서브를 받아 보면, 반응 시간의 미세한 감소로 인해 리턴이 얼마나 불리해지는지 체감할 수 있을 것이다.

V. 그 밖의 서브 옵션

서브를 향상시킬 수 있는 또 다른 서브 스탠스가 있다. 플랫폼 서브와 핀포인트 서브의 장점을 취합하는 것이다(40~41페이지 참조).

강서브를 넣기 위해서는 몸을 위로, 그리고 앞으로 밀어야 한다. 플랫폼 스탠스의 다리 추진력은 상향 모멘텀이 우세한 반면, 핀포인트 스탠스는 더 강한 전방 모멘텀을 갖는다. 플랫폼 스탠스는 조금 더 안정적이지만 활력이 떨어진다. 핀포인트 스탠스는 강력한 골반 움직임과 에너지 발산이 가능하지만 몸을 더 잘 컨트롤해야 한다.

그림 12-21. 제이미 머리는 발리볼 서브 테크닉을 이용해 빠르게 네트를 점령할 수 있었고, 이는 메이저 대회 복식 5회 우승에 일조했다.

그림 12-22. 나는 VS를 넣을 때 일반적인 서브 스탠스를 취하지만 베이스라인에서 30cm 정도 뒤에서 시작한다(a). 백스윙을 하면서 왼발을 앞으로 내딛고(b), 타점을 높이고 서브에 파워를 싣기 위해 전방 모멘텀을 더하면서 트로피 포지션을 잡는다(c).

이러한 장단점은 서브에 도움이 될 수도 있고, 역효과를 낼 수도 있다. 핀포인트 스탠스의 폭발적인 힘은 특히 첫 서브에 유용하다. 하지만 세컨 서브는 스피드보다 안정성을 요구한다. 이것이 바로 플랫폼 스탠스가 세컨 서브에 적당한 이유다. 첫 서브와 세컨 서브는 목적이 다를 뿐 아니라 토스에서도 차이가 있다. 세컨 서브의 토스는 첫 서브보다 뒤에서 이루어지며, 따라서 두 서브는 약간 다른 스탠스가 요구된다.

서브 스탠스의 딜레마를 해결할 방안이 있을까? 백스윙을 하면서 뒷발을 한 발 앞으로 내밀되, 두 발을 약간 벌린 채로 트로피 포지션을 취하는 것이 대안이 될 수 있다(그림 12-23). 이 테크닉은 핀포인트 스탠스의 장점(전방 모멘텀과 골반 움직임)과 플랫폼 스탠스의 장점(다리 추진력과 안정성)을 결합한 것이다. 이렇게 하면 플랫폼 서버의 첫 서브와 핀포인트 서버의 세컨 서브를 향상시킬 수 있다.

VI. 결론

테니스 역사에서 선수와 코치들은 처음에는 강한 저항에 부딪혔지만 훗날 진가를 인정받은 혁신적인 테크닉을 창조해왔다. ODF, RS, 그리고 VS는 현재 가르치지 않는 기술이지만, 과거의 테니스가

그림 12-23. 뒷발을 앞으로 움직이지만 두 발 사이에 공간을 남겨두면 플랫폼 서버의 첫 서브에 파워를 실을 수 있고, 핀포인트 서버의 세컨 서브에 안정성을 더할 수 있다.

기술적으로 많은 변화를 겪은 것과 마찬가지로, 미래에 우리에게 친숙해질 수 있는 스트로크다. 8장에서 언급한 하이브리드 백핸드, 즉 리턴을 투핸드로 하고 랠리는 원핸드 백핸드로 사용하는 이 기술 역시 그러한 가능성을 가진 또 다른 샷이다.

오늘날의 테니스는 과거 그 어느 때보다 더욱 뛰어난 운동 능력을 요구하고, 공격적이며, 과학적이기도 하다. 따라서 테니스계는 예전에 비해 이러한 대안적 아이디어에 열려 있다. 그렇다 하더라도 독특한 아이디어를 채택하는 것에는 위험이 따르며 변화는 서서히 일어난다. 쿠리어의 인사이드 포핸드, 애거시의 스윙 발리, 윌리엄스 자매의 오픈 스탠스 백핸드 및 나달의 리버스 포핸드가 정착된 경우를 보면, ODF와 RS, VS 역시 널리 받아들여지기 위해서는 상위 랭킹 선수들의 선택이 필요할지도 모른다. 위대한 선수들이 비관론자의 견해를 일축하고, 새로운 스트로크를 개척해 엄청난 보상을 받았다는 점을 기억하면서 대담해질 필요가 있다. 하지만 이 기술들이 앞으로 10년 이상 교과서에 등장하지 않는다 하더라도 굳이 기다릴 필요는 없다. 여러분 스스로가 개척자가 될 수 있고 오늘 당장 시작할 수 있으니까.

> **코칭 박스:**

스포츠에는 전통이 변화의 물결에 자리를 내준 사례가 많다. 시애틀 시호크스의 미식축구 펀터(미국 풋볼이나 럭비에서 공을 떨어뜨려 발로 차는 동작을 펀트punt라고 하는데, 이를 전문적으로 맡는 포지션이 펀터이다 – 옮긴이)인 존 라이언은 혁신적 아이디어에 대한 세상의 저항과, 이를 극복한 뒤 거머쥔 막대한 보상을 모두 보여준 사례였다.

2013시즌 초반, NFL 7년 차였던 라이언은 펀팅 스타일을 바꿨다. 짧은 펀트 상황에서 "호주 스타일 어프로치"라 칭한 펀트를 선택한 것인데, 이는 기존의 '토피도 스핀torpedo spin' 대신 공의 양 끝이 위아래로 구르도록 스핀을 넣으며 공을 차는 방식이었다. 이 변화로 펀트의 정확성이 높아져 라이언의 펀트 리턴율은 28.4%를 기록했고, 이는 시즌 2위에 해당했다.[4]

올림픽 종목에서도 기술 변화가 긍정적인 결과로 이어진 경우가 있었으며, 혁신적인 사례가 높이뛰기 종목에서 나왔다. 딕 포스베리는 이른바 '포스베리 플롭 Fosbury Flop'이라는 높이뛰기 기술을 창안해 세상의 비웃음을 샀다. 포스베리 플롭은 머리가 먼저 들어가고 바를 등진 상태로 뛰어오르는 새로운 기술이었다. 도전을 감행한 그는 1968년 올림픽에서 금메달을 획득했다. 이전 방법으로는 금메달 가능성이 희박했지만 포스베리는 새로운 아이디어를 과감하게 채택해 실력 차를 극복한 것이다. 그는 다음과 같이 말했다. "

그림 12-24 포스베리 플롭

처음에는 좀 괴상하게 보일 거라고 생각했습니다. 하지만 세상의 모든 훌륭한 아이디어들과 마찬가지로, 막상 해보니 너무나 자연스러워 왜 이전에는 아무도 생각하지 못했는지 의문이 들더군요."[5] 이것이야말로 한 사회가 변화를 받아들이고 위험을 감수하는 것에 얼마나 인색하며, 오랜 시간 검증된 기술이 최선이라는 일반적 인식이 얼마나 뿌리 깊은지를 잘 보여준 사례다. 1968년 관중들에게 포스베리 플롭은 기괴하게 보였을 것이다. 하지만 지금 시점에서 이상하게 보이는 건, 바로 당시 두 다리를 찢는 가위 점프를 한 그의 경쟁자들이다.

그림 13-1. 모든 그랜드슬램 대회와 마찬가지로 US오픈 단식은 테니스 팬들에게 가장 중요한 이벤트다. 프로 선수들이 치열하게 맞붙는 단식 경기는 체력과 기술뿐 아니라 인성과 마음가짐까지 조명하며 진정한 한 편의 드라마를 만들어낸다.

제13장

단식

프로 선수들은 경쟁자들의 게임을 분석하는 데 많은 시간을 투자한다. 그들의 전열에 작은 빈틈이라도 있는지 찾는다. 코치들은 활용 가능한 수많은 데이터를 저장해 놓고 다음 상대를 분석해 자신의 선수에게 도움이 될 정보를 찾는다. 예를 들어 그 데이터는 상대가 브레이크 포인트에서 애드 사이드에 섰을 때 와이드 서브를 좋아한다는 정보일 수도 있다. 찰나의 순간, 이러한 정보는 서브 게임을 브레이크할 가능성을 높여줄 수 있다. 특히 박빙의 경기에서는 이런 전략적 이점이 승패를 가를 수 있다.

프로 경기에서는 상대의 성향이 다소 애매하고, 약점을 찾기 어려운 경우가 종종 있지만 동호인 수준에서는 이러한 특징을 파악하기가 좀 더 용이하며, 잘 치는 동호인들은 이를 적극적으로 활용한다. 랠리 도중 좋은 샷을 선택할 수 있고 포인트 사이마다 승리 가능성이 가장 높은 효과적인 작전을 짤 수 있다. 이를 위해서는 테니스 실력뿐 아니라 자신의 강점과 약점을 잘 알고 있어야 하며, 상대방의 강점과 약점 역시 발견할 수 있어야 한다.

이 장에서는 게임을 승리로 이끌기 위한 다양한 전략적 요소를 설명할 것이다. 우선 경기의 네 단계 간의 매끄러운 전환 방법, 최적의 코트 포지션 확보, 위닝 샷 패턴 만들기, 그리고 상대 범실 유도 및 자신의 범실 최소화 방안에 관해 설명할 것이다. 그리고 나서 수비적 혹은 공격적인 상대를 만났을 때 이길 수 있는 게임 플랜을 제시하겠다. 또한 경기 도중 전술 변화를 위한 올바른 문제 제기 및 해결 방향 설정에 대해 논할 것이다. 마지막으로, 단식 경기 능력을 향상시킬 수 있는 연습 방법을 제안하며 마치겠다.

I. 테니스 경기의 네 단계

현명하고 전략적인 테니스란 랠리 도중 발생하는 '네 단계', 즉 공격, 빌드업, 중립, 그리고 수비에서 올바른 샷을 선택하는 것이다.

강력한 서브 혹은 리턴으로 공격 단계에서 랠리를 시작할 수 있으며, 여러분은 이러한 상황을 유지하고자 할 것이다. 반대로 빠른 서브를 리턴할 때는 수비적으로 시작한 뒤 조금 더 좋은 상황으로 변화를 시도해야 한다. 보통 동호인 레벨에서는 서브와 리턴이 그다지 강력하지 못해 대부분 일단 중립 상태에서 포인트를 시작한다.

공격적으로 랠리를 시작할 수 있지만 상대가 뛰어난 수비 샷을 쳐 상황이 바뀌기도 한다. 그런 경우에는 다시 원점으로 돌아가야 하고 한번 포인트 주도권을 잡았다고 해서 맹목적으로 공격만 고집해서는 안 된다. 원활한 단계 전환을 위해서는 인내심과 결단력이 필요하다. 또한 늘 집중하며 강하게 공격할 수 있는 준비가 되어 있어야 한다.

선호하는 높이와 속도, 스핀의 공을 치기 위해서는 포인트의 진행 양상을 파악하는 것이 중요하다. 각 단계마다 다양한 샷이 필요하고 스트로크의 다양성이 뛰어날수록 단계 전환에 유리하기 때문이다. 예를 들어 포핸드의 파워가 부족하면 중립 혹은 빌드업 단계에 계속 머물 수 있으며, 슬라이스 포핸드가 약하면 수비 단계에서 중립 단계로 전환이 어렵게 된다. 또한 게임의 네 가지 단계 전환에는 상대에 대응하는 방법, 코트 포지션, 코트 표면 등 여러 요소가 영향을 미치기 때문에 스트로크 옵션이 다양하다면 이러한 요인들에 대한 전략적이고 효과적인 대응이 가능하다.

플레이 스타일은 사람마다 다르기 때문에 모든 단계에는 예외가 있기 마련이다. 예컨대 세리나 윌리엄스처럼 공격적인 선수의 단계 전환을 위한 움직임은 캐롤라인 보즈니아키처럼 역습에 능한 선수와 상당히 다르다. 또한 뚜렷한 강점과 약점이 없는 올라운드형 선수들은 다양한 스트로크 구사가 가능한 선수보다 좀 더 인내심을 가지고 포인트를 만들어나가야 한다. 단계 전환을 성공적으로 하기 위해서는 자신의 게임을 잘 이해해 포인트를 가져오기에 가장 적합한 수준의 공격성과 랠리의 길

그림 13-3. 세리나 윌리엄스는 랠리 도중 매우 빠르게 공격 단계에 진입한다. 사진의 세리나는 서비스라인 앞에서 높은 공을 자신 있게 강타하고 있다.

이를 잘 유지해야 한다. 이제부터 네 단계에 대해 더 자세히 알아보도록 하자.

1. 공격 단계

공격 단계는 샷을 칠 수 있는 충분한 시간 여유가 있고, 공의 높이가 적당하며, 유리한 코트 위치를 잡았을 때 발생한다. 베이스라인에서 공격 단계는 보통 허리 높이로 오는 다소 느리고 짧은 공을 빠른 플랫성 그라운드 스트로크로 칠 때다. 공격 단계 샷의 좋은 예는 강력한 인사이드-아웃 혹은 인사이드-인 포핸드를 베이스라인 바로 앞에서 치는 경우이다. 또 다른 상황은 상대를 몰아놓고 위닝 발리를 때릴 때나 강한 서브 뒤 약한 리턴이 들어와 공격이 가능할 때이다. 이러한 상황은 모든 선수들이 추구하고 잘 활용해야 하는 공격 단계의 시나리오이다. 이렇게 '파란불'이 들어온 상황이 발생하면 이를 놓치지 않는 것이 중요한데, 랠리 도중 기회가 다시 오지 않을 수 있기 때문이다. 공격 기회가 무산되면 상황이 역전되면서 상대가 주도권을 쥐는 결과로 이어질 수 있다.

선수들이 흔히 범하는 실수는 공격 단계가 아님에도 공격적인 샷을 시도하는 것이다. 충분한 시간 여유와 적당한 공의 높이, 그리고 코트 포지션이 확보되지 않으면 이를 시도해선 안 된다.

이런 요소들이 부족한 아래와 같은 상황에서 공격적인 샷을 치면 성공 확률이 매우 떨어진다. 첫째, 시간 여유가 없어 다급하게 치면 라켓을 제대로 컨트롤하지 못하게 된다. 둘째, 낮은 공은 네트

그림 13-3. 인사이드-아웃 포핸드는 공격 단계에서 선수들이 자주 사용하는 샷이다.

높이를 감안해 반드시 신중하게 처리해야 한다. 셋째, 코트 깊숙한 곳에서 시도하는 위닝 샷은 상대가 반응할 시간이 충분하기 때문에 효과가 떨어진다. 현명한 공격 테니스는 엄격한 기준을 따라야 하며 불필요한 상황에서 강요하는 함정에 빠지면 안 된다. 만약 포인트 빌드업을 잘했다면 공격 단계는 적절한 시기에 저절로 찾아올 것이다. 그때 반드시 낚아채야 한다.

2. 빌드업 단계

빌드업 단계는 상대를 좌우로 움직이게 만들고 밸런스를 잃게 하며 공격으로 넘어가는 준비 단계다. 이 단계에서 이상적인 마음가짐은 '정제된 공격성'이라는 두 마디로 요약된다.

빌드업 샷은 여러분의 실력과 코트 표면에 따라 달라지지만, 대개 베이스라인 근처에 서서 네트 60~90cm 위로 공을 보내 베이스라인 1~1.5m 안쪽에 떨어지도록 하면 된다. 이 단계에서 가장 흔한 샷은 파워를 싣거나 깊이 있게 보내는 것이지만, 짧은 크로스코트 톱스핀 앵글 샷이나 드롭샷과 같은 느린 샷도 해당된다.

탄탄한 빌드업 샷을 가진 선수는 상대를 코트 좌우로 돌려 지치게 만들 수 있다. 나달의 강력한 톱스핀 게임의 특징은 높은 성공 확률로 빌드업 샷을 구사하고 상대를 지치게 만드는 것이다. 그의 샷은 중립 샷처럼 네트를 안정적으로 넘기면서도 공격적인 빌드업 샷의 스핀과 속도를 지닌다. 이처럼 그는 여러 베이스라인 샷의 고유한 특징을 결합해 상대의 기를 꺾고 승기를 잡는다.

3. 중립 단계

중립 단계는 두 선수 가운데 누구도 우위를 보이지 않는 상황으로, 베이스라인 랠리의 대부분을 차지

그림 13-4. 중립 단계에서는 스핀과 속도, 샷의 높이를 잘 섞어 상대의 타이밍을 빼앗아야 한다.

한다. 이 단계에서는 두 선수 모두 비슷한 코트 포지션을 잡은 상태에서 네트를 여유 있게 넘기는 샷을 교환하는 것이 특징이다.

전형적인 중립 샷은 코트 중앙으로 깊숙하게 보내는 것이다. 이런 종류의 샷은 범실을 줄여주고 나중에 보다 더 공격적인 샷을 구사할 가능성을 열어준다. 코트 중앙을 향해 치면서 스핀과 속도, 높이에 변화를 줌으로써 상대의 타이밍에 혼란을 줄 수 있고 결국 약한 샷이 오게 만들어 중립에서 공격 단계로 전환이 가능해진다.

이 단계의 핵심은 적당한 랠리 속도를 찾는 것이다. 나는 종종 선수들이 연습을 할 때는 너무 빨리 치다가 막상 경기에서는 훨씬 느린 속도로 랠리하는 모습을 보곤 한다. 이렇게 하면 연습을 하는 의미가 없다. 실전에서와 같은 속도로 랠리를 연습하려면 집중력과 엄격한 규율이 요구된다.

선수의 기술 수준에 따라 중립 단계에서의 랠리

속도가 달라진다. 나는 강습을 할 때 랠리를 10번 이어갈 수 있을 정도로 '제한 속도'를 설정하라고 한다. 안정적인 플레이가 승리로 이어질 수 있다는 점을 명심하자. 가끔 '푸셔pusher(수비형 선수를 비하하는 용어로, 상대의 공격을 늘 받아 올리기만 하는 선수를 의미한다 – 옮긴이)'라고 조롱당하는 이들은 사실 자신의 수준을 잘 알고 지능적으로 플레이하는 선수들이다. 그들은 중립 단계에서 자신의 기술 수준에 걸맞은 적당한 속도로 랠리한다. 이것이 '스마트 테니스'이다.

4. 수비 단계

수비 단계는 매력이 떨어지긴 해도 게임의 중요한 부분이다. 이 단계는 쫓기거나 밸런스가 무너지고 베이스라인 뒤편으로 몰렸을 때에 해당한다. 수비 단계에서 샷의 목표는 시간을 벌어 포인트를 중립 상태로 가져가 공격적 상황으로 만들 실마리를 찾는 것이다.

　로브와 높은 톱스핀 스트로크, 그리고 좌우로 넓게 빠지는 샷에 대한 슬라이스 등이 수비적인 스트로크의 좋은 예이다. 이들 스트로크는 공의 속도가 느리기 때문에 베이스라인 중앙으로 되돌아갈 수 있는 시간을 확보할 수 있다. '스쿼시 샷'으로 불리는 슬라이스(115페이지 참조)는 좌우로 빠지는 공에 대한 대응으로 최상위 레벨에서 굉장히 각광받는 샷인데, 다른 수비적인 샷들에 비해 조금 더 속도가 빠르기 때문이다. 스윙 발리의 도입으로 높은 곡선을 그리는 느린 샷은 프로들에게 선호도가 떨어졌지만, 동호인 레벨에서는 여전히 유용하다.

　수비 상황에서 가운데로 깊숙하게 떨어지는 샷 역시 상황을 뒤집는 데 도움이 될 수 있다. 깊게 치면 상대가 베이스라인 뒤로 물러나기 때문에 제 위치로 돌아갈 시간이 생기고, 코트 중앙으로 가는 공은 상대의 각도 깊은 샷을 막을 수 있다. 일단 수비에서 중립 단계로 전환했다면 공격 단계로 성급하게 넘어가지 않도록 주의한다. 수비적인 샷을 치면서 몸이 흐트러졌을 수 있기 때문에 자세를 바로 잡고 리듬을 찾기 위해 한두 차례의 중립 샷이 필요할 수 있다.

II. 코트 포지션

코트에서 최적의 위치를 빠르게 선점하는 것은 게임의 중요한 부분이다. 코트 포지션 확보를 위해 유연하게 움직여야 한다. 가능한 상황에서는 앞으로 전진하고 필요하다면 뒤로 후퇴하기도 하며 상

> **코칭 박스:**
>
> 수비적인 샷을 치기 위해서는 어려운 상황에서도 라켓을 컨트롤할 수 있을 만큼의 기민함과 운동 능력이 요구된다. 최근 투어 선수들의 뛰어난 운동 능력은 수비 기술의 향상과 밀접한 연관이 있다.
>
> 현대 테니스 선수들은 과거에는 찾아볼 수 없을 정도로 몸을 찢고 비틀어 포인트를 연장할 수 있다. 결과적으로, 뛰어난 수비 샷을 칠 수 있는 능력은 승률 향상으로 이어진다.
>
> 사실 앤디 머리와 같은 선수가 성공할 수 있는 요인은 파괴적인 위닝샷만큼이나 뛰어난 수비 기술에 기인했다고 볼 수 있을 것이다.

대의 각도 깊은 샷을 잘 막을 수 있도록 좌우로 움직여야 한다.

만약 상대보다 더 앞으로 나가 베이스라인에 바짝 붙어서 경기할 수 있다면, 상대는 더 많이 뛰어야 하고 샷을 준비할 여유가 없어질 것이다. 때로는 코트 포지션만으로 랠리에서 우위를 점할 수 있는 것이다.

강력한 그라운드 스트로크를 친 뒤에는 앞으로 움직여야 하며, 특히 상대가 쫓기거나 밸런스를 잃어버린 경우에는 더욱 그래야 한다(그림 13-5). 단지 몇 걸음만 앞으로 움직임으로써 다음 샷에 더 유리한 위치를 점할 수 있고, 상대의 리커버리 시간을 빼앗을 수 있다. 빠른 하드코트에서는 조금 더 공격적인 코트 포지션을 취하기 위해 베이스라인에 한층 붙어서야 한다.

모두가 공격적으로 플레이하길 원하지만 때로는 수비가 필요해 베이스라인에서 몇 걸음 뒤로 물러서야 할 때가 있다. 예를 들어 만약 여러분이 약한 샷을 짧게 보내면 상대는 공격적인 포핸드를 시도할 것이고, 이때는 뒤로 물러나 수비할 시간을 더 벌어야 포인트를 연장할 수 있다. 또 상대가 높게 튀어 오르는 공을 쳤을 때는 베이스라인 안쪽에서 어깨 높이의 공을 치는 것보다 뒤로 물러나 공이 편안한 위치에 올 때까지 기다리는 것도 현명한 방법이다(그림 13-7).

코트 포지션 확보는 뚜렷한 우열이 없는 중립 상황이고, 공이 좌우로 깊숙이 오고 갈 때도 중요하다. 만약 크로스코트로 공격을 시도할 때는 같은 방향으로 약간 이동하는 것이 좋다. 이렇게 하면 상대 샷 각도의 중앙에 위치할 수 있게 된다. 예를 들어 크로스 백핸드를 쳐 상대를 단식 라인의 왼편으로 몰아넣은 뒤, 센터 마크에서 1.2~1.5m 정도 좌측에 위치하는 것이다(그림 13-8). 만약 백핸드 다운더라인을 쳤다면 센터 마크에서 오른쪽으로 몇 걸음 빠르게 움직여 상대의 크로스코트나 다운더라인 샷에 대비해야 한다. 흥미로운 건 경기를 중계 카메라 위치에서 보면 테니스가 얼마나 기하학적인 게임인가를 확실히 알 수 있다는 점이다. 이렇게 보면 포지션을 예상 각도의 중간 지점에 잡아야 하는 중요성이 더욱 분명해진다.

그림 13-5. 상대를 몰아붙이는 상황이 되면 앞으로 나가라.

1. 코트 포지션과 전술

코트 포지션 또한 전술적으로 중요하다. 네트를 공략하는 게임 플랜을 갖고 있다면 베이스라인 근처에 위치해 발리의 가능성을 높일 수 있다. 서브 위치를 다양하게 바꿔, 상대의 약점을 노리는 각도로 서브를 넣을 수 있다. 예를 들어 애드 사이드에서 센터 마크 왼쪽으로 몇 걸음 옆에서 서브를 넣으면, 오른손잡이 상대의 백핸드로 빠지는 각도를 더 잘 잡을 수 있을 뿐 아니라 3구 포핸드로 공격할 수 있는 공간을 더 많이 확보할 수 있다. 리턴 위치 역시 전술 수행에 많은 영향을 미친다. 베이스라인보다 몇 걸음 앞에서 리턴 위치를 잡아 바로 리턴 위너를 때리거나, 리턴 직후 네트 앞으로 달려가 공격할 수 있다. 긴 랠리로 포인트를 따낼 확률이 더 높다고 판단되면, 베이스라인보다 훨씬 뒤에서 리턴해 서브 리턴의 시간을 벌고 강서브의 이점을 무력화할 수 있다.

때로는 코트 포지션이 상대 약점 공략보다 우선 전략이 될 수도 있다. 듀스 사이드에서 상대 포핸드 쪽으로 와이드 서브를 넣으면 오픈 코트를 만들

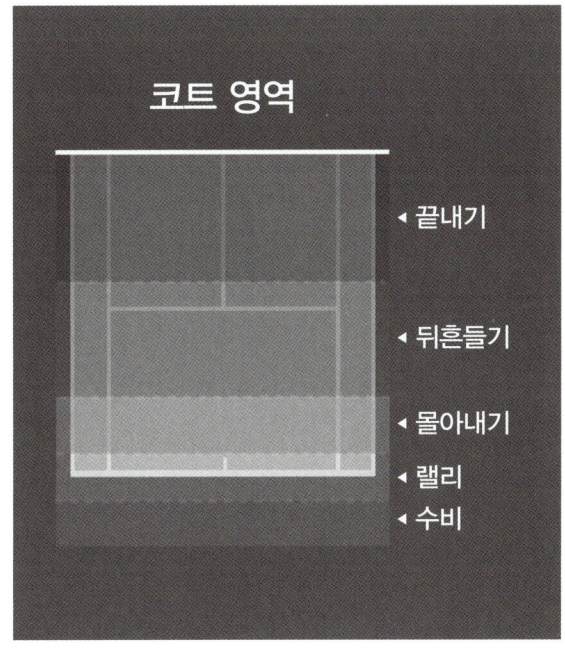

그림 13-6. 샷의 목적은 코트 포지션에 따라 달라지며, 크게 다섯 가지로 나뉜다

1. 끝내기 – 위너를 친다.
2. 뒤흔들기 – 상대를 몰아붙인다.
3. 몰아내기 – 상대를 베이스라인 좌우로 벗어나게 한다.
4. 랠리 – 인내심을 가지고 친다.
5. 수비 – 시간을 벌기 위해 친다.

그림 13-7. 페더러는 강력한 포핸드를 위한 적당한 높이의 공을 만들고자 몇 걸음 뒤로 물러선다.

그림 13-8. 건너편 베이스라인의 선수가 상대의 샷 각도 중앙에 위치하기 위해 센터 마크의 좌측에 서 있다.

수 있다. 중앙의 T존으로 서브를 넣는 것은 상대의 약점인 백핸드를 공략하는 작전이지만, 상대의 코트 포지션을 흔들지는 못한다. 아예 상대 강점을 향해 공격적으로 치고 상대의 코트 포지션을 약하게 만드는 것이 전략적으로 현명한 선택일 수 있다. 이어지는 다음 샷에서 약점을 공략할 수 있는 오픈 코트를 만드는 것이다. 예를 들어 리턴 시 상대 포핸드로 크로스코트 리턴을 치면 그다음 이어지는 샷에서 상대 약점인 백핸드로 칠 수 있는 가능성이 높아진다. 경기 내내 지속적으로 상대의 약점과 코트 포지션의 경중을 따져 최적의 샷을 판별해 내야 한다. 이는 경기 도중 스트로크가 개선되거나 악화되는 양상에 따라 바뀔 수 있고, 피로도가 누적될수록 코트 포지션은 더욱 중요하게 고려해야 하는 요인일 수 있다.

III. 샷 패턴

샷 패턴의 구성은 전략 수립의 기본이다. 다시 말해 사전에 계획된, 성공 확률이 높은 샷의 연속된 조합이다. 위대한 챔피언은 자신의 가장 강한 스트로크를 잘 활용하는 샷 패턴을 갖고 있다.

예를 들어 로저 페더러는 슬라이스 백핸드 샷으로 공을 낮게 깔면서 상대를 베이스라인 안쪽으로 유인한다. 그러고 나서 그의 강력한 무기인 포핸드로 오픈 코트를 향해 깊숙이 공격한다. 조코비치의 다양한 재능 가운데 하나는 크로스코트 샷을 다운더라인으로 전환하며 상대를 혼란에 빠뜨리는 능력이다. 탁월한 스트로크 기교를 지닌 앤디 머리는 짧은 슬라이스로 상대를 네트 앞으로 끌어들인 다음 정교한 패싱샷을 날린다. 페더러의 슬라이스 백핸드와 조코비치의 방향 전환, 그리고 앤디 머리의 정교함은 위닝 샷 패턴을 위해 개발된 맞춤형 무기이다.

선수가 어느 정도까지 성공할 수 있는지는 선호하는 샷 패턴 대결의 결과에 크게 좌우된다. 예를 들어, 나달의 크로스코트 포핸드와 페더러의 원핸드 백핸드 매칭을 생각해보자. 나달의 높게 튀어 오르는 톱스핀에 대해 페더러가 원핸드 백핸드로 타점을 잡기는 쉽지 않다. 따라서 나달은 페더러의 수비적인 슬라이스를 유도해 포인트 흐름을 통제할 수 있게 된다.

그러나 나달의 크로스코트 포핸드와 조코비치의 투핸드 백핸드 매칭은 정반대의 성격을 띤다. 나달의 톱스핀이 만들어내는 높은 바운스는 조코비치가 즐겨 치는 타점으로 온다. 조코비치는 나달의 크로스코트 포핸드를 받아 강력한 백핸드 다운더라인으로 칠 수 있으며, 나달은 허겁지겁 백핸드로 이를 받으려 하면서 포인트의 통제력을 상실하게 된다.

실제로 단식 경기에서 한 선수가 A 선수에게는 지속적으로 패하지만 B선수는 계속해서 이기는 경우를 발견할 수 있다. 그런데 이 A와 B 선수가 서로 맞대결하면 결과는 대등하다. 바로 이것이 샷 패턴이 경기 결과에 미치는 영향이다.

프로 선수들은 이제 다음 상대의 샷 패턴에 관한 유용한 정보가 담긴 심층적인 샷 분포도를 얻을 수 있다. 이를 분석하면 최적의 샷 패턴이 무엇인지 알 수 있다. 위 사진은 2014~2015년 6개월 동안 니시코리 케이의 두 가지 샷 분포도를 보여준다. 이 분포도를 보면 니시코리는 백핸드 크로스가 유리한 샷 패턴이라고 믿는다는 걸 확실하게 알 수 있다(그림 13-10a). 또한 그는 포핸드의 경우 다운더라인을 좋아한다(그림 13-10b). 니시코리가 포핸드 다운더라인을 선호하는 이유는, 상대의 대응

그림 13-9. 조코비치가 나달에 강한 이유 가운데 하나는 나달의 크로스코트 포핸드가 조코비치 가슴 높이에서 백핸드 타점이 형성되는 경우가 많기 때문인데, 이 높이는 조코비치가 가장 좋아하는 위치다.

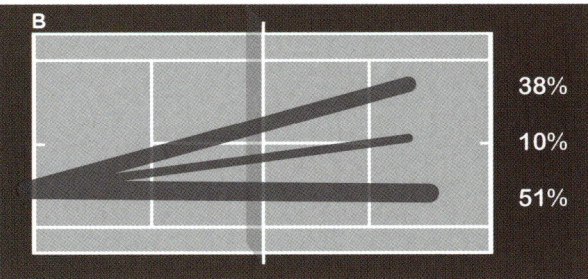

그림 13-10. 니시코리의 샷 분포도: 첫 번째 분포도(a)에서 우리는 니시코리가 크로스코트 백핸드를 선호한다는 것을 추론할 수 있다. 두 번째 샷 분포도(b)를 보면 그가 포핸드 다운더라인을 좋아함을 알 수 있다. 니시코리는 이 샷을 통해 자신이 가장 선호하는 패턴으로 랠리를 이어가기도 한다. 바로 크로스코트 백핸드 랠리이다.[1]

샷이 자신의 백핸드로 올 가능성이 높고, 따라서 백핸드 크로스코트 랠리를 이어갈 수 있기 때문이다.

여러분 역시 자신의 게임을 분석해 가장 자신 있는 샷의 구사를 극대화할 수 있는 성공적이고 반복된 샷 패턴을 정립해야 한다. 물론 경기에서 이기려면 선호하는 샷 패턴이 아닌 다른 샷 패턴이 필요할 때도 있다. 하지만 그러한 경기에도 상대를 괴롭히기 위해 선호하는 샷 패턴을 사용할 수 있다. 특정 샷 패턴을 얼마나 자주 사용하는지 여부를 떠나, 핵심은 마치 체스 게임처럼 랠리 도중 한 번 내지 두 번의 샷을 미리 생각하며 목적을 가지고 샷을 구사해야 한다는 것이다.

크로스코트 샷 패턴과 다운더라인

테니스 샷 패턴의 대부분은 크로스코트 스트로크를 포함한다. 크로스코트가 주된 방향이 되는 이유가 있다. 코트 포지션에 더 유리하고, 네트 가운데 높이가 더 낮으며, 더 긴 궤적이 확보될 뿐 아니라 스윙의 메커니즘상 골반 회전이 더 많아 파워가 커진다.

경기 초반에 어떤 크로스코트 랠리(포핸드 혹은 백핸드)가 유리한지 파악해야 한다. 또 상대 약점을 간파해 재빨리 서브와 리턴의 종류를 결정한다. 그래서 자신에게 유리한 크로스코트 랠리 양상으로 유도할 수 있어야 한다. 선호하는 크로스코트 랠리를 시작했다면 이를 유지할 수 있도록 최선을 다하자. 만약 그 반대라면 다운더라인을 시도해 패턴을 바꿔야 한다. 인사이드-인 또는 인사이드-아웃 포핸드, 어프로치 샷, 심지어 드롭샷도 자신에게 불리한 크로스코트 샷 패턴을 바꿀 수 있는 방법이다.

일반적으로 베이스라인에 가깝게 붙어 있고 샷을 준비할 시간이 충분하다면 다운더라인을 치는 게 합리적이다(그림 13-11). 다운더라인 샷은 궤적이 짧기 때문에 상대가 수비할 시간이 적어진다는 장점이 있다. 그러나 다운더라인 샷은 굉장히 신중하게 선택할 필요가 있다. 잘못 치면 상대 크로스코트 샷에 역습을 당할 수 있다. 일반적으로 베이스라인 한참 뒤에 있거나 쫓기는 경우에는 안전하게 크로스코트 샷을 치고, 베이스라인 안쪽에서 시간 여유가 있다면 공격적인 다운더라인 샷을 시도하자.

제13장 단식

그림 13.11 베이스라인 안쪽에서 구사하는 다운더라인 스트로크는 도달 거리가 더 짧기 때문에 효과적인 공격 샷이 될 수 있다.

IV. 범실 관리

언제나 범실의 최소화에 초점을 맞춰야 한다. 범실과 위너의 비율은 동호인의 경우 대개 3 : 1 이상이다. 따라서 범실을 줄이는 쪽으로 기술을 연마하고 샷을 선택하면 위너를 늘리는 것보다 승리할 확률이 훨씬 높게 된다. 물론 대부분의 선수들도 이를 잘 알고 있지만, 내게 와서 먼저 이렇게 묻곤 한다. "어떻게 하면 위너를 더 칠 수 있을까요?" 물론 위너를 치는 것은 즐겁다. 하지만 그 위너들은 보통 경기의 결과에 큰 영향을 미치지 못한다.

1. 범실 줄이기

동호인 레벨에서는 범실을 최소화하는 수비형 선수들이 가장 성공한다. 그들은 포인트에 더 중요한 부분이 무엇인지 알고 있다. 그리고 위너-범실 비율을 유리하게 가져간다. 다음은 범실을 줄이는 일곱 가지 방법이다.

A. 목표 지점을 구체화해 네트 클리어런스net clearance를 높인다.

네트는 테니스에서 공공의 적 1호이다. 따라서 베이스라인 샷이 포물선을 그리며 네트 위로 여유 있게 지나도록 한다. 네트를 향해 낮게 치면 네트에 걸리는 범실이 많아질 뿐 아니라, 샷이 짧아지면서 상대가 더 편안한 높이에서 공격할 수 있게 된다.

    네트 위로 여유 있게 넘기기 위해서는 준비 동작에서 공의 궤적을 형상화하는 것이 중요하다. 샷의 속도와 깊이뿐 아니라 항상 샷의 목표 지점을 분명하게 해야 한다. 내 경험에 의하면 많은 선수들이 목표 지점을 명확하게 설정하지 못하며, 그로 인해 네트를 넘어갈 정도의 높이를 지속적으로 유지하지 못한다. 목표가 분명할 때 몸도 더 잘 움직인다는 사실을 명심하자.

B. 단식 사이드라인보다 충분히 안쪽 지점을 겨냥하라. 특히 끌려다닐 때.

중립 혹은 수비 단계에서 샷을 사이드 라인에 바짝 붙이면 포인트의 흐름을 가져오지도 못할뿐더러 범실 가능성이 높아진다. 이 단계에서 굳이 위험을 무릅쓸 필요는 없다. 게다가 상대의 앵글 샷으로 수세에 몰릴 수도 있다. 일반적으로 빌드업 혹은 공격 단계에서만 샷을 단식 라인에 붙이는 것이 합리적인 전략이다.

C. 풋워크와 빠른 발의 움직임을 유지한다

스윙할 때 공이 너무 가깝거나 멀면 범실이 유발된다. 스윙 전 올바른 스텝을 밟아 공과의 적당한 거리를 확보하고 안정적인 임팩트를 위한 밸런스를 잡는다. 또한 발이 빨라야 샷을 준비할 수 있는 시간을 확보하고 라켓 컨트롤을 위해 발을 지면에 고정할 수 있다.

> **코칭 박스:**
>
> 심리적인 관점의 설명이다. 네트는 틈을 통해 건너편을 볼 수 있기 때문에 조금 덜 위협적으로 느껴진다. 따라서 선수들은 네트로 인해 생기는 장벽을 덜 의식하게 된다. 최근 연구에 따르면 네트가 담요로 덮여 있을 경우, 선수들이 네트에 공을 박는 일이 더 줄어들었다. 다음에 경기를 할 때는 네트가 벽돌로 된 벽이라고 상상해 보자. 이러한 상상을 하면 의식적으로 공을 충분히 높게 보내려 하기 때문에 네트를 넘기는 것의 중요성을 강조할 수 있고, 범실을 줄이는 데에도 도움이 될 것이다.

D. 스핀의 사용

톱스핀은 네트 클리어런스를 높여줄 수 있고, 백스핀은 공에 대한 컨트롤 향상을 통해 안정성을 가져다준다.

E. 너 자신을 알라

몇몇 범실은 선수들이 자신의 기술과 능력에 걸맞지 않은 샷을 시도하다가 발생한다. 간밤에 조코비치가 TV에서 선보인 샷, 즉 130km의 속도로 라인 10cm 안쪽에 떨어지는 러닝 포핸드가 가능하리라는 착각에 빠지지 말자. 당신의 능력을 직시하고 안정적으로 구사할 수 있는 샷으로 경기를 운영해야 한다.

F. 정신력을 강화하고 신체 능력을 키우자

가끔 선수들이 화가 나 집중력을 잃고 성공 확률이 낮은 샷을 치는 모습을 볼 수 있다. 긍정적인 마음을 유지할 수 있도록 자신을 단련하고 매 포인트마다 성공 확률이 높은 스트로크를 구사하자. 또한 체력이 약하다면 포인트를 빨리 끝내기 위해 무모한 샷을 시도하다가 범실로 이어지는 경우가 흔히 관찰된다.

G. 인내심을 기르자

어떤 선수들은 여러 차례 같은 샷을 친 다음에는 "한도"에 다다랐기 때문에 뭔가 특별한 샷을 쳐야만 할 것처럼 느낀다. 좀 더 인내심을 가지고 공략 지점을 현명하게 선택하도록 하자.

2. 상대의 범실 유도

게임 플랜의 핵심은 자신의 범실을 줄이는 것이지만 상대 범실을 유도하는 방법도 찾아야 한다. 경기에서 얻는 대부분의 포인트는 상대의 범실 혹은 강요된 실수에서 비롯된다는 점을 명심하자. 따라서 늘 상대가 치기 어려워하는 공을 넘길 방법을 찾아야 한다. 다음은 범실을 유도할 수 있는 여섯 가지 방법이다.

A. 속도와 스핀을 다양하게 걸자

항상 비슷한 속도와 스핀으로 공을 보내면 상대는 리듬을 찾을 수 있다. 샷의 속도에 변화를 줌으로써 상대로 하여금 몸의 움직임과 스윙 속도를 조정하게 만들고, 다양한 스핀으로 공의 궤적과 높이를 바꿔 범실을 유도해야 한다. 테니스는 매우 정밀한 게임이다. 상대의 타이밍을 10분의 1초라도 흔들면 범실이 나오거나 공격 가능한 약한 샷이 유발된다.

B. 샷의 높이에 변화를 주자

대부분의 선수들은 허리 높이로 오는 공을 좋아한다. 따라서 어깨 위나 무릎 아래와 같이 다소 불편한 높이에서 공을 치도록 만들자.

그림 13-12. 네트를 아슬아슬하게 통과하는 강력한 러닝 포핸드는 프로 선수들만이 해낼 수 있는 샷이다.

그림 13-13. 안젤리크 케르버는 구석으로 빠지는 샷을 어렵게 받아냈지만 포인트에서 밀릴 가능성이 높다.

C. 코너 샷을 활용하자

베이스라인 구석으로 향하는 공을 치면, 상대는 좌우로 많이 움직이게 되면서 밸런스를 잃은 채로 스트로크를 치다가 범실이 나올 가능성이 높아진다.

D. 물샐틈없이 코트를 지키자

뛰어난 코트 커버 능력을 선보이면서 계속해서 공을 받아 올리고 끈질기게 달라붙으면 상대는 좌절하면서 올바른 샷을 선택하지 못하게 된다. 또 발이 빠르면 상대가 더욱 라인 근처로 샷을 치게 돼 범실이 유발된다.

E. 안정성을 높이자

안정성이 높아 랠리가 오래 지속될 수 있다는 인상을 주는 것은 상대의 범실을 유발하기도 한다. 몇 차례 긴 랠리에서 승리하면 상대는 종종 방아쇠를 일찍 당겨 버리면서 범실이 늘어나게 된다.

F. 깊게 치자

깊게 치면 상대는 샷을 준비할 시간이 줄어들면서 타이밍을 놓치거나 스윙을 서두를 가능성이 높다. 샷을 깊게 보내기 위해 반드시 기억해야 할 점이 세 가지 있다. 임팩트 시 공을 끝까지 밀어치고, 네트 위로 여유 있게 넘기며, 코트 깊숙이 목표 지점을 설정하는 것이다.

깊게 치기는 베이스라인 랠리의 승리에 매우 중요한 요소다. 그래서 나는 레슨을 하면서 적당한 속도와 높이, 스핀이 담겨 있는 공에 대해서는 베이스라인에서 약간 벗어나도 절대 화를 내지 않는다. 목표는 베이스라인 1.2~1.5m 안쪽에 공을 떨어뜨리는 것이다. 그렇다면 다음 두 가지 샷 중 무엇이 더 목표에 부합할까? 베이스라인 4~5m 안쪽에 짧게 떨어지는 샷과 베이스라인 뒤로 30cm 벗어나는 샷. 정답은 후자다.

V. 게임 플랜

테니스는 아름답게 설계된 게임이다. 코트의 크기, 네트의 높이, 공의 무게 등을 고려할 때 단 하나의 '올바른' 경기 방식은 존재하지 않는다. 각자에 맞는 다양한 전략적 선택지가 있으며, 이기는 게임 플랜은 이 가운데 적당한 전략을 한두 가지 선택하는 과정이다.

영리한 게임 플랜으로 자신보다 실력이 뛰어난 상대를 꺾을 수도 있다. 내 경우에도 프로 투어에서 거둔 최고의 승리는 게임 플랜 덕이었다. 필자는 미국 대학 테니스에서 제법 성공했지만 프로로 전향하면서 한층 도약했다. 내가 물리친 상대는 폴 키데리라는 재능이 뛰어난 프로 선수로, ATP 복식 타이틀을 몇 차례 획득하고 호주 데이비스컵 대표팀에도 뽑힌 바 있었다. 나는 키데리와 워밍업을 하면서 베이스라인 랠리를 오래 하면 안 되겠다고 생각했다. 그의 그라운드 스트로크는 강력하고 정확했고 나보다 훨씬 우위에 있었다. 워밍업 도중 짠 게임 플랜은 다음과 같았다. 리턴 게임 및 내 서브 뒤 이어지는 랠리에서 가급적 포핸드 슬라이스를 사용하고, 백핸드는 짧고 낮게 친 뒤 최대한 앞으로 나가 발리를 하는 것이었다. 그건 평범하지 않은 전략이었고 '올바른' 플레이 방식도 아니었지만, 나의 강점(슬라이스)을 활용하고 상대의 몇 안 되는 약점(짧고 낮은 공)을 노출시킬 수 있었다. 국가대표 선발위원회와 동료들 앞에서 나는 첫 세트를 접전 끝에 따냈다. 2세트는 조금 더 수월했다. 내 서브가 잘 들어갔고, 패배할 가능성이 높아지자 그의 절망감이 더욱 커졌기 때문이다. 나의 게임 플랜은, 엄청나게 잘 풀린 내 행운과 그의 불운(이는 게임의 상당히 중요한 요소이며 왜 상위 랭커와 대결할 때 언제나 긍정적인 태도를 취해야만 하는 이유이기도 하다)이 겹쳐 인생에서 가장 만족할 만한 승리를 이끌었다. 여기서 가장 중요한 교훈은, 어떤 경기에서건 상대의 약점을 파고들거나 자신의 강점을 극대화해 경기를 유리하게 이끌 방법이 있다는 것이다. 때로는 사소한 변화나 통찰이 승리에 결정적일 수 있다.

승리하는 게임 플랜을 선택하고 실행하려면 자기 자신을 깊이 이해하는 것 못지않게 상대를 잘 관찰하는 것이 중요하다. 사실 현명한 게임 플랜을 수립하는 첫 번째 과정은 책상에 앉아 펜과 종이를 들고 자신의 강점과 약점을 기술하는 것이다. 지능적인 게임은 스스로에 대한 깊은 이해를 통해서만 가능하다.

근소하게 앞설 수 있는 게임 플랜이라도 승리 가능성은 충분하다는 점을 명심하자. 통계적으로 100포인트가 나온 경기에서 55포인트를 따내면 대부분 승리할 수 있다. 예를 들어 나달이 2005년부터 2014년까지 9년간 8번 우승하고 59승 1패

> **코칭 박스:**
>
> 어떤 선수들은 깊게 치기에 실패하는데, 이는 서비스라인 뒤의 공간이 실제보다 좁게 보여 깊이 개념을 잘못 잡기 때문이다. 예를 들어, 베이스라인에 서서 맞은편 코트의 서비스라인과 베이스라인에 각각 공을 하나씩 놓고 이를 바라보면 두 공 사이의 간격이 매우 좁아 보일 것이다. 그러나 실제로 이 거리는 5.5m 정도로 상당히 멀다. 거리감에서의 착시로 인해 깊게 치기를 두려워하지 말자.

를 거둔 프랑스오픈에서 포인트 승리 확률이 얼마라고 생각하는가? 60%? 65%? 70%? 아니다. 나달은 '겨우' 56.7%의 포인트 승리 확률을 기록했을 뿐이다.[2] 테니스에서 승리와 패배 사이의 간극이 얼마나 좁은지 알려주는 또 다른 통계가 있다. 2014년과 2015년 사이 조코비치는 경기에서 포인트 승리 확률을 단 1%만 높였다. 2014년 61승을 거둔 그는 2015년 82승을 기록했다(그리고 추가로 700만 달러를 더 벌어들였다!).[3] 이러한 통계는 아주 근소한 포인트 승률 우위를 가져오는 게임 플랜이 승패에 커다란 영향을 미칠 수 있음을 나타낸다.

여러분과 경쟁하는 선수들은 대부분 공격적인 성향의 중간 지대에 위치하고 있을 것이다. 따라서 이 장의 초반에 기술한 것처럼, 여러분은 전술의 네 가지 단계를 영리하게 이동해가는 데 집중해야 한다. 최적의 코트 포지션을 확보하고 성공적인 샷 패턴을 만들어 자신의 범실은 줄이고 상대 범실을 유도하는 것이다. 또한 극단적인 수비형 선수나 공격형 선수와 대결할 수도 있다. 이런 경우에도 거의 비슷한 원칙이 적용되지만, 승리하는 게임 플랜을 짜는 데 도움이 될 수 있는 몇 가지 전술적 팁이 있다.

1. 수비형 선수 물리치기

테니스를 좀 쳐본 사람이라면 누구나 수비형 선수를 상대했을 것이다. 이런 부류의 선수들은 힘이 다소 달리지만 안정적으로 공을 넘기고 매우 일관된 테니스를 구사해 승리를 거둔다. 이들은 매우 까다로운 상대이다. 공을 강하게 쳐 넘기고자 하는 유혹에 빠지기 쉽지만 이는 성공 확률이 낮기 때문에 승리로 이어질 가능성은 높지 않다. 반드시 인내심을 가져야 하고, 찬스 볼이 오기 전까지는 평소보다 더 열심히 뛰려는 마음으로 임해야 한다.

몇몇 선수들은 약한 공을 치는 수비형 선수를 쉽게 물리치지 못하는 상황을 잘 받아들이지 못한다. 수비형 선수들은 종종 이러한 좌절감을 이용해 승리를 거두기도 한다. 이 또한 전략의 일부인 것이다. 그들은 상대의 부정적인 에너지를 활용하기 때문에, 만약 당신이 이러한 감정을 억누를 수 있다면 거꾸로 그들의 심리적 우위를 없애 버릴 수 있다. 비록 강력한 무기는 없지만 까다로운 상대라고 인정하는 것이 올바른 접근 방법이다. 정신적인 무

그림 13-14. 테니스에서는 근소한 우위가 엄청난 결과를 초래할 수 있다. 나달이 프랑스오픈 8회 정상을 차지하는 과정에서의 포인트 승률은 "겨우" 56.7%에 불과하다.

> **코칭 박스:**
>
> 앞에서 언급한 대로 55%의 포인트만 얻어도 승리는 거의 보장된다. 테니스에서는 승패의 간극이 굉장히 좁기 때문에, 소위 '빅포인트'가 결정적으로 중요하다. 모든 포인트는 똑같이 1점이고 따라서 모두가 중요하긴 하지만, 특정 포인트가 지닌 비중과 심리적인 영향이 더 크기 때문에, 더 많은 의미를 갖고 있는 게 사실이다. 브레이크 포인트, 타이브레이크 포인트, 팽팽한 세트 말미의 30-30, 그리고 듀스 포인트 등은 아주 중요한 상황이어서 결정적인 포인트로 불린다.
>
> 통계로도 '빅포인트'의 중요성을 알 수 있다. 2016년 스탄 바브린카와 노박 조코비치의 US오픈 결승전에서 바브린카는 브레이크 포인트 10번 가운데 6번을 가져갔고, 조코비치는 17번 중 3번을 이겼다.[4] 포인트의 총합은 거의 비슷했지만(144 : 143) 바브린카는 게임 수에서 30%를 더 획득했고 (25 : 19), 접전이었지만 상대적으로 편안했던 4세트 경기 승자가 될 수 있었다. 따라서 빅포인트에서 집중력과 강도를 높이고, 게임 플랜을 잘 수행해 최상의 기량을 발휘할 수 있어야 한다.

그림 13-15. 스탄 바브린카는 조코비치보다 높은 브레이크 성공률 덕분에 2016년 US 오픈에서 우승할 수 있었다.

장이 잘 되어 있어야 하며 아주 격렬한 시합이 될 수 있다는 걸 인지해야 한다.

다음은 수비형 선수와 경기할 때 고려할 수 있는 다섯 가지 전략이다.

A. 드롭샷을 사용하라

수비형 선수들은 베이스라인에서 플레이를 할 때 가장 편안하게 느낀다. 그러므로 드롭샷을 자주 구사해 이들을 네트 앞으로 끌어내면 심리적으로 흔들면서 범실을 유도할 수 있다. 또 이들은 샷 속도가 비교적 느리기 때문에 더 좋은 드롭샷을 구사하기에 용이하며, 심지어 평상시보다 더 뒤에서 드롭샷을 구사할 수 있다.

B. 좌우로 돌려라

수비형 선수들은 샷의 속도가 빠르지 않다. 따라서 당신은 베이스라인 구석을 노리는 샷을 준비할 시간이 있다. 이러한 코너 샷으로 그들을 좌우로 뛰게 만들어 체력을 떨어뜨릴 수 있다. 이 전략은 경기 초반에는 그다지 큰 영향이 없지만 시간이 흐를

수록 보상이 뚜렷해진다. 양쪽 사이드로 상대를 몰아낼 때 포인트를 빨리 끝내려 하지 말자. 만약 그들의 체력이 출중하지 못하고 수비 상황을 벗어날 강력한 파워가 없다고 판단되면, 인내심을 가지고 몇 차례 더 구석으로 샷을 보내 포인트를 끝내기 전에 더욱 지치게 만들자.

또한 수비형 선수들은 특히 코너 샷을 받아넘긴 뒤 코트 중앙으로 되돌아오는 데 상당히 능하다는 점도 유념하자. 그런 선수들은 '역동작'에 걸리기 쉽다. 다시 말하면 그들이 리커버리 스텝을 밟을 때 다시 공을 같은 코너로 보내는 것이다. 그들의 빠른 리커버리 능력은 역설적으로 신속하게 동작을 멈추는 것을 가로막을 수 있다.

C. 네트를 공략하라

수비형 선수들은 급한 걸 싫어한다. 따라서 네트 플레이를 통해 이들의 리듬을 빼앗고, 보다 빠른 템포의 플레이를 유도할 수 있다. 이들의 패싱샷 역시 그다지 강하지 않기 때문에 충분히 받을 만하다. 바로 이 지점에서 스윙 발리가 매우 유용하다. 높게 오는 그라운드 스트로크를 스윙 발리로 공략하면, 그들은 낮고 빠른 공을 치려다 범실을 더 많이 범할 수 있다.

D. 스핀과 각도를 활용하라

수비형 선수와 맞설 때 늘 플랫성 위너를 치려는 유혹에 빠지지 말 것. 그들의 공은 속도가 떨어지기 때문에 톱스핀과 백스핀을 사용하는 것이 샷의 컨트롤과 안정성에 핵심이다. 이들의 샷은 느리기 때문에 파워를 만들어내기는 쉽지 않지만, 크로스코트 톱스핀 샷을 통해 코트의 빈 공간을 만들기에 적당한 속도이다. 이렇게 잘 정비된 빌드업샷을 치면 공격을 통해 포인트를 많이 얻을 수 있다.

그림 13-16. 네트 공략은 수비형 선수들을 상대로 효과적인 전략이 될 수 있다.

E. 코트 포지션 변화

앞에서 언급한 것처럼 드롭샷과 네트 플레이를 늘리는 것이 핵심 전략이다. 따라서 베이스라인에 근접하거나 라인 안쪽에서 경기를 하는 것은 이 두 가지 전략을 더욱 효과적으로 만들 수 있기 때문에 전략적으로 타당하다고 할 수 있다.

2. 파워 플레이어를 물리치는 법

테니스가 점점 빠르고 공격적으로 변하면서 깊고 빠른 샷으로 포인트를 짧게 끝내려는 파워 히터들이 과거보다 흔해지고 있다.

이러한 유형의 선수들에게는 속도가 생명이다. 만약 여러분이 빠르게 공을 보내면 이는 상대가 치기 좋은 곳으로 들어가 비슷하거나 더 빠른 속도로 되돌아올 수 있다. 예를 들어 공격적인 성향의 세리나 윌리엄스는 통산 5회 메이저 챔피언인 마리아 샤라포바를 상대로 18경기 연속 승리 기록을 갖고 있는데, 이는 그녀가 샤라포바의 플랫성 빠른 스트로크를 좋아하기 때문이기도 하다. 반대로 2015년 BNP파리바 오픈 모니카 니쿨레스큐와의 경기에서는 세리나가 느린 공을 얼마나 싫어하는지가 명백하게 드러났다. 니쿨레스큐의 느린 슬라이스 포핸드로 인해 세리나는 48개의 범실을 저지르며 세계 68위 선수에게 간신히 승리를 거두었다.[5]

다음은 파워 플레이어를 상대할 때 취할 수 있는 여섯 가지 전략이다.

A. 다양한 스핀과 속도를 구사하라

파워 히터들은 허리 높이로 오는 빠르고 스핀이 적은 공을 좋아한다. 높고 느린 톱스핀 샷으로 그들을 괴롭히자. 이런 샷을 주면 그들은 스스로 속도를 높여야 하고, 높은 바운스로 인해 타점을 잡기 어렵게 된다.

슬라이스 역시 효과적일 수 있다. 슬라이스의 백스핀은 느리고 낮은 바운스를 만들어 파워 히터들이 선호하는 스피드와 스트라이크 존에서 벗어날 수 있다. 낮은 공을 네트 위로 넘기려면 포물선을 그려야 하기 때문에 강하게 치기 어렵다. 또한 슬라이스는 컨트롤하기 쉬워 매우 깊게 보내거나 굉장히 짧은 샷을 정확하게 보낼 수 있다. 이렇게 되면 상대는 앞뒤로 움직여야 하며, 강력한 샷을 위해 밸런스를 잡는 데 필요한 시간을 빼앗기게 된다.

파워 히터들이 잡고 있는 포핸드 그립의 종류에 따라 어떤 스핀을 더 자주 사용할지가 결정되기도 한다. 예를 들어, 그들이 웨스턴 그립을 잡으면 슬라이스 샷을 더 자주 쳐야 한다. 웨스턴 그립은 높은 공을 치기에 적당하며 슬라이스의 낮은 바운스에 익숙하지 않을 수 있다. 반면에 이스턴 그립을

그림 13-17. 모니카 니쿨레스큐의 느린 슬라이스 포핸드는 WTA의 파워 히터들을 괴롭힌 샷으로 유명하다.

잡는다면 낮은 바운스에 적당하므로, 이 경우에는 높은 톱스핀 샷을 더 자주 쳐야 한다.

B. 강점을 먼저 공략하라

때로 파워 플레이어의 약점을 공략하는 가장 손쉬운 방법은 그들의 강점을 먼저 공격하는 것이다. 만약 포핸드가 강점이라면 공격적인 포핸드 크로스코트 샷은 오른쪽에 빈 공간을 열어 상대의 약점인 백핸드를 공략할 수 있게 된다.

C. 다운더라인 백핸드를 시도하라

파워 히터들은 종종 상대의 백핸드로 향하는 강력한 인사이드 포핸드로 경기를 지배하기 위해 코트 왼쪽으로 이동하곤 한다(그림 13-18). 그에 맞서는 뛰어난 다운더라인 백핸드는 상대로 하여금 다급

그림 13-18. 파워 플레이어들은 종종 왼쪽으로 이동해 포핸드를 치기 때문에, 상대는 다운더라인 백핸드를 칠 수 있는 빈 공간이 생긴다.

하게 오른쪽으로 이동해 샷을 치도록 할 수 있다.

D. 네트 공략
파워 히터들은 톱스핀을 많이 사용하지 않는다. 그러므로 그들은 네트 앞 선수들의 발밑에 떨어지는 공이나 각도 깊은 크로스코트 패싱샷에 능숙하지 않으며, 로브도 자주 사용하지 않는다. 따라서 공격적으로 전진한다면 유리한 네트 포지션을 점할 수 있다.

E. 끈끈하게 달라붙어라
테니스 경기는 단거리 경주가 아닌 오래달리기라는 점을 기억하자. 그러므로 파워 플레이어가 여러 차례 멋진 위너를 성공시킨다고 기죽을 필요는 없다. 끈질기고 침착하게 경기를 이어가면 그들은 때로 좌절하며 실패 확률이 높은 샷을 시도하게 되고, 이로 인해 경기 흐름이 뒤집힐 수 있다.

F. 코트 포지션을 바꿔라
베이스라인 뒤로 물러서면 강한 샷을 방어할 수 있는 시간을 확보해 포인트를 더 오래 끌 수 있다. 파워 히터는 성공 확률이 높은 테니스를 구사하지 않는다. 따라서 공을 하나씩 받을 때마다 이들이 범실을 저지를 확률은 점차 높아진다.

VI. 전략적 질문과 수정

잘 아는 상대를 만날 때면 사전에 게임 플랜을 수립하기도 한다. 그러나 가끔은 상대를 전혀 알지 못해 경기 도중 재빠르게 전략을 짜야 할 필요도 있다. 이를 잘 수행하기 위해서는 전략에 관한 몇 가지 질문에 답해야 한다. 상대를 잘 안다고 해도 코트 표면과 날씨, 그리고 그 밖의 다른 알 수 없는 요인들로 인해 예측 불허의 상황이 될 수 있으므로 이러한 질문에 답할 필요가 있다.

챔피언들은 이러한 질문을 샷마다, 포인트마다, 경기마다 묻는다. 나는 최근에 TV로 페더러와 조코비치의 경기를 봤는데, 해설자는 페더러가 더 자주 네트 공략을 했다면 성공했을 것이라고 말했다. 하지만 나는 페더러가 네트 공략을 포함한 모든 전략적 선택에 관해 심사숙고했을 것이라고 생각한다. 그는 분명 코트 스피드, 조코비치의 패싱샷 수준, 그리고 어프로치 샷을 위한 코트 포지션은 물론 경기 도중 발생하는 수많은 변수에 관해 질문을 던졌을 것이다. 그리고 이러한 모든 요인을 고려한 다음에 네트 앞으로 나가는 시점과 방식을 결정했을 것이다.

경기 상황에 대한 페더러의 적응 능력은 2015년 ATP 투어 파이널의 두 경기에서 명확하게 드러났다. 거의 비슷한 시간이 소요된 두 경기에서 페더러는 조코비치를 상대로 9번, 바브린카를 상대로 32차례 네트 플레이를 시도했다.[6] 바브린카와의 경기 뒤 인터뷰에서 페더러는 "네트 공략 계획을 세웠지만 성공 빈도에 따라 경기 도중 전략을 바꿀 준비를 했다"고 밝혔다. 페더러처럼 우리는 상대의 수준과 스타일을 잘 관찰하고 최선의 전략을 짜야 한다.

위밍업을 하면서 전략적 질문에 대한 해답을 찾

그림 13-19. 페더러와 조코비치의 매치업은 두 명의 뛰어난 관찰력을 지닌 챔피언 간의 대결이다. 이들은 경기의 객관적인 변수(코트 속도, 날씨 등)는 물론 주관적인 변수(자신감, 타이밍 등)에도 매우 민감하다.

기 시작해야 한다. 주의 깊게 본다면 상대가 흘리는 승패에 결정적인 정보를 간파할 수 있을 것이다. 예를 들어 위밍업 때 상대가 포핸드와 백핸드를 치기 위해 좌우 어느 쪽으로 움직이는지 파악해 보자. 나는 종종 선수들이 위밍업을 하면서 긴장한 나머지 자신이 가장 선호하는 그라운드 스트로크를 최대한 많이 치려고 하는 모습을 봤다. 만약 상대가 위밍업 시에 포핸드 그립을 잡고 발리를 한다면 그 선수는 백핸드의 약점을 감추기 위해 베이스라인 한참 왼쪽에 설 것이 거의 확실하다. 따라서 오른쪽 오픈 코트를 공략할 수 있는 기회가 자주 나올 것이다. 상대의 스핀 서브가 약하다면 리턴을 보다 공격적으로 해야 한다. 압박 상황에서는 서브, 특히 세컨 서브가 무너질 가능성이 있다. 동호인들은 스스로에게 지나치게 집중한 나머지 상대가 보내는 신호를 인지하지 못하는 경우가 있다. 코트에서 벌어지는 상황을 파악해 이를 바탕으로 현재는 물론 추후 상황에 대비하도록 훈련할 필요가 있다.

1. 전략적 질문과 답변

아래는 최선의 전략을 신속하게 결정하기 위해 경기 초반 해답을 얻어야 하는 질문이다. 이 16가지 질문으로 상대의 능력을 세밀하게 분석해 게임 플랜을 짤 수 있다.

1. 상대 그라운드 스트로크의 장단점은 무엇인가?
2. 상대 포핸드와 백핸드의 통상적인 깊이와 높이, 속도, 스핀은 어떤가?
3. 상대는 다양한 깊이와 높이, 속도, 스핀의 샷에 어떻게 대응하는가?
4. 상대는 어떤 구종의 포핸드와 백핸드 샷을 어디로 치는 걸 선호하는가?
5. 상대는 포핸드를 칠 때 좌우 어느 쪽으로 움직이는가?
6. 포핸드나 백핸드 크로스코트 랠리가 유리하게 전개되는가?
7. 만약 그렇지 않다면 랠리를 어떻게 바꿔야 하는가?
8. 상대가 5번, 10번 혹은 15번 이어지는 랠리에서 인내심을 잃고 있는가?
9. 좌우로 빠지는 공이나 드롭샷에 대한 상대 선수의 반응 속도는?
10. 상대는 리턴, 발리, 베이스라인 랠리를 할 때 코트의 어느 위치에 서는가?
11. 당신은 서브, 리턴, 베이스라인 랠리를 할 때 어느 위치에 서야 하는가?
12. 상대는 첫 서브 및 세컨 서브에서 어디를 향해 어떤 서브를 넣는가?
13. 당신의 첫 서브 및 세컨 서브를 상대는 어느 위치에서 리턴하길 좋아하는가?
14. 상대의 로브 실력은 어떠한가?
15. 상대의 네트 플레이 능력은 어떠한가?
16. 상대의 멘털과 피지컬 능력은 어느 수준인가?

2. 전략 수정

경기가 진행되면서 여러분은 보다 자신감 있게 이 질문에 답변하고 상대 능력치의 모든 것을 파악해 갈 수 있을 것이다. 이러한 정보를 바탕으로 정말 효과적인 한두 가지 전략만 마음속에 굳게 담아둔다. 즉 단순화하는 것이다. 게임 플랜이 명확할수록 랠리 도중 올바른 결정을 통해 더욱 현명한 샷을 선택할 수 있게 된다. 반대로 전략이 모호하면 기회를 놓치게 되고 지나친 의욕으로 실수를 범하게 된다.

첫 세트가 끝난 뒤 상황을 되돌아보고 필요하다면 전략을 수정하자. 이기고 있다면 집중력을 유지하고 샷 패턴의 일관성과 공격적인 기조를 유지하자. 2014년 호주오픈에서 나달이 페더러를 상대로 3대 0 승리를 거둔 경기를 돌이켜보자. 나달은 첫 서브의 92%를 페더러의 백핸드에 집중시켰다.[7] 나달은 이 전략이 통한다는 사실을 인지했고, 이를 끝까지 고수했다. 상대 약점을 반복해서 공격하면 두 가지 결과가 나타난다. 상대의 스트로크가 무너질 수 있고, 반복으로 인해 오히려 좋아지기도 한다. 따라서 경기 도중 이를 잘 파악해 초기 전략을 유지할지, 아니면 다양한 샷을 시도할지 결정해야 한다.

만약 지고 있다면 포인트 사이에 시간을 끌며 경기 속도를 조금 늦추고 상황을 뒤집을 수 있는 다른 전략을 시도해야 한다. 공격성을 높이고 라인에 보다 가깝게 더 빠른 샷을 구사할 수도 있다. 이런 스타일은 페더러가 2017년 호주오픈에서 나달을 꺾는 결과로 이어졌다. 그는 스스로에게 이렇게 말

그림 13-20. 나달은 2014년 호주오픈에서 승리 가능성이 높은 서브 전략을 유지했다.

> **코칭 박스:**
>
> 전략적 완성도를 높이고 올바른 결정을 내릴 수 있으려면 꽤 오랜 기간 치열한 경기를 경험하는 것이 필요하다. 예를 들어 테니스에서 잘 알려진 두 가지 전략을 취해보자. '때린 데 또 때리기battering ram'와 '벌주기punisher' 전략이다. '때린 데 또 때리기' 전략은 상대의 약점을 계속 공략하는 것으로, 상대에게 확실한 약점이 있을 때 효과적이다. '벌주기' 전략은 상대를 무자비하게 코트 전후좌우로 뛰게 만드는 전략으로, 움직임이 좋지 않거나 지구력이 부족한 선수에게 효과적이다.
>
> 두 가지 중 어떤 전략을 사용할지 그리고 어느 정도까지 적용할지를 결정하려면 상당한 경기 경험이 요구된다. 똑같은 상대를 만나더라도 빠른 코트에서는 '때린 데 또 때리기'를, 느린 코트에서는 '벌주기' 전략을 취할 수도 있다. 또한 한 경기에서 두 전략을 동시에 쓸 수도 있다. 초반에는 '때린 데 또 때리기'를 하다가 상대가 이에 익숙해지거나 지친 기색을 보이면, 상대를 많이 움직이게 하는 샷을 주로 구사하며 경기를 풀어나갈 수도 있다.

했다. "마음을 비우고 샷을 치자. 지금은 용기 있는 자가 승리할 것이다."[8] 그는 마음껏 라켓을 휘둘렀다. 특히 백핸드를 과감하게 시도했고, 짧은 공격적인 랠리로 주도권을 잡았다. 이와는 정반대의 플레이, 즉 공을 높게 코트 중앙으로 치는 것이 현명한 작전일 수도 있다. 올바른 전략을 갖고 있지만 제대로 실행을 못 하는 경우도 있으며, 이는 전략 변화 자체보다는 집중력과 열정이 필요한 부분이다.

이러한 전략적 결정은 때로 자명하지 않기 때문에 경험이 중요하다. 결정력을 강화하기 위해서는 실전 경험을 최대한 많이 해야 한다. 자연스러운 실전 경험을 통해야만 자신과 상대의 장단점을 빠르고 정확하게 파악하며 경기의 모든 변수에 대응

하는 최선의 전략을 세울 수 있다. 네트 플레이어, 올라운드 플레이어, 수비형 베이스라이너 등 다양한 스타일의 선수들과 연습 경기를 가져야 한다. 상대의 스타일이 다양하면 어떤 샷 패턴이 유효한지 알 수 있고 자신의 기술을 다양한 상대에 적용하는 방법을 배울 수 있다. 또한 실력이 뛰어나거나, 비슷하거나, 떨어지는 상대와 골고루 연습하라. 다양한 능력치를 가진 선수와 대결을 통해 전략적 지식을 얻을 수 있다. 마지막으로, 인간의 기억은 한시적이다. 그러므로 경기가 끝날 때마다 얻은 경험을 기록하고 다시 되돌아보면서 미래에 활용할 수 있도록 하자.

VII. 단식 훈련

단식 훈련은 프로처럼 할 필요가 있다. 다시 말해 실전과 거의 똑같은 강도로 연습하는 것이다. 프로 선수들은 연습을 할 때도 모든 샷에 최선을 다한다. 연습에서의 모습이 실전에 그대로 나타난다는 걸 알기 때문이다. US오픈 복식 챔피언인 마텍-샌즈가 좋은 예인데, 그녀가 불과 12살일 때 관찰한 사실을 언급하겠다. 나는 코칭 경력 초반 세계 최고의 주니어 선수들을 가르칠 기회가 있었는데 마텍-샌즈가 그런 경우였다. 그녀의 게임에는 인상적인 부분이 많았지만 특히 두드러진 건 연습에서 보인 프로다운 자세였다. 그녀는 언제나 분명한 목적을 가지고 연습에 임했고, 연습 시 모든 샷에 집중하며 최선을 다했다. 나는 이렇게 뛰어난 연습 태도와 타고난 재능을 지닌 그녀가 프로 투어에서 성공을 거둘 것이라고 확신했다. 마텍-샌즈와 달리 동호인들은 연습을 성의 없게 하는 경우가 많

다. 만약 여러분이 연습 강도를 높이지 않으면, 몸은 그 상황에 익숙해지기 때문에 치열한 경기에 준비가 될 수 없다.

또한 똑똑한 선수들은 가장 최근의 경기 경험을 활용해 연습한다. 그들은 지난 대회에서 좋지 않은 부분을 다듬기 위한 연습을 계획한다. 최근에 포핸드가 좋지 않았다면 포핸드의 리듬과 자신감을 되살려줄 수 있는 훈련을 진행하는 것이다.

1. 깊이 게임
• 목표: 상대가 수비를 하도록 만들기 위해 베이스라인 랠리를 깊게 보낸다.

양쪽 베이스라인 안쪽 2m 정도에 선을 긋고, 연습 파트너와 랠리를 시작한다. 라인을 먼저 21번

그림 13-21. 나달은 이렇게 말했다. "여러 대회에서 우승하는 것이 전부는 아닙니다. 테니스의 진정한 아름다움은 바로 연습을 즐기는 데 있어요. 전보다 더 나은 선수가 되기 위해 노력하는 거죠."[9]

넘기는 사람이 이긴다. 선을 베이스라인 1~1.2m 앞으로 옮겨 두 번째 게임을 시작한다. 단식 라인 1.2~1.5m 안쪽에 선을 그어, 양쪽 코너 안에 샷을 넣으면 2점을 주는 방식으로 변형된 훈련도 있다.

2. 공격과 수비
- 목표: 찬스에서 포인트를 지배하고, 필요할 때 포인트를 지키는 방법 배우기

연습 파트너는 4구 이내 랠리에서 포인트가 끝나면 득점하고, 당신은 랠리를 적어도 5회 이상 지속하면 점수를 얻는다. 먼저 11점을 도달하면 승리하며, 이후 역할을 바꾼다.

3. 흐름 만들기
- 목표: 실전과 비슷한 압박 상황을 만들어내기

5번씩 서브를 넣고 교대하며, 21점에 먼저 도달하면 이긴다. 연속 득점 시에는 획득하는 포인트가 늘어난다. 즉, 두 번 연속 득점한 경우 두 번째 포인트는 2점, 세 번 연속 득점한 경우 세 번째 포인트는 3점이 된다.

4. 배구 훈련
- 목표: 경기에서 승리하기 위한 서브의 중요성과 영향력을 인지하기

서브를 넣을 때만 득점할 수 있으며, 먼저 11점에 도달하면 이긴다. 리시버는 서브권을 얻기 위해 두 번 연속 이겨야 한다.

그림 13-22. 연습 코트에 임시 선을 그어 놓으면 스트로크의 목표 지점을 명확히 하고, 베이스라인 게임에서 깊이와 정확성을 높일 수 있다.

그림 14-1. 복식 경기는 빠르고 흥미진진하다. 비너스 윌리엄스(등을 보인 팀의 왼쪽 선수)의 끝내기 발리 동작은 마치 온몸으로 '조심해!'를 외치고 있는 것 같다.

제14장

복식

동호인들에게 복식은 가장 인기 있는 종목이다. 복식이 사랑받는 이유는 여러 가지가 있다. 단식에 비해 더 빠르고 짜릿한 속도감을 즐길 수 있다. 단식보다 더 정교한 기술, 반사 신경, 그리고 네트 플레이가 요구되며 복식 코트가 2.7m 더 넓기 때문에 더 큰 각도를 낼 수 있다. 또 다양하고 창의적인 샷 메이킹도 가능하다. 나이 들어서 하기에도 적합한데 코트의 절반 정도만 커버하면 되기 때문이다. 따라서 테니스 수명을 더 연장해 준다고 볼 수 있다. 파트너와 대화를 많이 하기 때문에 보다 사교적이며 일대일 대결이 아니어서 부담이 덜하고 즐기기에 적합하다.

저마다의 장단점을 지닌 네 명이 한 코트에 있다 보니 단식보다 전략적 선택지가 풍부하다. 이 장에서는 복식을 가장 잘 할 수 있는 핵심적인 전략 원칙을 주로 다루겠다. 우선 네 명의 역할을 설명하고 다양한 포메이션과 전략을 소개한다. 다음으로 최적의 코트 포지션을 확보하는 방법과 포칭 poaching, 그리고 상황별 샷 선택에 관해 설명할 것이다. 게임 플랜과 커뮤니케이션, 이상적인 파트너를 고르는 방법에 대해서도 언급한 뒤 마지막으로 복식 훈련 방법을 기술할 것이다.

I. 각 선수의 역할

복식은 네 게임씩 로테이션으로 돌아간다. 각 게임이 마무리되면 선수들은 각자의 역할과 의무를 바꾸게 된다. 여러분과 파트너가 자신이 맡은 업무를 잘 수행할수록 조직력이 좋아져 성공적인 경기를 할 수 있다. 맡은 역할 내에서 어떤 전략과 샷이 가장 잘 통하는지, 그리고 어떤 코트 포지션 선택이 포인트 획득에 가장 좋은 방식인지를 아는 것이 중요하다. 이 섹션에서는 서버, 서버의 파트너, 리시버, 그리고 리시버의 파트너의 역할에 대해 알아보겠다.

1. 서버

서브 게임을 안정적으로 가져오는 것은 복식 승리의 핵심이다. 상대보다 먼저 공을 칠 수 있는 서브의 이점을 잘 활용해, 상대 팀이 서브 브레이크를 하기 어렵게 만들면 세트에서 앞서거나 적어도 대등한 승부를 이어갈 수 있다. 복식 서버에게는 다음과 같은 다섯 가지 역할이 있다.

A. 파트너의 네트 플레이를 최상으로 끌어올리기

이를 위한 최선의 방법은 서브를 센터 라인을 따라 T존에 넣는 것이다. 이 서브는 리터너가 파트너 쪽으로 다운더라인을 칠 수 있는 각도를 제한해 파트

그림 14-2. 서버가 가장 우선적으로 고려해야 하는 점은 파트너가 발리를 할 수 있는 상황을 만드는 것이다.

그림 14-3. 플레이스먼트와 스핀을 잘 섞으면 리터너의 리듬을 빼앗아 서브를 지키는 데 도움이 된다.

너가 코트 가운데로 움직일 수 있게 만들어 포인트에 커다란 영향을 미치게 된다. 몸으로 넣는 바디 서브 역시 파트너의 네트 플레이를 강화할 수 있는 효과적인 선택이다. 리터너는 '꽁꽁 묶이기' 때문에 스윙이 부자연스러워져 네트 앞 파트너가 강타를 날릴 수 있는 쉬운 공을 넘겨줄 가능성이 높다. 복식은 두 명이 코트를 수비하기 때문에 와이드 서브로 포지션의 이점을 얻는 것이 단식만큼 중요하지 않다는 점에 유념하자. 따라서 바디 서브가 조금 더 자주 사용되어야 한다.

와이드 서브 또한 효과적일 때가 있지만 부정적인 측면도 있다. 서버의 파트너가 복식 라인 쪽을 막아야 하기 때문에 코트 중앙으로 오는 공을 가로채기가 어렵다. 또한 파트너가 복식 라인 쪽으로 이동하면 서버가 막아야 하는 코트 범위가 더 넓어지는 단점도 있다. 그러나 만약 와이드 서브를 빠르게 넣어 리턴이 늦어지게 만들면 파트너가 네트 앞에서 발리로 끝낼 수도 있다.

B. 첫 서브 확률 높이기

단식에서도 첫 서브 확률은 중요하지만 복식에서 더욱 중요한 이유는 첫 서브와 세컨 서브의 득점률 차이가 현저하기 때문이다. 복식에서 이상적인 첫 서브 성공률은 75~80%로, 단식의 60~65%보다 높다.

이렇게 높은 첫 서브 성공률을 위해서는 서비스 박스의 중앙으로 목표 구역을 좀 더 넓게 잡고, 스핀 서브를 자주 사용해야 한다. 만약 세컨 서브가 강력하다면 첫 서브를 보다 세게 넣어 리턴 미스를 유발할 수 있다. 세컨 서브가 좋지 않다면 첫 서브의 속도를 좀 줄이고, 플레이스먼트와 안정성에 초점을 맞추는 것도 나쁘지 않다.

C. 서브를 잘 섞기

서버는 다양한 플레이스먼트와 스핀으로 리터너의 리듬을 빼앗아야 한다. 와이드나 T존, 혹은 바디 서브를 다양하게 섞어야 한다. 이렇게 다양한 위치로 서브를 넣으면 상대의 예측력을 떨어뜨려 쉽게 출발할 수 있다. 5장에서 언급한 대로 네 가지 다양한 스핀 서브(플랫, 슬라이스, 슬라이스-톱스핀, 킥)를 활용하자. 다양한 스핀은 서브의 궤적과 속도를 바꿔 리턴 타이밍을 빼앗을 수 있다.

D. 원활한 커뮤니케이션

파트너에게 서브를 어디로 넣을지 미리 이야기하면, 상대 리턴에 대비한 움직임에 큰 도움이 된다. 예를 들어 파트너에게 와이드로 서브를 넣을 것이라고 미리 말해두면 복식 라인 쪽으로 오는 리턴에 대처할 수 있다. T존으로 넣는다고 말하면 파트너는 네트 앞에서 코트 가운데로 약하게 오는 리턴에 대한 공격 준비를 할 수 있다(그림 14-4).

E. 지능적인 서브 포지션의 선택

서브 포지션 선택을 잘하면 리터너의 약한 리턴을 유발하는 최적의 각도를 만들어 낼 수 있다. 예를 들어 리터너의 백핸드가 약하다면 듀스 사이드에서는 가운데에서 넣고, 애드 사이드에서는 복식 라인 쪽으로 더 붙어 서브할 수 있다. 이렇게 하면 리

그림 14-4. 위르겐 멜저(오른쪽)는 파트너가 서브를 T존으로 넣을 것을 미리 알고 코트 가운데로 한발 먼저 움직인다.

터너의 백핸드 쪽으로 서브 각도를 내는 데 도움이 된다. 만약 상대가 리턴 감각을 찾았다면, 원래 서브 위치에서 좌우로 몇 발자국 이동해 다른 각도의 서브를 넣도록 하자.

서브가 끝난 뒤에는 서브앤발리를 구사하거나 베이스라인에 머물 수 있다.

1. 서브앤발리

서브 뒤 곧바로 발리를 위해 전진하려면 스핀 서브를 넣는 것이 합리적이다. 스핀을 더 가미하면 공이 보다 느리게 날아가기 때문에 네트 앞으로 더 가까이 가서 첫 발리를 할 수 있다. 서브를 넣은 뒤 공의 궤적을 주시하고 상대가 리턴을 하는 순간, 스플릿 스텝을 밟는 것을 잊지 마라(그림 14-5).

첫 발리는 코트 중앙으로 깊숙이 넣어 상대 샷의 각도를 줄이는 것이 원칙이다. 만약 상대 팀이 한 명은 네트에, 다른 한 명은 베이스라인에 있는 포메이션이고 리턴이 네트보다 낮게 온다면 첫 발리는 낮고 깊게 리시버(R)를 향해야 한다. 리시버의 파트너(RP)에게 공을 주지 않는 것이 가장 중요하다. 그러나 만약 리턴이 높게 오면 강하게 RP의 발밑으로 발리를 때리는 것도 좋다.

2. 서브 뒤 머물기

대다수 동호인들은 서브를 넣은 다음 베이스라인에 머문다. 프로 선수들도 서브 리턴이 향상되면서 점차 이 방식을 취하고 있다. 한 명이 네트 앞에 있고 나머지는 뒤에 있어 크로스코트 랠리가 많이 나온다. 크로스코트 랠리에서 서버의 목표는 첫째, RP가 손을 대지 못하도록 충분히 와이드 쪽으로 빠지는 공을 치고, 둘째, R이 베이스라인 뒤에서 머물도록 충분히 깊게 친 뒤, 셋째, 상대가 다급해지도록 빠르게 쳐 네트 앞 파트너의 공격적 발리를 유도하는 것이다.

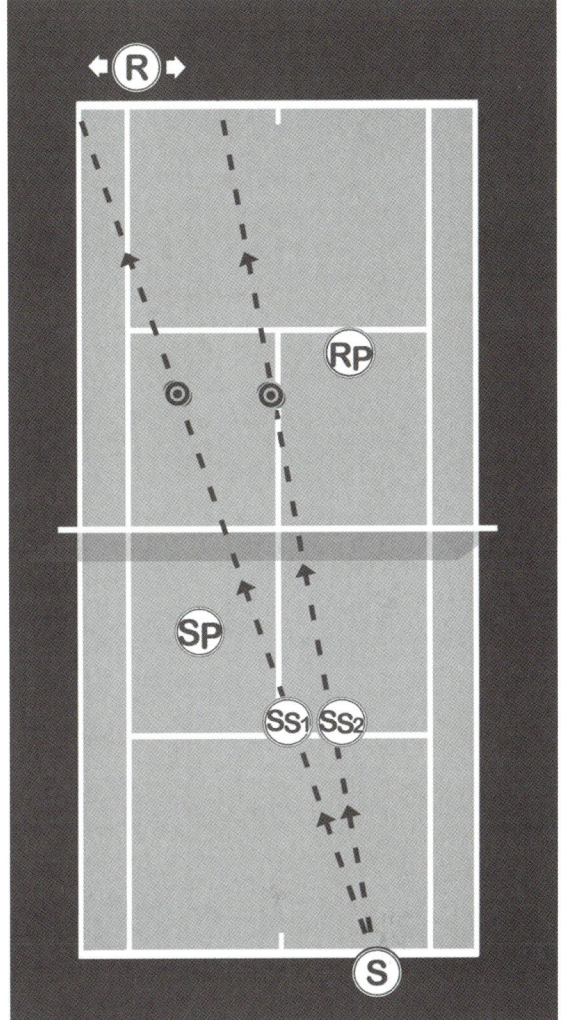

그림 14-5.
KEY: S - 서버 　 SP - 서버의 파트너
R - 리시버 　 RP - 리시버의 파트너

여러분의 서브 목표 지점은 서브앤발리를 할 때 스플릿 스텝의 위치에 영향을 미친다. 서비스 박스의 왼쪽으로 치면 스플릿 스텝 또한 왼쪽으로 이동해서 밟는다(SS1). 반대로 서비스 박스의 오른쪽으로 넣으면 오른쪽으로 이동해 스플릿 스텝을 밟는다(SS2). 서버의 파트너(SP)와 리시버의 파트너(RP) 역시 서브 방향에 따라 좌우로 움직여 코트를 커버해야 한다.

그럼 누가 먼저 서브를 넣어야 할까? 만약 서브를 제외한 실력이 거의 비슷하다면 서브를 잘 넣는 사람이 먼저 넣어야 한다. 이렇게 하면 더 좋은 서버가 더 많은 서브 게임을 치를 수 있다. 그런데 상수가 서브가 약할 경우가 있는데 이렇게 되면 좀 복잡해진다. 바람과 햇빛도 고려해야 할 변수다. 만일 한 선수가 킥서브에 더 능하면 바람을 등지고 서브를 넣어야 한다. 바람이 뒷받침해줄 때 킥서브는 톱스핀으로 인해 서비스 박스에 들어갈 확률이 높아진다. 토스가 높은 사람은 햇빛을 뒤로하고 서브를 넣는 것이 좋다. 오른손-왼손잡이 조합일 경우 햇빛 문제를 피할 수 있을 뿐 아니라 양쪽 코트에서 모두 측면 바람을 이용해 슬라이스 서브의 각도를 크게 할 수 있다.

2. 서버의 파트너

서버의 파트너는 활발한 움직임과 약한 리턴에 대한 강타로 리터너에게 많은 압박을 가할 수 있다. 또한 상대의 주의를 끄는 움직임, 그리고 이전 포인트에서 성공한 포칭(251페이지 참조)에 대한 기억을 통해 리터너를 불안하게 해 범실을 유도하기도 한다.

A. 포지션

서브권을 갖고 있을 때 서버 파트너의 위치는 굉장히 중요하다. 보통 최적의 위치는 서비스 박스의 중앙이다(그림 14-6). 네트에서 너무 멀면 상대 팀이 샷에 반응할 수 있는 여유가 생기기 때문에 포칭의 효과가 떨어진다. 반면에 네트에서 너무 가까우면 로브에 취약할 수 있고, 코트 중앙으로 오는

그림 14-6. 파트너가 서브를 넣을 때 대다수 선수들은 서비스 박스의 중앙에 위치한다.

그림 14-7. 밥 브라이언(왼쪽)은 파트너가 서브를 넣을 때 앞으로 나가며 스플릿 스텝을 밟는다.

샷을 포칭할 기회가 감소한다.

네트에서 정확히 얼마나 떨어져 있어야 하는지는 대개 빠른 백스텝을 통한 로브 대처 능력과 파트너의 서브 수준에 달려 있다. 스매싱에 능하고 파트너의 서브가 강력하다면 좀 더 네트 근처에 다가설 수 있다. 그 반대라면 코트 뒤편으로 물러선다.

상대 리턴의 경향도 한몫한다. 예를 들어 상대가 로브를 거의 하지 않는다면 네트 앞에 바짝 붙어도 된다. 로브를 자주 한다면 네트에서 떨어져 위치해야 한다. 일단 서비스 박스의 조금 뒤쪽에 서 있다가 파트너가 서브하면 한 걸음 앞으로 나갈 수도 있다(그림 14-7). 이렇게 앞으로 움직이면 몸의 모멘텀을 살릴 수 있어 크로스 샷을 가로채기 쉽고 약한 리턴을 잡아챌 가능성도 높아진다. 한 가지 기억해야 할 점은 상대는 좌우 움직임보다 앞뒤 움직임을 눈치채기 어렵다는 것이다. 따라서 파트너의 서브 직후 혹은 랠리 도중 앞으로 슬쩍 나가는 움직임은 훌륭한 전략이 될 수 있다.

복식 라인 쪽으로 얼마나 붙을 것이냐 역시 중요한 고려사항이다. 만약 복식 라인에 너무 붙으면 다운더라인 패싱샷을 막을 수는 있지만, 포칭의 기회가 제한돼 상대의 크로스코트 리턴을 너무 쉽게 내줄 수 있다. 또한 복식 라인 쪽에 치우쳐 있으면 파트너가 커버해야 할 코트 범위가 너무 넓어져 상대가 공략할 공간이 많아진다.

일단 랠리가 시작되면, 공의 위치와 포인트의 진행 양상에 따라 최적의 위치로 빠르게 이동해야 한다. 즉, 공의 방향에 따라 좌우로 움직이고 랠리가 유리할 때는 앞으로, 불리할 때는 뒤로 움직이는 것이다. 보통 서버의 파트너는 이러한 포지션 원칙을 따르지만, 상황에 따른 두 가지 다른 전략적 서브 포메이션이 있다. "I" 포메이션과 호주Australian 포메이션이다.

B. "I" 포메이션

"I" 포메이션은 서버가 센터 마크에서 한 걸음 정도 떨어진 곳에서 서브를 넣고 네트 플레이어는 센터 라인 근처에 위치해 웅크려 앉은 채로 시작한다(그림 14-8). 앉는 이유는 물론 공에 맞지 않기 위해서다. 서브를 넣기 전 두 선수는 네트 플레이어가 어느 쪽으로 움직일지 미리 상의한다. 네트 플레이어가 오른쪽으로 움직이면 서버는 왼쪽으로 이동하는 식이다. 이 포메이션은 네트 플레이어가 어느 쪽으로 움직일지 리턴하는 팀이 알 수 없기 때문에 위력적이다. "I" 포메이션은 상대의 리듬을 흔들 수 있을 뿐 아니라 강력한 네트 플레이어가 포인트에 더 많이 관여할 수 있어 효과적이다.

C. 호주 포메이션
호주 포메이션에서 서버와 네트 플레이어는 모두 코트의 같은 쪽에 선다. 서버가 센터 마크에서 한 걸음, 네트 플레이어는 약 두 걸음 정도 옆에 선다. 대부분의 선수들은 리턴할 때 공이 온 쪽 방향으로 크로스코트 리턴하는 것에 익숙하다. 호주 포메이션은 상대로 하여금 리턴 방향을 바꿔 다운더라인을 치도록 유도한다. 방향을 바꿀 뿐 아니라 네트의 가장 높은 부분을 넘겨야 하는 부담도 줄 수 있다. 만약 상대가 지속적으로 강력한 크로스코트 리턴을 구사한다면, 호주 포메이션은 상대의 리듬을 흔들어 놓을 수 있는 좋은 방법이 된다.

호주 포메이션은 "I" 포메이션과 마찬가지로 한 선수가 훨씬 더 잘 칠 때 특히 효과적이다. 약한 선수가 서브를 넣을 때 이 포메이션을 사용할 수 있다. 이렇게 하면 상수가 네트에 위치해 코트를 더 많이 커버하고 포인트에 더 많이 관여하게 된다.

또한 가장 강력한 샷을 사용할 수 있게 만드는 포메이션이기도 하다. 예를 들어 포핸드 발리가 특히 뛰어나다면, 파트너가 애드 사이드에서 서브를 넣을 때 호주 포메이션을 사용해 오른쪽으로 움직이며 포칭해 포핸드 발리를 구사할 수 있다.

이러한 장점에도 불구하고 "I" 포메이션과 호주 포메이션은 선택적으로 사용되어야 한다. 왜냐하면 서브를 넣은 뒤 좌우로 움직이는 것이 쉽지만은 않기 때문이다. 서브앤발리 전술에서 이 포메이션을 적용하면 위험할 수 있다. 그럼에도 이러한 포메이션은 적절한 상황에서 혹은 허를 찌르는 용도로 매우 효과적일 수 있다.

3. 리시버
일반적으로 복식은 단식보다 리턴이 더 정확하고 빨라야 한다. 반대편 네트 플레이어를 피하려면 낮고 빠른 크로스코트 리턴이 중요하다.

상대가 서브앤발리를 구사할 때 크로스코트 리턴의 가장 좋은 목표 지점은 단식 라인이 서비스

그림 14-8. "I" 포메이션(위 사진)에서 네트 플레이어는 센터 라인 근처에서 서버와 반대 사이드에 웅크리고 준비한다. 호주 포메이션에서도 네트 플레이어가 역시 센터 라인 근처에 있지만, 서버와 같은 사이드에 선다.

라인과 만나는 지점인 T존의 바깥쪽이다. 이러한 리턴은 서버의 발밑에 떨어질 수 있고, 네트 플레이어의 포치를 어렵게 만들 수 있을 만큼 옆으로 빠진다. 만약 서버가 베이스라인에 머물면 크로스코트 리턴은 베이스라인 깊이 겨냥한다.

대부분의 리턴은 크로스코트로 가지만, 만약 상대 팀이 포치를 자주 시도한다면 다운더라인 리턴으로 네트 플레이어를 움직이지 못하게 하고 공격성을 반감시키는 것도 좋다. 경기 초반에 이런 리턴을 해 상대 팀에게 포치가 위험하다는 메시지를 전달할 수도 있다. 네트 플레이어가 발리에 약하거나 서버보다 실력이 많이 떨어지는 경우에도 다운더라인 리턴이 효과적일 수 있다.

로브 리턴 역시 포치가 강한 상대에게 좋은 선택이다. 다운더라인과 마찬가지로 로브 리턴은 공격적인 네트 플레이어의 허를 찌를 수 있다. 로브를 잘 올리면 상대를 움직이게 하고, 높게 튀는 공을 수비하도록 만들 수도 있다.

A. 슬라이스 리턴

대부분 복식 리턴은 톱스핀 혹은 로브이지만, 훌륭한 세 번째 옵션이 있다. 바로 슬라이스 리턴이다. 슬라이스 리턴이 필수불가결한 데에는 두 가지 주요한 이유가 있다. 첫째, 높이와 깊이를 컨트롤하기가 쉽다. 슬라이스 리턴은 이런 장점으로 인해 네트 플레이어의 접근을 차단할 수 있다. 둘째, 슬라이스 리턴은 신속하게 구사할 수 있어 코트 포지션과 전략적 선택을 다양하게 가져갈 수 있다. 예를 들어 여러분이 베이스라인 뒤편에서 톱스핀 리턴을 했을 때 상대가 이를 편안하게 받아낸다면, 베이스라인 안쪽으로 들어와 간결한 스윙으로 슬라이스 리턴을 시도할 수 있다. 이렇게 앞으로 나가는 움직임은 상대의 리듬을 흔들 수 있을 뿐 아

> **코칭 박스:**
>
> 다운더라인 리턴을 시도하는 리시버가 흔히 저지르는 실수가 있다. 복식 라인으로 공을 보내려 한다는 것인데, 이 경우에는 범실이 나오기 쉽다. 따라서 네트 플레이어 혹은 단식 라인을 겨냥하는 것이 현명하다. 이렇게 하면 범실 위험을 줄일 뿐 아니라 종종 네트 플레이어의 어색한 발리를 유도할 수도 있다. 또한 네트 앞에 사람이 있다는 사실을 염려한 나머지 급하게 스윙해서는 안 된다. 많은 선수들이 다운더라인보다 크로스코트 리턴이 안정적인 이유가 사실 여기에 있다. 편안한 마음으로 네트 플레이어가 없다고 가정한 채, 코트 깊숙한 곳으로 다운더라인 리턴을 보낸다고 생각하자.

그림 14-9. 슬라이스 백핸드의 간결한 스윙은 리턴 뒤 네트 공략에 효과적이다.

니라 네트 플레이어가 코트 중앙으로 올 수 있는 시간을 줄여 포칭을 어렵게 만들 수 있다. 또 다른 옵션은 슬라이스 리턴을 베이스라인 안쪽에서 한 다음 곧바로 네트 앞으로 달려 나가는 '칩앤차지' 플레이다. 이는 상대 서버로 하여금 서브 동작 뒤 곧바로 패싱샷을 치게 압박할 수 있다. 또한 서버가 베이스라인에 머물고 있다면 슬라이스 리턴을 드롭샷과 섞을 수도 있다. 드롭샷과 슬라이스 리턴은 유사한 백스윙을 갖고 있어 상대의 허를 찌를 수 있다.

B. 세컨 서브 리턴

세컨 서브는 반드시 서비스 박스 안에 떨어져야 하기 때문에 짧은 공이 되기 쉽다. 그래서 공격을 하거나 가장 좋아하는 샷을 때릴 수 있는 기회가 되기도 한다. 일단 상대가 서브를 넣은 다음에는 여러분의 코트 전체를 공략할 수 있기 때문에 작전을 짜는 데 제한이 생길 수밖에 없다.

그러므로 세컨 서브를 넣기 전부터 두세 걸음 앞으로 나와서 공격적 포메이션을 만들어야 한다. 상대에게 리턴 이후의 샷을 지배하겠다는 의도를 알려야 한다. 리턴 시 좌우로 움직여 세컨 서브를 공격할 수 있는 좋은 포지션을 찾는 것도 잊지 말아야 한다. 복식에서는 커버해야 할 범위가 좁기 때문에 좋아하는 스트로크를 치기 위해 위치를 이동해도 부담이 크지 않다. 그러므로 발을 빠르게 움직여 세컨 서브 리턴 시 가장 자신 있는 스트로크를 자주 사용할 수 있도록 노력해야 한다.

4. 리시버 파트너

리시버의 파트너는 가장 빠른 반사 신경과 움직임이 요구되는 포지션이다. 파트너 리턴의 구질과 방

그림 14-10. 세리나 윌리엄스(왼쪽)는 세컨 서브를 공격하기 위해 베이스라인 안쪽에서 리턴한다.

향에 따라 전후좌우로 신속하게 움직여야 한다.

A. 포지션

일반적으로 파트너가 서브를 리턴하면 당신은 서비스 라인 부근에 서되 단식 라인보다 센터 라인에 가깝게 자리잡는다(그림 14-10). 그리고 비스듬히 서서 건너편 네트 플레이어를 바라봐야 한다. 이 선수는 당신과 가장 가깝기 때문에 이들의 샷에 대응할 수 있는 시간적 여유가 가장 적고, 따라서 가장 집중해야 하는 대상이다.

일단 크로스코트 리턴이 서버에게 전해지면, 서비스 박스 중앙을 향해 전진하며 서버와 마주한다. 랠리가 이뤄지는 동안 두 발의 방향을 바꿔가며 공을 치는 상대를 향하면서 빠르게 움직이고 신속하게 대응할 수 있어야 한다.

파트너가 강하고 낮게 깔리는 리턴을 쳤다면 네트 앞으로 다가가 서버의 첫 발리나 그라운드 스트로크에 압박을 가한다(그림 14-11). 파트너의 강력한 리턴으로 인해 서버의 발리나 그라운드 스트로크가 높게 떠서 오면 대각선 앞으로 나가 공을 가로채 공격적인 발리를 한다. 반면에 파트너가 리턴을 높게 띄우면 시간을 벌기 위해 한 걸음 뒤로 물러서서, 당신에게 향할 가능성이 큰 빠른 발리나 그라운드 스트로크를 받을 준비를 한다. 파트너가 상대 네트 플레이어를 향해 다운더라인 리턴을 하면, T존을 향해 이동하며 코트 중앙 공간을 커버해야 한다(그림 14-12). 파트너가 각도 깊은 크로스코트 리턴을 시도하면 공의 궤적을 따라 움직여 자신의 복식 라인 쪽을 방어한다.

B. 투-백 포메이션

상대의 강력한 서브를 파트너가 잘 받지 못하는 경우, 뒤로 물러나 베이스라인 근처에서 포인트를 시작하는 방법이다. 이를 투-백 포메이션이라 부른

그림 14-11. 네나드 지모니치(앞쪽)가 파트너의 뛰어난 리턴을 감지하고 재빨리 앞으로 이동하고 있다.

다. 강력한 서버를 상대할 때, 특히 첫 서브에서 현명한 선택이 될 수 있다. 투-백 포메이션에는 세 가지 주요한 장점이 있다(그림 14-13). 첫째, 베이스라인으로 후퇴함으로써 공격적인 상대 네트 플레이의 손쉬운 먹잇감이 되지 않을 수 있다. 타깃이 사라지면 발리어들은 보통 샷 결정에 자신감이 떨어지고 실수를 범할 수 있다. 둘째, 투-백 포메이션을 취하면 리시버가 파트너를 염두에 둔 빠르고 낮은 리턴에 대한 압박감이 적어진다. 따라서 그다지 빠르지 않고 네트 위를 넉넉히 넘어가는 궤적의 리턴을 하며 리턴 게임을 안정적으로 운영할 수 있다. 셋째, 로브와 패싱샷을 사용해 포인트를 길게 가져감으로써 상대 팀의 기술과 인내심을 테스트

그림 14-12. 위 사진에서 우리는 프로 선수들이 혼연일체로 움직이는 모습을 관찰할 수 있다. 밥 브라이언(왼쪽 위)이 와이드 서브를 리턴하기 위해 오른쪽으로 움직이자, 마이크 브라이언 역시 파트너와 같은 방향으로 오른쪽 다리를 돌리며 오른쪽으로 움직이려 한다. 아래 사진에서 밥 브라이언이 다운더라인 패싱샷을 시도하자, 마이크 브라이언은 코트 중앙을 커버하고 상대가 주로 노리는 코트 중앙을 향하는 발리를 막기 위해 오른쪽으로 이동한다.

그림 14-13. 리시버의 파트너가 베이스라인에 위치하고 있으면 서브를 넣는 팀이 발리를 겨냥할 목표를 잡기 어려워진다.

할 수 있다. 이 포메이션은 특히 그라운드 스트로크가 발리보다 더 뛰어난 팀에게 더욱 효과적이다. 또 상대 팀의 그라운드 스트로크가 약할 때 랠리를 늘려 주도권을 빼앗아 올 수 있는 장점이 있다.

II. 코트 포지션

톱 프로 선수들의 복식 경기를 보면, 공이 오지 않은 상태에서도 부지런히 움직이면서 상대 샷의 각도를 좁히기에 가장 적합한 위치를 잡으려고 하는 것을 알 수 있다(그림 14-14). 그들은 공에 강력한 자석이라도 달려 있는 듯, 공의 움직임을 따라 전후좌우로 물 흐르듯 빠르게 움직인다. 좋은 포지션을 확보하기 위해 어떨 때는 크게 움직이지만, 대부분 랠리 상황에서는 공을 주고받는 찰나의 시간에 맞춰 아주 미세하게 움직일 때가 많다. 그들은 알고 있는 것이다. 그 작은 움직임이 샷에 도달할 수 있느냐를 결정하는 커다란 차이를 만들어낸

그림 14-14. 프로 선수들은 공을 따라 좌우로 움직이며 상대가 칠 수 있는 각도를 좁히기 위해 노력한다.

다는 사실을. 그리고 그러한 움직임으로 인해 짧은 시간에 밸런스 잡힌 샷을 구사할 수 있다는 사실을 말이다.

코트 포지셔닝은 복식에서 대단히 중요하지만 누구나 할 수 있는 부분이다. 이 섹션에서 우선 왜 두 명의 선수가 네트 앞에 함께 있는 '투-업 포지션'을 잡기 위해 사활을 걸어야 하는지 설명하겠다. 다음으로 '투-업' 및 '원-업, 원-백' 포메이션을 고찰해보고 로브와 스매싱 상황에 대처하는 방법을 설명하며 마치겠다.

1. 투-업 포메이션의 장점

한 팀이 투-업 포메이션(그림 14-14)으로 네트를 점령하는 것은 복식의 중요한 목표다. 첫째, 발리는 대응할 시간이 짧기 때문에 네트를 함께 공략하면 상대 팀은 계속해서 다급하게 수비를 할 수밖에 없게 된다. 둘째, 일단 두 명이 네트 앞에 서면 상대는 포인트를 가져가기 위해 아주 높은 수준의 샷을 구사해야만 한다. 상대가 낮고 빠르거나, 높고 깊은 공을 치지 못한다면 네트를 차지한 쪽이 주도권을 잡게 될 것이다. 이러한 압박은 네트 앞 존재감만으로도 범실을 유발해 눈에 띄지 않는 포인트를 얻어낼 수 있다. 반면에 한 명이 베이스라인에 머물면 상대 팀은 그 선수를 향해 어중간한 공을 보내도 되고 난이도 높은 샷을 칠 필요가 없게 된다. 셋째, 네트 앞에 있는 팀은 시야를 확보한 채 상대 코트를 내려다보며 공을 칠 수 있지만, 베이스라인에 있는 상대편은 네트로 가려진 상대 코트로 공을

그림 14-15. 세리나 윌리엄스가 파트너와 함께 네트를 점령해 포지션의 우위를 확보하기 위해 짧은 공을 강타하고 있다.

보내야 한다.

따라서 베이스라인에 있다가 짧은 공이 오면 강하게 치면서 네트 앞으로 위치 전환을 시도해야 한다(그림 14-15). 서비스 라인이 좋은 기준점이 될 수 있다. 서비스 박스 안쪽에 떨어지는 공은 보통 베이스라인에서 앞으로 나가 네트를 점령하기에 좋다. 만약 공이 이곳에 떨어진다면 이어지는 첫 발리를 네트에 상당히 가까운 위치에서 효과적으로 구사할 수 있다. 베이스라인에서 네트로 전진하기 위한 다른 방법들도 있다. 다운더라인을 향하는 로브, 드롭샷, 높은 포물선을 그리는 톱스핀 크로스코트 샷 등이 해당되는데, 이런 샷들은 앞으로 나갈 수 있는 시간을 벌어주고 좋은 네트 포지션을 확보해 준다.

네트 공략이 즉각적인 결과로 이어지지 않는다고 해서 실망하면 안 된다. 어떤 선수들은 상대의 패싱샷이나 로브에 당한 뒤 너무 쉽게 자신감을 잃어버린다. 상대 팀의 경향과 발리의 타이밍을 잡는 데는 몇 게임이 소요되기도 한다. 경기 내내 지속적으로 파트너와 함께 네트를 공략하면 상대는 압박을 느끼게 되고 승리할 가능성은 더 높아진다는 점을 명심하자.

2. 투-업 포메이션의 코트 포지션

투-업 포메이션을 확립했다면 파트너와 하나가 되어 움직여야 한다. 가령 파트너가 발리를 하기 위해 왼쪽으로 이동하면 당신도 동시에 같은 거리만큼 왼쪽으로 이동해야 한다. 이렇게 함께 움직이지 않으면 코트 중앙을 공략당할 수 있다. 가장 좋은 방법은 두 선수가 마치 로프에 묶여 함께 움직인다고 생각하는 것이다. 이러한 연상을 통해 조화로운 움직임의 중요성을 강조할 수 있다. 공이 상대편에 넘어가 있을 때는 일치된 움직임으로 상대의 각도 깊은 샷에 대비해야 한다. 예를 들어, 만약

그림 14-16. 머리 형제는 네트 앞에서 동시에 스플릿 스텝을 밟으며 체중을 앞에 싣고 공격할 준비를 한다.

당신이 상대 애드 사이드로 크로스코트 발리를 시도하면 당신과 파트너는 모두 오른쪽으로 움직여야 한다. 공을 바깥쪽으로 보낼수록 상대의 패싱샷 각도를 고려해 더욱 오른쪽으로 움직여야 한다.

네트 앞 코트 포지션 확보는 유연하게 대처하고 상황에 맞춰 빠르게 조정해야 한다. 상대가 강한 샷에 대응하지 못한다면 네트 앞에 바짝 붙는다(그림 14-17). 네트에 다가갈수록 상대는 더 큰 압박을 받게 된다. 네트 앞에서는 공격적으로 임하되 항상 로브의 가능성에 유의해야 한다(그림 14-16). 파트너와 함께이건 혼자 네트 앞에 있건 간에 반드시 기억해야 할 명제가 있다. "네트 앞에 최대한 가까이 서서 로브를 예측하라". 수비적인 로브를 예상하는 건 어렵지 않다. 상대가 백스윙을 짧게 하면서 라켓 면을 열어 놓는다면 로브가 나올 가능

그림 14-17 프로 선수들은 로브의 가능성이 없다고 판단하면 네트 앞에 최대한 바짝 붙어서 경기한다.

그림 14-18. 수비형 발리를 한 다음 브라이언 형제는 시간을 벌고 포인트를 지키기 위해 뒤로 물러난다.

이 높다.

　물론 언제나 공격만 하는 것은 아니며 수비를 해야 할 때도 있다. 당신이나 파트너가 약한 샷을 치면 뒤로 물러나서 상대의 공격적인 샷에 대비할 시간을 벌어야 한다(그림 14-18). 한두 걸음 뒤로 물러서 시간을 확보하면 포인트를 이어갈 가능성이 높아진다. 브라이언 형제의 경기에는 이러한 유연함이 잘 나타난다. 포인트가 진행되는 동안 그들은 항상 전후좌우로 공을 따라 움직이고, 랠리에서의 공격 단계와 수비 단계에 빠르게 대응하는 모습을 볼 수 있다.

A. 압박 포메이션 Staggering

상대 팀이 일반적인 "원-업, 원-백" 포메이션이라면 네트 앞에서 두 명이 살짝 앞뒤로 서는 압박 포메이션을 취한다(그림 14-19). 베이스라인에 있는 상대가 공을 치려고 할 때, 그 선수와 마주하고 있는 사람이 약간 더 네트 앞쪽에 위치하고, 베이스라인 선수와 대각선에 위치한 다른 한 명은 뒤로 처진다.

　이 포지션은 확실한 역할 분담이 이뤄지는 장점이 있다. '종결자 terminator'라고 불리는 다운더라인 네트 플레이어는 가운데로 향하는 공의 포칭에 주력한다. 크로스코트 네트 플레이어인 '일꾼 workhorse'은 로브 대비에 더 치중한다. 크로스코트 네트 플레이어의 깊숙한 위치 선정은 두 가지 이유에서 로브를 막기에 적당하다. 첫째, 크로스코트 플레이어는 다운더라인 로브를 옆에서 스윙해 받을 수 있다. 똑같은 로브를 옆에서 치려면 다운더라인 네트 플레이어는 더 많이 뛰어야 한다. 둘째,

그림 14-19. 이 사진에서 볼 수 있듯이 네트 앞 압박 포메이션을 통해 더욱 공격적인 포칭을 할 수 있고, 로브에 대한 커버 범위가 넓어지며, 가운데로 오는 공을 누가 칠지가 명확해진다.

상대가 시도하는 크로스코트 로브는 가장 멀리 보낼 수 있기 때문에 이를 받기 위해서는 가장 긴 거리를 이동해야 한다.

한 선수는 포칭에 집중하고 다른 선수가 로브에 신경을 쓰면, 공격적 압박과 수비적 코트 커버를 겸비한 네트 플레이가 가능하다. 반면에 두 명의 종결자가 있으면 로브에 당하기 쉽고, 두 명의 일꾼만 있다면 발리로 마무리하기가 어려워진다. 이 포메이션은 공이 가운데로 왔을 때 역할 분담에도 좋다. 뒤에 처진 선수는 상대의 크로스코트 샷을 조금 더 잘 볼 수 있는 여유가 있고 파트너의 대응에 맞춰 샷을 구사할 수 있다.

3. 원-업, 원-백 포메이션

동호인들이 가장 잘 쓰는 포메이션으로 한 명은 베이스라인에, 다른 한 명은 네트에 위치한다. 만약 당신이 네트 앞에 있고 크로스코트 랠리가 진행 중이라면, 공의 궤적을 따라 대각선으로 움직여 코트를 커버해야 한다(그림 14-20, A에서 B).

예를 들어 파트너가 크로스코트로 단식 사이드라인을 공략하면(R1), 당신은 대각선 왼쪽으로 움직여 다운더라인 패싱샷에 대비해야 한다(그림 14-20, A). 그러나 파트너가 베이스라인 중앙으로 공을 보내면(R2), 대각선 오른쪽으로 움직여 포칭을 노려야 한다(그림 14-20, C). 상대가 베이스라인에 있는 파트너에게 크로스코트 리턴을 하면 당신은 대각선 오른쪽 아래로 움직인다(그림 14-20, B).

이때 반드시 건너편 네트 플레이어(RP)를 주시하며 그의 움직임에 대비해야 한다. 그러나 만약 당신의 파트너가 베이스라인에서 곤경에 처했다고 느껴지면 잠깐 뒤를 돌아봐 파트너의 상황을 파악해도 된다(그림 14-21). 파트너의 리턴이 좋지 않거나 로브가 짧은 것 같다면 과감하게 뒤로 물러

나 상대의 강력한 샷에 대비할 시간을 벌어야 한다. 상당수 동호인들은 맹목적으로 앞으로 나가기 때문에 결과적으로 대응이 늦어지고 네트 건너편 상대의 먹잇감이 되곤 한다.

만약 당신이 베이스라이너라면 파트너 머리 위로 넘어가는 로브에 대비해야 한다. 또 네트 앞 파트너가 손쉬운 발리나 스매싱을 준비하고 있다면

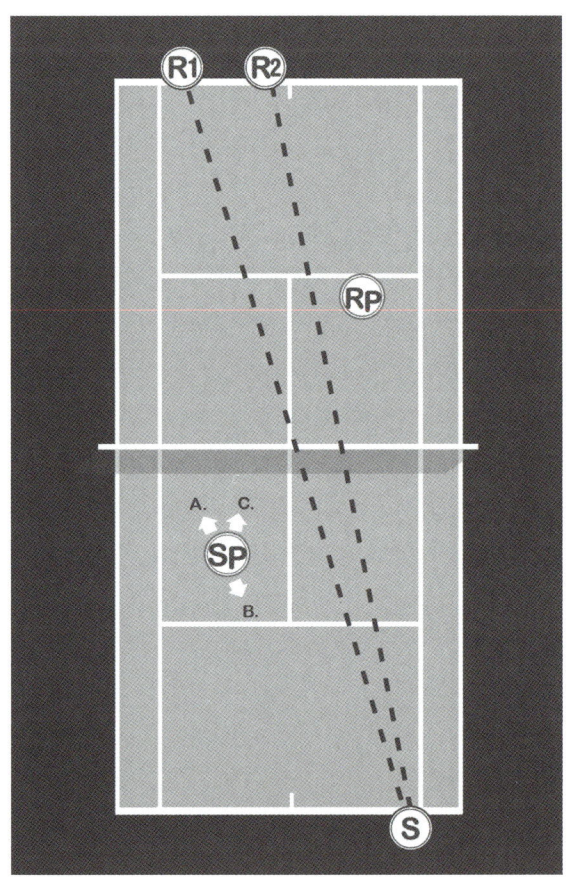

그림 14-20. 서버(S)와 리터너(R1)의 크로스코트 랠리 도중, 서버의 파트너(SP)는 R1이 공을 칠 때 공을 따라 움직여 "A"로 이동한다. 그다음 S가 공을 칠 때는 "B"로 후퇴한다. 만약 S가 공을 깊게 상대 코트 중앙(R2)으로 치면 SP는 "A"가 아닌 "C"로 이동해 포칭을 노린다.

그림 14-21. 프로들은 종종 파트너 샷의 구질과 방향을 확인하기 위해 뒤를 돌아보고 다음 동작을 미리 준비한다.

앞으로 나가 좀 더 공격적인 코트 포지션을 확보해야 한다. 베이스라인 플레이어는 네트 앞 파트너와 항상 소통할 준비가 되어 있어야 한다. 베이스라이너는 팀의 주장 역할을 하고 코트 포지션 문제를 책임져야 한다. 이를테면 "반대로", "제자리", "뒤로"와 같은 지시를 네트 앞 파트너에게 내려야 한다.

원-업, 원-백 포메이션을 사용할 때 베이스라인에 있는 상대가 앞으로 나오면서 파트너와 함께 네트를 점령할 때가 종종 있다. 이때 당신의 파트너가 그대로 베이스라인에 머무르면 당신은 고립될 수 있다. 소위 '가시방석hot seat'에 앉게 되는 것이다. 이러한 상황에서는 굉장히 취약한 포지션에 있게 되므로 서비스 박스의 중간에서 몇 걸음 뒤로 물러나 서비스 라인 근처에서 상대의 발리에 대비해야 한다(그림 14-22).

네트 앞에 그대로 머무른 상태에서 베이스라인의 파트너가 평범한 샷을 보내면 당신은 곤경에 빠질 것이다. 그러나 파트너가 깊숙한 로브나 빠른 드라이브로 상대 팀을 다급하게 만들면 곤경에서 벗어날 수 있다. '가시방석' 상황에서는 대개 수비를 하게 되지만, 파트너가 베이스라인에서 상대 네트 플레이어 발밑에 떨어지는 공격적인 샷을 구사하면 빠르게 공격 전환이 가능하다.

4. 로브와 스매싱에 맞서는 코트 포지션

거의 모든 로브는 코트 포지션을 완전히 바꿔 놓는다. 로브가 상대 머리를 넘어가도록 잘 올라가면, 당신은 파트너와 함께 앞으로 전진해 네트를 점령해야 한다. 좋은 로브를 치고도 베이스라인에 머물

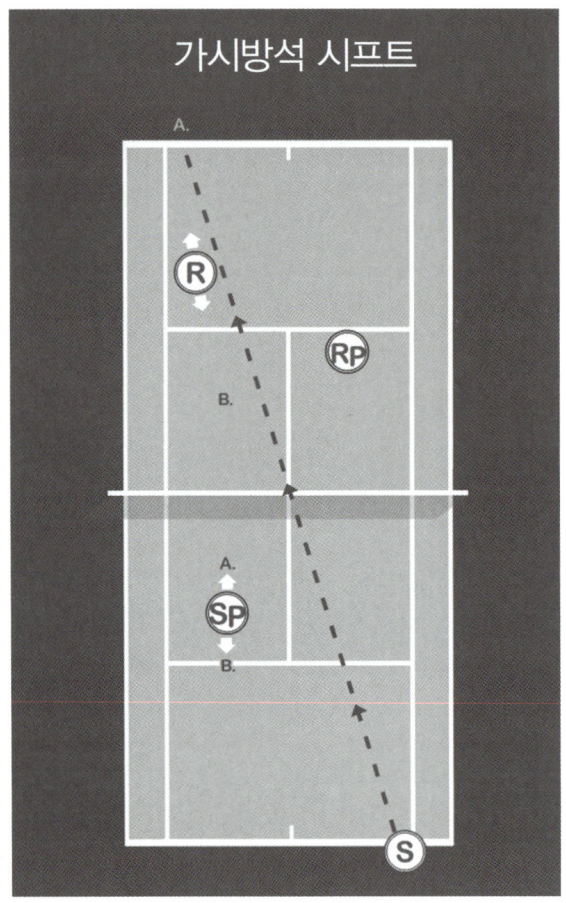

그림 14.22. '가시방석' 시프트
리터너(R)가 "A"에서 "B"로 전진할 때, 서버의 파트너(SP)는 "A"에서 "B"로 후퇴해야 한다.

두 손을 몸 앞에 두고 짧은 스윙으로 공을 막아내는 데 주력해야 한다.

스매싱을 할 때 취할 수 있는 네 가지 주요 코트 포지션이 있다. 첫째, 당신과 파트너가 모두 네트 앞에 있고 파트너가 깊은 로브를 받기 위해 뒤로 후퇴한다면, 당신 역시 뒤로 이동해야 한다. 이 상황에서는 파트너가 스매싱을 약하게 때릴 가능성이 높기 때문에 뒤로 후퇴하는 것이다. 둘째, 만약 파트너가 밸런스를 유지한 채 스매싱을 시도하지만 서비스 라인에서 몇 발자국 뒤에서 친다면, 당신은 센터 라인을 향해 앞으로 나가 적극적으로 코트 커버를 시도하며 파트너의 '무방비 지역'을 보호해야 한다(그림 14-23). 셋째, 파트너가 굉장히 짧은 로브를 스매시하고 네트 바로 앞에 있다면, 뒤로 후퇴해 또 올지도 모르는 로브에 대비해야 한다. 넷째, 당신이 베이스라인에 있고 파트너가 스매싱하기 좋은 위치에 있다면 앞으로 전진해 파트너와 합류한다.

면 압박을 가하지 못해 상대는 로브가 바운스된 후에 치게 된다. 이렇게 되면 그들은 수비 태세를 갖출 시간을 확보할 수 있다. 로브를 로브로 받을 수 있다는 점도 기억해야 한다. 그렇기 때문에 로브를 깊게 보낸 다음에는 서비스 박스 중간이 아닌 서비스 라인에 자리를 잡는 게 좋다. 반면에 당신이 네트 앞에 있고 파트너가 형편없는 로브를 쳤다면 재빨리 베이스라인 쪽으로 물러나야 한다. 상대가 스매싱을 할 때 스플릿 스텝을 밟는 것을 잊지 말자.

그림 14-23. 로한 보파나(왼쪽)가 파트너의 스매싱 후 무방비 지역을 확인하고, 코트 중앙으로 이동해 수비를 준비하고 있다.

III. 포칭

포칭은 복식에서 매우 중요하다. 포칭은 네트 플레이어가 파트너에게 향하는 공을 중간에 가로채는 동작이다(그림 14-24). 포칭은 그 자체로 위닝 발리를 칠 수 있을 뿐 아니라 상대로 하여금 포칭을 피하기 위해 더 빠르고, 낮고, 옆으로 빠지는 샷을 치도록 할 수 있다. 또한 상대의 시선을 교란하고 상대가 스트로크 도중 마음을 바꾸게 해 범실을 유도하면서 상대의 게임을 어렵게 만들 수 있다.

포칭에는 두 가지가 있다. 첫 번째는 서브 뒤 약속된 포칭으로, 서브를 넣는 파트너가 당신이 포칭할 것을 미리 알고, 서브를 넣은 즉시 코트 반대편을 커버하는 것이다. 두 번째는 상대가 랠리 도중 쫓기거나 밸런스를 잃었을 때 기회를 잡는 것이다.

계획되지 않은 포칭을 할 때는 더욱 공격적인 발리가 요구된다. 왜냐하면 두 선수 모두 일시적으로 같은 위치에 서게 돼 빈 공간이 생기기 때문이다(그림 14-25).

포칭을 할 때는 대담해야 하고, 다운더라인 패싱샷에 당할 수 있다는 걸 인정해야 한다. 그러나 이러한 패싱샷으로 인한 실점을 감안하더라도 포칭으로 인한 득점과 상대가 위험 부담이 있는 샷을 하다가 나오는 범실로 인한 득점이 더 많다는 사실을 반드시 기억하자. 따라서 상대가 패싱샷으로 한두 포인트를 가져간다 하더라도 전체적으로 보면 더 유리하게 된다. 지속적이고 공격적인 포칭을 통해 팀 승리에 기여할 수 있을 것이다.

이 섹션에서는 포칭 기회를 포착하고 포칭 시점을 선정하는 방법과 효과적인 포칭에 필요한 움직

그림 14-24. 마이크 브라이언의 뛰어난 포칭 능력(오른쪽)은 수많은 발리 위닝 샷 기회를 만들어낸다.

그림 14.25. 비너스 윌리엄스의 계획되지 않은 포칭으로 인해 세리나는 신속하게 왼쪽으로 이동해 코트 빈 공간을 커버해야 한다.

임, 그리고 포칭 샷의 목표 지점에 관해 설명하겠다.

1. 예측

포칭은 상대가 어디로 칠지 예측하는 행위를 포함한다. 포칭의 범위를 잘 알고, 적당한 기회를 포착해 코트 중앙으로 움직이기 위해서는 굉장히 많은 연습이 필요하다. 상대가 다음과 같은 네 가지 샷을 칠 때 포칭을 시도할 만하다.

A. 낮은 공

낮은 공은 포칭하기 좋다. 상대가 네트를 넘기기 위해 공을 비교적 느리게 치기 때문이다.

B. 다급하고 밸런스가 무너진 샷

상대가 다급하거나 밸런스가 잡히지 않았을 경우에는 상대의 공에 파워가 부족하기 때문에 포칭하기에 좋은 기회이다(그림 14-26). 또한 이 경우 상대는 다운더라인을 제대로 준비하기 어렵다.

C. 깊은 샷

우리 팀의 샷이 깊게 떨어지면 상대는 준비할 시간이 적어지고 다운더라인으로 공을 보내기가 어렵게 된다. 또 한 가지 이점은 상대가 공의 깊은 바운스에 집중해야 하기 때문에 포칭의 움직임을 파악하기 어렵다는 것이다.

제14장 복식

그림 14-26. 밥 브라이언(등을 보인 팀의 오른쪽 선수)은 상대가 까다로운 발리를 시도하는 모습을 보고 코트 중앙으로 재빨리 나가 포칭을 노리고 있다.

D. 상대가 중앙에서 치는 샷

코트 중앙에서 상대가 치는 공은 포칭하기 좋다. 이 경우에는 다운더라인 패싱샷을 치기 어렵기 때문이다.

2. 타이밍

코트 대각선 방향으로 움직이는 순간을 잘 포착하는 것이 관건이다. 상대가 샷을 시도하기 전에 결코 움직임을 시작해선 안 된다. 너무 일찍 움직이면 상대가 빈 곳을 발견해 역습할 수 있다. 포칭의 타이밍은 게임의 속도에 따라 다르지만, 보통 상대편 코트에 바운스가 된 뒤 시작된다.

3. 움직임

포칭을 하기 위해서는 자세를 낮추고 있다가 상대가 공을 때리기 직전에 스플릿 스텝을 밟는다. 포칭의 첫 움직임은 일단 전진한 뒤 공을 향해 대각선으로 이동하는 것이다. 첫 스텝부터 대각선으로 움직이면 어깨가 돌아가게 돼 동작을 바꾸기 어렵다. 그 대신 앞으로 먼저 움직이면 어떻게 움직여야 할지 더 잘 파악할 수 있고, 최선의 스텝이 무엇인지 알게 된다. 또한 앞으로 먼저 움직이면 바깥쪽 다리로 지면을 박차며 공을 향해 더 폭발적으로 움직일 수 있다.

먼저 전진 스텝을 디딘 다음 비스듬히 네트의 센터 벨트 쪽으로 움직여 상대의 타이밍을 빼앗는다

> **코칭 박스:**
>
> 어떤 상대는 포칭하기가 쉽다. 그들의 스윙 테크닉과 스핀의 양 때문이다. 예를 들어, 백스윙이 큰 선수나 스핀을 많이 넣는 선수가 대표적이다. 왜냐하면 그들의 긴 스윙 탓에 샷의 방향이 일찍 정해져야 하고, 많은 스핀량으로 인해 공의 속도가 느려지기 때문이다. 반대로 스윙이 간결하고 플랫 샷을 치는 선수는 네트 플레이어가 포칭을 시도할 때 샷의 방향을 쉽게 바꿀 수 있고, 플랫성 공의 속도가 더 빠르기 때문에 포칭이 어렵다.

그림 14-27. 장-줄리앙 로제르가 발리를 하기 위해 네트의 센터 벨트를 향해 돌진하고 있다. 그는 재빠른 대각선 움직임으로 상대의 대응 시간을 빼앗고, 공이 높이 뜬 상태에서 처리하며, 예리한 각도로 발리를 구사할 수 있다.

(그림 14-27). 또한 네트 가까이 붙으면 조금 더 높은 공을 각도 있게 발리할 수 있다. 포칭 이후 계속해서 반대편에 머물지 아니면 제자리로 돌아갈지 신속하게 결정해야 한다. 뒤에 있는 파트너가 "거기 있어" 혹은 "돌아가"라고 외치며 도와줄 수 있다. 활발한 커뮤니케이션으로 두 사람 모두 코트의 같은 편에 서 있게 되는 딜레마를 피할 수 있다.

4. 샷 플레이스먼트

원칙적으로 포칭 샷은 이동하는 방향으로 쳐야 한다. 이렇게 하면 운동 에너지를 그대로 샷에 옮길 수 있다(그림 14-28). 또한 포칭 샷을 반대편 네트 플레이어에게 치면 대응 시간을 빼앗을 수 있다. 이렇게 포칭 발리를 하고 나면 샷이 속사포처럼 교환되기 때문에 라켓을 재빠르게 준비하고 경계 태세를 유지해야 한다. 건너편 네트 플레이어의 발이나 상대 팀 중앙 깊숙한 곳이 포칭의 두 가지 주요 공략 지점이다. 그러나 만약 준비 시간이 넉넉하고 네트 바로 앞에 있다면 각도 깊은 발리로 양쪽 복식 라인 구석으로 보내는 것도 좋은 방법이다. 또 공이 낮고 부드럽게 넘어온다면 베이스라인에 있는 선수 쪽으로 드롭 발리를 가볍게 넣어 주는 것도 권장할 만하다.

제14장 복식

그림 14-28. 위르겐 멜저는 포칭을 하면서 왼쪽으로 움직이는 모멘텀을 최대한 활용해 공을 왼쪽으로 치고 있다.

IV. 샷 선택

복식에서 샷 결정은 단식과 다른 점이 많다. 네트 플레이가 훨씬 많고 한 명이 아닌 두 명이 각각의 위치에서 포지션을 잡고 코트를 커버하기 때문이다. 복식 경기에서 샷 선택에 도움이 될 만한 고려 사항들을 자세히 알아보자. 샷의 높이, 몸을 향한 샷과 코트 중앙을 향한 샷, 깊은 공은 깊게, 짧은 공은 짧게 되받아치기, 그리고 발리와 스매싱까지. 여기서 이러한 선택은 상대 선수의 능력치에 따라 달라진다는 점을 명심하자. 즉, 상대 팀의 한 선수가 굉장히 실력이 떨어진다면 이들 지침은 상당히 달라질 여지가 있다는 말이다.

1. 샷의 높이
복식에서 샷의 높이는 파워보다 중요할 때가 있다. 복식에서는 공의 높이를 정교하게 컨트롤할 수 있

는 선수가 강한 힘을 가진 선수를 압도하는 경우가 적지 않다.

복식은 두 명이 코트를 커버하기 때문에 깔끔한 위너가 나오는 경우는 많지 않다. 샷의 대부분은 상대의 라켓에 닿는다는 사실을 받아들여야만 한다. 따라서 위너를 치는 것이 아니라 공을 낮거나

> **코칭 박스:**
>
> 복식 게임에는 다양한 방해 공작과 허를 찌르는 수법이 존재한다. 상대를 혼란스럽게 만드는 한 가지 전략이 바로 '거짓 포칭'이다(그림 14-29). 거짓 포칭은 중앙으로 크게 스텝을 밟으며 포칭을 하는 것처럼 움직이다가 재빨리 원래 포지션으로 돌아가는 것이다. 만약 상대를 거짓 포칭에 걸려들게 만들면 그들로 하여금 다운더라인 패싱샷을 시도하게끔 유혹해 종종 쉬운 발리로 끝낼 수 있다. 명심해야 할 점은 거짓 포칭의 타이밍은 정상 포칭보다 살짝 빠르게 해야 한다는 것이다. 상대가 당신의 움직임을 보고 혼란스러워해야 하기 때문이다. 거짓 포칭은 어떤 서브에서도 가능하지만, 특히 파트너가 와이드 서브를 친 뒤 잘 통한다. 그때 상대는 열려 있는 복식 라인 공간 쪽으로 패싱샷을 보내기 좋다고 생각하기 때문이다.

그림 14-29. 거짓 포칭

높게, 또는 몸쪽으로 쳐서 상대를 당황하게 만드는 것을 목표로 해야 한다. 이렇게 치면 상대 팀의 샷이 약해질 수 있고 포인트를 지배할 수 있게 된다.

A. 낮게 치기

상대가 네트 앞에 있기 때문에 낮게 치는 것은 굉장히 중요한 기술이다. 상대 네트 플레이어들에게 공을 낮게 보내면 그들은 공을 수비적으로 위로 올려 칠 수밖에 없어 네트 앞에서 위닝 발리를 하거나 포칭 기회를 얻을 수 있다.

낮게 공을 치는 것이 때로는 승부에 결정적인 요인이 되기도 한다. 네 명이 한꺼번에 서비스 박스 안에서 발리를 교환할 때, 먼저 공을 상대 발밑으로 낮게 치는 쪽이 결국 포인트를 가져가는 경우가 많다. 사실 최상급자를 상대하지 않는다면, 랠리 도중 무릎 아래로 떨어지는 공으로 대개 포인트의 흐름을 가져올 수 있다.

B. 높게 치기

로브 역시 상대를 괴롭히고 밸런스를 빼앗을 수 있는 효과적인 방법이다. 또한 상대가 로빙에 대한 두려움으로 인해 네트 뒤편으로 물러나게 만드는 효과도 있다. 이렇게 되면 여러분은 상대 발리에 대응할 시간이 많아지고 그들의 발밑으로 더 쉽게 공을 떨어뜨릴 수 있다.

일단 당신과 파트너가 본래 위치를 이탈했을 때는 대개 로브가 올바른 선택이다. 예를 들어, 당신과 파트너가 원-업, 원-백 포메이션상에서 자리를 바꿨을 때, 로브로 전체 코트를 방어할 수 있는 시간적 여유를 갖고 포인트를 재정립할 수 있다. 로브는 또한 두 팀이 모두 원-업, 원-백 포메이션을 취한 상태에서 힘겨운 크로스코트 랠리를 펼치고 있을 때 당신을 구해줄 수 있는 방법이 된다. 만약 스윙 타이밍을 못 잡아 네트 플레이어한테 다운더라인을 칠 수밖에 없을 때 로브를 띄워라. 아니면 상대의 크로스코트 샷에 밀려 당신이 복식 라인 바깥쪽으로 밀려날 때도 로브를 선택할 수 있다. 이는 시간을 벌어줄 뿐 아니라, 상대 네트 플레이어가 파트너를 향해 강한 발리를 치지 못하도록 할 수 있기 때문이다(여기서 당신의 파트너는 당신이 밖으로 밀려 나갔기 때문에 상당히 많은 공간을 커버해야 하는 상황이다).

상대가 깊숙한 로브를 스매싱으로 받는다면 다음에는 드라이브 샷을 주는 것이 현명한 선택이다. 깊숙한 로브를 스매싱한 선수는 코트 포지션이 좋지 못해 아마도 다시 자세를 잡기 어려울 것이기 때문이다. 높은 로브와 이어지는 드롭샷의 조합 역시 복식에서 효과적인 샷 선택이다.

2. 몸을 겨냥하기

상대 네트 플레이어의 몸을 직접 겨냥해 불편하게 만들 수 있다(그림 14-30). 공을 상대의 오른쪽 골반을 향해 치면 상대는 동작이 꼬이면서 팔의 움직임이 제한돼 좋은 스윙이 나오지 않는다.

3. 코트 중앙 공략

단식에서는 넓은 공간인 사이드로 샷을 겨냥하면 득점으로 연결되기 쉽다. 반면에 코트 한가운데로 치면 상대에게 주도권을 내주기 마련이다. 하지만 복식에서는 그와 정반대로 중앙으로 치는 것이 현명한 전략적 선택이 될 수 있다. 중앙으로 치면 네트의 가장 낮은 부분을 통과하는 이점이 있고, 샷이 옆으로 나가 아웃 되는 위험을 줄일 수 있다. 이 외에도 복식에는 세 가지 장점이 더 있다.

그림 14-30. 밥 브라이언이 자신의 몸으로 오는 빠른 공에 수비적인 발리로 대응하고 있다.

A. 상대의 결정을 교란함

중앙으로 샷을 치면 자신이 공을 칠지 아니면 파트너가 치도록 내버려 둘지 혼란을 야기할 수 있다 (그림 14-31).

B. 각을 좁혀 수비 범위를 좁힘

복식 코트는 단식보다 2.7m 더 넓다. 따라서 상대의 각을 줄이는 것이 급선무이다. 이는 복식의 경우 네트 플레이가 많고 발리를 더 자주 사용하고, 대응 시간이 짧기 때문에 더욱 중요하다. 만약 두 선수 모두 네트 앞에 있다면, 중앙을 공략해 그들이 칠 수 있는 각을 줄여 위닝 발리를 구사하기 어렵게 만들 수 있다. 한 선수 혹은 두 선수 모두 베이스라인에 있을 때 중앙으로 샷을 주면 패싱샷 공간을 찾기가 상당히 어렵게 된다.

C. '버터플라이Butterfly 플레이'를 가능하게 함

코트 중앙으로 공을 치면 두 선수 모두 가운데로 모이면서 양쪽 빈 공간으로 다음 샷을 칠 수 있는 상황이 발생한다(그림 14-32). 이 연속된 두 번의 샷을 버터플라이 플레이(나비효과 플레이)라고 부르는데 그 모양새가 나비가 날개를 접었다 펴는 모습과 흡사하기 때문이다. 특히 상대 팀이 원-업, 원-백 포메이션일 때 유용하다. 먼저 네트 플레이어 뒷공간 가운데로 발리를 친 뒤, 상대 팀을 "I" 포메이션으로 유도할 수 있다.

4. 딥-투-딥DEEP-TO-DEEP, 쇼트-투-쇼트SHORT-TO-SHORT

앞에서 언급한 대로 동호인 복식에서 대개 한 명은 네트 앞에, 다른 한 명은 베이스라인에 선다. 보

그림 14-31. 중앙으로 치면 상대 샷의 각도를 좁힐 뿐 아니라 누가 칠지를 결정하는 데 혼란을 야기할 수 있다.

통 이 포메이션상에서 영리한 작전은 베이스라인 선수는 건너편 베이스라이너에게(딥-투-딥), 네트 플레이어는 건너편 발리어에게 보내는 방법(쇼트-투-쇼트)이다.

복식 샷의 대부분은 두 베이스라인 선수가 크로스코트로 딥-투-딥 패턴을 반복하는 것이다. 딥-투-딥 전략이 합리적인 이유는 세 가지다. 첫째, 가장 위협적인 네트 플레이어에게 공을 주지 않을 수 있다. 둘째, 파트너의 포칭을 유도할 수 있다. 셋째, 네트의 가장 낮은 부분을 통과해 코트의 가장 먼 곳으로 보내는 대각선 샷이다.

크로스코트 랠리 도중 공이 짧아지면 공격하는 것을 잊지 말자. 여기서 목표는 베이스라인에서 앞으로 나와, 파트너와 네트에서 힘을 합해 코트 포지션의 우위를 점하는 것이다.

만약 당신이 네트 앞에 있고 공이 높게 들어온다면 보통 쇼트-투-쇼트 패턴을 따라 건너편 네트

그림 14-32. 버터플라이 플레이에서는 우선 상대방을 중앙으로 끌어들인 뒤 양쪽 복식 라인 공간을 오픈해 위닝 발리를 칠 수 있다.

플레이어 쪽으로 샷을 보내는 것이 현명한 작전이다(그림 14-33). 상대 네트 플레이어는 당신과 굉장히 가까이 붙어 있기 때문에 반응할 수 있는 시간이 적다. 이렇게 까다로운 샷을 보내면 종종 범실이나 뜬 공으로 이어져 포인트를 지배할 수 있게 된다. 조금 더 정확히 말하자면 이러한 상황에서는 상대 네트 플레이어 정면이 아닌 뒤쪽으로 공을 보내는 발리가 가장 좋다. 나는 이 네트 플레이어 뒤쪽 공간을 '노다지광gold mine'이라 부르는데, 이곳으로 샷을 보내면 틀림없이 성공하기 때문이다(그림 14-34).

그런데 이 쇼트-투-쇼트 전략은 낮은 볼에는 똑같이 적용되지 않는다. 공이 낮게 오면 당신의 발리는 베이스라인 뒤쪽 상대를 향해야 한다. 속도가 느리고 낮게 들어오는 공은 발리로 때리기 쉽지 않기 때문이다(그림 14-35). 설사 낮은 공을 발리로 쳐 공이 뜨더라도, 베이스라인 쪽으로 보내면 포인트를 살릴 수 있고, 반면에 네트 플레이어 쪽으로 공이 뜬다면 아마도 난처한 상황이 될 가능성이 많다.

이렇게 높은 발리는 가까이 있는 상대에게, 어

> **코칭 박스:**
>
> 복식에서 상대 두 명이 모두 네트에 있다면 스트로크의 역학이 샷의 선택에 영향을 미친다. 상대의 몸을 향해 친다면 상대 골반의 오른쪽, 즉 포핸드 쪽으로 공을 보내 그들이 공을 받아내기 어려운 자세를 만들 수 있다. 반대로 상대 옆으로 빠지는 힘 있는 공을 칠 때는 왼쪽, 즉 백핸드 쪽을 겨냥하는 것이 더욱 효과적이다. 왜냐하면 백핸드는 포핸드에 비해 타점이 앞에서 형성되어야 하기 때문이다.

려운 발리는 멀리 떨어진 상대에게 보내는 전략은 복식 경기에서 일관되게 수행되어야 한다. 샷 플레이스먼트에 대한 결정이 신속할수록 발리의 결정력과 완성도가 높아진다. 경험 많은 선수들은 높은 공이나 낮은 공이 오면 거의 반사적으로 어떤 샷을 쳐야 하는지 알고 있기 때문에 자신 있게 샷을 구사할 수 있다.

딥-투-딥과 쇼트-투-쇼트 전략은 상황이 조금

그림 14-33. 마이크 브라이언이 쇼트-투-쇼트 발리 패턴을 취하고 있다.

복잡할 때도 적용 가능하다. 예를 들어 당신이 베이스라인에서 몰리거나 어려운 샷을 쳐야 할 때, 상대 두 명이 모두 네트 앞에 있다고 치자. 한 명은 네트에서 2.5m, 또 다른 한 명은 4.5m 뒤에 있다면 모든 조건이 동일하다는 가정하에서 당신의 샷은 4.5m 떨어진 상대를 향하는 게 맞다. 랠리가 복잡하고 코트 포지션이 혼란스러워 곤경에 처해 있을 때는 반드시 상대 팀의 코트 포지션을 파악한 다음 조금 더 멀리 떨어진 선수에게 공을 보내 재정비할 시간을 확보해야 한다. 이와는 반대로 만약 당신이 쉬운 스매싱을 치려 하고 상대 두 명이 모두 뒤로 후퇴하고 있는 상황이라면? 한 명은 네트에서 4.5m, 다른 이는 7.5m 떨어져 있고 모든 조건이 동일하다면 보다 가까이 있는 쪽으로 스매시해야 한다.

현명한 복식 경기를 위해서는 항상 코트 상황을 주시하면서 상대 선수들의 위치를 파악하고 있어야 한다. 그리고 주변 시야를 활용해 올바른 샷을 선택하고 적절한 곳으로 공을 쳐야 한다.

5. 발리

발리의 달인이 되려면 공의 높이에 따라 발리의 목표 지점을 설정할 수 있어야 한다. 앞에서 언급한 대로 상대가 손쉬운 높은 발리를 주면 상대 발밑이나 뒤편으로 강하게 때려야 한다. 늘 긴장감을 잃지 않고 적당한 속도로 발리를 구사해야 한다는 사실을 잊지 말자. 시속 80km면 충분한 위너를 시속 130km로 칠 필요는 없다. 시속 50km의 속도를 더 낸다고 점수를 더 얻는 것도 아니고, 실수를 할 확률만 높아진다. 공이 낮게 오면 목표는 뒤편에 있는 선수에게 보내는 것이다. 시간이 충분하고 밸런스가 잡혀 있다면 낮은 공 또한 드롭 발리를 사용해서 반대편 베이스라인 선수를 당황하게 만들 수 있는 좋은 기회다.

사실 베이스라인 선수에게 향하는 짧고 부드러운 모든 발리는 효과적일 수 있는데, 특히 동호인 수준에서는 더욱 그렇다. 드롭 발리가 낮은 공 처리에 효과적이지만 동호인들은 가슴 높이의 공을 '범프bump 발리'로 짧게 떨어뜨려 베이스라인 플레이어가 네트 앞으로 달려오게 만들 수 있다. 이 발리는 라켓을 약간만 움직여 부드럽게 공을 '톡 건드리는' 것이다. 교과서에 기술된 것은 아니지만 이 발리는 세 가지 장점이 있다. 첫째, 파워 샷이 아니기 때문에 누구나 칠 수 있다. 둘째, 동호인들은

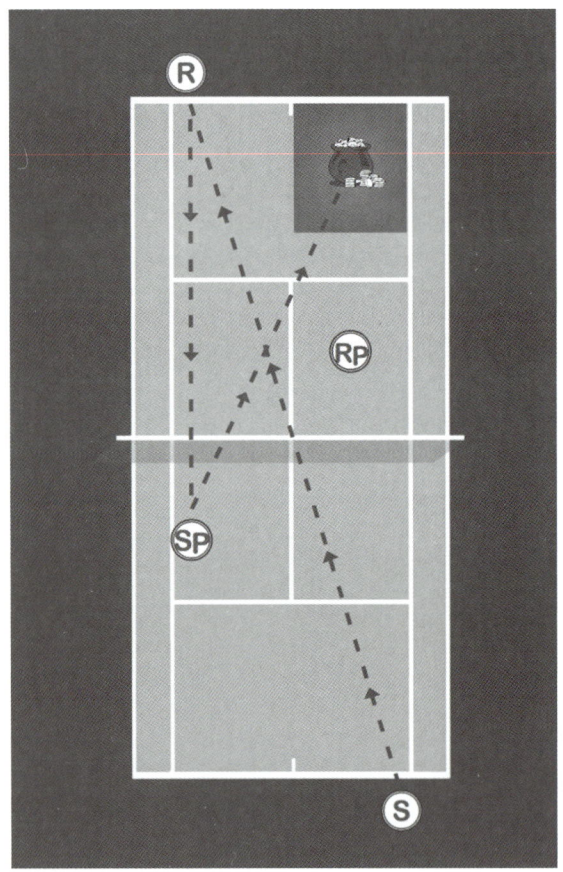

그림 14-34. 상대 네트 플레이어의 뒤쪽 공간은 발리 위너를 치기 가장 좋은 위치로 꼽힌다.

그림 14-35. 낮은 발리는 반드시 건너편 네트 플레이어를 피해 뒤쪽에 있는 선수를 향해야 한다.

보통 옆으로 잘 움직이지만 앞뒤 움직임이 약하다. 셋째, 상대가 범프 발리를 받아내더라도 밸런스가 무너지거나 서비스 라인 바로 뒤로 오기 때문에 코트 포지션이 나빠진다. 여러분의 클럽에서 경험 많은 베테랑 선수들이 어떻게 범프 발리를 사용하는지 관찰해 보자. 그들은 이것이 승리하는 방법임을 너무도 잘 알고 있다.

발리의 목표 지점 설정에는 타이밍도 중요한 역할을 한다. 만약 쫓기는 입장이라면 발리를 가운데로 쳐야 한다. 라켓 컨트롤만 대충 이뤄져도 라인 밖으로 나가는 위험을 막을 수 있기 때문이다. 만약 시간이 충분하다면 양쪽 사이드로 발리를 겨냥하는 것이 더 바람직하다.

6. 스매싱

단식에서는 넓은 영역을 커버해야 하기 때문에 스매싱을 보다 공격적으로 하는 것이 바람직하다. 스매싱을 약하게 하면 역공당할 수 있기 때문이다. 복식에서는 이러한 걱정이 줄어든다. 왜냐하면 당신에게는 파트너가 있고 각자는 오직 코트의 절반만 막으면 되기 때문이다. 복식에서 스매싱의 기본 철학은 안정성과 인내심이다. 물론 손쉬운 로브는 바로 강하게 스매싱을 때려 위너를 기록할 수도 있지만, 복식에서는 종종 3~4회의 스매싱을 연속적으로 해야 득점으로 연결될 때가 많다.

상대 선수가 서비스 라인 근처에 있다면 스매싱은 그 선수의 뒤나 옆을 겨냥하는 것이 좋다(그림 14-36). 짧은 로브가 넘어오면 양쪽 사이드로 각도 깊은 스매싱을 치는 것이 바람직하다. 깊고 어려운 로브를 처리할 때는 가운데 깊은 곳을 향해 안정적으로 치는 것이 좋다.

그림 14-36. 오른쪽 공간이 열려 있지만 올가 사브청크는 가장 가까운 상대를 향해 스매싱을 하고 있다.

V. 게임 플랜

여러분이 상대하는 복식조는 공격과 수비를 혼합한 방식으로 경기할 것이다. 전략적인 포인트는 이 장의 초반에 언급한 다음 사항에 집중하는 것이다. 4명의 역할에서 자신의 본분을 다하기, 코트 포지션을 위한 적당한 움직임, 가장 효과적인 포메이션 구축, 공격적인 포칭, 그리고 올바른 샷 선택이다. 특별히 더 공격적이거나 수비적인 팀을 상대하는 경우에도 위와 같은 전술 원칙이 여전히 적용될 수 있긴 하지만 또 다른 전술적 조언이 가능하다. 이러한 전술적 조언을 알아본 뒤, 두 선수 중 한 명이 약한 팀과 경기할 때 승리하는 방법을 제시하고자 한다. 그리고 통계 분석이 게임 플랜에 얼마나 큰 영향을 미치는지에 대해 논하는 것으로 마무리하겠다.

1. 수비적인 복식 팀 물리치기

25년간의 코치 경력에서 아마도 가장 많이 받은 복식 관련 질문은 어떻게 '아리랑볼'을 치는 팀을 물리칠 수 있느냐일 것이다. 13장에서 강조한 것처럼 이런 유형의 팀 역시 존중받아야 한다. 이러한 마음가짐을 가진다면 포인트를 내주더라도 평정심을 유지할 수 있고, 이기고 있을 때 경계를 풀지 않게 된다. 수비형 팀을 두려워하지 말자. 마음을 편하게 먹자. 강력한 샷을 자주 방어할 필요가 없어 좋지 않은가. 또 낮고 빠른 공에 대한 스트레스 역시 드물 것이다.

이러한 올바른 마음가짐 외에 스매싱에 대한 준비가 필요하다. 스매싱은 자신감이 필요한 샷이고 진정한 자신감은 성공이 반복될 때 나온다. 경기 전 파트너에게 로브를 넘겨 달라고 한 다음 역할을 바꿔서도 연습한다. 이를 통해 타이밍이 개선되고 샷에 대한 믿음이 생길 수 있다. 만약 여러분의 스매싱이 뛰어나면 로브를 많이 띄우는 상대 팀은 좋은 먹잇감이 될 수 있다.

이제 수비적인 팀을 상대로 한 네 가지 전략을 살펴보자.

A. 드롭샷의 사용
수비형 선수들은 베이스라인 플레이를 선호한다. 드롭샷을 받기 위해 앞으로 달려 나와 네트 앞에 오는 것을 꺼린다. 일단 네트 앞으로 나오게 되면 그들의 로브는 무용지물이 되고 발리를 쳐야 하는 상황에 몰린다. 동호인 레벨에서 서브 리턴을 할 때 특히 드롭샷을 더 자주 사용하라고 권하고 싶다. 일단 서브와 리턴이 진행되고 나면 상대는 높고 깊은 샷을 칠 수 있는 옵션이 생긴다. 이렇게 되면 드롭샷을 구사하기 어려워진다.

B. 서브를 공략하기
수비적인 팀이 수비 전략을 구사하는 것은 서브가 약하기 때문이기도 하다. 이를 노려 리턴을 공격적으로 하라. 가끔 상대 네트 플레이어를 향해 강한 샷을 치고, 칩앤차지 플레이를 자주 시도하라.

C. 네트 쪽을 공격
수비형 선수들은 예측 가능한 리듬을 좋아한다. 베이스라인에서 베이스라인으로 오가는 랠리를 즐긴다. 네트 플레이어를 공략하면 랠리는 예측불허가 된다. 베이스라인 포인트의 리듬을 마치 왈츠에서 광란의 메탈리카 음악으로 바꾸는 것이다. 바로 이 점을 노려야 한다.

이러한 선수들은 로브를 많이 시도하기 때문에 네트를 공략할 때는 평소보다 좀 더 뒤에 위치하고, 상대를 다급하게 만들기 위해 스윙 발리를 더 자주 시도하는 게 좋다. 네트에서 조금 뒤로 물러나 플레이하면 상대가 로브를 넣을 공간이 좁아지게 돼 실수를 유발할 수 있다.

D. 첫 두 게임에서 상대 전략 따라 하기
사실 10분의 워밍업은 모든 샷을 준비하고 몸을 예열하기에 부족하다. 첫 두 게임 동안 수비형 스타일의 플레이를 그대로 따라해 워밍업을 충분히 할 수 있는 시간으로 활용한다. 3번째 게임부터 보다 공격적인 여러분만의 플레이를 할 수 있도록 준비하라. 스트로크의 감을 찾는 것 외에도 이 전략은 두 가지 긍정적인 효과가 있다. 첫째, 상대에게 느린 속도의 게임에 전혀 개의치 않는다는 사실을 보여줄 수 있다. 둘째, 만약 첫 두 게임에서 좋은 결과가 나온다면 상대에게 자신의 게임 스타일로 승리하기가 쉽지 않겠다는 좌절감을 안겨줄 수 있다 (또한 수비적인 팀은 보통 플랜B가 부족하다).

2. 공격적인 팀 물리치기

어떤 복식 팀들은 선제공격을 좋아한다. 다시 말해 랠리 초반 위너를 구사하려 한다. 그들은 신속하게 포인트를 끝내려고 하기 때문에, 이에 대한 전략의 기본 바탕은 그들로 하여금 '한 번만 더 치도록' 만들어 랠리를 최대한 오래 끄는 것이다. 강력한 힘을 기반으로 한 팀을 상대할 때는 다음과 같은 인식이 필요하다. 그들이 멋진 샷을 몇 차례 칠 수는 있지만 경기 내내 이를 지속하기는 어렵다는 것이다. 찬란하게 빛나는 그들의 경기력에는 얼마 가지 않아 먹구름이 끼면서 전세가 역전될 수 있다는 사실을 잊지 말자.

그림 14-37. 네트 공략은 압박을 줄 수 있을 뿐 아니라 수비적인 팀들이 꺼려하는 리듬의 변화를 만들어 낼 수 있다.

파워 팀을 꺾기 위해서는 로브와 같은 스트로크를 코트 깊숙이 넣을 수 있어야 하고 네트 앞 상대의 발 아래 떨어지는 부드러운 샷을 구사해야 한다. 동호인 레벨에서 이러한 정교한 샷을 제대로 연습하기는 쉽지 않다. 베이스라인에서 주고받는 랠리는 많지만, 프로 복식 팀들의 훈련에서처럼 끊임없이 공격 기회를 엿보는 모습이나 로브 및 드롭샷을 보기는 어렵다. 사실 이러한 샷들은 비교적 쉬운 편이지만 연습이 필요하다.

이제 강하게 치는 복식 팀을 상대한다면 다음과 같은 네 가지 전략을 고려해보자.

A. 투-백 포메이션의 사용

파워 팀은 네트 앞 상대 팀 선수에게 강력한 발리를 꽂아 넣는 것을 가장 즐긴다. 파워 팀의 서브가 잘 들어가면 이 네트 앞 선수의 처지는 붉은색 옷을 입은 채 뿔 달린 황소를 기다리는 것과 같다. 이러한 상황에서 현명한 대처는 파트너를 베이스라인 뒤로 물러나게 한 뒤 투-백 포메이션으로 시작하는 것이다. 당신과 파트너가 모두 베이스라인에 있으면 상대는 분명한 목표물을 잃게 된다. 그러면 샷 선택의 폭은 넓어지지만 발리의 결정력은 줄어들게 된다.

또한 투-백 포메이션을 사용하면 리터너가 낮고 빠르게 리턴해야 하는 부담이 줄어든다. 따라서 범실을 줄이고 보다 안정적인 리턴을 할 수 있다. 투-백 포메이션에서는 리턴뿐 아니라 랠리에서도 로브를 좀 더 자주 사용해야 한다는 점도 잊지 말

자. 파트너가 베이스라인 뒤에 있기 때문에 로브가 완벽할 필요는 없다. 목적은 랠리를 더 길게 늘려 상대로 하여금 성공 가능성이 낮은 샷을 치도록 하는 것이다. 흔한 경우는 아니지만 서브권을 갖고 있을 때도 투-백 포메이션을 사용할 수 있다. 만약 상대가 지속적으로 당신의 서브를 파트너에게 강하게 리턴한다면 주저하지 말고 파트너를 베이스라인 뒤로 물려라. 그래야 그들의 목표물을 사라지게 하고 랠리를 연장할 수 있다.

B. 중앙을 공략하라

중앙 공략은 상대 샷의 각도를 좁힐 수 있다. 공격적인 팀을 상대로 복식 라인 쪽을 공략하는 것은 위험한데, 왜냐하면 그들의 파워에 각도까지 더해지면서 위기에 몰릴 수 있기 때문이다. 또한 파워 팀의 강한 샷은 여러분의 샷 컨트롤을 어렵게 만들기 때문에, 좌우 끝선을 보는 것은 무모한 시도가 될 수 있다. 중앙을 공략하면 아웃되는 위험을 줄이고 랠리를 연장할 수 있다.

C. 첫 서브 확률을 높여라

파워 팀은 상대 세컨 서브를 지배하는 데 능하다. 수비적인 팀과 달리 이들은 세컨 서브를 공격해 상대를 괴롭힐 수 있다. 따라서 첫 서브의 속도를 다소 줄이고 목표 지점을 넓혀 첫 서브 확률을 높이는 걸 권장한다.

D. "I" 포메이션을 사용하라

파워 팀은 서브 리턴이 한 템포 빠르다. 따라서 "I" 포메이션에 있는 상대 네트 플레이어의 움직임을 기다리지 않는다. 따라서 파워 팀의 리턴은 네트 플레이어 바로 앞으로 올 가능성이 있다. 또한 파워 팀은 로브를 자주 올리지 않기 때문에, 네트 플레이어는 파트너가 서브를 넣은 뒤 좌우로 자유롭게 움직일 수 있을 뿐 아니라 조금 더 앞으로 전진해 효율적인 발리를 시도할 수 있다.

3. 약한 파트너와 경기하기

프로와 아마추어의 모든 레벨에서 때로는 약한 선수와 짝을 맞춰 경기하게 된다. 이러한 상황에서 승리를 위한 첫 번째 단계는 커뮤니케이션이다. 현실을 직시하고 파트너에게 공이 더 집중된다는 걸 분명히 전달할 뿐 아니라 한 팀이 되어야만 이길 수 있다는 메시지를 각인시켜야 한다.

파트너의 역할을 최소화하고 자신의 영향력을 극대화하는 데 전략의 초점을 맞춰야 한다. "I" 포메이션이나 호주 포메이션을 사용하는 것도 좋은 방법이다. 여러분이 코트 중앙에 포지션을 잡기 때문에 포인트를 지배할 수 있다. 또한 파트너가 서브 혹은 리턴을 할 때, 네트 앞에서 포칭을 자주 해 경기에 대한 영향력을 더욱 높일 수도 있다. 함께 베이스라인에 있는 것 역시 더 많은 샷을 칠 수 있는 방법이다. 특히 파트너가 네트 플레이에 서툰 경우에 더 효과적인 포메이션이다. 반대로 파트너가 발리에 능하다면 조금 더 네트 앞쪽으로 전진시키는 것도 좋은 방법이다.

비슷한 실력의 파트너와 할 때보다 좀 더 공격적인 플레이가 필요하다. 대부분의 공이 파트너에게 향할 것이기 때문에 더 공격적으로 플레이해 포인트를 주도하려고 해야 한다. 여기서 적절한 균형을 유지하는 것이 관건이다. 오버하지 말고 범실을 유발할 수 있는 샷을 자제해야 한다. 공격적이긴 하되 자신의 영역을 너무 벗어나서도 안 된다. 약한 상대와 짝을 이룰 때는 이러한 전략과 전술적 조언에 유념해야 한다.

4. 약한 상대가 있는 팀과 경기하기

복식에서 두 선수 모두 비슷한 능력을 갖춘 경우는 드물다. 그래서 약자를 공략하는 전략을 택하는 게 일반적이다. 이런 상황에서는, 다른 쪽 선수를 움직이게 만들어 약자를 노출시키는 샷 패턴을 사용하는 것이 현명하다. 조금 더 부드럽고 짧은 앵글샷을 자주 사용하면 상대 팀은 더 많이 움직이게 되면서 약자를 공략할 수 있는 빈틈이 생긴다.

더 강한 선수는 네트에서보다는 베이스라인에서 약자를 커버하기가 용이하기 때문에 드롭샷을 이용해 네트 앞으로 끌어들이는 전략도 시도해볼 만하다. 이렇게 되면 그들은 더 이상 숨을 곳이 없어진다. 상대 두 명이 모두 네트 앞에 나와 있으면 약자에게 쳐라. 이 상황에서 약자에게 연속해서 샷을 보내는 것을 주저하면 안 된다. 프로 선수들의 경기에서 두 선수 모두 네트 앞에 있을 경우, 더 약한 발리어가 누구인지는 분명하다. 이런 작전을 사용하면 약자를 위협하고 압박을 가할 수 있게 된다.

실력 차가 나는 팀과 경기할 때, 강자가 약자의 구역으로 넘어가 두 선수 모두 한쪽에 위치하게 되는 경우가 있다. 이때 주저하지 말고 오픈 코트로 공을 보내 상대 팀 강자의 '차선 위반'에 징벌을 가해야 한다. 설사 강자가 이를 받아낸다 하더라도 그들은 반대쪽으로 많이 이동해야 하기 때문에 약자가 수비해야 할 코트 공간이 넓어지게 된다. 마지막으로, 만약 강자가 강력한 발리로 게임을 지배하고 있다면 로브를 띄워 그들의 강점을 상쇄하고 그들의 포지션을 보다 뒤로 이동시켜야 한다는 점을 잊지 말자.

그림 14-38. 약자와 파트너를 이뤄 경기한다면 코트 중앙을 조금 더 커버해야 한다.

5. 통계 분석

13장에서 언급했듯이 통계적으로 55%의 포인트만 가져갈 수 있으면 대부분의 경기에서 승리할 수 있다. 이로부터 추론하면, 만약 55% 이상의 승률을 올릴 수 있는 복식 샷 패턴만 갖고 있다면, 그러한 스트로크와 포메이션을 최대한 많이 사용하는 것을 추천할 수 있다. 예를 들어 베이스라인 플레이가 뛰어나 베이스라인 랠리에서 55% 이상 승리를 거둔다면 크로스코트 랠리를 유지해야 한다. 깊게 샷을 쳐 베이스라인에 상대를 묶어두도록 한다. 굳이 드롭샷이나 로브로 상대 네트 플레이어가 패턴을 바꿀 수 있는 여지를 줄 필요는 없다.

가끔 상대 팀이 베이스라인 실력이 떨어진다는 걸 절감하면서 성공 가능성이 낮은 샷으로 난관에서 벗어나려고 시도하는 모습을 볼 수 있다. 이렇게 되면 여러분의 팀이 승리할 가능성은 더욱 높아진다.

만약 크로스코트 베이스라인 랠리가 진행될 때

당신이 네트 앞에 있다면, 위험을 감수하고 포칭을 시도할지 여부는 전적으로 베이스라인에 위치한 파트너의 능력에 달려 있다는 사실을 명심하자. 만약 파트너가 베이스라인에서 승리할 가능성이 높으면 다급하게 포칭을 시도할 이유는 별로 없다. 반대로 파트너가 베이스라인에서 밀린다면 당신은 코트 중앙으로 더 가까이 붙어 기회를 엿보고, 상대의 크로스코트 샷에 포칭을 더 자주 시도해야 한다.

만약 팀 전체가 네트에 위치해 이길 확률이 55% 이상이라면 서브앤발리 혹은 리턴 직후 네트 대시를 좀 더 자주 시도해야 한다. 그 어떤 전략도 100% 성공할 수는 없다. 그러니 몇 포인트를 연속으로 잃었다고 해서 전략 자체를 수정하지는 말자. 로브에 당할 수도 있고 발리를 몇 개 놓칠 수도 있다. 그러나 경기가 진행되어감에 따라 통계의 '거부할 수 없는 힘'은 결국 발휘된다. 승률의 차이가 클 필요는 없다. 근소한 우위를 점하더라도 같은 결과를 얻을 수 있다.

또한 게임의 흐름을 잘 관찰해야 한다. 상대가 듀스 코트에 있을 때는 크로스코트 랠리와 네트 플레이 중에서 어느 것이 유리한지, 또 애드 코트에서는 어떤지를 파악해야 한다. 상대의 코트 포지션에 따른 강점과 약점에 맞춰 전략을 설정할 수 있다면 승리할 가능성이 높아질 것이다. 승리 전략을 유지하면서 때로 예측 불허의 전략을 적절히 섞으면 더욱 효과적이다. 이러한 전략 배분의 균형은 직관과 관찰, 그리고 경험을 통해 얻을 수 있다. 보통 어떤 전략의 승리 확률이 높을수록 상대의 허를 찔러야 할 필요성은 감소한다.

하지만 45% 이하의 승률에 머물러 있다면, 적절한 시점에 보다 자주 변칙적인 전략을 구사해야 한다. 예를 들어 베이스라인 랠리에서 45% 이하의 승률을 보이고 있다면 드롭샷을 구사하거나 로브를 올리고, 서브앤발리나 칩앤차지 전략을 좀 더 자주 사용하면서 앞으로 나와 발리를 시도해야 한다.

VI. 커뮤니케이션

테니스 단식은 고독한 스포츠다. 하지만 복식에서는 파트너와 소통하고 함께 움직여야 한다. 프로 투어 복식 경기를 지켜보면, 선수들은 언제나 대화하면서 전략을 짜고 최상의 감정 상태에서 경기하기 위해 서로를 격려한다. 그들은 다음 포인트의 목표를 함께 설정할 뿐만 아니라 상대의 강점과 약점, 성향을 논의한다.

여러분도 파트너와 함께 상대를 분석하고 대화하면서 적절한 포메이션과 전략을 수립해 경기를 승리로 이끌어야 한다. 열린 소통을 통해 전략의 완성도는 더욱 높아진다. 파트너가 미처 파악하지 못한 상대 팀의 특징을 당신은 인식하고 있을 수 있기 때문이다. 올바른 전략을 선택하기 위해서는 13장의 전략적 질문을 참조하길 바란다. 당신은 파트너와 함께 질문에 답하면서 상대의 강점과 약점, 포지션, 움직임에 관한 주요 사항을 숙지해야 한다.

좋은 커뮤니케이션이 필요한 또 다른 이유는 하나의 팀으로 긍정적인 마인드를 유지해야 하기 때문이다. 파트너에게 "굿 샷"이라고 외치거나, 파트너가 샷을 실수하더라도 "괜찮아. 다음엔 들어갈 거야"라고 말하면서 기운을 북돋워 줄 수 있다. 파트너와 오래 호흡을 맞출수록 어떤 말과 표현이 기분을 좋게 하는지 더 잘 알 수 있다.

늘 활기찬 분위기를 유지해야 하고, 특히 지고 있을 때 더욱 그렇게 해야 한다. 긍정적인 마음가짐도 중요하지만 부정적인 마음가짐을 갖지 않는 것이 더 중요하기 때문이다. 우리는 이미 스스로에게 많은 압박을 가하고 있다. 그렇기 때문에 파트너에게 추가적인 압박을 주는 것은 절대 금기다. 파트너의 실수에 대해 실망감을 표출하면 파트너는 더욱 긴장하고 수동적이 되면서 제 기량을 발휘하지 못하게 된다. 파트너가 실수하면 그에게 다가가 자신의 서브가 약해서 그렇게 된 거라고 말해 줄 수 있다. 마찬가지로, 만약 당신이 발리 위닝샷에 성공했다면 파트너에게 찬스를 만들어줘서 고맙다고 할 수 있다. 좋은 파트너란 비난은 함께 받지만 칭찬은 서로에게 돌리는 사람이다.

타이트한 경기가 이어질 때, 농담으로 분위기를 풀어줄 수 있다. 경기에 앞서고 있어 파트너의 긴장이 풀어졌다면, 집중해서 경기를 마무리하자고 독려한다. 파트너의 공격성 수준도 체크한다. 파트너가 지나치게 큰 스윙을 하거나 너무 안전한 플레이만 고집할 경우에는 조언을 건네며 바람직한 스윙 스피드를 되찾도록 할 수 있다.

수신호

동호인들은 보통 프로 선수들만 수신호를 사용하는 것으로 알고 있다. 그러나 사실 수신호는 모든 레벨에서 사용할 수 있고 파트너와 일체감을 높여 주고 상대를 혼란스럽게 만들 수 있는 좋은 방법이다.

전형적인 수신호는 서버의 파트너가 서버에게 보내는 것이다. 반대쪽 손을 등 뒤로 가져가 포칭할 것인지 제자리에 머물지를 미리 알려주는 방법이다. 예를 들어 손바닥을 펴면 움직임이 없는 것이고 엄지를 내밀면 포칭을 계획하고 있다는 뜻이다. 두 번째 수신호 방법은 서버가 손가락으로 서브를 어디에 넣을지 방향을 가리키는 것이다. 이를 통해 네트 플레이어는 움직일 방향을 사전에 정할 수 있다. 예컨대 파트너가 서브를 와이드로 넣을지 알고 있다면, 바깥쪽을 커버하기 위해 미리 움직일 수 있다. 비록 흔한 경우는 아니지만, 리터너의 네트 앞 파트너 역시 수신호로 방향을 알려줘 파트너의 리턴 위치를 제안할 수도 있다. 공이 어디로 갈지 미리 알면 네트 플레이어가 포인트 초반 더 좋은 위치를 점할 수 있다.

그림 14-39. 포인트 시작 전 작전을 함께 논의하면 코트 포지션 이동을 더 빠르게 할 수 있고 샷 결정을 더욱 분명하게 할 수 있다.

VII. 파트너의 선택

파트너를 고르기에 앞서, 먼저 여러분은 자신의 장단점에 대해 확실하게 알고 있어야 한다. 일단 자

> **코칭 박스:**
>
> 보디 랭귀지는 커뮤니케이션의 중요한 부분이다. 좋지 않은 보디 랭귀지는 여러분의 기량을 발휘하는 데 부정적인 영향을 끼칠 뿐 아니라 오히려 상대편을 독려할 수 있다. 보디 랭귀지를 통해 경기에 대한 열정을 보여줘야 한다. 서로의 등을 두드려주고 손뼉을 마주치거나, 파트너가 훌륭한 샷을 쳤을 때 스트링으로 박수를 쳐주면 좋다. 경기에서 지고 있고 파트너의 보디 랭귀지가 좋지 않은 상황이라면, 이렇게 일깨워 주자. 수많은 테니스 경기가 역전승으로 끝났고, 역전을 위한 방법은 바로 한 포인트씩 잡아가는 것이라고.

그림 14-40. 파트너가 잘 치면 언제나 축하해주는 것이 좋다.

신의 게임에 대한 정확한 평가를 내리고 나면, 플레이 스타일을 보완해 힘을 합할 때 시너지 효과를 낼 수 있는 파트너를 찾을 수 있다. 예를 들어 당신이 강서브를 갖고 있다면 당신의 파워풀한 서브에서 나오는 기회를 살리기 위해 네트 플레이에 능한 파트너를 찾아야 한다. 만약 당신이 그라운드 스트로크에서 스핀을 많이 사용하는 유형이라면 플랫으로 강하게 치는 파트너와 팀을 이뤄 상대로 하여금 속도와 궤적이 상이한 샷을 받게 해 계속 수비하게끔 만들 수 있다. 일반적으로 힘이 좋은 선수는 안정성 높은 선수와 팀을 이루곤 한다. 둘 다 힘만 좋으면 일진이 나쁜 날 범실이 양산될 수 있는 반면, 두 명 다 안정성만 있으면 위너를 날릴 폭발력이 떨어질 수 있을 뿐 아니라 상대로 하여금 낮고 빠른 샷을 치도록 압박하기가 어려워진다. 다양한 파트너와 함께 뛰어 보면서 어떤 유형의 파트너가 당신의 게임에 맞는지를 찾아야 한다.

파트너를 고를 때 가장 주된 고려사항은 파트너가 선호하는 리턴 위치로, 이는 당신이 선호하는 자리와 겹치지 않아야 한다. 당신과 파트너가 모두 백핸드가 약점이라면 애드 사이드에 서는 것이 바람직하다. 왜냐하면 대부분의 공이 코트 가운데로 오고, 크로스코트 백핸드가 듀스 사이드에서 쳐야 하는 인사이드-아웃 백핸드보다 쉬운 샷이기 때문이다. 선수들 대부분은 백핸드보다 포핸드를 선호하기 때문에, 보통 포핸드를 어느 방향으로 치기를 좋아하느냐가 선택의 기준이 된다. 야구에서 당겨치기에 능한 선수가 있는 것처럼 테니스에서도 포핸드의 선호 방향이 있다. 단식에서 인사이드-아웃 포핸드를 좋아하거나 타점이 다소 뒤에서 형성된다면 애드 사이드에서 플레이하는 것이 좋다. 단식에서 크로스코트 포핸드를 잘 치거나 타점이 앞에서 형성된다면 가장 편한 코트 위치는 듀스 사이드가 된다. 백핸드가 더 강력한 그라운드 스트로크인 경우에는 백핸드 선호 방향을 고려해야 한다. 복식에서는 코트 절반만 커버하면 되므로 대개 적절한 움직임을 통해 자신의 가장 강력한 스트로크를 칠 수 있는 기회를 잡을 수 있다는 사실을 잊지 말자.

사이드 결정에서 또 한 가지 고려해야 할 점이 있다. 보통 더 잘 치는 사람이 애드 사이드에 선다. 이유는 대부분의 브레이크 포인트가 걸려 있는 곳일 뿐 아니라 게임에서 아주 중요한 15-30 상황이 애드 사이드에서 진행되기 때문이다. 더 우수한 사람이 애드 사이드에 서는 또 다른 근거는 스매싱을 더 많이 칠 수 있기 때문이다. 대부분의 로브가 코트 가운데로 향하는데, 이곳은 애드 사이드 선수의 오른쪽이기 때문에 스매싱을 하기에 유리하다. 또한 포칭 포핸드 발리가 애드 사이드에서 발생하는데, 포핸드 발리가 백핸드보다 더 리치가 길고 시간 여유가 있기 때문에 애드 사이드 쪽 선수가 공을 가로챌 수 있는 기회가 더 많다. 파트너의 수준이 대략 비슷하다면, 로브를 잘 치는 사람이 듀스 사이드에 설 수 있다. 왜냐하면 로브가 네트 플레이어를 넘어가면 오른손잡이 서버는 백핸드로 높게 오는 공을 막아내야 하기 때문이다.

기술만큼 중요하지는 않지만 인성 역시 빼놓을 수 없다. 포인트 사이에는 숱한 좌절이 있을 수 있음을 명심하자. 좋은 템포와 긍정적인 마인드를 유지하는 파트너와 함께 하는 것이 중요하다. 만약 당신이 조금 서두르는 타입이라면, 당신을 멈춰 세워 다시 재정비할 수 있게 해주는, 여유 있는 파트너와 함께 하는 것이 좋다. '빠른 전진형' 선수 두

그림 14-41. 코트 어느 쪽에 위치할지는 여러분의 가장 자신 있는 샷을 어떤 방향으로 보내는 걸 선호하는지에 의해 결정되기도 한다.

명이 팀을 이루면 앞설 때는 좋은 플레이가 나오지만, 2~3게임 연속 잃을 때 템포를 늦추지 않고 그대로 가져가는 문제가 발생한다. 반대로 당신이 심사숙고형이라면 감정적 템포를 끌어올릴 수 있는 파트너를 골라라. 조용한 선수와 말이 많은 선수가 한 조를 이루는 것 역시 괜찮다. 내성적인 두 명이 모인 팀은 커뮤니케이션이 원활하지 않을 수 있는 반면, 외향적인 두 명은 말이 너무 많아져 경기의 흐름이 끊어지고 과도한 정보 교환으로 주요 전략의 집중도가 떨어질 수 있다.

파트너와 평소 좋은 관계를 유지하는 것 역시 도움이 된다. 이는 커뮤니케이션을 원활하게 하고 협

그림 14-42.

동심을 강화하며, 더 자주 함께 연습할 수 있어 서로의 게임을 더 잘 이해하게 된다. 연습 코트에서 더 많은 시간을 함께 보내다 보면 누가 로브를 방어할지, 그리고 코트 중앙으로 오는 공은 누가 받을지를 결정하는 데 도움이 된다. 서로의 장단점뿐 아니라 파트너가 크로스코트를 잘 치는지, 다운더라인을 좋아하는지도 알 수 있게 된다. 이렇게 되면 파트너가 강한 샷을 칠지, 약한 샷을 칠지 어느 정도 미리 예측할 수 있기 때문에 공격을 위해 앞으로 돌격할지 아니면 수비하기 위해 후퇴할지를 더 신속하게 결정할 수 있으며, 한 템포 빠르게 좌우로 움직이는 데도 도움이 된다.

IX. 복식 연습

복식 연습 또한 단식 연습과 마찬가지로 몇 가지

그림 14-43. 파트너와 사이가 좋다면 연습을 더 많이 할 수 있어 서로의 게임에 대한 이해가 깊어진다.

원칙이 있다. 집중력을 유지하고, 프로의 자세로 임하며, 계획성 있게 연습하는 것이다. 그러나 복식은 단식과 여러 면에서 차이점이 있기 때문에 훈련 세션에서 다음과 같은 사항을 염두에 둬야 한다.

복식에서는 샷의 높이가 매우 중요하므로 정교하게 공을 낮게 보내거나 로브로 높고 깊게 보내는 것이 훨씬 더 중요하다. 또한 단식에서 흔히 필요한 좌우 움직임보다는 앞뒤 움직임이 더 강조된다. 단식에 비해 발리를 칠 기회가 더 많고, 상대의 발리를 발리로 받거나 베이스라인에서 그라운드 스트로크로 대응해야 하는 상황이 많다.

서브의 목적과 리턴의 방향 및 속도 역시 다르다. 복식은 서브의 플레이스먼트와 안정성이 더 중요하다. 또한 복식의 리턴은 대부분 크로스코트로 이뤄지고, 상대 네트 플레이어를 피할 수 있는 정확성과 파워가 수반되어야 한다. 모든 훈련 프로그램은 이렇게 복식에 특화된 기술 향상에 중점을 둬야 한다. 마지막으로, 파트너와의 커뮤니케이션이 매우 중요하다. 계획된 플레이와 포칭, 로브에 대한 방어 등등 단식 연습에서는 결코 필요하지 않은

요소들이 있기 때문이다.

1. 딩글Dingles

- 목표: 상황을 빠르게 파악하고 포인트 획득에 가장 유리한 코트 포지션을 확보하기

4명이 모두 베이스라인에 위치한다. 한쪽 팀의 두 선수가 동시에 공을 크로스코트로 상대에게 보낸다. 4명이 크로스코트 랠리를 이어가다 범실이 발생하면, 범실을 저지른 사람이 "딩글"이라고 외치고, 남은 공으로 4명이 플레이를 이어간다. 먼저 11점을 획득한 팀이 이긴다. 4명이 다운더라인으로 치거나, 서비스 라인에서 발리를 하는 변형된 형태도 가능하다.

2. 에어 볼Air Ball

- 목표: 상대를 움직이게 해 오픈 코트를 만든 뒤 패싱샷을 하거나 상대 네트 플레이어의 발밑으로 낮은 공을 떨어뜨리기

한 팀은 베이스라인에서, 또 다른 팀은 네트 앞에서 시작한다. 네트 플레이어가 베이스라인 팀에게 공을 건네면, 이들은 패싱샷이나 로브를 시도해 성공하면 득점한다. 1점씩 진행되지만 베이스라인 팀이 네트 팀의 코트에 바운스를 성공시키면 2점을 얻는다. 15점을 먼저 얻은 팀이 승리하며, 이후 역할을 바꾼다. 변형된 형태로, 서브를 포함해 4게임을 진행할 수 있는데, 이때 유일하게 바운스가 허용되는 공은 서브뿐이다.

3. 로브 리턴

- 목표: 리턴으로 오는 로브를 스매싱으로 치는 연습

서브할 때 네트 플레이어는 반드시 라켓을 네트에 대고 있어야 한다. 리터너가 로브를 올리면 플

레이가 시작된다. 9점에 먼저 도달하는 팀이 승리한다. 그리고 나서 왼쪽 방향으로 한 명씩 이동해 다음 게임에서는 새로운 사람이 서브한다. 변형된 형태로, 로브를 올리는 팀이 바운스가 되도록 로브를 올리면 2점을 획득하거나, 스매싱을 친 쪽이 위너를 작렬하면 2점을 주는 방식이 있다.

4. 세븐스 Sevens
- 목표: 다양한 포메이션을 사용하고 서브와 포칭을 하나의 전략적 단위로 연습하기

어느 한 팀이 7점에 도달할 때까지 한 명이 계속해서 서브를 넣는다. 서브 팀의 네트 플레이어는 매 포인트마다 포칭, 거짓 포칭, 호주 포메이션, "I" 포메이션의 네 가지 가운데 반드시 하나를 선택해야 한다. 리턴 팀이 게임을 승리하면 한 명씩 왼쪽으로 이동해 다음 게임은 새로운 선수가 서브할 수 있도록 한다. 서브 팀이 이기면, 리턴 팀은 다음 게임에서 2점 리드한 채 시작한다. 서브 팀이 두 번째 게임에서도 승리하면, 리턴 팀은 4점을 리드한 채로 시작한다.

5. 작은 코트, 큰 코트
- 목표: 포칭과 공격적인 네트 플레이 향상

원-업, 원-백 포메이션에서 플레이하고 서버와 리터너는 상대의 단식 코트만 사용해서 크로스코트 랠리를 한다. 줄어든 코트로 인해 네트 플레이어는 포칭할 수 있는 기회가 많아진다. 네트 앞 두 명이 포칭을 노리다가 일단 발리를 하고 나면 복식 코트를 모두 사용해서 플레이한다. 11점에 먼저 도달하는 팀이 이기고, 이후 왼쪽으로 한 명씩 이동해 새로운 선수가 서브를 하면서 다음 게임을 시작한다.

그림 15-1. 페더러는 경기 도중 언제나 침착함을 잃지 않고 올바른 판단을 내린다.

제15장

심리

앞에서 살펴본 훌륭한 스트로크와 유효적절한 전략이 승리의 요건임은 분명하다. 하지만 테니스는 치열한 멘털 스포츠이기도 하다. 스트로크 실력만 놓고 보면 충분히 이겼어야 할 경기에서도 집중력과 근성이 부족해 패할 수 있다. 결단력을 유지하기 위해서는 강한 멘털과 긍정적인 사고가 필요하다. 그래야 약간 흥분된 상태를 유지한 채 열정적으로 뛸 수 있다. 라파엘 나달은 테니스에서 심리적인 면의 중요성을 이렇게 강조했다. "테니스는 다른 어떤 종목보다도 멘털이 중요한 스포츠입니다. 더 많은 경기에서 두려움과 기복을 극복할 수 있는 선수가 세계 1위에 오를 수 있는 거죠."[1] 여러분이 세계 1위에 대한 열망을 갖고 있지 않다 하더라도, 경기에서 집중하고 긍정적인 사고를 유지하며 치열한 접전에서 현명한 판단을 내릴 수 있을 때 각자의 목표를 성취할 수 있을 것이다.

멘털 강화는 테니스의 다른 요소들과 마찬가지로 하루아침에 이뤄질 수 없고 훈련과 경험이 필요하다. 로저 페더러와 비외른 보리는 코트에서 누구보다 좋은 매너를 보여준다. 그러나 처음부터 그런 건 아니었다. 어렸을 때 그들의 부모님은 아들이 코트에서 성질을 부리는 걸 보고 더 이상 선수 생활을 하지 못하게 하기도 했다. 시간이 흐르면서 두 선수는 감정을 조절하는 법을 배웠고 정신적인 면을 강점으로 바꿔나갔다. 페더러와 보리처럼 강력한 멘털은 조련되고 발전되어야만 하는 기술이다.

이 장에서는 두뇌 싸움으로 상대를 제압하고 게임을 더 즐길 수 있는 멘털 훈련 기법을 소개할 텐데, 내면의 목소리, 집중력, 자신감, 자만심, 역경극복, 초조함, 보디 랭귀지, 형상화의 여덟 가지로 나누어 설명하겠다.

I. 내면의 목소리

가장 먼저 배워야 할 요소는 도전적인 상황에서 긍정적이고 생산적인 내면의 목소리를 내는 것이다. 모든 스포츠에서 내면의 목소리는 중요하지만 테니스에서는 특히 더 중요하다. 실제 포인트가 진행되는 시간이 상대적으로 적기 때문이다. 나머지 시간에 우리는 공을 줍고, 코트 체인지를 하고, 다음 포인트를 준비한다. 그 시간 동안 여러분은 보다 일관되게 사고하고, 기분 좋은 상태를 유지하기를 원한다.

내면의 목소리가 낸 메시지는 여러분의 머리가 경기를 이끌어나가게 만드는 원동력이다. 이기더라도 기분이 좋지 않거나 또 설혹 지더라도 에너지를 느낄 수 있다. 바로 내면이 내는 메시지에 의해서다. 그렇다면 내면의 목소리를 어떻게 향상시킬 수 있을까? 마음챙김mindfulness으로 가능하다. 즉, 경기 도중 여러분의 생각이 플레이를 더 잘하게 만드는지 혹은 망치는지를 스스로 물어본다. 부정적인 생각이 떠오르면 이를 감지하고 일축한 뒤, 긍정적인 사고로 바꿀 수 있도록 스스로를 단련하

라. "내 서브는 형편없어"와 같은 아무짝에도 쓸모없는 내면의 목소리는 서브를 더 나쁘게 만들 뿐이다. 사실 말이 씨가 될 수 있는 법이다. 대신, 더블폴트를 한 뒤 스스로 이런 말을 걸어본다. "멋진 서브를 넣은 적도 수없이 많잖아. 이제 다시 한번 보여줄 차례야." 만약 경기 초반 출발이 좋지 않다면 이런 말은 피하라. "오늘은 안 되겠어". 대신 스스로에게 이렇게 다짐한다. "아직 초반이니 경기가 진행되면서 타이밍을 잡고 리듬을 찾게 될 거야." 이 모든 내면의 생각은 감정의 결과물이다. 하지만 첫 번째가 아닌 두 번째 다짐이 여러분의 경기력에 훨씬 더 생산적이다. 좋은 경기는 자신의 게임에 대한 자신감과 믿음에서 나오며 여러분의 생각은

그림 15-2. "스스로에게 관대해지자." 앤디 머리는 언젠가 코트에서 자신의 노트에 쓰인 이 문장을 읽었다. 그는 부정적인 내면의 목소리가 때로 그의 경기력에 나쁜 영향을 미친다는 사실을 알고 있는 것이다.[2]

제15장 심리

그림 15-3. 캐롤리나 플리스코바가 득점한 뒤 긍정적인 제스처를 취하고 있다.

> **코칭 박스:**
>
> 복식 파트너에게 영감을 불어넣고 그들의 경기력을 끌어올리기 위해 말할 때처럼 스스로에게 이야기하라. 복식 파트너 친구에게 조언하는 것처럼 말함으로써, 비판적이고 스스로를 비하하는 방식이 아닌 지지하고 격려하는 방식으로 다짐을 할 수 있다.

그러한 자신감과 믿음을 반영해야 한다.

물론 사람들의 마음은 모두 다르고 자신만의 고유한 언어에 반응하기 때문에, 동기 부여를 하고, 부정적인 잠재의식을 떨쳐버릴 수 있는 각자의 단어나 문장을 찾아야 한다. 경기가 끝난 뒤 스스로 얼마나 내면의 목소리가 잘 나타났는지를 분석하고, 부정과 긍정의 메시지 비율을 평가해보라. 긍정이 부정을 압도해야 한다.

또한 경기 도중 자신의 테크닉에 대해 과도한 목소리를 내 기를 꺾지 말아야 한다. 테크닉에 대한 생각은 연습 코트에서 필요한 것이다. 경기 도중 내면의 목소리는 긍정적인 상태 유지, 전술, 그리고 전반적인 경쟁력 강화에 집중해야 한다. 경기 도중 테크닉에 대한 생각은 분석에 의한 마비 paralysis by analysis를 불러와, 생각과 행동을 일치시키려는 무리한 시도로 상황을 악화할 수 있다. 세리나 윌리엄스는 이렇게 말한 적이 있다. "생각이 너무 많으면 서브가 잘 안 들어가요. '세리나, 그냥 넣는 거야'라고 생각할 때 가장 잘 들어가죠."[3]

내면의 목소리 훈련

한 포인트가 끝나면 약 15초간 준비 시간을 가질 수 있다. 그동안 내면의 목소리가 계속해서 생산적이기 위해서는 네 단계를 거쳐야 한다.[4] 이러한 단계를 밟고 포인트 사이 자신만의 리듬과 페이스를 확립하면 통제력과 자신감을 얻을 수 있다.

1단계: 마지막 포인트에 대응하기
포인트에서 이겼다면 긍정의 느낌을 에너지로 바꾸라. 만약 졌다면, 배울 점이 있는지 빠르게 돌이켜보고 긍정적인 마인드로 전환하라.

2단계: 긴장을 풀고 회복하기
이 단계에서는 심호흡을 하고 긍정적인 제스처를 취하며, 내면의 목소리를 차분하게 해 긴장을 풀고 편안한 마음이 들도록 하자.

3단계: 준비하기

감정을 끌어올리기 시작하고 다음 포인트에 대한 열정을 불어 넣자. 이제 여러분은 어떻게 서브를 넣거나 리턴할지를 전략적으로 생각하고, 어느 정도의 수준까지 공격성을 가져야 포인트를 따낼 가능성을 높일 수 있는지 생각한다.

4단계: 루틴 수행하기

루틴에는 서브를 넣을 때 공을 몇 번 튀기고, 리턴할 때 다리를 얼마나 움직이는지 등이 포함된다. 포인트 시작 전의 이러한 의식은 몸을 자동화 모드에 놓고 잡념을 없애 이후의 플레이에 온전히 집중하도록 한다.

모든 프로 선수들은 이 네 단계를 통해 내면의 목소리를 긍정적인 힘으로 사용할 수 있는 자신만의 노하우를 터득한다. 포인트 사이마다 업된 분위기를 유지할 수 있는 자신만의 방법을 연습하고 개발해, 각 포인트를 시작할 때 최적의 감정 상태에 도달해야 한다.

II. 집중

테니스는 지속적인 집중력이 요구되는 스포츠다. 집중력을 유지하면 좋은 샷을 선택할 수 있고 준비된 게임 플랜을 고수할 수 있으며, 경기에서 이기는 데 필요한 결단력과 에너지를 발휘할 수 있다. 우리의 마음은 새로운 자극에 민감해지는 성향이 있기 때문에 집중력을 유지하기란 쉽지 않다. 이렇게 새로운 광경과 소리에 민감하게 반응하는 것은 인류의 조상이 야생에서 위험에 대응한 방식이지만, 테니스에서는 패배의 지름길이다. 테니스 경기에서는 내적·외적 자극, 생각, 감정이 끊임없이 쏟아진다. 완전히 집중한 상태에서는 게임 플랜과 무관한 모든 것들, 즉 상대를 향한 열광적 응원, 바로 옆 코트의 경기 상황, 포인트 사이 과도한 시간을 소비하는 상대 등을 모두 떨쳐낼 수 있다. 집중력이 좋은 선수는 이러한 생각을 통제할 수 있고, 주의를 산만하게 하는 모든 것을 차단할 수 있다.

무엇에 집중하는지 못지않게 얼마나 긴 시간 집중력을 유지하느냐 역시 중요하다. 상당수 선수들이 첫 세트는 집중하지만 2세트 혹은 3세트에서는 집중력을 지속적으로 유지하지 못한다. 다행히 집중력은 반복과 연습에 의해 발전 가능한 마음의 기술이다. 또한 다음과 같은 내면의 목소리를 키워나가는 것도 좋다. "공만 보자" 혹은 "바로 여기, 지금이야." 그리고 스트링을 곧게 펴거나 공을 바닥에 튀기는 동작 역시 산만해진 정신을 다잡을 수 있는

그림 15-4. 때로 프로 선수들은 스트링을 가지런히 정렬하면서 자신의 생각을 정리한다.

그림 15-5. 2015년 인디언웰스 결승전에서 옐레나 얀코비치는 2세트까지 앞서다 역전당한 절망감으로 3세트 도중 집중력을 잃었다.

> **코칭 박스:**
>
> 연습 시간에 스코어를 연장하는 '확장 게임'은 집중력을 높여줄 수 있다. 예를 들어 한 번에 5번씩 서브를 넣어 21점을 먼저 내는 탁구 방식으로 게임을 한다. 누군가 스코어를 잊어버리면 팔굽혀펴기나 코트 한 바퀴를 도는 등 사전에 정해진 벌칙을 받는다. 집중력을 요구하는 상황에 놓이는 연습을 많이 할수록, 집중력은 더 오래 지속되고 강해질 것이다.

방법이다.

1. 현재에 머물기

집중력은 현재에 머물러 있는 것이다. 크게 앞서다 역전되거나 쉬운 샷을 놓친 다음에는 집중력을 유지하기 어려워진다. 투어 프로 선수들이라 하더라도 이렇게 좌절스러운 상황을 계속 염두에 두다가 더 큰 실패를 맛보기도 한다. 2015년 인디언웰스 여자 단식 결승 3세트. 옐레나 얀코비치는 경기 초반 자신이 놓친 기회를 계속 생각하고 있었다. 박빙의 3세트 공수 교대에서, 나는 TV를 통해 그녀가 코치에게 이렇게 말하는 걸 들었다. "서브를 지킬 수가 없었어요…. 그래서 2세트를 놓쳤어요."

결국 얀코비치는 패했고 과거에 얽매인 그녀의 생각은 결코 도움이 되지 못했다.

매 포인트를 시작할 때마다 마음을 깨끗이 비워야 한다. 이전에 놓친 샷을 생각하는 건 마음속으로 실수를 더 강조하고 같은 실수를 반복할 가능성만 높여줄 뿐이다. 이전 포인트에 의해서 어떤 식으로든 집중력이 떨어진다면 현재로 마음을 돌려놓고 다음 서브나 리턴에 집중해야 한다.

이는 지나간 일에서 교훈이 없다는 게 아니라 지나간 실수에 얽매이지 말아야 한다는 뜻이다. 예를 들어 이전 샷의 실패 원인이 위험성이 높은 샷을 시도했기 때문이라면, 다음번에는 조금 더 침착하자고 다짐하면 된다. 상대가 네트 앞에서 위닝 발리를 쳤다면 로빙을 좀 더 자주 고려하면 된다.

과도한 자신감이나 자신감의 결여라는 부정적인 멘털의 특징은 모두 현재에 대한 생각이 결여된, 미래에 집착한 결과라는 점을 기억하라. 예를 들어 40-0으로 앞서고 있을 때, 다 끝났다고 생각해 여유를 부리면 대가를 치를 수 있다. 40-0에서 부주의한 샷으로 한 포인트를 잃고 다음 포인트를 연속으로 잃으면 스코어는 순식간에 40-30이 되고 상대가 분위기를 가져갈 수 있다. 그뿐만 아니라 한참 앞서던 게임을 잃을 수 있다는 걱정이 생기면서 40-30 상황에서 아주 형편없는 플레이가 나올 수 있다.

　핵심은 이것이다. 뒤로 미뤄서는 안 된다. 모든 게임 모든 포인트마다 그 순간에 충실하며 싸워야 한다. 게임의 흐름은 빠르게 바뀔 수 있기 때문이다. 0-40으로 뒤지고 있다고 포기해서도 안 된다. 상대가 현재에 집중하지 못해 경기력이 떨어지면서 기회를 줄 수 있기 때문이다. 이는 경기의 분수령이 될 수도 있다. 0-40에서 게임을 획득하면 상대를 좌절시킬 수 있고 때로는 세트 흐름을 바꿔버릴 수 있다.

2. 과정에 집중하기

현재에 머물도록 훈련된 선수는 결과가 아닌 과정에 집중할 수 있다. 승패에 연연하지 말자. 경기를 체스와 같은 확률 게임으로 생각하고 승리 가능성을 조금 더 높이는 데 집중하자.

　결과에 대한 집착의 부정적인 효과는 2015년 US오픈 당시 세리나 윌리엄스가 로베르타 빈치에게 패한 경기에서 극명하게 나타났다. 대회 우승과 역사적인 그랜드슬램 달성에 대한 압박으로 인해 세리나는 긴장했고, 이는 지난 4번의 맞대결에서 단 한 세트도 내주지 않았던 상대에게 패배하는 결과로 이어졌다. 심적 부담이 적은 그룹 레슨의 상황에서도 결과에 대한 집착은 때로 쉽게 찾아볼 수 있다. 11점 내기에서 9대 9 상황에 이르면, 처음에 자신감 넘치던 스윙에 확신이 없어진다. 승패가 갈리는 상황이 되면 가장 중요한 순간 플레이의 수준을 올리지 못하고 경기력이 떨어지는 것이다.

　여러분의 수준을 지속적으로 높게 유지하려면 과정에 집중해야 한다. 경기의 과정은 GPS가 목적지로 안내하는 것에 비유할 수 있다. GPS가 도로

그림 15-6. 안드레 애거시는 이렇게 썼다. "이겨야 한다는 생각에서 해방되자 곧바로 경기력이 좋아졌다. 생각을 멈추고 느끼기 시작한 것이다. 그러자 샷이 0.5초 정도 더 빨라지고 논리보다는 본능에 기반해 결정을 내리게 되었다."[5]

방향의 순서를 알려주는 것과 마찬가지로, 승리를 향한 과정에는 긍정적인 마인드 유지, 좋은 움직임, 올바른 전술, 그리고 적절한 수준의 공격성을 지닌 샷이 포함된다. 이러한 과정에 집중한다면 경기 마지막에 원하는 목적지, 즉 승리에 도달할 가능성이 높아질 것이다.

　열정을 가지고 과정에 집중하자. 테니스는 인간의 불완전성이 반영된 스트로크와 변수로 가득하다. 따라서 예측 가능한, 판에 박힌 과정은 존재하지 않는다. 이것이야말로 테니스의 매력이며, 이를 충분히 활용할 필요가 있다. 매치 포인트를 획득한 뒤, 승리의 기쁨을 만끽해야 하지만 또한 몰입했던 과정에서의 즐거움이 끝났기에 약간의 아쉬움도

생길 수 있다. 이런 기분을 느낄 수 있다면 여러분은 열정적이면서도 편안한 마음으로 경기에 임하게 되고 만족스러운 결과를 얻을 것이다.

III. 초조함

초조함은 육체적, 정신적 스트레스를 초래할 수 있다. 심장 박동이 빨라지고 팔다리가 경직되며 마음이 조급해진다. 그 결과 동작은 느려지고 그립을 세게 쥐며 집중력도 떨어지게 된다. 절제된 공격성을 지니던 스윙은 사라지고 자신 없이 스윙을 하며 그저 공이 들어가길 바라거나 포인트를 최대한 빨리 끝내려고 지나치게 공격적으로 휘두르게 된다. 물론 테니스에서 초조함이란 일종의 아이러니라고 볼 수 있다. 승리를 거두려는 마음에서 긴장하게 되고, 불행하게도 그로 인해 목표 달성과는 점점 거리가 멀어지게 되기 때문이다.

분명 테니스에는 어느 정도의 초조함이 내재되어 있다. 테니스 스코어 방식은 언제나 역전이 가능해, 앞서 있을 때도 안심할 수 없기 때문이다. 어느 한순간 경기가 끝나버리는 스코어 방식도 초조함을 가중시키는 요인이다. 예를 들어 3세트 타이브레이크 5-5의 상황. 두 선수 모두 이제 단 두 포인트만 더 얻으면 승리를 거머쥐게 된다. 여기에 이르기까지 많은 시간과 노력, 감정이 투입됐기 때문에 긴장하게 되는 것은 어찌 보면 당연한 일이다. 또한 테니스에는 시간제한이 없다. 리드한 채로 시간을 끌다가 이길 수는 없으며, 반드시 스스로 마무리를 해야 하는 것이다.

훈련을 통해 테니스에 내재된 초조함을 극복할 수 있다. 이제 초조함을 줄여주는 다섯 가지 멘털 기법을 소개하겠다.

1. 상황을 올바르게 이해하자

어떻게 마음먹느냐에 따라 경기력이 달라질 수 있다. 건강한 상태에서 즐길 만한 상대를 만나 경기하게 돼 행운이라는 마음가짐을 갖자. 감사의 느낌은 스트레스를 줄이는 뇌 영역을 자극할 것이다.

또한 보다 넓은 시각으로 게임을 바라보자. 자신의 테니스 경력을 배움과 모험, 자기발견이라는 진화의 과정으로 바라보면 어떨까. 내면의 열정과 긍정적인 자기 발전이라는 느낌을 갖고 경기에 임한다면 더 여유 있고 뛰어난 경기를 할 수 있을 것이다.

2. 결과가 아닌 과정에 집중하라

앞서 언급한 대로 경기에서 이기는 방향으로 한 걸음씩 나아가는 과정에 집중하고 경기 결과에 대한

그림 15-7. "성공이란 여정이지 목적지가 아니다. 때로는 무엇인가를 수행하는 자체가 결과보다 중요하다."[6] – 아서 애시

생각을 피하라.

3. 계속 움직이고 깊게 호흡하라
만약 초조함에 시달리고 있다면 다리를 계속 움직이고 긴장을 풀 수 있는 섀도 스윙을 실시한다. 포인트 사이마다 상대를 등진 채 여유 있는 시간을 갖는 데 주저하지 말라. 서브나 리턴을 준비하기 전 심호흡을 하는 것도 좋다.

4. 긴장을 풀고 믿음을 가져라
아이러니하게도 마음을 약간 비워야 초조함이 줄면서 더 좋은 플레이를 할 수 있다. 당신의 스윙을 믿고 몸이 올바르게 움직이고 있다는 자신감을 가질 때 최상의 경기력이 발휘된다. 2~3cm 아웃된 서브를 멋지게 리턴한 경우가 얼마나 많은지 생각해 보라. 서브가 나갔다고 생각한 순간, 결과를 의식하지 않고 자유롭게 스윙할 수 있기 때문이다.

5. 상대 또한 긴장할 가능성이 높음을 잊지 마라
만약 초조하다면 상대 역시 마찬가지라고 생각하면 마음이 편해진다. 위에 언급된 조언을 효과적으로 활용한다면 심리적 우위를 점해 승리할 가능성을 높일 수 있을 것이다.

치열한 경기 도중 이러한 조언을 활용해 초조함을 없애는 건 쉽지 않다. 부지런히 훈련하는 수밖에 없다. 또한 해로운 긴장감과, 최고의 경기를 펼칠 수 있게 해주는 약간의 긴장감인 긍정적인 압박감을 구분할 수 있어야 한다. 약간의 긴장감은 경기의 중요한 시점에서 나올 수 있는 일반적인 현상이며, 최상의 기량을 발휘할 수 있는 기폭제가 될 수 있다. 이때 분출되는 아드레날린은 올바른 방향으로 사용된다면 각성도를 높이고 근육의 준비 상태를 끌어올려 더 나은 플레이를 가능하게 한다. 이를 받아들이는 법을 익히고 약간의 긴장감을 흥분 상태로 만드는 훈련을 통해 최고의 테니스를 구사할 수 있는 기회로 삼아라. 압박을 즐기고 치열한 경기에서 잘 칠 수 있는 능력을 키우는 것은 자신감의 커다란 원천이자 즐거운 기억이 될 것이다.

그림 15-8. 위대한 선수도 긴장해서 최고의 경기를 못 할 수 있다. 2015년 나달은 스스로가 인정한 긴장감으로 인해 그답지 않은 몇몇 패배를 기록했다. 2015년 마이애미 오픈에서 조기 탈락한 그는 이렇게 말했다. "테니스 문제가 아닙니다. 좋은 플레이를 펼칠 만큼 긴장을 풀지 못한 게 패인이었어요."(7)

IV. 자신감

자신감은 초조함과 정반대편에 있는 퍼포먼스의 요소로, 종종 경기 결과에 중대한 영향을 미친다. 자신감이 있을 때 몸을 부드럽게 움직이면서 편안하고 확신에 찬 방식으로 경기에 임하게 된다. 지도자로서 나는 자신감 강화가 긍정적인 효과를 발휘하는 것을 여러 차례 목격했다. 예를 들어 경험이 부족한 선수가 그룹 레슨 도중 목표물을 맞히는 서브 게임에서 이긴다면, 그 승리에서 얻은 자신감을 바탕으로 연습량을 늘리면서 서브가 훨씬 향상되기도 했다.

자신감은 다양한 영향을 미친다. 포핸드를 신뢰하면 포핸드의 결정력이 높아진다. 체력이 굉장히 좋다면 뛰어난 지구력을 바탕으로 긴 시간 늦게까지 경기하는 것에 자신감을 가질 것이다. 자신감은 또한 결정을 내리는 데에도 좋다. 베이스라인 게임에 자신감이 있다면 랠리에서 인내심을 유지해 확률 높은 테니스를 구사할 수 있다. 그러나 그라운드 스트로크에 자신감이 결여되면, 확률 낮은 서브나 지나치게 공격적인 베이스라인 샷으로 빨리 포인트를 끝내려 할 것이다.

자신감은 대개 승리를 통해 더욱 커지게 된다. 스스로에 대한 확신이 생기고 이러한 느낌을 통해 더 좋은 플레이를 펼치면서 선순환이 이루어지는 것이다. 2014년 US오픈에서 마린 칠리치가 토마스 베르디흐, 로저 페더러, 케이 니시코리를 모두 3-0으로 완파하고 거둔 이변의 우승은, 자신감을 통해 한 선수의 경기 수준이 한 단계 높은 차원으로 올라가는 모습을 잘 보여준다. 칠리치의 활약에 대해 페더러는 한 마디로 이렇게 표현했다. "두려움 없이 자신감이 철철 넘쳤습니다."[8]

자신감은 긍정적인 선순환이 될 수 있다. 그러나 패배는 이러한 선순환을 멈추거나 반대 방향으

그림 15-9. 마린 칠리치가 2014년 US오픈에서 우승한 뒤 바닥에 누워 기쁨을 만끽하고 있다. 그는 이 대회에서 매 경기 승리를 바탕으로 자신감을 키워 최고의 테니스를 선보일 수 있었다.

로 돌릴 수 있다. 자신감은 테니스 인생에서 기복이 있을 수밖에 없다. 따라서 현재 자신감이 있다면 만끽하고, 사라진다 하더라도 실망하지 말아야 한다. 왜냐하면 다시 돌아올 수 있기 때문이다.

만약 자신의 게임에 대한 믿음을 잃어버린다면 이를 다시 되찾을 수 있는 방법을 찾으면 된다. 위대한 선수들 역시 그러했다. 2013년 윔블던 2회전에서 패한 뒤 로저 페더러는 재빨리 함부르크에서 개최된 작은 규모의 대회에 출전을 결정했다. 승리를 통해 게임에 대한 믿음을 되찾기 위해서였다. 그는 이렇게 말했다. "지금은 그저 많은 경기에서 이기고 싶네요. 가능하면 몇몇 대회에서 우승까지 해서 자신감을 되찾고 싶습니다."[9] 컨디션이 좋지 못하다면 페더러처럼 평소보다 한 단계 낮은 수준의 대회에 참가할 수 있다. 스트로크 준비에 좀 더 여유를 가질 수 있는 상대와 맞붙어 승리해 나가면 자신감을 다시 찾을 수 있다. 다음은 저명한 테니스 코치이자 심리분석가인 앨런 폭스가 제안한, 잃어버린 믿음을 되찾는 세 가지 조언이다.

1. 경기 전 준비
일종의 치료 요법으로, 연습 코트에서 계속 샷을 성공하는 반복 연습을 한다. 코트에 서기 전 형상화 시간(296페이지 참조)을 통해 긍정적인 마인드를 갖추고, 첫 번째 공을 치기 전 몸이 준비될 수 있도록 동적 스트레칭을 통해 근육을 풀어준다.

2. 높은 확률의 테니스
경기 도중 평소보다 길게 랠리하고 네트 위를 조금 더 높게 그리고 라인 충분히 안쪽으로 치면서 자신감을 쌓아나간다. 계속 더 많은 샷을 치면서 타이밍과 게임에 대한 믿음이 높아진다. 자신의 게임에 대한 확신이 돌아오면 좀 더 공격적이고 모험적인 샷으로 전환할 수 있다.

3. 스트로크 테크닉 보완을 위한 강도 높은 연습
기술적인 결함이 있다면 강도 높은 연습으로 보완해 부드러운 스윙을 유지할 수 있도록 한다. 테크닉에 문제가 없을 때 자신감은 더 높아진다. 예를 들어 세컨 서브가 좋지 않다면 잘못된 테크닉과 이에 따르는 자신감의 결여로 인해 압박 상황에서 더블 폴트가 나올 수 있다. 경기 도중 자신의 약점을 인지할 때는 모든 선수들이 강점과 약점이 있을 뿐 아니라 자신의 스트로크가 결코 상대에 뒤지지 않는다고 생각해야 한다. 주어진 패로 최선을 다한다는 마음으로 항상 긍정적인 자세로 임해야 한다.

V. 자만심

자신감은 너무 과하면 해롭다. 단순히 상대 랭킹이 낮거나 예전에 몇 차례 꺾은 적이 있다는 이유만으로 속단하면 안 된다. 이러한 자만심은 경기 전 몸과 마음의 준비를 소홀히 하게 만들고 플레이에 해악을 끼친다. 언제나 상대를 존중하고 모든 경기를 예외 없이 성실하게 준비하는 것이 올바른 접근 방식이다.

자만심은 경기 도중에 생겨나기도 한다. 잠시 치열한 경기를 하고 나서도 방심한 나머지 5-1 혹은 5-2의 압도적인 리드를 놓치게 되는 끔찍한 경험을 할 수도 있다. 이렇게 경기를 지배할 때는 '편안함의 덫'에 빠져 치열한 마음가짐 없이 경기에 임하게 될 수 있다. 이로 인해 여러분은 성급한 샷을 시도하다가 상대가 다시 흐름을 탈 수 있는 빌미를 제공한다. 또 한 가지 리드할 때 유념해야 할 점은 상당수 선수들은 지고 있을 때 과감해지면서 최고의 플레이를 펼친다는 것이다. 이러한 자세는 긴장을 풀어주고 경기력을 끌어올려 전세를 역전시키기도 한다.

다음은 자만심으로 경기 수준이 저하되지 않도록 하기 위한 네 가지 조언이다.

1. 정신적 긴장도를 지속적으로 유지하라

만약 자만심이 생기는 것 같다면 잠깐 시간을 갖고 펜스 뒤쪽으로 걸어가 보자. 그리고 집중력이 떨어지면 위험하다고 스스로에게 다짐한다. 그러고 나서 제자리 뛰기로 에너지를 끌어올려라. 이렇게 다시 마음을 다잡으면 경기를 끝내는 데 필요한 킬러 본능을 일깨울 수 있을 것이다.

2. 승리하는 작전을 유지하라

계속해서 좋은 플레이를 유지하고, 승리하는 게임 플랜에 집중한다면 상대는 뒤집기가 거의 불가능하다고 느낄 것이다. 자만심에 빠져 상대와 몇 차례 맥 빠진 포인트를 교환하는 것은 역전의 빌미가 될 수도 있다.

3. 스코어 방식에 유념하고 마음 비운 상대의 위험성을 인지하라

스코어 방식과 마음 비운 상대, 이 두 가지가 합해지면 테니스에서 리드가 상당히 위태로워진다. 결국 이로 인해 자만심은 순식간에 당혹감으로 바뀔 수 있다. 예를 들어 당신이 40-30으로 앞선 경우 한 포인트만 따면 게임을 이기지만, 동시에 상대는 이렇게 생각할 것이다. 듀스를 만드는 데 딱 한 포인트 남겨두고 있고, 새로운 게임을 시작하기까지 단지 3포인트가 필요하다고.

4. 아픈 기억 떠올리기

크게 앞서다 역전패한 경기를 떠올리면 긴장감을 높여 다시 집중하는 계기가 될 수 있다.

VI. 역경 극복

테니스는 예측 불허의 스포츠다. 따라서 당신의 해결 능력을 시험하는 상황이 나올 것이다. 예컨대 타이밍이 늦고 부드러운 위너가 좀처럼 나오지 않는 날이 있다. 때로는 바람이 많이 불거나 너무 더운 날씨를 만날 수도 있다. 또 불운을 겪을 수도 있다. 중요한 포인트에서 네트에 맞고 떨어진다거나 상대가 프레임으로 잘못 친 샷이 위너로 끝날 수도 있다. 이러한 어려움을 극복하기 위해서는, 감정을 통제하고 견뎌낼 수 있는 능력을 연마해야 한다.

인내심은 역경을 극복하는 데 필수불가결한 요소로, 승리하고자 하는 의지에서 나온다. 경기에서 승리하는 선수는 보통 가장 이기고 싶어하는 선수라는 말은 진부한 표현일지 모르지만 분명 사실이다. NFL의 전설적인 코치인 빈스 롬바르디는 이렇게 말했다. "이기는 것이 전부는 아니지만 승리에 대한 갈망은 전부라 할 수 있습니다."

이기고자 하는 의지는 경기 도중 발생하는 난관을 헤쳐나가는 데 도움이 된다. 도미니카 시불코바와 같은 프로 선수를 롤 모델로 삼아보자. 작은 체구의 시불코바는 투쟁심과 집요함으로 수많은 경기에서 승리했다. 아니면 여러분의 클럽에서 자주 승리를 거두는 누군가를 떠올려 보자. 그는 뛰어난 해결사 기질과 결단력으로 승리를 거둔다. 이렇게 본보기가 되는 누군가로부터 영감을 받을 수 있다. 경기에서 뜻대로 되지 않거나 상황이 어려울 때 다음과 같은 네 가지 생각을 시도해보자.

1. 시간을 가져라

5초만 모든 행동을 멈춘다. 한 걸음 물러서면 새로운 시각에서 문제를 바라볼 수 있고 감정 조절에 도움이 된다. 이 짧은 휴식시간 동안 내면의 목소리를 긍정적으로 유지하고 다음 서브와 리턴에 대한 전략에 집중한다.

2. 솔직하라
감정이 흔들렸다는 걸 인정하면 차분해질 수 있다. 외부의 시선으로 내부를 들여다보면 보다 이성적이 될 수 있고 상황을 보다 객관적으로 접근할 수 있다.

3. 생리적 방법을 동원하라
깊게 숨을 들이마시고 가볍게 뛰는 것은 근육을 풀어주고 올바른 감정 상태로 되돌릴 수 있는 최고의 생리적 도구다.

4. 긍정적이고 합리적으로 받아들여라
불운은 부조리한 게임의 일부분임을 받아들이자. 네트에 맞는 경우나 빗맞은 공 역시 언젠가 내 차례로 돌아올 수 있다는 걸 명심하자. 보통 행운은 경기 전체에 걸쳐 절반씩 공평하게 나타난다. 타이밍이 안 맞는 건 인간이기 때문에 어쩔 수 없는 부분이고, 그렇게 운수 나쁜 날 승리하는 것이 훨씬 더 달콤하고 감동적이라고 생각하자. 마지막으로 고약한 날씨 역시 게임의 일부분이고 상대도 똑같은 조건이라는 점을 기억하자.

VII. 보디 랭귀지

보디 랭귀지는 자신뿐 아니라 상대의 심리 상태에도 영향을 미친다. 대부분 이기고 있을 때는 긍정적인 몸짓을 한다. 고개를 들고 팔을 올린 뒤 주먹을 불끈 쥐어 보인다. 이러한 보디 랭귀지는 아드레날린을 증가시켜 게임에 활력을 불어넣어 주고 상대를 의기소침하게 만든다. 하지만 지고 있을 때

그림 15-10. 테니스가 성질을 시험하는 날에는 조코비치를 떠올려 보자.

긍정적인 보디 제스처를 취하는 것은 쉬운 일이 아니다. 어깨를 늘어뜨리고 고개를 절레절레 젓거나 스스로에게 중얼거리는 행동은 바람직하지 못하다. 이러한 행동은 자신의 에너지를 떨어뜨릴 뿐 아니라 상대에게 힘을 북돋워 주는 신호가 될 수 있다.

프로 선수들은 보디 랭귀지의 위력을 잘 알기 때문에 정신적인 훈련을 받는다. 페더러와 나달과 같은 위대한 선수들의 경우, 겉모습만 봐서는 이기는지 지는지를 알 수 없다. 그들은 늘 집중하면서 도전적인 자세를 취한다. 이러한 선수들은 좋은 보디 랭귀지의 뛰어난 롤모델이다. 그러나 두 선수의 표현 방식은 약간 다르다. 나달은 빠르게 걷는 반면

> **코칭 박스:**
>
> 절대 상대의 높은 랭킹에 주눅이 들어 패배자의 태도로 임하지 말 것. 프로 투어에서 거의 모든 대회마다 자신보다 훨씬 높은 랭킹의 선수를 꺾는 선수가 나온다. 테니스의 모든 레벨에서 흔히 벌어지는 일이다. 사람이란 변수 외에도 날씨와 코트 표면, 부상과 다른 요인들에 의해 모든 경기는 고유함을 지닌다. 모든 포인트와 모든 경기에서 치열하게 싸우며 경쟁심을 발휘해야 한다. 이러한 철학을 유지한다면 여러분의 능력을 극대화해 많은 이변을 만들어낼 수 있을 것이다.

페더러는 조금 더 편안하게 천천히 걷는다. 여러분 또한 포인트 사이마다 최고의 테니스를 선보이는 데 필요한 리듬과 기분을 만들어줄 수 있는 걸음걸이 속도와 보디 랭귀지 유형을 찾아낼 필요가 있다. 보디 랭귀지를 향상시키기 위해 다음과 같은 방법을 연습해보자.

1. 관계 해제
포인트를 잃었을 때 감정적으로 흔들리지 않고 올바른 자세와 자신감을 가지고 다음으로 넘어갈 수 있도록 훈련하라. 이는 감정으로부터 자신을 분리시키는 것과 약간의 실행력이 필요하다. 좋은 보디 랭귀지란 늘 감정에 충실한 것만이 아니다. 그보다는 부정적인 충동을 억누르고, 내지 않을 때도 '올바르게' 행동하는 것이다. 포인트를 잃었을 때 스트링을 곧게 펴거나 서브 리턴을 하기 전에 발을 가볍게 구르는 등의 루틴을 통해 긍정적인 모습을 유지할 수 있다.

2. 좋은 스포츠맨십
나는 레슨 수강생들에게 항상 상대의 훌륭한 샷을 인정하라고 한다. 조코비치는 스트링으로 박수를 치거나 엄지를 들어주는 표시를 한다. 이는 훌륭한 스포츠맨십을 보여주는 것 외에도, 이제 샷을 잊고 끝을 맺는다는 의미를 지닌다. 게다가 이로 인해 상대는 여러분이 그 샷에 연연하지 않으며 이런 치열한 전투를 즐기고 있다는 인상을 받을 수 있다.

3. 미소
웃음은 긍정의 감정과 연계된 뇌의 활동을 자극한다. 압박 상황에서 웃음은 부정적인 느낌을 지워주고, 보다 명료하게 사고하며 현재에 집중하게 만들어준다.

그림 15-11. 조코비치는 상대의 훌륭한 샷에 엄지를 들어 올림으로써 그 포인트를 잊어버리고 긍정적인 마음가짐을 유지할 수 있다.

그림 15-12. "화내는 자보다 웃는 자가 더 강하다."
— 일본 속담

VIII. 형상화

앞서 밝힌 대로 강한 멘털은 결코 우연히 만들어지지 않는다. 열심히 노력해야 하며 형상화 테크닉도 그 과정에 반드시 포함되어야 한다. 경기 전 혹은 경기 도중 형상화 기술을 사용하면 자신감을 높이고 올바른 감정 상태를 유지할 수 있다. 이를 통해 최고의 테니스에 대한 청사진을 잠재적으로 몸에 새길 수 있다. 반대로 형상화하지 않는다면 뜻대로 풀리지 않을 경우 자신감이 감소하면서 경기를 놓칠 가능성이 높아진다.

1. 경기 전

경기 하루 전 혹은 당일 아침 조용한 장소를 찾는다. 그곳에서 적어도 10분 이상 마음속으로 리허설을 하며 형상화를 시작한다. 뛰어난 샷을 구사하고, 차분함과 집중력을 유지하고, 자신감 있게 걷고, 심지어 승자가 되어 상대와 악수하는 모습까지 그려 본다. 길고 짧은 랠리, 자신에게 유리하다고 생각되는 샷 패턴을 머릿속에 그린다. 예를 들어 베이스라인 한참 뒤에 서거나 움직임이 둔한 상대와 경기할 예정이라면 랠리 도중 드롭샷을 성공시키는 모습을 그려 볼 수도 있다. 이렇게 코트에서의 목표에 대한 명확한 개념을 잡고 있으면 예측 불허의 경기에서 질서를 발견할 수 있다. 형상화는 심리적 약점도 개선할 수 있다. 예컨대 감정 조절에 문제가 있다면, 어려운 상황에서 침착함을 유지하는 모습을 그려 보라.

포인트만이 아닌 게임과 세트를 상상하며 준비할 수도 있다. 형상화한 모습이 실제 현실과 가까울수록 연관성이 높고 도움이 되는 이미지가 떠오를 것이다. 멋진 샷을 목표한 지점에 정확히 꽂아 넣는 모습을 그리고, 공이 스트링에 닿는 임팩트를 느끼며, 공의 소리를 들어보자. 멋진 샷을 성공할 때의 희열과 열정을 느끼는 것 역시 중요하다. 이렇게 긍정적인 면을 강화하면 나중에 실전에서 몸과 마음으로 이를 재현하는 데 도움이 된다. 뛰어난 샷을 마음속에 그리면서 동시에 왼손은 주먹을 꽉 쥐도록 하자. 그러면 경기 도중 결정적인 순간에서 왼손을 꽉 쥐면 긍정적인 느낌이 즉시 마음속에 되살아날 것이다.

현실적인 면도 중요하다. 포인트를 잃는 것 역시 마음속에 그려야 한다. 성공하는 계획만 짠다면 너무 긴장감이 떨어져 목표 달성이 어려워진다. 무분별한 낙관주의는 시합이 다 끝났다는 착각을 불러일으킨다. 형상화 과정에서 긍정적인 희망뿐 아니라 나쁜 면도 고려한다면 경기 전 최상의 상태로 임할 수 있을 것이다.

2. 경기 도중

형상화는 경기 진행 중에도 도움이 된다. 모든 테니스 선수들은 경기 도중 크고 작은 형상화를 시도한다. 하지만 불행히도 도움보다는 해가 되는 경우가 더 많다. 선수들은 너무 자주 실패를 형상화하면서도 자신이 그렇게 했다는 사실조차 깨닫지 못한다. 또한 이러한 습관이 몸에 밴 선수도 있다. 예를 들어, 높은 로브를 스매싱으로 처리하려고 할 때 이미 마음속에는 네트에 공을 때리는 장면이 떠오른다. 혹은 리턴을 준비하는 상황에서 지난번에 놓친 리턴에 대한 기억이 뇌리를 스친다. 스스로에게 다짐을 할 때 무슨 말을 하는지 알고 있어야 하듯이 머릿속으로 그리는 이미지 역시 구체적으로 인식하고 있어야 한다. 부정적인 이미지를 지워버리고 긍정적인 것으로 대체할 수 있도록 경계를 늦추지 말고 끊임없이 노력해야 한다.

만약 경기 도중 슬럼프에 빠진다면 첫 번째 조치는 마음을 고요하게 만들어 형상화 과정이 잘 돌아가게 하는 것이다. 포인트 사이 5초 정도 시간을 잡거나 코트 체인지를 하는 시간을 활용해 공격적인 스트로크를 자연스럽게 구사하는 모습을 머릿속에 그려 보자. 예전에 쳤던 특정한 샷을 머릿속에 떠올리는 것도 도움이 된다. 예를 들어 기억에 남을 경기의 중요한 순간에 에이스를 터트렸다면, 그 기억을 서브의 자신감을 되찾는 데 활용할 수 있다.

섀도 스윙을 통해 자신감을 끌어올릴 수도 있다. 손쉬운 포핸드를 실수했다면 포핸드 섀도 스윙을 하며 잊어버리자. 이 동작을 하면서 공을 정확히

의도한 대로 보낸다고 상상하라. 이는 두 가지 긍정적인 효과를 지니는데, 실수했던 샷에 대한 생각을 버릴 수 있고, 그 샷이 다음에 다시 올 때 마음의 준비를 할 수 있게 된다.

> **코칭 박스:**
>
> 긍정적인 내용의 경기 전 선언문을 쓰는 것도 형상화 과정의 일부이다. 경기 전 선언문을 완성한 다음에는 이를 읽으면서 그대로 시행할 것을 다짐해 보자. 예를 들면 다음과 같다.
>
> "이렇게 훌륭한 스포츠에 몸담을 수 있어 행운이라 생각하며, 오늘 경기를 할 수 있게 되어 감사한 마음입니다. 저는 감정 상태가 경기력에 중요한 역할을 한다는 점을 잘 알고 있습니다. 따라서 항상 결연하고, 열정적이며, 긍정적인 마음가짐을 유지할 것입니다. 그리고 매 포인트에 집중하며 과정에 충실하겠습니다. 이기든 지든, 이 경기로 인해 저는 한 단계 더 도약할 것이며, 준비된 상태로 최선을 다했다는 사실에 만족할 것입니다. 이제 열심히 뛰면서 경기를 즐기겠습니다!" 이렇게 동기 부여가 되는 문장을 읽는 것은 경기 전에 활력을 불어넣을 수 있고, 경기 중에 올바른 마음 상태를 유지하는 데에도 도움이 될 것이다.

그림 16-1. 조코비치가 2012년 호주오픈 결승전의 '마라톤 경기'에서 승리한 뒤 기뻐하고 있다. 체력을 향상시키기 위한 그의 노력이 빛을 발한 순간이었다.

제16장

피트니스

이제 여러분은 몸의 밸런스를 잡아 강하게 스윙하고 효율적으로 움직이는 방법을 알고 있다. 라켓 스윙법, 다양한 전략, 그리고 긍정적인 멘털을 유지하고 집중하는 요령도 안다. 하지만 체력이 받쳐주지 않으면 이러한 기술은 중심을 잃으면서 공허한 지식만 남게 된다.

피트니스는 테니스의 모든 요소를 단단히 지지해주는 버팀목이다. 원래부터 중요했지만 현대 테니스에서는 그 비중이 더욱 커지고 있다. 프로 투어에서는 더욱 그렇다. 프로 선수들은 놀라운 신체 능력을 앞세워 코트를 커버하고 과거에 찾아볼 수 없던 방식으로 포인트를 끌어나간다. ATP 투어 선수인 얀코 팁사레비치는 랠리에서 승리를 거두는 것이 얼마나 힘든가를 이렇게 표현했다. "매 포인트마다 위너를 5개씩 날려야 합니다. 한 포인트를 따는 게 굉장히 힘든 체력 훈련인 셈이죠."[1] 격렬한 랠리로 인해 프로 테니스 단식은 모든 스포츠를 통틀어 육체적, 정신적으로 가장 힘든 종목이 되었

다. 6시간이 소요된 2012년 나달과 조코비치의 호주오픈 결승전을 생각해보라. 시상식에 의자를 가져다 놨다. 두 선수 모두 너무 지쳐 서 있을 수조차 없었기 때문이다. 프로들은 점점 피지컬의 중요성을 인지해 코트에서 공을 치는 시간만큼 체력을 강화하는 데 투자한다. 몇몇 톱프로 선수들은 심지어 피트니스 전문가를 팀원으로 고용하고 있다. 컨디션 조절을 담당하는 코치, 영양사, 그리고 물리 치료사를 꾸려 경쟁자들을 압도하려 노력한다.

피트니스를 한 차원 높게 끌어올려 랭킹이 치솟은 예는 적지 않다. 커리어 중반 슬럼프를 겪은 안드레 애거시는 매일 체력단련실로 갔고 토너먼트

대회 사이마다 라스베이거스의 뜨거운 햇살 아래 언덕을 오르내렸다. 그의 메이저 우승 트로피 8개 가운데 5개가 28살 이후에 나왔는데, 보통 그 연령대는 기술과 스피드가 하락하는 시점이었다. 애거시의 커리어 후반 성공은 향상된 피트니스 덕이었다. 더 빨라진 움직임으로 밸런스 잡힌 샷을 칠 기회가 많아졌고, 지구력이 향상돼 긴 경기의 막바지에도 힘을 낼 수 있었다. 랠리가 길어져도 개의치 않았고 지친 상대가 성공 확률이 낮은 샷을 구사하도록 만들었다. 그는 이렇게 말했다. "약한 몸은 당신의 플레이를 좌지우지하죠. 하지만 강한 몸은 당신이 의도하는 대로 움직입니다."[2] 동호인들이 애거시처럼 피트니스에 헌신할 필요는 없다. 하지만 모든 레벨의 선수들에게 적용되는 교훈은 있다. 피트니스를 향상시키면 경기력이 현저하게 좋아진다는 사실이다.

테니스는 특정 유형의 피트니스가 요구되는 스포츠다. 어려운 발리나 멀리 빠지는 공을 받을 때도 밸런스를 유지하는 민첩성, 공을 빠르게 쫓아가는 순발력, 그리고 장시간의 경기를 소화할 수 있는 지구력이 요구된다. 또한 머리부터 발끝까지 전신의 유연성과 강인함이 필요하다. 테니스 샷을 구사할 때는 대개 몸의 에너지가 상체로 이동한다. 이 과정에서 몸의 각 부분은 키네틱 체인으로 서로 연결되어 있어 이전 단계에서 생성된 힘을 받는다. 이때 몸의 어떤 부분이 유연하지 못하거나 약하면, 다음 단계로 향하는 힘이 약해져 강한 샷을 구사할 수 없게 된다.

이렇게 테니스는 온몸을 사용하고 움직임의 종류와 강도가 다양하기 때문에 모든 스포츠 가운데서도 건강 및 피트니스의 전반적 향상에 가장 좋은 운동이다. 영국 스포츠 의학 저널에 실린 연구에 따르면, 전체 스포츠 중에서 라켓 스포츠를 즐기는 사람의 사망률이 가장 낮은 것으로 밝혀졌다.[3] 전 US오픈 챔피언 사만다 스토서는 이렇게 말했다. "테니스는 운동의 모든 요소를 갖추고 있습니다. 민첩성과 공을 쫓아가는 순발력, 샷에 힘을 실어주는 코어 근력과 전체 경기에서 버틸 수 있는 지구력을 요구합니다. 다른 스포츠와는 달리 팔과 어깨를 강화할 뿐 아니라 다리와 복근 운동도 되며, 심장과 코어 근육 역시 단련합니다."[4]

이 장에서는 테니스 선수에게 중요한 여섯 가지 피트니스 요소를 설명할 것이다. 유연성, 민첩성, 신속성, 코어 안정성, 근력, 그리고 지구력이다. 이러한 요소들을 강화할 수 있는 연습 방법도 소개한다. 유연성 강화 훈련 열다섯 가지와 나머지 다섯 요소에 대해 각각 네 가지씩 훈련 방법을 알려줄

그림 16-2. 안드레 애거시는 자신의 그랜드슬램 타이틀 대부분을 피트니스 향상에 전념한 이후에 획득했다.

것이다. 피트니스를 향상시킬 수 있는 방법은 수백 가지에 달하지만 여기서는 강습을 하면서 유용하다고 느낀 몇 가지만 소개하고자 한다. 여러분의 역할은 연습 방법을 잘 분류해 평소 훈련에 적절하게 적용하고, 나이와 피트니스 레벨에 맞춰 조절하는 것이다. 다른 피트니스 프로그램과 마찬가지로 이 책에 소개된 연습 방법을 시행하기 전에 전문가와 상의하길 권한다. 피트니스의 여섯 가지 요소에 대한 설명을 마치고 나면, 경기 내내 에너지를 유지할 수 있는 영양과 수분 섭취에 대해 언급하며 마무리할 것이다.

I. 유연성

노박 조코비치의 유연성은 독보적이다. 그는 하루 종일 틈만 나면 스트레칭을 하고 때로는 2시간 이상 투자하기도 한다. 이를 통해 경기 후 빠르게 회복하고 커리어를 더 연장할 수 있음을 알기 때문이다. 코트에서의 효과는 더욱 즉각적이며 분명하다. 그의 유연성은 어려운 상황에서 몸을 다양한 형태로 뻗으면서도 밸런스를 유지하게 만들어 라켓을 컨트롤하며 효과적인 샷을 칠 수 있게 한다. 조코비치는 유연성 덕분에 베이스라인에 바짝 붙어 코트를 '축소'해 버린다. 거의 몸을 찢어버리듯 뻗어 상대의 베스트 샷을 막아내고 랠리를 연장하는 것이다. 결국 상대는 더 강한 샷을 라인에 가깝게 보내려다 범실을 저지르고 만다. 조코비치가 유연성을 통해 거둔 성공은 경쟁자들에게 몸의 탄력을 극대화하려는 동기를 부여했다. 유연성은 프로 선수에게만 중요한 것이 아니라 모든 수준의 선수들에게 필요하다. 우선 유연성의 장점에 대해 자세히 살펴본 뒤 여러 종류의 스트레칭 방법을 소개하겠다.

1. 유연성의 장점

A. 파워 강화
탄력이 부족하면 스윙 시 근육에서 나오는 힘과 동작의 범위가 제한된다. 서브가 좋은 예다. 어깨 근육을 더 길게 뻗을수록 근육이 수축될 때 형성되는 파워가 강해진다. 또한 어깨 관절의 유연성이 클수록 스윙 궤적이 길어져, 라켓 드롭에서 임팩트로 향하는 라켓 스피드가 더 빨라질 수 있다.

그림 16-3. 조코비치는 뛰어난 유연성에 자부심을 느낀다. 그래서 지속적으로 유연성 향상을 위해 노력한다. 그는 지인들의 어깨에 다리를 올려 스트레칭을 하면서 가벼운 대화를 나누는 걸로 알려져 있다.

그림 16-4. 2015년 US오픈의 이 장면은 세리나 윌리엄스가 얼마나 스트레칭을 열심히 했는지를 명백히 보여준다.

B. 밸런스 향상

유연성이 좋으면 어려운 상황에서도 밸런스를 유지할 수 있다. 예를 들어 낮고 멀리 빠지는 샷을 칠 때, 코어 부분의 유연성을 유지하면 스탠스가 넓어지고 밸런스가 잡힌다. 따라서 라켓 컨트롤이 더 좋아진다. 낮고 좌우로 깊게 빠지는 샷을 받은 뒤에도, 유연성이 좋으면 몸의 자세를 낮추고 다리의 추진력을 이용해 방향 전환을 신속하게 할 수 있고 코트 중앙으로 리커버리가 수월해진다.

C. 부상 방지

유연성은 부상 방지에도 중요한 역할을 한다. 근육 파열과 근육통의 가능성을 낮추고 극단적 자세에서 근육과 관절의 힘을 잘 유지할 수 있다. 테니스는 실로 광범위한 움직임의 연속이다. 그라운드 스트로크 시 골반 회전, 서브를 넣을 때 복부와 등의 회전, 무릎과 사타구니에 압력을 가하는 갖가지 출발 및 멈춤 동작, 여러 다리 근육을 이용한 폭발적인 스프린트, 라켓 스윙 시 발생하는 팔꿈치와 손목의 움직임까지. 그러므로 선수들은 부상을 줄이기 위해 전신의 유연성을 확보할 필요가 있는 것이다.

유연성은 반대 작용을 하는 근육의 긴장도를 줄일 수도 있다. 근육이 긴장하면 가동 범위가 제한되며, 주요 근육을 제대로 움직일 수 없으면 다른 근육이 이를 보완하기 위해 더 많이 기능해야 한다. 이로 인해 단기적으로 근육이 뭉치고 피로하게 되지만, 더 심각한 건 장기적으로 근육의 불균형과 염증, 부상으로 이어질 수 있다는 점이다.

테니스 선수들이 특히 고려해야 하는 점은 라켓

을 드는 팔을 훨씬 많이 사용하기 때문에 근육 구조의 불균형이 초래될 수 있다는 사실이다. 이 때문에 테니스 선수들은 근육의 불균형으로 나타날 수 있는 잠재적인 문제점을 최소화하기 위해 전신에 걸쳐 고른 탄력을 유지해야 한다.

D. 빠른 회복

경기나 연습 뒤 스트레칭을 하면 근육에 염증이 생길 가능성을 줄이고, 긴장을 풀어주기 때문에 다음날 근육통을 최소화할 수 있다.

2. 동적·정적 스트레칭

유연성을 향상시키는 스트레칭에는 두 가지가 있다. 둘 다 테니스 선수들의 워밍업과 쿨다운에 중요하다. 첫 번째 스트레칭은 '동적 스트레칭'으로, 경기 전 혈액을 순환하고 몸을 풀어주는 운동법이다. 동적 스트레칭은 반드시 체온을 높인 상태에서 시행해야 한다. 예를 들면 약 3~5분간 가볍게 조깅한 뒤 10분 정도 동적 스트레칭을 하는 것이다.

두 번째는 '정적 스트레칭'이다. 정적 스트레칭은 쿨다운의 일부이며 근육을 팽팽하게 늘린 상태에서 이를 유지하는 것이다. 훈련이나 경기를 마친 뒤, 부상을 방지하고 유연성을 키우며 근육통을 예방하기 위해 정적 스트레칭을 한다.

안전하고 효과적인 스트레칭을 위해 몇 가지 기억해야 할 점이 있다. 첫째, 느리고 부드러운 움직임과 이에 맞춰 심호흡을 하는 것이 중요하다. 스트레칭을 하면서 코로 깊게 들이마시고 입으로 내쉰 다음 천천히 원위치로 돌아온다. 평상시 호흡으로 정적 스트레칭 자세를 20~25초 유지한다. 둘째, 만약 아프거나 격렬하게 타들어 가는 느낌이 있다면 너무 과하게 스트레칭한 것이다. 셋째, 관절이 고정되거나 반동이 생기지 않도록 부드럽고 완만하게 스트레칭한다. 마지막으로 매일 규칙적으로 스트레칭을 하고 몸의 유연성을 극대화하기 위해 꾸준히 노력한다.

> **코칭 박스:**
>
> 상당수 동호인들은 별다른 준비 운동 없이 바로 코트에 들어선다. 첫 공을 치기 전 반드시 심장박동 수를 약간 높이고 살짝 땀을 흘리는 상태로 만들자. 또한 팔과 어깨 근육을 풀기 위해 1~2분 정도 모든 샷에 대한 섀도 스윙을 권장한다.

그림 16-5. 카리오카 스텝

A. 동적 스트레칭

1. 카리오카 스텝Carioca Steps: 왼발을 오른발 앞으로 교차하고, 오른발을 오른쪽으로 움직인 다음, 이번에는 왼발을 오른발 뒤로 교차하고 다시 오른발을 오른쪽으로 움직인다. 복식 라인의 끝에서 반대쪽 끝까지 여러 차례 반복하며, 이후 반대 방향을 보면서 연습을 이어간다.

2. 런지 & 트위스트Lunge And Twist: 앞발을 크게 내딛고 뒷발은 지면으로 내려 두 무릎을 모두 90도로 만든다. 팔을 어깨까지 올린 상태에서 원을 그리며 상체를 회전시킨다. 일어선 뒤 다음 런지를 계속하고 앞뒤로 움직이며 2~3번 반복한다.

그림 16-6. 런지 & 트위스트

3. 팔돌리기: 일어서서 오른팔을 곧게 펴고 어깨 높이까지 올린다. 15초 동안 오른팔을 앞으로 작은 원을 그리며 돌린다. 점차 원을 크게 그리다가 최대 크기로 약 15초 정도 반복한다. 왼팔로도 같은 동작을 시행한다. 이제 양팔을 동시에 움직이며 마찬가지로 작은 원에서 큰 원까지 30초 정도 동작을 수행한다.

B. 정적 스트레칭

1. 손목 꺾기: 팔꿈치를 펴고 팔을 지면과 평행하게 놓는다. 오른쪽 손바닥이 정면을 향하도록 하고 왼손을 사용해 오른손 손가락들을 뒤로 잡아당긴다. 팔을 바꿔 반복한다.

그림 16-7. 손목 꺾기

2. 아래팔 스트레칭: 팔꿈치를 펴고 팔을 지면과 평행하게 놓는다. 오른쪽 손바닥이 지면을 향하도록 하고 왼손으로 오른손 손등을 천천히 뒤로 잡아당긴다. 팔을 바꿔 반복한다.

3. 삼두근 스트레칭: 한쪽 팔을 들어 손을 등 한가운데로 가져가 다른 손으로 팔꿈치를 잡는다. 천천히 숨을 내쉬면서 팔꿈치를 밑으로 눌러준다. 팔을 바꾸고 반복한다.

4. 어깨 스트레칭: 왼팔을 오른쪽 어깨 방향으로 쭉

편다. 오른팔로 왼팔 팔꿈치 위쪽 부분을 잡고 부드럽게 뒤로 당긴다. 팔을 바꿔 반복한다.

5. **대퇴부 스트레칭**: 기댈 수 있는 벽이나 테이블 근처에 선다. 발목을 잡고 허벅지 앞부분이 당겨지는 느낌이 들 때까지 뒤꿈치를 엉덩이 쪽으로 부드럽게 올린다. 등은 꼿꼿이 펴고 양쪽 무릎은 서로 가까이 붙인다. 다리를 바꿔 동작을 반복한다.

그림 16-8. 대퇴부 스트레칭

6. **햄스트링 스트레칭**: 벽이나 문 근처 바닥에 눕는다. 한쪽 다리를 들어 뒤꿈치를 벽에 놓고 무릎은 약간 굽힌다. 다리 뒤쪽이 당겨지는 느낌이 들 때까지 부드럽게 다리를 편다. 다리를 바꿔 반복한다.

7. **종아리 스트레칭**: 벽에서 팔길이만큼 떨어져 선다. 벽을 바라본 상태에서 오른발을 왼발 뒤로 가져가면서 두 발을 어깨너비보다 조금 더 넓게 벌린다. 천천히 앞으로 기대며 왼쪽 무릎을 구부린다. 이때 오른쪽 무릎을 곧게 펴고 오른쪽 발꿈치는 바닥에 붙인다. 등을 꼿꼿이 편 상태에서 골반을 앞으로 당긴다. 다리를 바꿔 반복한다.

8. **앉은 자세에서 사타구니 스트레칭**: 바닥에 앉아 몸에 발바닥을 맞대고 몸쪽으로 당긴다. 두 손으로 발을 붙잡고 팔꿈치는 종아리 안쪽에 위치시킨다. 팔꿈치로 다리를 눌러 무릎이 바닥을 향하도록 하고 잠시 이 자세를 유지한다.

9. **무릎을 가슴에 붙이기**: 평평한 바닥에 등을 대고 눕는다. 그리고 허리가 당겨지는 느낌이 들 때까지 한쪽 무릎을 가슴 쪽으로 부드럽게 끌어당긴다. 반대쪽 다리는 힘을 빼고 편안하게 놓는다. 다리를 바꿔 반복한다.

10. **고관절 굽힘근 스트레칭**: 오른쪽 무릎을 꿇고 왼발을 앞으로 내민다. 왼쪽 무릎을 굽히고 왼손을 왼쪽 허벅지 위에 놓고 균형을 잡는다. 오른손은 오른쪽 골반에 대고 등을 곧게 편다. 오른쪽 허벅지가 당기는 느낌이 들 때까지 몸을 앞으로 기울인다. 다리를 바꿔 반복한다.

11. **코브라 스트레칭**: 배를 바닥에 대고 눕는다. 양손과 양팔을 가슴 옆에 놓고 팔을 곧게 펴 바닥과

그림 16-9. 마리아 샤라포바는 민첩성이 향상된 덕분에 프랑스오픈에서 우승할 수 있었다.

수직이 되게 한다. 몸의 긴장을 풀고 두 팔로 체중을 지탱한다. 허리와 배가 당겨지는 느낌이 들어야 한다.

II. 민첩성

테니스를 잘 치려면 민첩성이 요구된다. 테니스는 지속적인 조정이 필요한데, 상대가 치는 모든 샷은 다양한 속도와 높이, 스핀으로 날아오면서 코트 곳곳으로 향하기 때문이다. 따라서 다양한 방향으로 빠르게 움직임을 시작하고 멈출 수 있을 만큼 민첩해야 하고, 이렇게 해야 밸런스를 유지하며 공을 효과적으로 칠 수 있다.

프로 선수들도 민첩성 향상을 위해 노력해야 한다. 마리아 샤라포바의 커리어 초창기 클레이 코트 실패를 보면 알 수 있는데, 그녀는 클레이 코트에서 민첩성이 떨어지는 자신의 모습을 '빙판 위의 젖소cow on ice'에 비유한 것으로 잘 알려져 있다. 샤라포바는 이를 극복하기 위해 민첩성 강화 훈련을 거듭했고, 클레이 코트에서 보다 잘 미끄러지고 자신감 있게 움직이며 밸런스를 잡는 능력을 키워나갔다. 민첩성 향상을 위한 그녀의 헌신은 2012년과 2014년 프랑스오픈 우승의 커다란 원동력이었다.

그림 16-10. 콘 지그재그 넘기

그림 16-11. 민첩성 사다리

민첩성 훈련

1. 좌우 이동 훈련 Lateral Alley Drill

복식 라인 바깥쪽에서 네트를 바라보고 시작한다. 사이드 스텝으로 코트에 들어와 두 발이 단식 라인을 지나친다. 신속하게 반대쪽으로 방향을 바꿔 사이드 스텝으로 복식 라인을 넘어간다. 20초 동안 이 동작을 하고 휴식을 취한 뒤 여러분의 체력 수준에 따라 몇 회 반복할지를 결정한다.

2. 콘 지그재그 넘기 Cone Slaloms

10개의 콘을 베이스라인에 1m 간격으로 배치한다. 네트를 바라본 채 콘 사이를 지그재그로 잔발을 디디며 한쪽 콘에서 반대쪽 끝의 콘까지 이동한다. 다시 처음 시작점으로 돌아와 체력 수준에 따라 몇 차례 반복한다. 변형 방법도 있다. 사이드 펜스 쪽을 바라보며 콘 사이를 지그재그로 달린다.

3. 공 떨어뜨리기

연습 파트너와 4~5m 정도 떨어져 선다. 파트너가 공을 다양한 방향으로 던지면 여러분은 바운스가 두 번 되기 전에 공을 잡아야 한다. 15번 반복하고 역할을 바꾼다. 변형된 방식으로, 두 개의 공을 각기 다른 높이로 던지거나 잡는 사람이 던지는 사람을 보지 않고 등지고 설 수 있다. 이때 던지는 사람은 공이 바닥에 닿는 순간 "시작"이라고 외친다.

그림 16-12. 앤디 머리는 예측력과 빠른 발을 앞세워 포인트를 연장시키고 상대를 좌절하게 만든다.

4. 민첩성 사다리 Agility Ladder

민첩성 사다리를 바닥에 놓고 코트 지면과의 접촉 시간을 줄이기 위해 밸런스를 유지한 채 몇 가지 움직임을 최대한 빨리한다. 사다리의 각 칸을 좌우 번갈아 한 발씩 디디며 위로 올라가고 나서 이번에는 각 칸에 두 발을 차례로 모두 디딘다. 그런 다음 이 두 가지 동작을 옆으로 움직이면서 반복한다. 변형된 방식으로, 위아래 방향으로 사다리 바깥에서 안쪽으로 들어왔다 나가면서 옆으로 움직일 수도 있다.

III. 신속성

신속성이란 예측하고 반응한 다음, 최대한 빠른 속도로 움직여 스트로크를 준비할 수 있는 능력을 일컫는다. 샷을 칠 수 있는 시간 여유가 있다면 파워와 정확성이 겸비된 밸런스 잡힌 스윙을 할 수 있다. 또한 신속성은 더 많은 공에 다다를 수 있게 해, 랠리를 연장시킬 수 있다. 당신의 속도를 앞세워 상대로 하여금 한 번, 두 번, 세 번, 혹은 그 이상 샷을 치게 만들면 범실을 유도하거나 수비에서 공격으로 전환해 득점할 수 있다.

신속성은 빠른 발에 국한되지 않는다. 이는 예측과 반응 시간에서 시작된다. 예측력 강화의 첫 번째 핵심은 상대의 백스윙 시 자세를 잘 관찰하는 것이다. 예를 들어 상대가 어깨를 크게 돌린다면 다운더라인을 시도할 가능성이 높다. 두 번째 핵심은 상대의 라켓 면과 샷을 준비하는 데 소요되는 시간을 보고 어떤 샷인지를 예측하는 것이다. 상대가 백스윙 시 라켓 면을 열고 다소 급하게 친다면, 느리거나 짧은 샷이 올 것을 예측해 미리 앞으로 움직일 수 있다. 반대로 라켓 면을 닫고 여유 있게 친다면, 빠르고 깊은 샷을 예상할 수 있다. 셋째, 상대의 성향을 인식하는 것도 빼놓을 수 없다. 어떤 선수는 드롭샷을 좋아하고 또 다른 선수는 크로스코트나 다운더라인을 선호할 수 있다. 이를 예측하고 그에 따라 위치를 조정할 수 있다. 일단 이러한 관찰에 기반해 최적의 코트 위치를 잡은 뒤에는, 상대 라켓에 공이 닿은 즉시 최대한 빠르게 반응해

> **코칭 박스:**
>
> 신속성의 열쇠는 단지 속도를 올리는 데에만 있지 않다. 속도를 낮추는 것도 중요하다. 그러므로 한 방향으로 달리기만 하는 신속성 훈련은 피하자. 한 방향으로 직선 달리기를 하는 것은 스피드와 심폐지구력을 향상시킬 수 있지만 코트에서의 뛰어난 움직임을 단련하기에는 부족하다. 그대신 다양한 방향의 짧은 스프린트를 통해 속근 fast twitch muscle을 강화해 순발력을 기르도록 하자.

그림 16-13. 라켓 터치

그림 16-14. 스파이더 런

강력한 스플릿 스텝을 밟아야 한다.

신속성 강화 훈련

1. 8자 모양 돌기

콘 두 개를 베이스라인에 1.5m 간격으로 설치한다. 네트를 바라보며 한쪽 콘에서 시작한다. 콘의 주위를 원을 그리며 돌면서 두 개의 콘 사이를 8자 모양으로, 항상 네트 앞을 바라보며 움직인다. 30초 동안 최대한 많은 8자 모양을 그리도록 한다. 1분간 쉬고 동작을 수차례 반복한다. 변형된 방식으로, 두 개의 콘을 서비스 라인을 따라 1.5m 간격으로 놓고 네트를 바라보며 똑같은 동작을 할 수 있다.

2. 라켓 터치

센터 라인에 서서 라켓을 들고 빠르게 달려 단식 라인을 터치하고 다시 돌아온다. 크로스오버 스텝을 사용하고 라켓으로 터치한다. 30초 동안 몇 번이나 터치하는지 세고 1분간 쉰 다음, 이 과정을 몇 차례 반복한다. 변형된 방식으로, 크로스오버 스텝 대신 오픈 스탠스로 움직일 수 있다.

3. 박스 점프

박스 점프를 하려면 운동 능력에 따라 30~70cm 높이의 단단한 박스가 필요하다. 박스 30~60cm 앞에 서서 다리를 어깨보다 약간 넓게 벌린다. 두 팔꿈치를 골반을 향해 휘두르며 박스 위에 올라선다. 밸런스를 유지하고 무릎을 굽혀 점프 시 충격을 흡수한다. 15번 점프를 2~3세트 반복하되 세트 사이마다 30초씩 휴식한다.

4. 스파이더 런

공 3개를 서비스 라인에 동일한 간격으로 놓고, 네트 앞에 3개, 베이스라인 양쪽 구석에 2개를 더 놓는다. 라켓은 베이스라인의 센터 마크에 놓는다. 그곳에서 시작해 코트를 뛰어다니며 8개의 공을 수집한다. 한 번에 하나씩 라켓 위에 공을 올려놓는다. 스파이더 런에 걸리는 시간을 스톱워치로 기록하고 연습을 통해 시간을 단축하려고 노력한다.

IV. 코어 안정성

코어는 테니스에서 가장 중요한 신체 부위 중 하나

로, 허리, 골반, 복부를 포함하는 몸의 가운데 3분의 1에 해당하는 부위이다. 이는 파워 생성의 중추로, 강한 코어는 강한 팔다리의 기반이 된다.

코어의 회전력은 샷에 파워를 싣기 위한 핵심 요소다. 예를 들어 포핸드 그라운드 스트로크는 코어의 회전력을 사용해 어깨를 돌려 백스윙하는 동안 에너지를 응축한 다음 포워드 스윙을 하면서 비틀어진 몸을 풀어 에너지를 방출하게 된다. 이와 유사하게 서브 동작의 트로피 포지션에서 복부 근육이 이완된 다음, 공을 향해 나아가며 몸통이 상향 회전하면서 복부 근육 역시 사선으로 회전하며 힘을 내는 데 도움을 주게 된다.

코어 훈련은 스트로크에 도움이 될 뿐 아니라 움직임도 향상시킬 수 있다. 코어가 강한 선수는 더 빠른 방향 전환이 가능하다. 방향을 전환할 때 상체는 움직이는 방향과 반대로 기울어지게 된다. 상체가 강하면 운동 방향의 반대쪽으로 몸을 기울

일 수 있는 힘이 커지기 때문에 빠르게 동작을 멈춘 다음, 상체의 기울임에 맞춰 다리로 지면을 박차면서 방향을 바꿀 수 있다(그림 16-15).

또한 강한 코어는 스플릿 스텝 직후 첫 움직임의 속도를 높여줄 수 있다. 스플릿 스텝 뒤, 상체는 공의 방향으로 기울고 팔다리의 근육이 수축하기 시작한다. 코어가 강하면 팔다리에 탄탄한 기반을 제공해 줄 수 있어, 첫 스텝뿐만 아니라 이어지는 스텝 역시 개선된다.

코어 안정성 강화 연습

1. 오블리크(복사근) 크런치
등을 바닥에 대고 누워 무릎을 굽히고 발바닥을 지면에 댄다. 천천히 두 다리를 왼쪽으로 내리고 무릎을 바닥 근처에 놓는다. 손끝의 위치는 머리 양쪽 귀 바로 뒤이다. 허리로 바닥을 밀면서 양쪽 어

그림 16-15. 조코비치는 강한 코어 근육을 이용해 포핸드 바깥으로 빠지는 공을 쫓아간 뒤 빠르게 멈출 수 있다.

그림 16-16. 메디신 볼 던지기

그림 16-17. 플랭크

깨를 지면 위로 약간 들어 올린다. 이 자세를 2초간 유지하고 다시 처음 자세로 돌아간다. 머리 옆에 있는 손을 사용하지 말고 복사근을 이용해 몸을 들어 올려야 한다. 10회에서 12회 반복하고, 몸의 양측을 번갈아 사용하며 3~4세트를 시행한다.

2. 메디신 볼 던지기

두 다리를 포핸드 중립 스탠스에 놓는다. 그리고 나서 메디신 볼을 투핸드 포핸드 스윙 방식으로 벽이나 파트너를 향해 15번 정도 던진다. 백핸드 중립 스탠스로 바꿔 같은 동작을 투핸드 백핸드 스윙 방식으로 수행한 뒤 1분간 휴식한 다음 3번 반복한다.

3. 슈퍼맨

배를 깔고 누워 두 팔을 앞으로 쭉 펴고 다리도 곧게 편다. 두 팔과 다리는 어깨너비로 벌린다. 팔다리를 동시에 지면에서 올린 뒤 몇 초간 자세를 유지하고 다시 바닥에 내린다. 같은 방법으로 왼팔과 오른 다리를 동시에 올리고 좌우를 바꿔서도 시행한다. 10번 반복하며 총 3세트를 시행한다.

4. 플랭크

바닥에서 푸시업 자세로 시작한다. 팔꿈치를 90도로 구부려 체중을 지탱한다. 팔꿈치는 반드시 어깨 바로 밑에 위치해야 하고 몸은 머리부터 발끝까지 직선을 유지해야 한다. 최대한 오래 이 자세를 유지하고 3~5회 반복한다. 이 자세가 너무 어렵다면, 무릎을 일단 바닥에 대고 시작한다.

V. 근력

과거에는 꽤 많은 10대 선수들이 ATP 투어 100위 이내에 포진해 있었지만 오늘날 그 수는 현저히 줄었다. 많은 테니스 전문가들은 테니스에서 피지컬적인 면의 비중이 점차 커지면서 승리에 필요한 힘을 기르기 위한 시간이 오래 걸리기 때문에 이러한 변화가 일어나는 것으로 보고 있다.

테니스에서 근력이란 폭발적인 순발력과 오래 견딜 수 있는 지구력을 모두 의미한다. 한 경기에서 승리하기 위해서는 폭발적인 움직임을 수백 번 지속할 수 있어야 한다. 다리의 근력은 다양한 방향으로 속도를 내거나 줄일 때뿐만 아니라 스윙 시 상체로 전달되는 에너지를 저장하는 측면에서도 매우 중요하다. 마찬가지로, 다양한 스트로크에 힘을 싣기 위해 코어와 어깨, 팔에도 근력이 요구된다.

근력 운동은 크게 두 가지로 나뉜다. 하나의 주요 근육이 사용되는 단관절 운동 single-joint exercise은 근육 불균형을 완화하기 위한 특정 근육군 강화에 특히 효과적이다. 예를 들어 수많은 공을 치다

보면 어깨 앞쪽 근육이 과도하게 발달할 수 있다. 등 근육을 강화하면 이렇게 과도한 앞쪽 근육 발달과 균형을 맞출 수 있고 부상 위험도 줄어든다.

또 다른 한 가지는 다관절 운동multi-joint exercise인데, 이는 여러 근육과 관절을 한 번에 사용하는 것이다. 테니스 선수들에게는 이 운동이 더 관련성이 높다. 스쿼트 운동은 다관절 운동의 일례로, 둔부 및 대퇴부 근육, 햄스트링, 그리고 종아리 근육을 주로 사용하고 골반과 무릎, 그리고 발목의 움직임이 동반된다. 이러한 운동은 '키네틱 체인'에 속한 근육들을 강화해 서브와 그라운드 스트로크에 도움이 된다.

또한 근력 운동에는 몇몇 등장성 저항 운동isotonic resistance도 포함되어야 한다. 등장성 저항이란 관절의 움직임과 더불어 근육이 수축하거나 이완할 때 일정한 장력이 유지되는 것이다. 이러한 종류의 근육 움직임은 코트에서 이리저리 뛰어다니고 다양한 스윙을 할 때 요구된다. 등장성 운동은 프리 웨이트, 체중, 메디신 볼, 다양한 웨이트 기구를 이용해 할 수 있다. 서서 하거나 밸런스 유지를 필요로 하는 등장성 훈련이 테니스에 특히 좋은데, 실제로 테니스가 이러한 방식으로 진행되기 때문이다. 또한 많은 샷들이 한쪽 다리에 의해 지탱되므로, 스텝업과 런지 등은 다리 근력 강화에 반드시 포함되어야 하는 중요한 훈련 방법이다.

체중, 프리 웨이트, 기구 등은 근력 향상에 유용하지만, 저항 밴드 역시 활용할 필요가 있다. 저항 밴드는 테니스 선수들의 등장성 훈련에 널리 사용된다. 가볍고 들고 다니기 쉬울 뿐 아니라 테니스 스트로크를 흉내 내기 좋기 때문이다. 또한 충격이

그림 16-18. 나달은 연습 전 어깨를 워밍업 하기 위해 저항 밴드를 사용한다.

별로 없어 부상 위험이 적고, 지속적인 장력을 제공한다.

어떤 근력 운동이든지 간에 점진적으로 부하를 늘리는 것이 가장 바람직하고 부상 위험도 피할 수 있다. 늘 가벼운 중량으로 시작하고, 올바른 자세에 집중하는 것이 좋다. 또한 가벼운 중량으로 더 빠르게 운동을 하면 파워 생성 속도를 높일 수도 있다. 즉, 짧은 시간에 최대치의 힘을 만들어 내는 능력을 키울 수 있는 것이다. 파워 생성 속도가 빨라지면 순발력이 향상된다. 물론 근력 운동을 가벼운 중량으로만 시행해서는 안 된다. 균형 잡힌 운동에는 무거운 중량으로 스윙과 움직임에 파워를 늘리는 것 역시 포함되어야 한다.

근력 운동

1. 푸시업
하이 플랭크 포지션을 취하고 두 손을 어깨보다 약간 더 넓게 벌린다. 전신을 직선 플랭크 자세로 유지하고 팔꿈치를 90도로 굽혀 가슴이 바닥에 닿기 직전까지 상체를 낮춘다. 몸을 일으키면서 팔이 거의 직선으로 펴질 때까지(그러나 완전히 펴서 고정하지는 말고) 밀어낸다. 일정한 속도로 몸을 내렸다 올리기를 반복하며, 체력 수준 정도에 따라 반복 횟수를 정한다.

2. 케이블 머신 운동
케이블 머신을 사용한다. 두 손으로 케이블 손잡이를 잡고 두 팔을 곧게 뻗어 머리보다 약간 위에 놓는다. 어깨는 수평으로 만든다. 이 자세에서 케이블을 몸의 앞쪽까지 잡아당긴 뒤 다시 원위치로 돌아간다. 팔이 아닌 상체의 모멘텀을 이용하면서 운동을 마칠 때까지 계속해서 등의 각도를 유지해야 한다. 12~15회 반복하며, 좌우 번갈아 3세트를 시

그림 16-19. 워킹 런지

행한다.

3. 워킹 런지
양손에 아령을 쥐고 똑바로 선다. 등을 곧게 유지한 채로 한쪽 다리를 앞으로 내민다. 그리고 나서 두 무릎을 굽히고 골반은 지면을 향해 수직으로 내린다. 앞다리로 지면을 밀면서 뒷발을 앞으로 디딘다. 반대쪽 다리로 다시 한 걸음 앞으로 나가면서 런지를 반복한다. 20회 스텝을 밟은 다음 휴식을 취하고 총 3세트를 시행한다.

4. 케이블 머신 노젓기
케이블 머신을 사용해 왼쪽 다리를 지면에 댄 채 스쿼트 자세를 하고 오른손으로 케이블을 잡는다. 몸의 밸런스를 잡기 위해 오른쪽 다리를 뒤로 들어 올린다. 스쿼트 자세에서 몸을 밀어 올려 서 있는 자세로 만든다. 그와 동시에 케이블을 자신의 몸쪽으로 잡아당겨 노젓기 자세를 취한다. 이때 어깨는 뒤로 그리고 아래로 향해야 한다. 무릎과 골반을

앞으로 구부리면서 동작을 마무리한다. 10번 반복하며, 좌우 번갈아 2~3세트를 시행한다.

VI. 지구력

그림 16-20. 앤디 머리가 격렬한 랠리 후에 숨을 몰아쉬고 있다. 그는 뛰어난 심폐지구력 덕분에 빠르게 회복해 다음 포인트를 준비할 수 있다.

긴 경기는 지구력이 더 좋은 선수의 승리로 귀결되는 경우가 흔하다. 장시간 지속된 경기의 막바지에도 체력이 좋은 선수는 여전히 빠르게 움직이며 두 발을 고정한 상태에서 키네틱 체인을 활용해 스윙을 한다. 반면 지친 선수는 공을 잘 칠 수 있는 올바른 위치를 잡기 어려워 밸런스가 무너진 상태에서 스윙을 하게 된다. 그들은 포인트를 빨리 끝내려고 확률이 떨어지는 샷을 자주 시도한다. 경기 막바지에 체력이 충분하다는 걸 느끼고 네트 건너편 상대가 등을 구부린 채 숨을 가쁘게 몰아쉬는 모습을 보면 굉장한 자신감을 얻을 수 있다. 이런 상대의 몸짓은 보통 나의 승리가 임박했음을 의미한다.

테니스는 유산소 및 무산소 지구력이 모두 요구되는 스포츠다. 몸의 유산소 에너지 시스템은 지구력에 필요한 연료를 근육에 공급해주는 반면, 무산소 에너지 시스템은 파워의 공급책이다. 그러므로 지구력 훈련은 폐활량을 높여주는 달리기 훈련과 풋워크 및 민첩성 향상을 위한 짧은 고강도 훈련이 병행되어야 한다.

또한 지구력 훈련은 테니스 고유의 속도에 맞춰져야 한다. 경기마다 다르긴 하지만 한 포인트에 소요되는 시간은 대개 5초 정도이고, 포인트 사이의 휴식 시간은 평균 15초이다. 이는 운동-휴식 비율이 1:3이라는 뜻이며, 테니스 훈련 역시 이 시간 비율에 맞춰 짜여야 한다.

유산소 능력과 무산소 파워를 향상시키는 테니스 훈련과 활동은 1:3의 운동-휴식 사이클을 따라야 하며, 비교적 짧고 여러 방향으로 움직이는 패턴, 속도 줄이기, 근력 운동 등을 포함한다. 밖으로 나가 8km를 뛰면 심폐 지구력이 좋아진다. 하지만 골반과 무릎, 발목에 무리를 주지 않고 테니스 피트니스를 향상시킬 수 있는 더 좋은 방법이 있다. 3~5km의 고강도 인터벌 스프린트를 하되 중간에 느린 조깅을 병행하면서 1:3의 운동-휴식 비율을 맞추는 것이 8km를 같은 속도로 계속 달리는 것보다 테니스에 더 좋은 훈련이다.

지구력 훈련

1. 50, 40, 30 훈련

출발점에서 30m, 40m, 50m 떨어진 곳에 장애물을 놓는다. 30m 지점까지 전력 질주하고 돌아온다. 이후 15초 동안 휴식한 다음, 40m 지점까지 달리고 돌아와 30초 휴식한다. 마지막으로 50m를 뛰고 돌아와 45초 동안 휴식을 취한다. 이러한

제16장 피트니스

그림 16-21. 둘, 넷, 여섯, 여덟

> **코칭 박스:**
>
> 뛰어난 선수들은 그들의 피트니스 훈련을 실제 코트에서 일어날 수 있는 상황과 가깝게 계획한다. 예를 들어 라파엘 나달은 자전거를 타면서 TV로 자신의 경기 전체 혹은 한 세트를 보는 것으로 알려졌다. 포인트가 어떤 식으로 진행되든지 간에, 나달은 포인트가 끝날 때까지 강도 높게 자전거를 타고 다음 포인트까지 쉬면서, 경기에서의 운동-휴식 비율과 완벽하게 맞춘다.

과정을 3~5회 반복한다.

2. 둘, 넷, 여섯, 여덟
베이스라인에 서서 시작한다. 네트까지 전력 질주하고 돌아와(이것을 "둘"로 센다), 15초간 휴식한다. 다음에는 베이스라인에서 네트까지 두 번 왕복하고(이를 "넷"으로 센다) 30초간 휴식한다. 이제 베이스라인에서 네트까지 3번, 그다음에는 4번 왕복하고, 각 세트마다 45초씩 쉰다. 이러한 과정을 2~3회 반복한다.

3. 20분 인터벌 트레이닝
자전거나 러닝머신, 혹은 트랙에서 20분 심폐 인터벌 훈련을 다음과 같은 순서로 실시한다. 처음 5분은 워밍업을 하고, 20분 전체에 걸쳐 첫 30초는 빠르게 달리고 다음 60초 동안 중간 속도로 달린다. 마지막에는 3분간 쿨다운으로 마무리한다.

4. 하사관 훈련
코트에서 훈련 파트너는 시간 간격을 다양하게 정해서 "오른쪽, 왼쪽, 앞으로, 뒤로"를 외친다. 파트너의 지시에 따라 전후좌우로 움직인다. 60초, 45

16-22. 하사관 훈련

초, 그리고 30초 동안 훈련을 진행하고 매 세션 사이마다 15초씩 휴식을 취한다. 파트너와 역할을 바꿔 몇 차례 반복한다.

VII. 영양

테니스 피트니스는 좋은 영양이 받쳐주지 않으면 완성될 수 없다. 영양은 테니스에서 필수불가결한 요소가 되었고 엘리트 레벨에서는 과학으로 진화했다. 투어 프로 선수들은 현재 엄청난 혈액 검사를 통해 자신의 몸에 어떤 음식이 잘 맞는지를 분석한다. 많은 선수들은 경기력을 향상시키기 위해 개인 맞춤형 스포츠 음료를 마신다. 예를 들어 노박 조코비치는 혈액 검사를 통해 밀가루와 유제품이 자신에게 맞지 않는다는 사실을 발견했다. 그는 글루텐-프리gluten-free 식단으로 바꿨고, 그의 지구력은 뚜렷한 약점에서 누구나 인정하는 강점으로 변모했다.

여러분이 혈액검사를 받거나 개인 맞춤형 셰이크를 갈아 마실 필요는 없을 테지만, 영양소를 잘 섭취하고 수분이 잘 공급된 몸을 만들면 경쟁력이 높아진다는 사실은 분명히 인식해야 한다. 이는 경기 내내 강인함과 에너지가 충만함을 느끼는 것과 내내 힘들고 막판에 비틀거리는 것의 차이를 의미한다. 또한 영양 공급이 충분하지 못한 선수는 회복에 더 많은 시간이 소요되고 경기 뒤 근육통이 흔하게 발생한다.

그림 16-23. 시합 3~4시간 전에는 살코기 위주의 단백질과 채소, 샐러드를 먹는 것이 현명한 선택이다.

훌륭한 테니스 식단은 에너지를 위한 탄수화물, 근육 회복 및 근력 강화를 위한 단백질, 에너지 소모를 줄여주는 약간의 지방, 비타민, 미네랄, 그리고 수분이 균형 있게 포함된 것이다. 고과당 옥수수 시럽, 트랜스 지방, 그리고 화학 조미료와 같은 건강에 해로운 음식들은 제외되어야 한다.

1. 식사 일정

경기 전 언제 그리고 어떻게 먹느냐는 중요하다. 아침 식사는 힘을 키우는 데 핵심적인데, 이유는 밤사이 공복 이후 근육 내 글리코겐(글리코겐은 필요시 분해되어 포도당을 공급하며, 단기 에너지원으로 쓰인다 - 옮긴이)이 떨어지기 때문이다. 하루를 준비하는 데 충분한 아침 식단을 선택하는 것이 중요하다. 몇 가지 권장되는 음식으로는 곡물 시리얼, 그리스식 요거트, 계란 흰자, 과일이 있다. 경기 당일에는 탄수화물 위주로 평소보다 더 많은 양의 아침 식사를 하는 것이 좋다. 경기 3~4시간 전 식사는 충분한 탄수화물과 적당량의 단백질, 그리고 소량의 지방으로 구성된 식사를 해야 한다. 과일과 채소, 곡물로 70%를 섭취하고 나머지는 단백질이 풍부한 유제품이나 살코기가 좋다. 경기 전 음식은 친숙한 것이 좋기 때문에 예전에 먹어본 영양가 높은 음식을 선택한다. 탄수화물은 근육과 간에 저장되어 경기 중에 가장 먼저 사용되는 연료다. 그러므로 경기 시간이 다가올수록 먹는 양은 줄이되 탄수화물 위주로 섭취해야 한다.

경기 1시간 전에는 바나나 에너지 바와 같은 간식을 먹고 물을 마시는 게 좋다. 경기가 시작되면 연료를 다시 넣을 시간은 코트 체인지를 할 때뿐이다. 에너지 바나 젤이 에너지 수준을 유지하는 데 편리하다. 성분에 유의해야 하며, 당분 함량이 많은 에너지 바나 젤은 피한다. 설탕이 많이 든 음식은 혈당을 높여 순간적인 에너지를 만들어낼

그림 16-24. 프로 선수들은 경기 내내 충분한 수분을 유지하기 위해 계획적으로 음료를 마신다.

수는 있지만 이는 곧 사라진다. 탄수화물이 풍부한 에너지 바나 젤은 1시간 동안의 테니스 활동에 필요한 30~60g의 탄수화물을 효과적으로 공급할 수 있다. 빠른 근육 회복을 위해서는 경기가 끝나고 나서 2시간 이내에 영양을 보충해야 하고 단백질이 가미된 고탄수화물 식단, 예를 들면 채소가 곁들어진 닭고기와 밥을 먹도록 한다.

2. 수분 보충

수분 섭취는 경기 전날 밤부터 시작해야 한다. 이때 충분한 양의 물을 마시고 경기를 앞두고는 300~450cc의 물을 마신다. 경기 전에는 맹물이 최선의 선택이다. 그러나 경기가 시작된 다음, 특히 굉장히 덥고 습한 날씨에는 스포츠 드링크가 좋은 선택이 될 수 있는데, 탄수화물이 함유되어 있을 뿐 아니라 나트륨과 칼륨이 적절한 비율로 섞여 있어 전해질을 보충할 수 있기 때문이다. 경기 중 지속적으로 수분을 섭취하는 것을 잊지 말고 코트 체인지를 할 때마다 60~150cc의 물이나 스포츠 드링크를 마시도록 계획해야 한다. 경기 끝난 뒤에도 수분과 염분을 보충하기 위해 물이나 스포츠 드링크를 계속 마셔야 하고 특히 다음 경기가 얼마 남아 있지 않았을 때는 더욱 그렇다.

마무리하며

테니스는 내 인생의 열정이자 생업이다. 이 스포츠는 내게 너무도 친절했고 그래서 나의 지식과 경험을 이 책 『앱솔루트 테니스』를 통해 나눌 기회에 감사한다. 이 책을 읽는 여러분의 동기가 무엇이든, 많은 것을 배우고 테니스를 더 즐기고, 예전보다 더 나은 테니스를 구사할 수 있었으면 하는 바람이다.

물론 여러분의 수준을 높이기 위해서는 이 책에서 얻은 지식에 수많은 연습 시간이 더해져야 할 것이다. 가치 있는 것은 쉽게 얻을 수 없다. 이는 라켓 면 각도의 1~2도 차이와 같은 작은 오차가 범실로 이어지는 테니스에서는 더욱 진실에 가깝다. 테니스 실력을 향상시키기 위해서는 올바른 마음가짐과 헌신, 그리고 결단이 필요하다. 인내심을 가지고 과정에 충실한다면 마지막에 웃을 수 있을 것이다.

스스로에게 지나치게 비판적이지 말자. 자신을 너무 가혹하게 평가하는 것은 도움이 되지 않는다. 대신에 늘 감사하고 웃으면서 연습하고 경기하면 코트에서 더 많은 시간을 보낼 수 있고 실력 향상도 빠를 것이다. 스스로의 헌신에 경의를 표하고 과정을 음미하는 것이 올바른 마음가짐이다. 경기 수준이 향상된다는 것은 커다란 자부심을 느낄 만한 성취다.

훈련 도중 과속방지턱에 봉착할 수도 있다. 이는 실제로 모든 이들이 겪는 과정이기도 한데, 한 걸음 물러나 테니스의 수많은 긍정적인 요소를 떠올리길 권한다. 테니스가 얼마나 다양한 샷과 각양각색의 상대로 이루어져 있는지, 내재된 가변성으로 인해 당신이 치는 공 하나하나가 얼마나 고유한지, 지극히 개인적이면서도 동시에 복식이나 리그전을 통해 팀의 일원이라는 소속감을 느끼게 해줄 수 있는지 말이다. 또한 자신을 믿고 심사숙고를 거쳐 문제를 해결하는 운동이 바로 테니스인 것이다. 안드레 애거시는 이렇게 말했다. "수천 명의 관중이 지켜볼 수도 있고, 뒷마당에서 혼자 칠 수도 있습니다. 어떤 상황이건 간에 당신은 스스로를 믿지 못하는 상황에서도 신뢰하고, 방법이 없다고 여겨지는 상황에서도 해결책을 찾는 단순한 문제를 풀어야 하는 겁니다. 테니스는 진정 위대한 스포츠이자, 삶의 거울이며, 인생의 예행 연습이라 할 수 있습니다."[2] 테니스는 당신에게 많은 것을 선물한다. 훈련이나 게임에서 이를 인식하고 있으면 큰 도움이 될 것이다.

누구나 테니스를 잘 칠 수 있으며, 그로 인한 보상은 명확하다. 승리의 기쁨을 더 자주 맛볼 수 있고, 예전에 구사하지 못했던 멋진 샷을 성공했을 때의 만족감도 얻을 수 있다. 또한 더 좋은 결과를 내면 테니스를 더 자주 치게 되므로 코트에서 보내는 시간이 늘어 건강에도 도움이 될 수 있다. 여러분은 분명 실력이 향상되고 이러한 보상을 받을 수 있을 것이다. 나는 그동안 이러한 일들을 수없이 목격했다. 스트로크를 반복해서 연습하고, 전략적인 지식을 익히고, 몸과 마음을 건강한 상태로 유지한다면 충분히 가능하다.

새로운 스트로크를 배우거나 테니스를 이제 막 시작하는 사람들은 단계를 밟자. 한 단계씩 차례대로 올라가며 점차 수준을 높이면 스윙 테크닉을 더욱 빠르고 확실하게 익힐 수 있다. 과정을 건너뛰며 급하게 나아가지 마라. 충분한 자신감을 가진 뒤 다음 단계로 가자. 또한 배움에는 올바른 순서가 있다. 안정성, 플레이스먼트, 그러고 나서 파워다. 안정성이 가장 우선시 되는 원칙이다. 올바른 스트로크 메커니즘을 익히기 위해 스윙 속도를 늦추고 반복 연습을 한다. 범실의 최소화가 승리의 비결이라는 사실을 마음속에 새기자. 안정성 다음

그림 16-25. "내가 이 공으로 뭘 할지 지켜보세요."

에는 플레이스먼트가 뒤따른다. 정확한 스윙 타이밍을 익히고, 원하는 방향으로 공을 보내기 위해서는 공의 어느 부분을 쳐야 하는지를 배운다. 파워는 세 번째로, 가장 재미있지만 동호인 레벨에서는 가장 덜 중요한 요소다. 당신의 게임에서 우선 안정성과 플레이스먼트가 좋아지기 전까지는 파워의 유혹에 빠지지 말라고 조언하고 싶다.

이제 이 책에서 제기한 핵심 질문을 다시 던져보자. 미래는 어떻게 될까? 40년 전과 현재의 게임 스피드를 비교해보라. 지금부터 40년 뒤에는 어떤 모습일까? 테니스 선수들은 점점 키가 커지고 빨라질 것이며, 장비와 훈련 방법은 계속 개선될 것이다. 이러한 발전 속에서, 양손잡이 테니스의 더 강력한 파워와 리치, 타이밍이 널리 받아들여지는 스타일이 될 수 있을까? 미래의 선수들은 리버스 서브로 공을 반대편으로 휘게 만들거나, 발리볼 서브로 공을 강타할 것인가? '양쪽 세상의 최고'인 하이브리드 백핸드는 공인된 샷이 될 것인가?

아무도 모른다. 하지만 진보는 분명 변화를 야기할 것이다. 어떤 일이 벌어지든지 나는 미래가 기대되고 궁금하며 받아들일 준비가 되어 있다. 여러분 역시 관심을 가지고 변화를 기꺼이 받아들이라고 조언하고 싶다. 언제나 앞에서 변화를 주도하는 것이 뒤에서 따라가는 것보다 나으니 말이다.

참고문헌

제1장 밸런스

1. Welby Van Horn, "Welby Van Horn: Secrets of a true master," *Tennisplayer.net,* October 2016, https:// www.tenisplayer.net/. [p1]

제3장 움직임

1. Pat Dougherty, "Advanced Reaction Steps," *Tennisplayer.net*, 2005, https://www.tennisplayer.net/. [p17]
2. Tom Perrotta, "How Rafael Nadal Wrestles with the Anxieties of Age," *Wall Street Journal*, May 19, 2016. [p23]

제4장 그립

1. Tony D'Avino, "The Forehand Grip and Finger Anatomy," *Deciding Point*, October 1, 2016, http://www.decidingpoint.com/?s=the+forehand+grip+and+finger+anatomy. [p27]

제5장 서브

1. Lou Marino, "Like a Baseball Pitcher, Try 'Changing Up' Your Serve," *The Bluffton Sun*, May 16, 2016, http://www.blufftonsun.com/like-a-baseball-pitcher-try-changing-up-your-serve-cms-1378. [p37]
2. Tom Perrotta, "Why Serena Williams Rules Tennis: It's All in the Serve," *Wall Street Journal*, September 9, 2015. [p44]
3. Craig O' Shannessy, "Keeping Score: Giving Foes the Runaround," *The New York Times*, August 28, 2011. [p64]
4. Christopher Clarey, "Focused Ferocity by Williams on a Stage She Owns," *The New York Times,* September 6, 2014. [p66]

제6장 서브 리턴

1. ATP World Tour, "Infosys ATP beyond the numbers: Andy's Answers." Accessed December 27, 2015, www.atpworld tour.com. [p68]
2. *2014 Women's Wimbledon Final Eugenie Bouchard versus Petra Kvitova*, ESPN, July 5, 2014. [p69]
3. Kenny Hemphill, "10 Ways that Tennis Has Quietly Changed in the Last 10 Years," *Mental Floss*, March 18, 2015, http://mentalfloss.com/uk/sport/27746/10-ways-that-tennis-has-quietly-changed-in-the-last-10-years. [p69]
4. *2016 Apia International Sydney Men's Final Viktor Troicki versus Grigor Dimitrov*, Tennis Channel, January 16, 2016. [p77]
5. Craig O' Shannessy, "Brain Game: Federer's Tactical Change." Accessed March 22, 2016, www.atptour.com. [p78]
6. Craig O' Shannessy, "How to Watch Tennis: Trust Numbers, Not Eyes," *The New York Times*, August 28, 2016. [p81]

제7장 포핸드

1. Craig O' Shannessy, "Brain Game: Nadal Wins Forehand Festival." Accessed March 19, 2013, www.atptour.com. [p83]
2. Rafael Nadal and John Carlin, *Rafa* (Hyperion Books, 2011), p. 6 [p85]
3. Tom Perrotta, "How Rafael Nadal Wrestles

with the Anxieties of Age," *Wall Street Journal*, May 19, 2016. [p95]

4. Stuart Miller, "Out of a Perceived Weakness Is Born an Act of Aggression," *The New York Times*, September 6, 2015. [p112]

제8장 백핸드

1. "ATP Stats Leader Boards." Accessed December 30, 2016, http://www.atpworldtour.com/en/stats. [p120]

2. John Yandell, "Modern Pro Slice: Spin Levels," *Tennisplayer.net*, October 2011, https://www.tennisplayer.net/. [p144]

제9장 드롭샷과 로브

1. "Federer's secret weapon," *tennishead*, August 20, 2012, http://www.tennishead.net/news/on-tour/2012/08/20/federers-secret-weapon. [p150]

제10장 어프로치 샷

1. Craig O' Shannessy, "Brain Game: Federer's Tactical Change." Accessed March 22, 2016, www.atpworldtour.com. [p157]

2. "Daily Data Viz: The steady decline of the serve and volley," *Sports Illustrated*, June 28, 2016, http://www.si.com/tennis/2016/06/28/wimbledon-grass-serve-and-volley-approach-stats. [p162]

3. Craig O' Shannessy, "A Misguided Departure from the Serve-and-Volley," *The New York Times*, June 21, 2014, https://www.nytimes.com/2014/06/22/sports/tennis/a-misguided-departure-from-the-serve-and-volley.html. [p162]

제11장 발리

1. "Tennis Instruction: Is the One-Handed Backhand a Thing of the Past?" *Tennis-XBlog*, March 16, 2009, http://www.tennis-x.com/xblog/2009-03-16/956.php. [p188]

제12장 미래의 테니스

1. Christopher Clarey, "Nadal Captures 4th French Open Title," *The New York Times*, June 8, 2008. [p195]

2. Gretchen Reynolds, "Learning a New Sport May Be Good for the Brain," *The New York Times*, March 2, 2016, http://well.blogs.nytimes.com/2016/03/02/learning-a-new-sport-may-be-good-for-the-brain/?_r=0. [P198]

3. Florian Loffing, Norbert Hagemann, and Bernd Strauss, "Left-Handedness in Professional and Amateur Tennis," *PLoS One* (2012); 7(11), accessed December 30, 2016, https://www.ncbi.nlm.nih.gov/pmc/articles/PMC3492260/. [p204]

4. Ben Shpigel, "Seahawks Punt Team Is Flashy With Play, Not Name," *The New York Times*, January 10, 2014, https://www.nytimes.com/2014/01/11/sports/football/moniker-for-seattle-punt-team-call-it-no-1.html. [P211]

5. Robert Philip, "Fosbury's life never the same after famous flop," *The Telegraph*, August 12, 2001, http://www.telegraph.co.uk/sport/

othersports/athletics/3010663/Fosburys-life-never-the-same-after-famous-flop.html. [p211]

제13장 단식

1. Damien Saunder, "Shot Charts in Tennis," *GameSetMap*, February 9, 2016, http://gamesetmap.com/?p=1261. [p223]
2. Craig O' Shannessy, "How Nadal Dominates the French Open," *The New York Times*, May 24, 2014. [p228]
3. Craig Lambert, "Numbers are the language of success," November 12, 2016, http:// www.universaltennis.com [p228]
4. U.S. Open, 2016 Men's Finals IBM SlamTracker Statistics. Accessed on December 31, 2016, http://www.usopen.org/en_US/slamtracker/index.html. [p229]
5. Andrew John, "Cheers, ovation greet Serena's triumphant BNP return," *The Desert Sun*, March 17, 2015, http://www.desertsun.com/story/sports/tennis/bnp/2015/03/14/serena-williams-indian-wells-bnp-paribas-open/70320218/. [p231]
6. Craig O' Shannessy, "Brain Game: Federer's Tactical Change." Accessed March 22, 2016, http://www.atpworldtour.com/en/news/brain-game-federer-beats-wawrinka-london-2015. [p233]
7. Craig O' Shannessy, "Breaking it Down: Nadal vs. Federer," *The New York Times*, January 24, 2014, https://www.nytimes.com/2014/01/25/sports/tennis/breaking-it-down-nadal-vs-federer.html. [p235]
8. Christopher Clarey, "Federer overcomes age, and a longtime adversary." *The New York Times*, January 30, 2017. [p234]
9. Jon Wertheim, "Nadal talks history, Wimbledon, spirituality," *Sports Illustrated*, July 16, 2010, http://www.si.com/more-sports/2010/07/16/nadal-interview. [p236]

제14장 복식

1. Rafael Nadal and John Carlin, *Rafa* (Hyperion Books, 2011), p. 7. [p283]
2. "'Be good to yourself:' Andy Murray's motivational on-court notes revealed," *The Guardian*, February 17, 2015, https://www.theguardian.com/sport/2015/feb/17/andy-murray-motivational-court-notes. [p284]
3. Tom Perrotta, "Why Serena Williams Rules Tennis: It's All in the Serve," *Wall Street Journal*, September 9, 2015. [p285]
4. James Loehr, "Mental toughness training: The 16 second cure," *Tennisplayer.net*, March 2008, www.tennisplayer.net. [p285]
5. Andre Agassi, *Open* (Vintage, 2010), p. 365. [p288]
6. Len Berman, *The Greatest Moments in Sports* (Sourcebooks Jabberwocky, 2009), p. 46. [p289]
7. Simon Briggs, "Nervous Rafael Nadal worried he is losing mental edge," *The Telegraph*, March 30, 2015, http://www.telegraph.co.uk/sport/tennis/11505396/Nervous-Rafael-Nadal-worried-he-is-losing-mental-edge.html. [p290]

참고문헌

8. "Marin Cilic defeats Roger Federer in three sets for spot in final," *Sports Illustrated*, September 6, 2014, http://www.si.com/tennis/2014/09/06/us-open-live-blog-marin-cilic-vs-roger-federer-live-scores-updates. [p291]
9. "Federer looks for confidence boost in Hamburg." Accessed July 15, 2013, www.atpworldtour.com. [p292]
10. Allen Fox, "Confidence game: Five steps to battling your way out of slump," *Tennis*, April 2014, p. 17. [p292]

제15장 심리

1. Eli Saslow, "Freak of Nurture," *ESPN Magazine*, July 13, 2012, http://www.espn.com/tennis/story/_/id/8132800/has-novak-djokovic-b(10)ecome-fittest-athlete-ever-espn-magazine. [p299]
2. Jack Groppel, "Age respects hard work and will to win," *ADDVantage Magazine*, October-November 2006, http://www.addvantageuspta.com/(S(yw2ma5ex3zffow552kp3i445)X(1))/default.aspx/act/newsletter.aspx/category/ADD-askprof/menuitemid/502/MenuGroup/Ads/NewsLetterID/698/startrow/30.htm. [p300]
3. "Playing Tennis Linked to Longer Life," Tennis Industry Magazine, (please write Tennis Industry Magazine in italics) February 2017 [p302]
4. Jennifer D'Angelo Friedman, "Defending U.S. Open Champ Sam Stosur Reveals her Favorite Tennis-Inspired Workout Moves," *Self Magazine*, August 31, 2012. by [p302]

제16장 피트니스

1. Iris Watts Hirideyo, "Andre Agassi on the Beauty of Tennis," *Iris' Journal*, September 12, 2011, http://www.hirideyo.com/journal/iris/andre_agassi_beauty_of_tennis. [p318]